MEMOIRES DES PAYS, VILLES, COMTE' ET COMTES, EVESCHE' ET EVESQVES, PAIRRIE, COMMVNE, ET Personnes de renom

DE BEAVVAIS ET BEAVVAISIS.

PAR M. ANTOINE L'OISEL ADVOCAT EN PARLEMENT.

A PARIS.

Chez SAMVEL THIBOVST, au Palais en la Gallerie des Prisonniers.

M.DC.XVII.

AVEC PRIVILEGE DV ROY.

EXTREMVM HVNC MIHI CHRISTE DEVS
CONCEDE LABOREM
GRATVS VT IN PATRIAM MORIAR VI-
VAMQVE SVPERSTES.

ANT. OÏS. B. M. VIIIBRI MDCXVI.
ÆT. LXXXI.

A MONSEIGNEVR
MESSIRE AVGVSTIN
POTIER EVESQVE NOMME:
ET
Messieurs les Doyen, Chanoines & Chapitre, Maire, Pairs, Bourgeois & Commune DE BEAVVAIS.

MESSIEVRS, Ayant tousiours esté soigneux de remarquer ce que i'ay veu, leu, & entendu de nostre Beauvais, & païs de Beauvaisis, ie me suis advisé, pendant les vacations des dernieres années de ma vie, d'en faire vn recueil, tant pour le plaisir & contentement que i'ay pris me ressouvenant de ma patrie, que pour essayer de servir aucunement au public, & à ceux qui auront plus de loisir & de suffisance d'en faire vn plus grand œuure: Et finalement me suis resolu le publier, à ce qu'à l'exemple de ce grand peintre, ie puisse estre adverty par ceux qui me feront l'honneur de le lire, des fautes ou defectuositez qu'ils y trouveront. Ce que ie les prie de faire, afin de les corriger ou amender, s'il plaist à Dieu prolonger mes iours iusques à vne autre impression. Le suppliant de continuer entre vous tous vne amitié & bonne intelligence pour son service, celuy du Roy, & de cest Estat: & particulieremēt pour le bien de la ville & Evesché de Beauvais, & païs de Beauvaisis: & nous tenir tous, Messieurs, en sa saincte grace. De vostre maison à Paris ce dernier Novembre MDCXVI.

Vostre bien-humble serviteur,
ANT. L'OISEL.

PRIVILEGE DV ROY.

LOVYS par la grace de Dieu Roy de France & de Navarre, A nos amez & feaux Conseillers les gens tenans nos Cours de Parlemens à Paris, Roüen, Tholose, Bourdeaux, Prevosts, Baillifs, & Seneschaux desdicts lieux ou leurs Lieutenans, & à tous nos autres Iusticiers & Officiers, chacun en droict soy ainsi qu'il appartiendra, salut. Nostre cher & bien amé MAISTRE ANTOINE L'OISEL Advocat en nostredicte Cour de Parlement à Paris, nous à faict entendre que plusieurs Remonstrances & actions publiques par luy faictes tant en ladite Cour qu'en la Chambre de Iustice de Guyenne ayans esté cy devant imprimees les vnes separemēt & sans nostre permission ny la sienne, les autres par permission & privilege des Roys nos predecesseurs, dōt le tēps est expiré, il les feroit volontiers reimprimer, ensemble quelques autres sienes œuvres & traictez nō encores publiez. Mais il doubte que ceux ausquels il en auroit commis la charge y fussent troublez ou empeschez, s'il n'avoit sur ce nos lettres qu'il nous a supplié luy accorder. A CES CAVSES luy avons permis & permettons par ces presentes, qu'il puisse & luy soit loisible faire imprimer, reimprimer & distribuer par tels Libraires & Imprimeurs que bon luy semblera les susdites Remonstrances, actions, œuvres & traictez; sans qu'autres que ceux ausquels il en aura donné la charge s'en puissent entremettre pēdāt le temps de six ans à compter du iour que l'impression en sera achevee, à peine de confiscation des exemplaires, & de cinq cens livres d'amende. SI VOVS MANDONS: Que de nostre presente permission & contenu cy dessus vous faictes ledit SIEVR L'OISEL, & ayans chargé de luy iouyr & vser plainement & paisiblement, & à ce faire souffrir & obeyr contraignez ceux qu'il appartiendra par toutes voyes deuës & raisonnables: nonobstant oppositions ou appellations quelconques, voulans que par vn bref extraict des presentes inseré à la fin ou au commencement desdits livres, elles soient tenuës pour signifiees & venuës à la cognoissance de tous: Mesmes qu'en vertu d'icelles toutes saisies & exploicts necessaires soient faits par le premier nostre Huissier ou Sergent sur ce requis, sans demander visa ne pareatis. Car tel est nostre plaisir. DONNÉ à Paris le vingt neufviesme iour de May, l'an de grace mil six cens quinze. Et de nostre Regne le sixiesme. Signé par le Roy en son Conseil de Canonne: Et seellé d'vn grand sceau en cire iaulne.

IE soubsigné certifie avoir baillé à Samuël Thiboust Libraire, la permission d'imprimer ou faire imprimer le presēt livre des Memoires de Beauvais & Beauvaisis, pour le temps & terme de six ans: selon ce qu'il m'est permis par les lettres patētes du Roy du XXIX. iour de May, l'an mil six cens & quinze. Tesmoing mon seing cy mis le XV. iour de Septembre MDCXVI.   ANT. L'OISEL.

MEMOIRES DES PAYS, VILLES, COMTE' ET COMTES, EVESCHE' ET EVESQVES, Pairrie, Commune, & Personnes de renom

DE BEAVVAIS ET BEAVVAISIS.

DV BEAVVAISIS.
CHAPITRE I.

Sommaire.

I. *Du Beauvaisis du temps des Gaulois & François.* II. *De la grandeur du pays, multitude du peuple, & estenduë de l'Evesché.* III. *Des Villes, villages, Doyennez, Abbayes, Eglises Collegiales, Prieurez, & autres Eglises de Beauvaisis. Vn lieu de l'Abbé du Mont corrigé.* IV. *De la fertilité & commodité du pays.* V. *Des Fontaines, Estangs, Rivieres, & signamment de celle du Therain. Vn lieu de Aimoin corrigé.* VI. *Du naturel des habitans.* VII. *De quelques Coustumes particulieres. Faute corrigée en la Coustume de Senlis.* VIII. *Des Monnoyes de Beauvais.*

I. DE's que l'on commença à parler à bon escient à Rome des Gaules, & singulierement des BELGES, les Beauvaisins furent des plus renommez. Il y a vne lettre de Cælius entre celles de Ciceron, qui est la

A.

premiere du huictiesme Liure de ses Epistres, par laquelle il mande pour vne grande nouuelle, que Cesar estoit forclos, inuesti, & enueloppé de toutes parts vers les Beauuaisins, ou pour le dire en ses termes, *Cæsarem apud Bellouacos circumsederi, interclusum ab reliquo exercitu*. C'estoit lors que Iules Cesar estoit empesché à les combatre. Car il appert par les Liures de la guerre des Gaules, qu'ils luy ont donné plus de peine que nul autre peuple du pays, comme estans les plus forts & les plus vaillans des Belges, & les Belges de tous les Gaulois; iusques à se vanter qu'ils le combattroyent eux seuls, sans se mesler auec les autres: s'asseurans, suiuant le rapport qu'en faisoient ceux de Rheims, de fournir cent mil hommes de guerre, dont il y en auroit soixante mil à l'eslite; & qu'ils l'auoyent ainsi promis aux Estats ou Assemblée generale des Belges. Aussi dit Cesar que les ayant deffaict & rembarré iusques en leur ville, ou *oppidum*, qu'il appelle *Bratuspantium*, & s'estans rendus à luy, ils luy baillerent six cens ostages. Il ne sera pas mal à propos de mettre icy ses propres mots, qui sont au II. Liure de ses Memoires, *Plurimum inter Belgas Bellouacos & virtute & auctoritate & hominum numero valere, hos posse conficere armata millia centum: pollicitos ex eo numero lecta millia* LX. *totiúsque belli sibi imperium postulare.* adioustant peu apres, que, *Ciuitas erat magna, & quæ inter Belgas auctoritate ac hominum multitudine præstabat*. Et au VI. *ciuitatem Bellouacorū in Gallia maximam habere opinionem virtutis.* Pour laquelle cause il enuoya premierement contre eux ceux d'Autun qui estoient à son service, les renforçant de trois de ses principaux Lieutenans Pedius, Cotta, & Labienus, & puis y allant luy mesme, & les ayant faict retirer en leur *Bratuspantium*, & combattu; il composa en fin avecques eux par l'entremise de Divitiacus Autunois leur amy, & non pas leur Roy comme aucuns ont escript, prenans pour ce regard Soissons pour Beauvais. Vray est que quelques vns des principaux des Beauvaisins se retirerent en Angleterre, avec les autres Belges, qui s'y estoient desia habituez. Neantmoins ce qui resta se remit bien tost apres en liberté, signamment à la premiere revolte des Gaules, en laquelle sans se mesler avec les autres, ils s'attendoient de combattre eux seuls Iules César. Car il en dict luy mesme ces mots, *Ex iis Bellovaci suum numerum non contulerunt, quòd se suo nomine atque arbitrio cum Romanis bellum gesturos dicerent, neque cuiusquam imperio obtemperaturos.* Et neantmoins presterent & enuoyerent deux mille de leurs homes au secours de Commius Roy des Artisiens leur hoste, amy, & confederé. Et Hircius Pansa Livre VIII. dict notamment que, *Bellovaci belli gloria Gallos omnes, Belgásque præstabant*, & que si Cesar se fust presenté avec trois legions, les Beauvaisins s'attendoient de le combattre seuls, sinon deliberoient se tenir coys & serrez en leur camp: luy dressans iournellement des embusches, l'empeschant en ses fourrages, & que ceux d'Amiens, d'Artois, de Caux, du Vvexin, & des autres lieux choisirent pour leur chef Correus ou Corbeus Beauvaisin, tant pour sa vaillance & experience au faict de la guerre, qu'à cause de la haine qu'on sçauoit qu'il portoit aux Romains, selon ce qu'on escript de Hannibal. Adioustant que leurs conseils estoient pleins de prudence, & qu'il n'y auoit rien en eux qui se ressentist de la temerité des Barbares : & pour le dire en ses mots, *Consilia eorum plena esse prudentiæ, longéque à temeritate Barbarorum remota esse*: qui approche de ce que les Roys Pyrrhus & Philippes disoient des Romains, lors qu'ils les virent premieremét rágez & ordonez en bataille. Aussi se veoid-il que Cesar se trouua si empesché à les attirer au combat, qu'il y desploya vne partie de ses ruses : comme en resserrant & fortifiant son camp, feignant d'auoir peur, ne faisant monstre que de trois legions, & neátmoins en ayant vne autre derriere le bagage, outre le secours qu'il auoit des autres Gaulois & Allemans ses associez, lesquels il employoit à faire des courses afin de les amorcer & attirer. Et encores d'abondant auoit mandé à Trebonius, qu'il luy amenast trois legions de renfort, faisant cependant sortir de son camp grandes troupes de Cavallerie, Gauloise & Allemande, & signamment ceux de Rheims & de Langres, pour faire escorte à ses fourrageurs : où il y eut vne si forte rencontre, que le chef & Capitaine de la Caualerie de Rheims nommé Vertisque, y fut tué par l'Infanterie des Beauvaisins, qui fut l'vne des principales causes de les faire combattre à bon escient. Et neantmoins ayans depuis entendu la venue de Trebonius auec ses trois legions de renfort, ils commencerent à retirer de leur camp les vieillards & ceux qui ne pouvoient combattre, craignans d'y estre assiegez comme auoient esté ceux d'Aleize. Mais ainsi que Cesar eut fait ses approches de si prés qu'ils estoient camp contre camp, & qu'il les endomageoit grandemét auec ses traicts d'engins, ils prirent conseil de sortir de ce premier camp pour entrer en vn autre, mettans à ceste fin le feu aux pailles & autres choses qui y estoient, à ce que la fumée empeschast les Romains d'en rien veoir ou approcher. De sorte que s'estans retirez en vn autre lieu esloigné d'enuiron trois ou quatre lieuës, ils s'y camperent derechef, continuans tousiours leurs courses contre les fourageurs Romains; & principalement leur Capitaine Correus, lequel à ceste fin sortit du camp auec six mil hommes de pied & mil cheuaux. Dont Cesar ayant esté aduerty par ses espies, il fit tellement auancer toute son armée, qu'apres auoir longuemét combattu de pair à pair, ou comme dit Cesar, *aquo Marte*, que ceux qui pensoient enuelopper & inuestir les Romains, se trouuans eux mesmes enfermez de toutes parts par le grand nombre que Cesar y auoit, furent contraincts se sauuer dans les bois: fors quelques vns qui combatirent vertueusement auec le vaillant Correus, qui mourut au champ de bataille, sans se vouloir sauuer, ores qu'il y fust inuité par les siens, & sans se vouloir rendre aux Romains, combien qu'il en eust esté par eux requis, ne voulant suruiure à la liberté de son païs; & voyant que, tout estant perdu, il falloit que la vertu cedast à la fortune des Romains. Aussi si tost que les autres Citez eurent receu nouvelle de la deffaicte des Beauvaisins, ils envoyerent incontinent leurs Ambassadeurs vers Cesar pour se rendre à sa mercy, iugeans que ceux de Beauvais, qui estoient les plus puissans, ayans esté vaincus, il n'y avoit plus raison de penser resister. Neantmoins Cesar se deffiant ou craignant que les Bauvaisins ne se revoltassent, laissoit ou envoyoit tousiours quelques legions en garnison en leurs quartiers, commandees par ses principaux Lieutenans. Car ce qu'il dict au cinquiesme Livre, qu'il avoit delaissé trois Legions aux Belges avec Crassus Questeur, Plancus & Trebonius, il faut entendre que l'vne & la principalle d'icelles fut mise en Beauvaisis, disant puis apres au mesme Livre, qu'il manda à Crassus de luy renvoyer celle de Beauvaisis. *Nuntium in Bellovacos ad M. Crassum Quæstorem misit iubetque media nocte legionem proficisci, celeriterque ad se venire.* Et encores depuis qu'il eut tout conquis, ainsi qu'il pensoit, il laissa C. Fabius & L. Minutius Basilius avec deux legions sur les frontieres des Villes & pays de Rheims, *ne quam à finitimis Bellovacis calamitatem acciperent.* ce sont ses mots sur la fin de son septiesme & dernier Livre. Et depuis encores s'estant resolu daler assieger la Ville de *Vxoludunum* appellee maintenant Peuhdussolut, sur la fin de ses conquestes, il envoya M. Antoine son Questeur avec quinze cornettes de Caullerie en Beauvaisis, à ce qu'il ne fust cependant rien remué en leur pays. Et finalement s'en allant en Italie, envoya Trebonius avec quatre legions aux Belges, ainsi qu'il y a au Livre ensuivant que l'on attribue à Hircius ou Oppius, dont il ne faut point douter qu'il n'y en eust pour le moins vne en Beauvaisis, puis qu'il y adiousté cette raison, *Tutissimam fore Galliam, si Belgæ, quorum maxima virtus erat, exercitibus contineretur.* I'ay pris plaisir de lire & transcrire quasi tout ce que dessus des Memoires de la guerre des Gaules : Et d'autant plus que nous recognoissons encore les lieux esquels ces camps & combats de Cesar ont esté dressez & donnez, qui sont les collines, plaines, marais & bois d'entre Froidmont, Bresle, le Pont de Hermes, & autres proches de là : & signamment de la montaigne, laquelle iusques à huy retient le nom du Mont Cesar, qui ne sont esloignez de la ville ou cité de Beauvais, que de trois lieuës ou environ : & que ie croy estre le mesme lieu, auquel quelques creuës de regimens furent deffaicts par Monsieur le Duc du Mayne au mois de Septembre MDCXV. En memoire dequoy ie feis lors ces vers Latins, que i'ay bien voulu icy inserer, pour remarque du lieu de ces batailles & rencontres.

Hermæum ad pontem, Bernardi ad frigida Tempe,
Cæsaris ad colles, Romanáque castra, quid audes
Insanam temerè Bellonam, Galle, ciere?
Corræi ad tumulum haud aliter quàm cæde litari
Sanguinéque humano prohibebant Martia busta.
His ergo Hectoridæ confestim absistite terris,
Bellouacique Tharæ spurcari parcite lymphas.
Quin vos vnanimi dextras concordibus armis
Iungite : suadet & hoc ipso caducifer Hermes
Nomine. Túque prior, gentem qui ducis Olympo,

Purpurei cœtus monitu, populique rogatu,
Proice tela manu. Tum tu ô certißima proles
Henrici herois, Diui cognominis heres,
Iam regnique tuique potens, pace, auspice Christo,
Pace (boni quam suppliciter te poscimus omnes)
Quam primum motus hos comprime: quippe mora omnis,
Sit licet ista breuis, longa est ardente fauilla
In flammam subito quæ erumpet, in arida ligna
Cùm cadat, ac populos certatim in bella ruentes.
Et vero patrio mucrone & sanguine Franco
Quis furor hastatos Regum dotari hymenæos?
Cædibus ac furtis agros proscindere & vrbes?
Rhenum, aut Hesperios in Francica sceptra vocare?

I'ay esté plus long temps en ce discours que paradvẽture ie ne devois : & neantmoins nous en trouverions encore davantage en Tite Live, si ses cent huictiesme & cent quatorziesme Livres n'estoient perdus. Car Florus son abreviateur faict mention honorable des Beauvaisins, disant que s'estans rebellez, ils avoient en fin esté vaincus, mais les derniers de tous les autres Gaulois. En somme l'on peut dire d'eux qu'il a fallu vn Cesar pour les assubiectir à la souveraineté de la Monarchie qui avoit surmonté quasi tout le monde habitable. Ie dis vn Cesar en personne, & non pas vn de ses Lieutenans, comme il advint en beaucoup d'autres lieux. Strabon leur donne aussi le mesme tiltre d'honneur qu'avoit faict Cesar, disant qu'ils estoient les plus puissans des Belges, & les Belges de tous les Gaulois. Ils ne sont pas non plus oubliez par Pline ny par Ptolomée, qui est celuy qui

qui nous a le premier appris que leur ville s'appelloit en son temps *Cæsaromagus*, côme ayant esté bastie du nom & en l'honneur de Cesar, ainsi que nous dirons cy aprés. Ie ne doute point que nous n'en eussions d'autres tesmoignages és Histoires du temps d'Auguste & de ses premiers successeurs, si les Livres qui en ont esté escrits fussent parvenus iusques à nous, ou si ceux qui en restent estoient entiers. Signamment Tite Live, Patercle, Corneille Tacite & autres. Et neâtmoins nous apprenons du premier Livre des Annales de Tacite, que l'vn des premiers soins qu'eut Germanicus apres le decés d'Auguste, fut de s'asseurer des villes de la Belgique, par le sermét d'obeyssâce qu'il leur fit prester à Tybere. Du nôbre desquelles il est certain que les ville & pays de Beauvaisis estoiêt. Mais ie me suis esbahy de ce qu'Ammian Marcellin, qui avoit esté en ces quartiers, n'en faict aucune métion. Et d'autant plus que nous en avons deux si beaux placards ou monumens en son siecle, l'vn au Panegyrique de Eumenius le Rheteur composé en l'honneur de Constance pere de Constantin le Grand, par lequel ayant celebré & relevé ses proüesses tant pour la prise de Boulongne sur la mer, qu'en la deffaicte de Allectus successeur de Carausius, & des François qui les favorisoient en Angleterre, & en toute la coste de la Mer des pays que nous appellons de present Normâdie, Picardie, Flandres, Holande, & Zelande; Il dit que Constâce envoya vne partie de ces François pour repeupler les degats des pays de Beauvaisis, Amiens, Champaigne, & ailleurs,

B.

en ces mots: *Per victorias tuas Constanti Cæsar invicte, quicquid infrequens Ambiano, & Bellovaco, & Tricassino solo Lingonicoque restabat, barbaro cultore revirescit.* Appellant en cest endroit *Barbaros*, ceux qu'il avoit auparavant appellé François. Qui est aussi ce que le mesme Rheteur entend en vn autre Panegyrique, disant: *Quid loquar rursus intimas Franciæ nationes, non iam ab his locis, quæ olim Romani invaserant, sed à propriis ex origine sua sedibus atque ab vltimis Barbariæ littoribus avulsas, vt in desertis Galliæ regionibus collocatæ etiam pacem Ro. Imperij cultu iuvarent, & arma dilectu?* L'autre lieu qui est aussi remarquable pour Beauvais, est par vne loy singuliere de l'Empereur Constantin inserée aux Codes de Theodose & de Iustinian souz les titres *De veteranis, Data K al. Mart. civitate Bellovacorum Constantino A. VI. & Constantio Cæsa. Coss.* Loy digne du lieu où elle a esté donnée, estant toute guerriere, & contenant les principaux privileges des veterans ou exempts d'aller à la guerre. Et de ces deux lieux se peuvent remarquer deux autres choses memorables de Beauvais & Beauvaisis: l'vne qu'encore que les Gaules & specialement la Belgique, eussent esté grandement troublees par Altinus sur le declin de l'Empire Romain, tant par les revoltes de Postumus, Lollianus, Victorinus, Tetricus, Marius, & autres gouverneurs ou petits Tyranneaux qui s'esleverent pendãt l'Empire de Gallien le fayneant, & ses successeurs; que par les courses & ravages des Allemans, François, & Saxons: & encores à cause de la reuolte des Bagaudes conduicts par Ælian, Amand,

Batto, & Atton, & des rebellions & deluges des nations de ce temps; pour auſquelles reſiſter non ſeulement on multiplia le nombre des Empereurs & Ceſars, mais auſſi les deux principaux d'iceux, Diocletian & Maximian, furent contraints de quitter & abádonner le gouvernail de l'Empire pour le laiſſer à d'autres, vivre privez & en ſolitude; ſi eſt ce que ceux de Beauvais demeurerent tellement fideles aux Romains, que quand Maximian & Conſtance pere de Conſtátin y vindrét pour pourveoir aux vſurpatiós que Carauſius & Allectus ioincts avec quelques François, avoient commécé de faire ſur les coſtes de la France & Angleterre, laquelle ils tindrent l'eſpace de dix ans; les Beauvaiſins di-je, qui en avoient eſté tant travaillez, furent repeuplez de François qui leur furent lors envoyez. De ſorte que quand l'Empereur Conſtátin s'y trouva avec ſes veterans, il y fut le bien venu & receu, cóme en ville qui deſlors eſtoit Chreſtiéne, ainſi que ia eſtoit vne bóne partie des Gaules. L'autre & le ſecond poinct, qui ſe peut remarquer des paſſages deſſuſdicts, eſt que ceux de Beauvais ayans ainſi eſté repeuplez de François dés le temps de Conſtance, on en peut induire qu'ils ont eſté des premiers François de toutes les Gaules: avec leſquels ils ſe ſont par ce moyen tellement accómodez & appriviſez, qu'il ne ſe faut point eſbayr, ſi peu de temps apres les Roys de France s'eſtans approchez de ces quartiers avec leurs armées, ils s'en ſont ſi ayſément faicts les maiſtres. Car ie ne voy point que depuis ce temps les Romains ſe ſoient gueres trouvez, ny ren-

B ij

contrez en ces pays pour les en empefcher. Au contraire le fils aifné de Conftantin y ayant efté envoyé bien toft apres, il y fit tref-mal fes befongnes. Si que fouz les Empereurs fubfequents, & fignamment apres que Maximinus, qui avoit faict vne fi grande monftre & ravage par les Gaules, fut desfaict, ie ne voy autre garnifon en la feconde Belgique, dont eftoit Beauvais, que celle qu'on tenoit fouz celuy qu'ils appelloient *Prefectum Sarmatarum gentilium inter Rhemos & Ambianos*, dont il eft faict mention au Livre de la Notice de l'Empire Romain. Qui eftoit à mon advis au pays de Beauvaifis, fuivant les deffeins du premier Cefar: ou au Soiffonnois leurs voifins, où Gilles & Syagrius commanderét les derniers pour les Romains. Lefquels furent tellement vaincus par nos premiers Roys François, que peu de temps apres ils fe firent maiftres non feulement des baffes Allemagnes depuis le Rhein iufques à la riviere de Some, c'eft à dire de la premiere Germanie & des deux Belgiques, & mefmemét de la Province que nous appellons maintenant Picardie, premier & propre patrimoine de nos Roys: mais auffi de tous les pays d'entre les rivieres de Somme, Marne, & Seine; & toft apres jufques à celle de Loire, principalement apres que le Roy Clovis ayant efté baptifé & oinct au nom du Pere & du Fils & du Sainct Efprit, c'eft à dire faict Chreftien Catholique & non Arrian, (comme eftoient lors les Gots, la plufpart des Lombards, & vne grãde partie des Romains de ce temps là) les Evefques des Gaules, qui eftoient Catholiques, & avoient grand pouvoir & authorité dedans leurs villes, firent qu'on ouvrit les portes quasi de toutes celles de la France presque sans coup frapper, au Roy Clovis: si qu'en peu d'annees il se trouva Roy des Allemagnes & des Gaules, en ayant dechassé & les Romains, & tous ceux qui luy pouvoient resister. Depuis lequel temps il y a apparence, que la ville de Beauvais fut principalement gouvernée tant par ses Evesques que par les Comtes que nos premiers Roys y envoyerent pour y faire la iustice, gouvernás & contenans la ville & le peuple du pays soubs leur obeissance, comme leurs predecesseurs avoient faict souz les Empereurs Romains tant payens que Chrestiens. Qui faict qu'on ne trouve plus de faicts d'armes des Beauvaisins en particulier, ny autres, que quand nos Roys les ont employez en leurs guerres avec les Communes des villes, où ils se sont perpetuellement trouvez. Et si se veoid qu'il est tousiours faict honorable mention de Beauvais & de ses Evesques en tous les Autheurs du temps, ainsi que nous verrons aux Chapitres subsequens, & principalement en ceux des Evesques & des Comtes.

I I. Au surplus il ne se faut point esbayr de ce que Cesar dict, qu'il se trouvoit vn si grand nombre de gens de guerre en vn si petit pays. Car outre ce qu'il dict que ceux de Beauvais quitterent tous leurs maisons pour aller à la guerre (comme de faict tous y alloient sans qu'on s'excusast mesme sur son aage ou vieillesse, ainsi qu'il remarque quand il fait mention de Vertisque Capitaine de Rheims, dont il a esté

B iij

parlé cy dessus : comme reciproquement les Romains ne recevoyent aucune excuse quand les Gaulois leur venoyent faire la guerre) il faut sçauoir que le pays, l'estat, & territoire de Beauuaisis estoit grand & fort peuplé. Qui est ce que Cesar entend quand il dict que, *Civitas Bellovacorum erat magna*, & non pas simplement de la ville, y ayant apparence que de son téps le Beauuaisis alloit iusques à la Mer, en ce que l'on rapporte que l'vne des raisons qui l'auoit meu de passer en Angleterre fut, *Quod Bellovacos profugos suscepissent Britanni*, selon ce que Camdenus escrit en son Angleterre, alleguant à ceste fin vn lieu de Pomponius Sabinus & de Seneque, que ie n'ay peu rencontrer. Et de ces passages des nostres en Angleterre pourroit estre venu qu'il y a vn pays en ceste isle qui retient le nom de Belges, auquel le mesme Camdenus dit y auoir eu vn grand & vaillát Comte Beauuaisin, & vn Monastere tref-celebre & seruát d'asyle appellé Beaulieu, qui pourroient auoir pris leurs noms de Beauuais ou Beauuaisis. Dauantage pour monstrer la multitude du peuple du pays, c'est que quád Froissard parle de la Iaquerie de Beauuais conduite par vn Capitaine Iaques enfát de Beauuais, qui fut en l'an M.CCCLVIII. du temps du Roy Iean, il dict que s'ils eussent esté tous assemblez, ils eussent faict plus de cent mil hommes. Encores auiourd'huy le Beauuaisis est de si gráde estenduë qu'il contient beaucoup plus que ce qui est compris en la ligne qu'on a mis en la charte du Beauuaisis designee par le sieur de Frestoy, dont tout le pays luy est obligé. Qui sera cause que i'essayeray le specifier plus particulierement. Car il n'y a pas seulement ce qui est du Bailliage, siege Presidial, Eslection, ou Comté de Beauvais: mais aussi tout ce qui est de l'Evesché, lequel s'estend iusques à bien prés des portes de la ville d'Amiens, enfermant ce qui est de la Prevosté de Grandviller, qu'on appelle pour ceste cause Prevosté de Beauvaisis, le Comté de Clairmont qu'on dict aussi en Beauvaisis: allant de la iusques au pont de la ville de Compiegne: & tournat au pont saincte Maixance, passe outre la riviere d'Oise, allant iusques à vne petite lieuë de Senlis, & à cinq de Paris, y comprenant le Comté de Beaumont, & pardelà iusques au village de Mænel selon l'accord faict entre les Evesques de Beauvais & de Paris le lendemain de la S. Martin l'an MCCII. Ce qui a faict dire à Guillaume le Breton parlant de l'Evesché de Beauvais, Liure 1x. de sa Philippide ce vers,

Trans Isaram nimu ausa suas prætendere metas.

Notamment sont dudit Evesché outre Oise les III. paroisses qui ensuivent, Villeneufve souz Verberie, Aspremont, Fleurine, Sainct Christophle, Mons, Vaupendant, Royaumont, Asnieres, Gouvieux, la Morlaie, Morancy, Sainct Martin du Tertre, Presle, Baillet, Franconville, Masslée, & autres qui sont tous audelà de la riviere d'Oise. Puis l'Evesché retournant bien prés de Pontoise (que l'on dict avoir autrefois esté de l'Evesché de Beauvais, & que pour la controverse qui en fut entre les Evesques de Paris & de Beauvais il fut mis en sequestre és mains de l'Archevefque de Roüen, où il eſt demeuré) va bien prés de Chaumont le Vvexin, & de Gournay, quaſi iuſques à la riviere d'Epte, y comprenant les anciennes acquiſitions de Hugues de Gournay, dont mentiõ eſt faicte tant en l'additiõ de l'Hiſtoire de Sigebert, qu'au procés verbal de la Couſtume de Senlis. Puis environnant le pays de Bray, tourne vers la ville & Vidamé Gerberoy, & aux limites de Dieppe, pour de là retourner vers les portes d'Amiens, y comprenant meſmes l'Abbaye de Sainct Acheul, qui eſt aux fors-bourgs de la ville, enſemble tout ce qui eſt de ladite Prevoſté de Beauvaiſis. Bref les cõfins de Beauvaiſis ſont les pays de Vermandois & de Soiſſonnois vers l'Orient, le Pariſis du coſté de Midy, le Vvexin & pays de Caux vers l'Occident, & le Ponthieu & Amianois vers le Septentrion. Auſſi y a il tãt en ladite ville d'Amiens qu'en celle de Roüen des portes qui retiennent le nom de Beauvais, qui monſtre que le Beauvaiſis approche prés de ces deux villes. Et pour le dire plus particulierement, il y a au pays de Beauvaiſis les villes de Beauvais, de Beaumont ſur Oiſe qui eſt ancien Comté, iadis portion des apanaiges des Ducs d'Orleans, & depuis de feu Monſieur François frere des Roys Charles I X. & Henry I I I. Plus y a la ville ou bourg de Bulles auſſi iadis Comté : au territoire duquel croiſt grande quantité de lin, que ceux du Pays bas y viennent acheter pour en faire ces fines toilles de Hollande & de Cambray, leſquelles ils nous vendent ſi cheremẽt. Item Chambly dict le Hautberger, à cauſe qu'on y

for-

forgeoit iadis des haulbers, & pour ce est appellé en Latin commun *Cambliacus Loricatus*, où y a siege particulier du Bailliage de Senlis. Plus Clairmont, qui est ancien Chasteau & Comté, voire auparauant qu'il fust en la maison de France. Car i'y trouue vn Arnault, puis vn Raoul & Alix ou Adele ou Adeline sa femme, & Catherine leur fille femme de Loys, & finalemét vn Thibault leur fils. Apres estant venu au Roy Sainct Loys, fut par luy donné en l'an MCCLXIX. à Mósieur Robert son fils, composé & augmenté de plusieurs autres seigneuries, pour les tenir de la Couronne en hommage lige, sans preiudice de ce qui pouuoit releuer des Euesques de Beauvais, & Abbé de S. Denis en France. & ainsi commença le Comté d'entrer en la maison de Bourbó. & du fils de Robert nommé Loys, le Roy Charles le Bel l'ayát retiré, d'autant qu'il y auoit esté né, & fait Bailliage ou gouuernement Royal; il retourna derechef en ceste maison pendant le regne du Roy Philippes de Valois, & y est demeuré iusques au dernier Duc de Bourbon, & est maintenant posseddé par engagemét par Monsieur le Prince de Condé, qui est de la mesme maisó, & premier Prince du sang. Item il y a Creil, ville assez ancienne mentionnée en l'vne des Epistres de Loup Abbé de Ferrieres, faisant portion du Comté de Clairmót, ainsi qu'il est contenu en la lettre de l'appanage, ores que ce soit siege particulier du Bailliage de Senlis, où il y a aussi chasteau. Plus nous auons les ville & chasteau de Gerberoy, tant celebrés par nos histoires pour la resistance faicte contre les Anglois: & davantage les villes & chasteaux de l'Isle

C

Adam, & Mello qui est Baronnie, & encores le Pont sainéte Maixance. D'ailleurs y a plusieurs grands bourgs, comme Anneul, Angy qui est Prevosté Royale, de laquelle est Beauvais, & estoit anciennement Comté: Blicourt, Bresle, qui est l'ancienne ville & chasteau de l'Evesque, Breteuil qui a aussi autrefois porté tiltre de Comté, Castenoy, Coudun, Crevecœur, Fontaine Lavagan, Sainct Germer, Hondenc en Bray, de present erigé en Baronnie. Lavrechines, Grandviller, Mafflée, Marseillé, Meigneley, Meru, Milly, Motathere, Monchy le Chastel, qui est la premiere & plus ancienne Baronnie du pays, & de telle qualité que le Roy Loys le Gros prit la peine de l'assieger pour la reduire à l'obeyssáce du Royaume, aussi bien que Chambly denômé cy dessus: Moüy, où se fait grande quantité de serges & draps, Ons en Bray, Persat, Poix, Precy, Presles, Resson, Rollo, Sauegnies où se faict vne partie des pots de terre dont non seulemét la France, mais aussi l'Angleterre, les Pays bas, & autres voisins sont fournis: & où l'on dit qu'il se trouve de la terre propre à estancher le sang, comme de la Sigillée ou Lemniene. Plus il y a les bourg & Abbaye de S. Iust, iadis appellé Simonville, ainsi que nous dirons cy apres au Chapitre des Personnes de renom, de S. Leu de Serans, où y a vn bon & ancien Prieuré, Tillard, & Villeneufve le Roy: sans ceux qui ont esté ruinez & destruicts par les Normans & Anglois: comme Ansac, Ballagny, Bury, & presque toute la vallée de Beauvaisis. au nombre desquels i'estime qu'on doit mettre le village de Venette pres

Compiegne doyenné de Coudun, d'autant que c'est peu de chose maintenant au pris que c'estoit iadis: l'auteur de la vie de Sainct Audebert Archevesque de Roüen, qui est ancienne, l'appellant *Venetam villam regiam quæ sita est in pago Bellovacensi secus fluvium Iseram*. car le ravage des Normands en Beauvaisis est advenu depuis ce temps là. D'abondant il y a trois cens soixante & dix villages & paroisses, & plusieurs autres qui ont esté erigées depuis: lesquelles sont divisées en neuf Archediaconez ou Doyennez ruraux, dont le premier est celuy du pays de Bray, possedé par les Anglois lors qu'ils tenoient la Normandie, & sur eux reconquis par le Roy Philippes Auguste en l'an MCCII. ainsi qu'il y a en la suitte de la Chronique de Sigebert composée par Robert Abbé du Mont. Car ce sont les acquests de Hugues de Gournay, ainsi appellez par les Coustumes de Normandie & de Senlis. Ce que ie remarque, à ce que ceux qui prendront la peine de lire ces Memoires corrigent leur Livre, & y mettent *Brayum* pour *Branum*. Car c'est le pays de Bray, dont il parle en ce lieu. Ce Doyenné donc de Bray contient quarante & cinq paroisses du Diocese de Beauvais. Le secõd Doyenné est celuy des Montagnes, qui en a cinquãte. Le troisiesme Beaumõt, qui en cõprend quarãte & quatre. Le quatriesme Monchy le Chastel, quarãte neuf. Le cinquiesme Clairmont, qui en contient trente quatre. Le sixiesme Pont, quarante six. Le septiesme Coudun, trente cinq. Le huictiesme Resson, trente huict. Et le neufiesme Breteuil, qui en comprẽd quarante quatre, sans plusieurs autres nouvelles paroisses & secours qu'on a esté contraint d'y adiouster à cause de l'accroissement du peuple, & sans les Chapelles particulieres des Hameaux & Chasteaux des Seigneurs & Gentilshommes : les Maladeries, Hospitaux, & Maisons Dieu qui sont en divers lieux: Et encores sans les Eglises Collegiales, & Canoniales de Beaumont, de Clairmont, de Creil, de Gerberoy, de Monchy, de Mello, de Montathaire, toutes fournies de dignitez & Chanoines prebendez, les vnes à la collation de l'Evesque, les autres des Seigneurs fondateurs. Outre ce que dans la ville & fors bourgs de Beauvais on trouvera plus de trente Eglises qui seront nommées au Chapitre suyuant. Mais dedans le diocese, il y a encores plusieurs grandes & bonnes Abbayes: comme Arson, Beaupré, Breteuil, Froidmont, le Moncel pres le Pont Sainɑe Maixance, Royaumont qui auparavant s'appelloit Cuymont, Sainɑ Acheul, Sainɑ Germer de Flay, Sainɑ Iust, Sainɑ Martin au Bois, Sainɑ Symphorian iadis Chanoines, l'Abbaye de S. Paul, qui sont religieuses de S. Benoist, & Pentemont de S. Bernard: le Prieuré conventuel de Vvariville dependant de Fontevrault, & environ quarante huiɑ Prieurez d'hommes. Toutes lesdites Eglises, sçavoir est la Cathedrale, & les Collegiales, Abbayes, & Prieurez de si grād revenu qu'il surpasse cent cinquante mil escus par an. Il y a en outre tant de Chasteaux & de maisons de Gentilshommes proches les vns des autres, qu'en moins de deux ou trois lieuës il s'en trouvera pour tréte & quarante mil liures de rente, tant le pays est riche & peuplé.

IV. Aussi est il tres-abondāt en bleds, arbres fruictiers, bois & forests, prairies, pastis & communes qui leur fournissét vne infinité de venaison, bœufs, vaches, & bestes chevalines, les costaux & campagnes couverts de troupeaux de moutons vestus de bonnes laines, grands & gras outre l'ordinaire. Et generalement y a toutes sortes de biens que l'on sçauroit desirer pour la vie de l'homme: mesmes du vin competammét tant pour la boisson du commun, que d'assez bon en quelques trieges des environs de la ville, &, comme ont escrit quelques Medecins de ce temps, fort salutaire pour les corps humains: & encores meilleur vers Clairmont, signamment à Bailleval, Liencourt, la Bruyere, S. Felix & autres lieux. Au territoire duquel sainct Felix, affin de remarquer ce miracle de nature en passant, il y a vne petite colline remplie de grande quantité de coquilles, semblables à celles que l'on trouve sur la mer, comme dict Ovide au xv. Livre de sa Metamorphose,

Procul à pelago conchas iacuisse marinas.

Ce que ceux qui ont escrit de pareilles rencótres, ont dit estre des remarques & restes du deluge vniversel.

V. Plus y a au pays de Beauvaisis cinq rivieres ou ruisseaux, dont il n'y a que la riviere d'Oise navigable. Les autres ruisseaux non navigables sont Therain, Avelon, Bresche, Araynes. Et quant à Therain, qui est la principale, & passe dedans la ville de Beauvais, elle viét de deux sources. L'vne du costé du Couchāt est prés de l'Eglise sainct Pierre de Grumesnil, dernier village de l'Evesché du costé de Dieppe: puis passant par Cauny, sainct Sanson, Sully, Hericourt, Fontenay, Escames, Songeon, Grenneviller, Vrocourt, Caigny & Bonnieres, se va rendre à Milly. L'autre source, qui vient du costé de Septentrion, est entre les villages de sainct Denicourt & Omecourt, vn peu au dessus du village de Therine, qui prend son nom de la source de Thaire ou Therain, & s'escoulant à Marseille dans la prairie de Beaupré, & passant par Achy & sainct Omer, se vient ioindre avec l'autre audit Bourg de Milly. Et de là passans conioinctement par Canteville & Troissereurs, se vont rendre à Beauvais. Comme aussi faict celle d'Avelon, qui vient du pays de Bray: & du costé de Pantemont se rend aussi à Beauvais. Et de là apres avoir servy à plusieurs moulins, à nettoyer la ville, & aux manufactures des laines, draps, taintures & tanneries, les cauës se rassemblent à la porte de Paris, où la riuiere se faict si grosse & grande, que l'on la pourroit rendre navigable iusques à la riviere d'Oise, n'estoit qu'on a mieux aymé s'en ayder à plusieurs moulins à bled, draps, papier & autres qui sont depuis Beauvais iusques à Oise, signamment és villages & bourgs de Marissel, Bracheul, Tardonne, Condé, Villers, Herme, Hondainville, Moüy, Balagny, Mello, Soubriviere & autres iusques à Montataire, où est l'embouchure & le conflant de Therain, ou Thaire en celle d'Oise, lequel se faict avecques vn sault, qui monstre que le pays de Beauvaisis est plus haut en ses vallées, que ne sont celles des rivieres d'Oise ny de Seine. De ce Conflant est faict mention au continuateur d'Aymoin Livre v. chapitre xxxix. Ce que ie remarque d'autāt qu'il y a faute en tous les imprimez, laquelle il faut corriger ainsi suivant les Livres escrits à la main, *vbi Thara Isaram influit*, au lieu qu'il y a *Nara*, que M. le President Fauchet a pris pour le grād & petit Morin: qui doit estre fauorablement pardonné à celuy, auquel la France est tant obligée, pour nous avoir appris beaucoup de choses incogneuës à ceux qui avoient escrit avant luy. Car comme nous verrons cy apres, *Isara* en tous nos derniers escrivains Latins, est la Riviere d'Oise: & tous nos Legendaires & tiltres Latins appellent celle du Therain, *Tharam.* Les autres petites rivieres ou ruisseaux sont Aironde, qui passe par Gournay, qu'on dict sur Aironde, & par Mouchy le perveux; l'autre la Bresche, qui est plus proche de Beauvais, passant par Môtreul sur Bresche, Bulles, Vvariville, le Lis, VVarty, Pont de Pierre, Brullesec, Brullevert, Mouchy sainct Eloy, Villers S. Paul, & tout le long de la prairie qui est audeça de Clairmont: ces deux ruisseaux se rendans dedans la riviere d'Oise, sçavoir est Bresche au dessus de Creil, & l'autre au dessus de Compiegne. Le cinquiesme ruisseau, qui est si petit qu'il n'a point de nom, sort d'auprés Meru, & passant par Fosseuse & Chábly se va aussi rendre en la riviere d'Oise au dessouz de Beaumont. Et ce qui pourroit sembler singulier en ces ruisseaux, c'est qu'ils s'escoulent tous d'Occident en Orient contre l'ordinaire de la pluspart des Rivieres, qui est vne marque de la bonté des eaux tesmoignée par Avicenne. Servent ces ruisseaux à la netteté, commodité des villes, bourgs, & pasturages des valées de Beauvaisis, outre ce qu'elles sont remplies de quantité de poissons, & singulierement celle de Therain de belles & bonnes Truittes saulmonnées & autres. Il y a aussi au pays plusieurs estangs, signamment celuy de Gouvieux, & ceux du pays de Bray: & pareillemét grande quantité de belles & bonnes fontaines, & salubres pour les corps humains: entre lesquelles celle de Forges s'est renduë aussi celebre que celles de Pougues en Nivernois, & de Vic le Comte en Auvergne : & encores vne autre descouverte depuis quelques années proche du Becquet & de l'Abbaye de sainct Paul, à vne licuë de Beauvais. A la difference du pays de Bray, qui est plain, bas, & de pasturage; il y a vn autre pays plus relevé que l'on appelle des Montagnes, dont le Doyenné des Montagnes prend son nom, tout pays de labeur, si bon & fertile, qu'il y a peu de carrieres proches de la ville, qui faict qu'elle est pour la pluspart bastie de bois: & n'y a gueres que celles du Chapitre. Est d'ailleurs abondamment fourny de marée qui vient de Picardie, laquelle estant chassée à Paris, passe par dedans la ville de Beauvais, & consequemment est meilleure & plus fraiche qu'à Paris, & plus saine que sur la mer mesme, d'autát qu'en estant esloignée d'vne iournée elle est suffisamment chassée. Davantage il y a au païs de Bray, & en toutes les valées & pastures cómunes, vne si grande abondance de bestiaux pour la provision

sion de chairs, que l'on en meine quantité en la ville de Paris, en laquelle pour ceste cause il y a vne boucherie vers les Halles appellée la boucherie de Beauvais. Bref comme le pays est grand & bien peuplé, aussi est il fourny de toutes sortes de nourritures: iusques à estre abondant en venaison & gibier à cause des bois & forests qui sont és Comtez de Beauvais, de Clairmont, & Beaumont: & pareillement en bestes & oiseaux pour le plaisir de la chasse & vollerie.

VI. Pour toutes ces commoditez le peuple n'a point degeneré de son premier naturel, ny d'estre tousiours courageux & guerrier. Car outre ce que la noblesse y est assez frequente, hardie & bien addroicte aux armes, nous lisons és Histoires de France, que l'on faisoit estat en nos guerres des Communes de Beauvaisis : notamment qu'elles firent devoir de combatre en la iournée de Bovines du temps du Roy Philippes Auguste: qui est la premiere & la plus grande bataille de la derniere race de nos Roys, & qui plus les a asseuré en leur estat. Il y a aussi en la ville de Beauvais des compagnies d'Infanterie, qui s'exercent ordinairement à tirer de l'arc, arbaleste, harquebuse, à quoy ils sont si adroicts, que se faisant des Assemblées pour tirer, les enfans de Beauvais en emportent ordinairement le pris. Pour le regard du menu peuple de Beauvais, ils s'employe principalement à la manufacture des laines & drapperies, dont il s'est tousiours faict & faict encores grand traffic & debit en la ville de Beauvais, au bourg de Moüy, & autres, signamment de serges si fines, qu'on les peut parangonner à celles de Florence, dont ils fournissent vne partie de la France & pays estrangers. & paraduenture s'y adonne-on vn peu trop, en ce que les habitans de la ville ne pouvans fournir à filer la laine qu'il y convient employer; on est contrainct avoir recours aux habitans des villages voisins, qui est cause que les terres n'en sont pas maintenant si bien labourées ny cultivées qu'elles souloient. Plus il y a és villes de de Beauvais, Clairmont, Mello, Moüy, Chambly, plusieurs taneurs, tapissiers, tainturiers, sergiers, & autres mestiers, dont se tirét grádes sommes de deniers. En general le peuple du pays retiét beaucoup de son ancien Gaulois, estant fort devot & Catholique, aumosnier & hospitalier: gaillard & advisé & d'vn sens naturel assez bon: nó si fin ne si caut que le Normád, mais plus beaucoup que le Picard: & neátmoins non si eschauffé: excepté que la populasse de la ville est vn peu própte à sedition: le reste tenát aucunemét du naturel du Fráçois, avec lequel il traffique plus ordinairement, signámét à Paris. Aussi sont ils du gouvernement de l'Isle de France. Le commun peuple est assez beau, les femmes aggreables, mesnageres, & la pluspart doublement meres: c'est à dire nourices de leurs enfans, qui faict que leur beauté se passe plustot: mais aussi les enfás s'en portét-ils mieux: & d'ailleurs tres-vaillátes, comme il se verra cy apres. Quant à ceux du plat pays, ils sont assez industrieux, propres aux armes quand la guerre les y appelle, ingenieux & adroits au traffic & labourage; & n'y a gueres que les villageois proches des pasturages & communes qui soient vn peu fetards & paresseux, se contentans de la nourriture de quelques bestiaux. Bref il se peut dire pour conclusion de Beauvais & du Beauvaisis, ce que Ives de Beauvais en escript au Roy Louys le Gros en l'vne de ses Epistres, les voulant excuser de quelque emotion advenuë en la ville, dont le Roy s'estoit offensé. *Populum Belvacensem esse, à quo potest regia potestas præ cæteris vrbibus Galliarum honestum habere servitium*; Que nos Roys peuvent tirer beaucoup de service du peuple de Beauvaisis.

Au surplus ie trouve en la LXXVII. Epistre du mesme Ives, qu'il y avoit iadis des Coustumes particulieres & locales à Beauvais, & consequemmēt au Beauvaisis: qui fait qu'on ne doit trouver estrange, si ceux de Clairmont, qui est de Beauvaisis, ont conservé la leur: ny si les Deputez de Beauvais avoient maintenu en la redaction des Coustumes de Senlis, qu'ils en avoient vne, selon ce qui est porté par le procez verbal d'icelle, & ce tant en general à la comparition faicte par les Bailly & Procureur de l'Evesque & Comte de Beauvais, que particulierement par les remonstrances contenuës au CVI. article faisant mention du privilege de ne pouvoir les biens des habitans de la ville estre saisis, ny en estre faict inventaire par la iustice de l'Evesque, sinon qu'on en soit requis par les heritiers du defunct. Et sur le CXXXIX. que la representation y avoit tousiours eu lieu en ligne directe. Il y a encores au procez verbal, sur le CXLVIII. qu'à Beauvais l'heritier ne pouvoit em-

VII.

D ij

pescher l'executeur du testament en son execution, s'il ne luy en bailloit actuellement les deniers. Et finalement sur le CXXXVI. article, parlant du droict de relief de fief en toute mutatio, on pourroit adiouster le droict d'aubeine pretendu par l'Evesque & Comte, dont mention est faicte au procez verbal de ladite Coustume, ensemble le contenu aux Chartes des Roys Louys le Ieune & Philippes Auguste, de l'an MCLII. notamment celle du retraict lignager prescrit par an & iour, & autres dont il sera parlé cy apres au Chapitre de la Commune. Mais ceux de Beauvais n'ayans faict apparoir de ces Coustumes particulieres, sont demeurez subiets à la generale de Senlis, fors en vn poinct remarquable, qui est qu'il ne se paye aucuns lots ny ventes en toute la ville & fors-bourgs de Beauvais: ains vn droict qu'ils appellent Coustume, lequel s'apprecie tous les ans par les Pairs & hommes de fief de l'Evesque, & autres ayans iustice & censive en la ville & Comté, & ainsi s'observe-il nonobstant qu'il n'en soit rien porté par la Coustume de Senlis. Ce qui tient aucunement tant de la Coustume de Normandie, par laquelle les heritages tenus en bourgaige sont exempts de droicts seigneuriaux, article CXXXVIII. que de la ville de Peronne, art. LVI. & de l'ancienne de Mondidier, par la Charte du Roy Philippes le Bel de l'an MCCXCVII. La forme de l'appreciation de ce droict de Coustume payée dans Beauvais est, que tous les ans les hommes de fief de l'Evesque & Comte de Beauvais appellez pardeuant son Bailly la veille de Noel appre-

DV BEAVVAISIS. 29

cient la valeur d'vn pain, de huict pots de vin, & de deux chappons, qui est ce que l'on doit pour tout droit de vente, & selon ce on paye la somme à laquelle cela est apprecié à quelque somme que puissent monter les deniers de la vente, qui est peu de chose : le pain n'estant ordinairement estimé que trois deniers, les huict pots de vin seize ou dixsept sols. De sorte que les lots & ventes d'vne maison quelque belle, & grande qu'elle soit, ne se montent iamais à plus de quarante sols. On pourroit encores adiouster aux Coustumes de Beauvaisis la forme des bans ou publications des mariages, qui se font par toute la Chrestienté suiuant le chapitre, *Cùm in tua ext. de sponsʃ. & matrim.* par lequel il appert qu'ils ont pris leur source & origine de l'Evesché de Beauvais: mais cela est plus de Coustume Ecclesiastique ou spirituelle que temporelle ou locale. I'ay aussi leu vn vieil cayer de l'ancienne Coustume de Clairmont, où le CCL. article porte que les gros dismeurs sont tenus de fournir de livres aux Eglises parochiales, que ceste coustume estoit gardée partout le Diocese de Beauvais, auquel la pluspart du Comté de Clairmont est assis. Ce qui m'a semblé devoir estre icy remarqué.

Il ne faut non plus oublier qu'en plusieurs anciens VIII. tiltres des années mil cent, deux cens, trois cens, & quatre cens, il est faict mention de deniers, sols, & livres de Beauvais, dont la valeur estoit plus grande que des Parisis: car i'ay veu en vne Sentence du Bailly de Beauvais donnée entre le Procureur fiscal de

D iij

l'Evesché d'vne part, & les Maire & Paits de la ville d'autre, en datte du penultiesme iour de Nouembre MCCCLXXIX. que le denier Beauvaisin valloit vn denier & demie Poiteuine Parisis. Et le sieur Adrian homme docte, Advocat à Beauvais, m'a envoyé vne sentence arbitrale donnée en l'an MCCVIII. entre Monsieur Philippes lors Evesque de Beauvais d'vne part, & son Chapitre d'autre, en ces termes: *Dominus Belvacensis Comes est & Episcopus, & moneta Belvacensis ipsius est, eo modo quo in tota diocesi, præterquam in domo Episcopi, & intra portas eius non potest formari moneta. Ipse enim cuneos tradit monetariis, & de singulis libris monetatis habet denarios IIII. Materia monetæ talis est, duæ partes sunt de argento examinato, & tertia de cupro vel circa. Et nunc indifferenter recipiuntur in omnibus venalibus Parisienses & Belvacenses, tum propter paucitatem Belvacensis monetæ, tum quia cursum debitum non facit Episcopus habere monetam suam, cùm alij Episcopi obtinuerint, & ipse nullo tempore obtinuerat, quòd moneta Belvacensis cursum publicum habeat per totam diocesim.* Ce qui monstre clairemét, que l'Evesque & Côte de Beauvais avoit pouvoir de forger monoye, laquelle avoit tellemét cours en son diocese, que i'ay veu plusieurs Chartes de fondation qui en font métion. Comme ce droict de monnoye estoit iadis vsurpé par la pluspart des Seigneurs du Royaume, ce qui s'est aboly peu à peu. Et neátmoins i'ay appris du mesme Adrian, qu'il se trouve aux Registres de l'Hostel de la ville, que le Roy Charles VII. permit en l'an MCCCLXXXIII. d'y establir vne monoye, sans preiudice des droicts de l'Evesque. Ie n'ay peu veoir ny rencontrer aucune de ces monnoyes: mais feu Monsieur Petau Conseiller en Parlement, tres-docte & grand antiquaire, m'a donné vn plus ancien denier d'argét forgé à Beauvais du temps des derniers Roys de la race de Charles Maigne en ceste forme.

Ie croy que ceste monnoye est de Charles surnómé le Simple, & nó du Chauve, Beauvais n'estant point nommé és Capitulaires entre les villes ausquelles il avoit permis d'en forger. Estant d'ailleurs vray semblable, que toutes choses estans grandement brouillées sur ce declin, & l'auctorité de ce Roy fort affoiblie, & consequemment y ayant faute d'argent par tout, & particulierement en Beauvaisis; ils furent cótrainéts d'auoir permission d'en faire, tout ainsi qu'ils eurent du temps du Roy Charles VII. selon ce qui a esté dict cy dessus.

DE LA VILLE ET CITÉ de Beauvais.

CHAPITRE II.

Sommaire.

I. *Bratuspantium* ancienne ville des Beauvaisins Gaulois, & depuis *Cæsaromagus* souz les Romains. II. L'Itineraire d'Antonin corrigé & expliqué. III. La riviere d'Oise, *Esia*; & depuis *Isara*. Vn lieu de Floard corrigé. IV. *Brivaisaræ*, *Pontisara*, *Pontoise*. La chaussée de Iules Cesar. V. *Petromantalium*. VI. Vn fragment d'inscription Romaine, deux anciens Epitaphes. VII. *Belgivagus*, *Belvagus*, *Belvacus*, *Belgius*, *Bellovacum*. VIII. De la cité & ville de Beauvais. IX. Des Eglises Cathedrales, Collegiales, Parrochiales, & autres; & des Abbayes. X. Vne antiquité remarquée en l'vne des Eglises. XI. De l'Hostel de la ville, vne antiquité d'icelle. XII. Des Synodes, & autres Assemblées tenues à Beauvais. XIII. Vn lieu corrigé au Livre de l'Abbé Suggere. Vn autre en l'Histoire de l'Abbé du Mont. Et encor vn au Synode ou Concile de Limoges, & ailleurs. XIV. Plusieurs singularitez de la ville, principalement en ce qu'elle est pucelle, n'ayant oncques esté prise par les ennemis. XV. La seconde de l'Eglise Cathedrale, la troisiesme au marché, la quatriesme de la Maison de l'Evesque. XVI. La cinquiesme des paroisses, la sixiesme de la santé de la ville, la septiesme de la Librairie & thresor de l'Eglise, d'vn bassin singulier; la huictiesme du College.

La ville de Beauvais a retenu son nom du Latin de son pays *Bellovaci*, à la façon que Paris a le sié de *Parisij*, Rheims de *Rhemi*, Sens de *Senones*, Amiens de *Ambiani*, & ainsi des autres. Car l'ancien nom Gaulois de la ville des Beauvaisins, que Iules Cesar dict *Oppidum Bellovacorum*, estoit

estoit *Bratuspantium*, ainsi qu'il y a en ses Commentaires. Dont il ne se faut point empescher de rechercher les ruines ou remarques. Car il dict luy mesme en son VII. Livre que les villes & forteresses des Gaulois estoient de palis, ou poutres de bois plantées de deux pieds en deux pieds, les entredeux farcis ou remplis de pierres, le tout renforcé & soustenu de grosses poultres, sans autre fondement, à la façon des murailles que Spartian escrit avoir esté construictes par l'Empereur Hadrian pour empescher les courses des Barbares, & du Chasteau d'Attila descrit par Iornandes, comme on a trouvé aux dernieres guerres de Hongrie contre les Turcs des villes basties de mesme, & comme l'on escrit que sont les principaux bastimens, voire les Palais de la Sine: ou bien selon ce que nous lisons en Vitruve, au premier chapitre de son second livre. A raison dequoy on ne doit trouver estrange ce que remarque Aggenus Vrbicus sur Frontin que certaines forests estoient destinées & appropriées aux villes pour en tirer & appliquer le bois à l'entretenement des murailles d'icelles. Consequemment ne se faut point esmerveiller si les demeurans ou ruines des murs de ceste ancienne ville des Beauvaisins bastie de la façon susdite, n'ont peu parvenir iusques à nous. Aussi n'y a-il à mon advis point d'apparence de penser que *Bratuspantium* soit Granviller, Grattepanche, Breteuil, Beaumont, ou Clairmont, comme aucuns ont estimé: & encores moins le *Bratuspantium* des Auteurs modernes: car ils parlent du pays ou de quelque ville du Comté de

E

Brabant, ainſi qu'il appert en Sigebert, ſur les années IXCXCVII. & MXII. Tellement que l'on ignore du tout où eſtoit ce *Bratuſpantium* : ſi ce n'eſt la cité meſme de Beauvais que l'on fit baſtir depuis au lieu de l'ancien *Bratuſpantium*, & le camp des garniſons ou legions que l'on y logeoit, en le nommant du nom de Ceſar, *Cæſaromagus* : la Cité qui nous reſte dans la ville eſtant tres-ancienne, & vrayement Romaine, preſque quarrée, & quaſi en ceſte forme, fermée de murailles eſpaiſſes de huict pieds accõpagnées de hautes tours rondes, de meſme eſtoffe & également diſtantes les vnes des autres, afin de ſe defendre les vnes les autres ſuivant le precepte de Vitruve. De laquelle cité les reſtes ſe voyent auiourd'huy pour la pluſpart: le tout baſty de petites pierres quarrées fort dures, entrelaſſées de groſſes & larges briques, tellement cimétées enſemble que l'on n'y ſçauroit quaſi picquer. L'vne des largeurs de ceſte Cité commençant du coſté d'Orient à la porte que l'on l'appelle *Gloria laus*, autrement du Chaſtel, que ie croy avoir eſté la principale porte d'icelle: & que l'on l'appelloit Chaſtel ou pluſtoſt *Caſtellum*, ou bien qu'il y avoit vn Chaſteau à l'entrée d'icelle, au lieu où eſt maintenant baſtie l'Egliſe de S. Barthelemy, tant pource que la maiſon du Chaſtelain de Beauvais y attouche, que pour ce qu'on tient que le Chaſtelain eſt fondateur de ceſte Egliſe. L'autre porte eſtoit vers l'Eveſché & l'Egliſe de noſtre Dame du Chaſtel, où pouvoit eſtre vn autre Chaſtel : d'où on tournoit du coſté de

ET CITÉ DE BEAUVAIS. 35

Midy vers la poterne Sainct Gilles, & l'Eglise Sainct Michel, & du costé de Septentrion derriere les maisons des Chanoines de la grande Eglise. Aussi est ceste cité environnée de toutes parts d'eau courante, encores qu'elle ayt esté beaucoup amoindrie par les divertissemens qui en ont esté faicts au moyen des autres ruisseaux qui sont en la ville de maintenant. Tant y a qu'il y a apparence d'estimer que ce Chastel ou Cité Romaine estoit appellée *Cæsaromagus*, qui est à dire la ville ou maison de Cesar. Car ie croy avec le docte Rhenanus en son troisiesme Livre des Allemans, que *Magus* en ancien langage Gaulois signifioit maison, ou comme aucuns estiment, ville. De ce mesme nom de *Cæsaromagus* d'autres villes ont pareillemét esté nommées : l'vne en la mesme Gaule Belgique, que l'on dit estre Roye: l'autre en Angleterre: comme d'autres sont nómées *Iuliomagus*, *Augustomagus*, *Rothomagus*, *Noviomagus*, *Drusomagus*, &c. Au surplus quát à la preuue du nom de *Cæsaromagus* pour la ville de Beauvais, elle est disertement en Ptolomée en ces mots, Βελλοϰακοὶ ὧν πόλις Καισαρόμαγος. A quoy si l'on adiouste ce qui s'en trouve en l'Itineraire d'Antonin, personne n'en pourra plus à mon advis douter. Car il y a ainsi, *Iter à Cæsaromago Lutetiam vsque millia plus minus* XLVI. *sic.* car il faut ainsi lire par tout ce Livre, & non pas simplement *m. p.* que l'on interprete *Mille passus*: & m'esbahis comment ceux qui ont tant manié ce livre ne l'ont ainsi corrigé, suivant la vieille impressió de Henry Estienne de l'an MDXII. laquelle en cela est la meilleure. Il veut donc dire que

II.

E ij

l'on comptoit quarante six milles ou environ de *Cæ-saromagus* à *Lutetia*, qui reviennent aux seize lieuës ou environ que nous comptons de Beauvais à Paris, en prenant trois milles pour lieuë Gauloise, ainsi que nous apprenons du seiziesme Livre d'Ammian Marcellin qu'il faut faire. Ce qui semble estre encores confirmé par vn lieu du cinquiesme Livre des Commentaires de Iules Cesar, où il dit qu'estát à Amiens, qu'il appelle *Samarobriva*, il manda à M. Crassus qui estoit en garnison en Beauvaisis auec vne Legion, qu'il la luy amenast : adioustant qu'il y avoit xxv. milles d'vn lieu à l'autre, où il faudroit paradvanture lire xxx. ou xxxv. qui reviennent à peu prés aux douze ou treize lieuës que nous comptons de Beauvais à Amiés. Mais ce qui pourroit empescher de retrouver le chemin de Beauvais à Paris remarqué par cest Itineraire sont les lieux par lesquels il faut passer selon ce qu'il y a puis apres, *Petromantalium millia plus minus* XVII. *Briuaisara m.p.m.* XIIII. *Lutetia m.p.m.* XV. Ce qu'il nous faut essayer de trouver & entendre. Il est certain que pour aller de Beauvais à Paris il faut necessairemét passer la riviere d'Oise. laquelle ie sçay estre appellée par Vibius Sequester *Esia*, disant que *influit in Sequanam, & Isara in Rhodanum*, ainsi appellée par Lucain & par Pline, & Hisara par Plancus & D. Brutus és x. & xi. livres des Epistres de Cicero. Mais tous nos modernes escrivains Latins, & non seulement ceux de la derniere race de nos Roys, comme Rigord, Guillaume le Breton, l'Abbé du Mont continuateur de Sigebert, Guillaume de Nágy & les au-

III.

tres : mais aussi ceux de la seconde race l'apellent perpetuellement *Isaram* & *Iseram*, comme l'Abbé de Ferrieres Epistre CXIII. où il parle du Conflant de la riviere de Seine en celle d'Oise, Floart en beaucoup de lieux, les Legendes ou Vies de S. Mard, S. Marcoul, S. Eloy de Soissons, S. Vvalery, S. Lucian, & S. Aubert qui sont anciennes, où il y a *Iseram in pago Bellovacensi*, comme aussi en la vie de S. Iust escrite à la main, disans quasi par tout que ceste riviere est proche de Compiegne ou Noyon : & encores Fredagarius en l'appendice de Gregoire de Tours, que l'on appelle le XI. Livre de son Histoire, chapitre dernier, & Aimoin au chapitre LVII. de son quatriesme Livre où cela est transcrit. Et pareillement és lettres & Chartes de nos Roys & Prelats. Dont il faut corriger le mot de *Saram* qui est en Floard sur l'année DCCCXXII. selon ce qu'il paroist clairement tant par la lecture du lieu, que par la conference de l'année suivante, qui parle de la riviere d'Oise, & notamment de Compiegne, qui est assise sur icelle. Bref ie voy que quand nos François ont escript en Latin, ils ont tousiours appellé la riviere d'Oise *Isaram* : & y a apparence que Fortunatus, qui n'estoit gueres esloigné du temps des susnommez, prend *Isaram* pour Oise en ce vers de son septiesme Livre :

Isara, Sara, Chares, Schaldis, Sala, Somona, Sura.
Car la pluspart des rivieres de ce vers sont proches d'Oise, & toutes du Royaume de Mets, ou de Rheims partage du Roy Sigebert, grandement esloignées de la riviere d'Isaire, laquelle separant le Dau-

phiné du Viennois, il l'euſt pluſtoſt apellé *Eſeram*, comme faict Gregoire de Tours, qui eſtoit du meſme temps.

IV. Il faut pareillement ſçavoir que *Briva* ou *Briga* (car l'on dict l'vn & l'autre auſſi bien que *leuua* & *leuga*) *Briga* diſ-ie ſignifie en langage Thracien ville, comme Strabon le dit, ou pluſtoſt ainſi que d'autres, pont, en viel Gaulois, qui diſent Brug : dont vient *Somonobriga* le pont de Some, qui eſt Amiens : *Briva ſupra Vram*, qui eſt Viarron en Berry : De ſorte que *Brivaiſara*, vaut autant à dire que ville ou pont d'Oiſe : laquelle ces modernes Latineurs ont auſſi appellé *Pontiſaram*, & l'Abbaye de Sainct Martin & le Chaſteau de Pontoiſe, *Cœnobium, & caſtrum Pontiſarenſe*, ainſi qu'il y a tant en ce Continuateur de Sigebert, qu'en la Charte du Roy Philippes premier de l'an MLXVIII. que i'ay veuë au Treſor de l'Abbaye, où il y a, *Actum apud Pontem Iſaræ anno ab incarnatione Domini* M.LXVIII. *Regiſque Philippi regnantis* VIIII. avec les ſeings, *Comitis Hugonis Vualerani, Balduini Dapiferi, Vualteri Conſtabularij, Vuidonis de monte Lethario, Adami de Inſula, Tetbaudi de monte Moriniaco, Lancelini de Belvaco, Stephani Præpoſiti de Pariſio,* avec ces mots, *Petrus Cancellarius relegendo ſubſcripſit.* y ayant apparence qu'on a donné ce nom de Pontoiſe à la ville, parce que c'eſtoit le plus ancien & paradvéture l'vnique pont qui fuſt lors ſur la riviere d'Oiſe, par lequel conſequemment on dreſſoit le chemin pour aller de Beauvais à Paris. Comme encores auiourd'huy beaucoup de gens, & principalement nos Roulliers, continuent de passer par là. Encores voit on que le pont & passage estoit vn petit plus bas qu'il n'est de present, sçavoir est pres de l'Abbaye S. Martin, où se voyent des restes de pilotis de bois qui sont si vieux qu'ils en sont petrifiez. Et droit à ce pont respond le grand chemin appellé par les tiltres & contracts des Notaires tant anciens que modernes du pays, *la Chaussée de Iules Cæsar.* & aux environs de ceste Abbaye & du chemin y a plusieurs vignes, souz lesquelles sont des caves, qui monstrent que iadis la ville estoit de ce costé la. Plus l'Eglise de nostre Dame, qui de present est hors la ville, & qui depend de Sainct Martin, estoit lors la principale paroisse de la ville, les autres ayans esté basties depuis que le nouveau pont a esté faict au dessus du Chasteau, pres duquel est l'Eglise Sainct Meullon. En somme ie ne doute point que *Brivaisaræ* qui est en l'Itineraire d'Antonin, ou *Brivisura* comme il y a en la Charte ou table de Peutinger, ne soit Pontoise.

Mais ce qui m'empesche le plus est le *Petromantalium*, où l'on passoit pour aller de Beauvais à Pótoise, distant d'environ cinq & six lieuës l'vn de l'autre. Car ie ne voy point de ville, giste ou repeuë, qui approche de ce nom. Ie trouve bien en la mesme table ou Charte de Peutinger *Petrum vico*, proche de là, & paradventure est-ce *Petromantalium*: mais ie ne sçay ny ville ny village en ces quartiers, qui se puisse rapporter à ces noms. Et neantmoins s'il m'est loisible de deviner, ie pense, que c'est Mante, ou Chaumont en Vvexin, qui sont plus escartez du chemin. Mais ne

V.

se faut point esbahir du changement de ces mots, parce que vne grande partie des noms des lieux sont changez, signamment celuy de Chaumont, qui notoirement est moderne, comme Clairmont, & Beaumont. Et neantmoins il se veoit que ces villes de Mante & Chaumont sont assez anciennes, mesmement le hault de Chaumont, qui est pour la pluspart ruyné du costé qu'on appelle *la Tour au Besgue*, & fort pierreux, dõt elle pourroit auoir pris le nom de *Petromantalium*. Ce qui me confirme d'avantage en ces opinions de Chaumont ou Mante est que *Petromantalium* est remarqué en vn autre lieu du mesme Itineraire pour passage, giste, ou repeuë de Roüen à Paris. Car outre ce que ces chemins sont principalement remarquez pour chemins ou voyes militaires, dont il est parlé en nos Loix, c'est à dire pour le passage des gens de guerre, qui sont ordinairemẽt les plus longs, mais plus commodes, il est certain qu'ils n'estoient point encores dressez si exactement par la France qu'ils ont esté depuis, ou par les Romains, selon ce que Gallien au IX. Livre de sa Methode rapporte que Traian fit en Italie: ou par la Royne Brunehaut, ainsi que nous le tenons communémẽt en France : y ayant iadis beaucoup plus de forests, de marais, de mõtaignes & rochers qui les faisoient alonger. Dautant aussi que ces voyes militaires ou Royales auoiẽt ordinairement leurs adresses vers la mer, riuieres, ou quelque ville, ainsi qu'il se lit aux tiltres *De locis & itin. publ. & Nequid in loco publ.* en nos Pandectes. A raison dequoy il est aucunement permis de deuiner en cho-

ET CITÉ DE BEAUVAISIS.

choses si anciennes.

L'adiousteray pour revenir à nostre *Cæsaromagus*, VI. qu'entre les demolitions d'vne ancienne tour de la Cité de Beauvais il s'est trouvé depuis quelques années en çà le demeurant d'vne lame de cuivre gravée en grandes lettres vnciales & capitales Romaines, où ie croy qu'estoit escrit la dedicace de *Cæsaromagus*, dont il ne reste que ce qui s'ensuit.

```
............................................
.............IVS TIBERINVS ET..............
..............PIVS PAVLLINS................
.............TORES EIVS DENT...............
..............VENT PONENDVM................
............................................
```

Ce que feu Monsieur Petau Conseiller en Parlement ayant communiqué au public, ie l'ay bien voulu inserer en ce lieu, à ce que ceux de Beauvais estans incitez de rechercher le reste y attachent cest eschantillon, affin de le rendre vn iour entier & parfaict. Et en contr'eschange de ceste antiquaille, i'adiousteray icy l'Epitaphe moderne d'vn Chevalier docteur de Loix qui est en l'Eglise Sainct Laurés, en laquelle il a fondé vne Chapelle, qui merite d'estre conservé. *Cy gist Monseigneur Pierre de Maubeuge, Chevalier excellent Docteur de Loix qui trepassa de ce siecle l'an de grace mil trois cens quarante & vn au mois de Mars la veille Sainct Gregoire, Priés nostre Seigneur Iesus Christ pour luy: affin que par sa saincte pitié il le face iouïr de sa gloire, Amen.* En suitte duquel Epitaphe i'en veux donner vn autre plus ancien, qui est en vers Latins en la ville de Pontoise,

F

en recognoissance de ce qu'elle nous a servy de retrouver nostre chemin de Beauvais à Paris: & pareillement pour conserver la memoire d'vne Bercinde iadis grande Dame du pays, qui se pourroit perdre, pour estre escrit en lettres si entrelassées, qu'à grand peine le peut on lire. C'est sur le portail de l'Eglise Sainct Meullon vers le Chasteau de Pontoise.

Gressum siste precor hic paulum kare viator,
Atque cinis cineris tu memor esto mei.
Ecce quod es mansi, quod sum quandoque manebis,
Quam patior sortem, te manet hæc eadem.
Si nomen quæris sub sarcophago latitantis,
Bercindis mulier, dum mihi vita comes.
Quam Deus hac Maiis privavit luce Kalendis,
A quo principium, finis & est hominum.
Hæc quicunque legis ne dicere quæso graveris,
O Deus æternam da famulæ veniam.

Il apperr aussi par les tiltres & Chartes anciennes de l'Abbaye Sainct Martin, que Garnier & Amaulry en estoient fondateurs ou dotateurs, qui furent comme ie croy Seigneurs Chastelains de Pontoise: & si y est faict mention d'vn Richard & Foucard enfans de Thierry, & de Bouchard de Montmorancy, Miles de Conflans, Iean de Magny, Hildouin Vicomte de Mantes, Hugues de Ronquerolles, Pierre Evesque de Beauvais, d'vn Guichard & de plusieurs autres du temps: ce qui pourra paradventure servir ailleurs.

VII. Mais pour retourner à nostre Beauvais, il est certain que ce nom de *Cæsaromagus* ne luy a gueres duré. Car du temps de l'Empereur Constatin on luy don-

ET CITÉ DE BEAUVAIS. 43

ne le nom de *Civitas Belvacorum*, ainsi que nous avons veu au Chapitre precedent : & dans le Capitulaire de Charles Maigne il est abregé par le nom de *Belvacus*, & par Hincmar appellé *Belgivagus*. qui a esté suivy en quelques monnoyes forgées environ ce temps. Ce qui pourroit faire penser qu'elle auroit faict donner le nom de Belges au pays, & à ce grand Capitaine Gaulois *Belgius* tant celebré par Trogus ou Iustin en son XXXIIII. Livre : lequel mot de *Belgivagus* a depuis esté racourcy en *Belvagus*, ainsi que l'appelle Aimoin, & d'autres *Bellovagum*. Ce que ie pense avoir esté cause qu'aux Commentaires de Iules Cesar escrits à la main par ceux du païs, il y a *Bellovagi* pour *Bellovaci*. L'on a aussi depuis dict *Belvacum*, & *vrbs* ou *Civitas Belvacensis* ou *Belvacensium*, & ainsi l'appellent, Nitard, Floard, Ives, & autres : ce qu'on trouvera par adventure de trop scrupuleuse recherche : mais c'est affin qu'on ne pense point, comme quelques vns ont faict, que ce soient divers lieux.

Au surplus la ville de Beauvais, selon qu'elle est VIII. maintenāt, est toute autre que n'estoit anciennemēt la Cité : & trois fois plus grande. Car les tiltres faisans mention des Eglises Sainct Vvast, Sainct Sauveur, & Sainct Laurens, portent qu'elles estoient aux forsbourgs de Beauvais : & si la ville de maintenant est quasi ronde, fermée de pierres de taille blanche, telles qu'elles se trouvent au pays, environnée de bons & larges fossez remplis quasi de toutes parts d'eau vive, laquelle l'on peut tellement arrester & retenir par des escluses & relais qui sont en quelques tours

F ij

44 MEMOIRES DE LA VILLE

des murailles, que l'on peut en peu de temps inonder tout l'environ de la ville : outre ce que les murs sont renforcez de terrasses & boulevars, le tout fermé de cinq portes & trois poternes, la porte de Paris du costé de Midy, celle de l'Hostel Dieu vers Septentrion, de Bresles vers l'Orient : & deux autres du costé de l'Occident, Sainct Iean, & du Limasson, la poterne Sainct André entre les deux portes de Paris & de Bresle, la poterne Saincte Marguerite entre la porte de l'Hostel Dieu & celle du Limasson, & la poterne Sainct Germer ou de Sainct Gilles entre les portes de Limasson & celle de Sainct Iean. Et croy que c'est selon que la ville fut fermée au temps du Roy Philippes Auguste, apres qu'elle eut esté bruslée, au moins l'an MCXI. ou comme dict Vincent de Beauvais, en l'an MCLXXXVIII. auquel cas elle auroit esté bruslée deux fois en peu de temps. Comme de verité elle est fort subiecte au feu, les maisons estans principalemét basties de bois.

IX. Or pour venir à ce que nous avons promis au Chapitre precedent, il y a en la ville & fors-bourgs de Beauvais les Eglises qui ensuivent. Premierement l'Eglise Cathedrale de Sainct Pierre, qui est aussi bien servie, ornée, & parée qu'Eglise de France, le Chapitre d'icelle des plus honorables, & les affaires d'iceluy soigneusement reglées & gouvernées. Eglise composée de six dignitez, le Doyen, l'Archidiacre de Beauvais, le Chantre, le Thresorier, l'Archidiacre de Beauvaisis, le Souzchantre : quarante deux Chanoines, deux desquels sont les Chancelier, &

Penitentier, six demys Prebendez, quatre Prebendes affectées à trois Eglises Collegiales, Sainct Nicolas, Sainct Michel, Sainct Barthelemy, & vne à S. Quentin : quatre Marguilleries perpetuelles, outre les Vicaires, Chapelains, Chantres & enfans de Chœur, toutes lesdites dignitez, prebendes, benefices & offices à la Collation de l'Evesque, fors le Doyenné qui est electif & collatif par le Chapitre ; les Marguilleries, & quelque Chappelles estans conferées par d'autres. Plus y a en la ville six Eglises Collegiales, Sainct Barthelemy composée de huict prebédes, Sainct Nicolas en laquelle y en a seize & vn Thesaurier, Sainct Michel où y a six prebendes, Nostre Dame du Chastel où y a treize prebédes, Sainct Laurens huict prebendes & vn Thesaurier, & Sainct Vvast, qu'on appelle plus communement Sainct Estienne, douze prebendes. Laquelle Eglise de Sainct Estienne, affin de toucher cecy en passant, est la principale, & s'il est loisible de dire ainsi, la mere paroisse de la ville & Commune de Beauvais, ayant six autres paroisses à sa collation ou presentation. Car il y a treize paroisses en la ville, c'est à sçavoir Sainct Vvast, Sainct Sauveur, Sainct André, la Magdelaine, Sainct Martin, Sainct Gilles, Sainct Iust des marets au lieu de Sainct Hippolite à present demolie, Sainct Laurens, Sainct Iacques, Sainct Iean, Saincte Marguerite, Sainct Pierre qu'on appelle maintenant nostre Dame de la Basse œuvre, qui est la plus ancienne Eglise de la Cité & de la ville : sur le pignon de laquelle vers Occident on void vn marmouset qui est

F iij

X. vne Idole des Payens, que ceux qui l'ont basty y ont employé. Il y a encores les parroisses de Sainct Quentin & Sainct Thomas. Outre ce y a les Eglises particulieres de Sainct Clair, Sainct Pantaleon, qui est vne Commanderie de Sainct Iean de Ierusalem, Saincte Venisse, les Chapelles de l'Evesché, celles des maisons des Abbayes, & des Chanoines de la grande Eglise. Plus les Cordeliers, les Iacobins, les Capussins, les Cordelieres de Saincte Claire, l'Hostel Dieu. Item quatre Abbayes aux fors-bourgs, Sainct Lucian de l'ordre Sainct Benoist, Sainct Quentin premiere de l'ordre de Sainct Augustin, Sainct Symphorian de l'ordre Sainct Benoist, & les Religieuses nostre Dame de Pantemōt de l'ordre Sainct Bernard. Lesquelles Abbayes ont aussi chacune vne maison en la ville pour se retirer pendant les guerres, pestes, ou autres inconveniens, selon ce qu'il est permis par les Conciles aux Religieux, signamment par celuy de Vannes de l'an CCCCLII. chapitre VIII. Et non seulemēt les Abbayes des fors-bourgs y ont maison, mais aussi quasi toutes les autres de l'Evesché; Comme Sainct Germer, Beaupré, Lannoy, Sainct Paul, Pantemont, & autres. Et encores non seulement celles de l'Evesché, mais aussi l'Abbaye de Chalis, qui est de l'Evesché de Senlis, tant on a tenu la ville de Beauvais estre de seure retraicte, mesmement pour les gens d'Eglise.

XI. Ie ne parle point icy de l'Hostel de la ville, qui est peu de chose, les deniers patrimoniaux d'icelle estans fort courts à proportion des charges. Seulement les plus curieux seront advertis, qu'ils verront contre la muraille d'iceluy respondant sur le marché, la figure d'vn Crapaut en forme de fleur de Lis, que l'on dit estre les anciennes armoiries de France, marque de la bonté, graisse & fertilité du pays. Lesquelles armoiries en forme de trois fleurs de Lis ou plustost de Crapaux, il me semble avoir remarqué sur la porte de la ville de Bayonne, par laquelle on va en Espagne, & m'a-on asseuré qu'il y a ainsi deux figures de Crapaux sur le grand portail de l'Eglise du Mans. Au demeurant la ville de Beauvais qui est quasi au milieu de Beauvaisis, est si peuplée que ie n'en ay point veu en France, pour n'estre assise sur la mer, ny sur riviere navigable, ny sur grand passage, qui la puisse surmonter en multitude de peuple: ny en grandeur & commodité de vivres, forteresses, ny en autre chose qui se puisse desirer, si ce n'est Poictiers & Limoges.

I'ay en outre remarqué que plusieurs Assemblées XII. publiques ont esté tenuës en la ville de Beauvais. Pour la premiere desquelles ie prens la salutation, cógratulation & requeste faicte à l'Empereur Constantin lors qu'il renouvella & augmenta les privileges des Veterans, dont il a esté parlé au Chapitre precedent. Item il y a trois Conciles ou Synodes, l'vn souz Louys, Lothaire, & Charles Empereurs & Roys de France, du temps de Sergius II. Pape, duquel il est faict mention en vne lettre escrite au Pape Nicolas I. qui est entre les œuvers de Hincmar, & les actes duquel defaillent aux livres des Conciles: mais on en peut tirer ce qui est dans Floard en l'Histoire des

48 MEMOIRES DE LA VILLE

Evesques de Rheims Liv. III. Chapitre I. & sur l'an DCCCXLV. il appert que Hincmar y fût solénellemét esleu Archevesque de Rheims en la presence du Roy Charles le Chauve, & des Evesques de l'Archevesché de Rheims & de Sés. Duquel Cócile sont aussi partie les Chapitres inserez au Concile de Meaux de la mesme année DCCCXLV. citez aux decrets de Burcard & d'Ives, comme estás du Cócile de Beauvais és Chapitres CLXVI. CLXVII. CLXVIII. CLXIX. & CLXX. de Burcard. L'autre & second Synode que ie trouve avoir esté tenu à Beauvais, autrement appellé Assemblée de l'Eglise Gallicane, fut en la presence de Conon Cardinal Legat, Evesque de Preneste, au mois Decembre de l'an MCXIV. du temps du Roy Louys le Gros, auquel fut publiée l'excommunication du Pape Paschal contre l'Empereur Henry, qui s'estoit faict quitter les investitures des Evesques & Abbez: & outre y fut códamné & degradé du tiltre de Chevalerie Thomas de Marle qui occupoit iniustement plusieurs biens des Eglises de Rheims, de Laon, & d'Amiens. Qui fut cause que le Roy reprit Amiens, Cressy & Nogét ainsi qu'il y a en la vie du Roy Loys escrite par Suggere Abbé de Sainct Denys en France, où le nom de Beauvais, & pareillement celuy de Conon sont corrompus, comme aussi il est en l'Abbé du Mont sur l'année MCXIV. où il y a *Canonicæ* pour *Conone*. & faut pareillement corriger ce nom au Livre des Conciles nouvellement imprimez. Il y a aussi dedans la vie de Sainct Godefroy Evesque d'Amiens que les habitans de la ville firent plainéte

XIII.

en ce

en ce Synode de ce que leur Evesque les avoit quitté, demandans au Legat & à Raoul Archevesque de Rheims qui y estoient, qu'on les pourveust d'vn autre Evesque: & que s'estans enquis de la cause de son absence, on trouva qu'il estoit en vne Chartrouse pour y vivre solitairement, dont il fut retiré & renvoyé à son Evesché. Il se fit encores depuis vne autre assemblée d'Evesques & d'Abbez en la ville de Beauvais par le commandement du Roy Louys le Ieune en l'année MCLXI. pour adviser quel Pape on recognoistroit en Fráce, à cause des differéds qui estoient entre Alexandre troisiesme & Victor quatriesme, selon ce qu'il est remarqué par le mesme Robert Abbé du Mont. Davantage il est faict mention en la deuxiesme partie du troisiesme Tome des Conciles que Binius a faict imprimer, d'vn autre Synode tenu à Beauvais en l'an MXXIX. du temps du Pape Benoist IX. & du Roy Robert, où il est marqué qu'on y traicta des mesmes affaires qu'on avoit remué au second acte du Cócile de Limoges tenu en la mesme année. ce que ie pense avoir esté dict, à cause qu'il y a en ce Synode ces mots: *Audita sunt querela monachorũ Bellovacensis monasterij &c.* Mais il y a faute manifeste en ce mot *Bellovacensis*. Car il est parlé des Moines de S. Pierre de Belloc diocese de Limoges, & non de ceux de Beauvais; n'y ayant aussi apparéce quelconque de penser que ceux de S. Lucian ou de S. Pierre de Beauvais se fussét allez plaindre à Limoges d'vn Abbé neveu de l'Evesque de Cahors, que les Cótes de Tholose, de Perigueux & autres Seigneurs de ce païs, qui ne

G

penserent iamais à eux, leur avoyent donné: estans ces lieux de diverses provinces: & la Belgique & metropolitaine de Rheims, ny la Gaule mesmes, dont est Beauvais, n'ayans eu pour ce regard rien de commun auec l'Aquitaine ou Guyenne. Partant il faut lire *Bellilocensis*, & ce tant en ce lieu du Synode rapporté par Binius, qu'és Annales du sieur Cardinal Baron, lesquels pour estre esträgers & n'avoir cognoissance des lieux de la France s'y sont abusez, prenans Beauvais pour Belloc. Ce qui s'esclaircit de plus en plus par la conference d'vne Bulle du Pape Vrbain II. donnée à Tolose, ladite Bulle escrite à Hugues VI. Abbé de Clugny, inserée en la Bibliotheque de Clugny.

XIV. Pour conclusion de ce Chapitre, ie veux remarquer plusieurs singularitez qui se trouvent en la ville de Beauvais. Dont la premiere est que la ville est tenue pour vierge & pucelle, comme n'ayant iamais esté forcée ny pillée par les ennemis, soient Romains, François, Normands, Anglois, Bourguignons, ny autres, par vne grace & faueur particuliere de Dieu, & le soin & vigilâce du bon Ange, en la garde & protection duquel il l'a commise. Car quant aux Romains, il se veoid au deuxiesme livre des Commentaires de Cesar, que s'estans du commencement rendus à luy, il se contenta de prendre six cens hommes en ostage, & de leur oster les armes qu'ils avoient en leur ville, ainsi que les Romains auoient accoustumé de faire, selon ce qu'il dit, & Strabon aussi: consequemment ne fut la ville prise ne pillée: ains leur demeura saine & entiere, & tous les habitans qui demeurerent en icelle en sa protection. Vray est que depuis ils se revolterent en la rebellion generale des Gaules. Mais leur Capitaine Correus ayant esté desfait, & tousiours depuis ce téps iusqu'aux Empereurs Constance pere de Constatin, ils sont perpetuellemét demeurez souz l'obeissance des Romains. Ie ne parle point de la ruine de plusieurs villes des Gaules & Allemagnes faicte par Attila Roy des Huns, dont quelques Historiens, & signamment vn escrit à la main de l'an MCCLXIV. parlans, y comprennent aussi celle de Beauvais, d'autant qu'en nommant d'autres qui ne furent point prises, & notamment Paris, il y a apparence qu'ils entendent parler des fors-bourgs de la pluspart d'icelles, & non pas des citez fermées, qui estoit leur seule & principale forteresse, & vraye ville. Et neantmoins quand cela se devroit entendre de la ville mesme, si ne seroit ce pas grand deshonneur à Beauvais d'auoir esté ruinée par ce grād fleau de Dieu avec les villes de Rheims, Cambray, Arras, Treves, Mets, Liege, Tournay, Therouane, Amiens, Collogne, Paris, & autres nommées avec celle de Beauvais. Ioinct que ce ne fut qu'vn foudre ou torrent, qui dura si peu qu'on le doit quasi compter pour rien. Pour le regard des François, l'on peut veoir par l'Histoire de Gregoire de Tours, que si tost que Clovis se fut faict maistre de Cambray, & de tout ce qui est au delà de la riviere de Some, & qu'il eut combatu & desfaict Gilles & Syagrius les derniers des Romains, qui se disoiēt Roys des Soissonnois, & espou-

G ij

sé Chrotilde niece de Gondebault Roy des Bourguignons & non fille, comme du Tillet le dit, selon ce qu'il se veoid en Gregoire de Tours Livre II. chapitre XXVIII. par l'exhortation de laquelle il fut baptisé; toutes les villes depuis la riviere de Some iusques à celle de Loire, & consequemment celle de Beauvais luy ouvrirent les portes, s'en rendant Roy paisible contre les Goths, qui dominoient iusques à la riviere de Loire : dont ils furent aussi bien tost apres chassez par luy mesme. Quant aux Normands, il y a plus de doute: car il est certain qu'ils ravagerent, pillerent, & ruinerent la plus-part de la France, & mesmement le Beauvaisis, que les Historiens du temps appellent *Pagum Belvacensem*. Et si entreprirent d'assieger la cité de Beauvais. Car Hincmar Archevesque de Rheims escrivit au Roy Charles le Chauve *pro solvenda obsidione vrbis Bellovacensis*, ainsi qu'il se veoid au troisiesme Livre de l'Histoire des Archevesques de Rheims. Et en la preface du Concile de Meaux de l'an DCCCXLV. où il est parlé des ravages que les Normans firent par ce Royaume, il y a qu'ils furent à Paris, & à Beauvais. Et encores dedás vne vieille Histoire de l'Abbaye de Mosac, & au Livre des miracles de Sainct Benoist escrit par Adrevald Religieux de Sainct Benoist sur Loire, il y a qu'apres que les Normans eurent, pendant le regne du Roy Charles le Chauve, ravagé, & bruslé les villes de Nantes, Angers, Tours & Orleans, ils vindrent à Paris, Beauvais & Noyon, & qu'ils les ruinerent, & ce en ces termes: *Ipsæ quondam Gallia-*

ET CITÉ DE BEAVVAIS. 53

rum præstantißimæ vrbes irruptionibus Normanicis atque hostili gladio concidere. Mais il est à croire, que ces Moines prennent les bruslemens que ceste nation faisoit és environs de ces villes, pour la prise d'icelles. Car il ne faut point douter que si cela eust esté, les Historiens du temps, & signammét Floard l'eussent remarqué: & principalement de Paris, lequel est là accouplé avec Beauvais & Noyon, quoy que la cité de Paris n'ayt esté prise. Il faut donc penser que celle de Beauvais ne le fut non plus. ioinct que Reginon, ny Sigebert n'en font aucune mention, ores qu'ils nomment beaucoup d'autres villes & de plus grandes & plus petites que Beauvais. Car quant à ce qu'aucuns alleguent de l'Histoire de Norveigue, s'ils entendent celle de Krantius, cela ne s'y trouvera point. Qui me fait croire, que ceux qui en ont ainsi escrit en parlent par cœur, & sur la foy d'autruy. Et quant à celle de Sainct Benigne alleguée par d'autres pour ce regard, i'ay leu ce qu'elle en dict, & y ay trouvé ce qui s'ensuit: *Nec multo post Karolus moritur* (parlant du Roy Charles le Chauve) & puis, *Normani vero resumpta audacia invadunt civitates Belvacensem atque Meldorum, nec non & Milidunum devastant castellum, capitur Carnotis &c.* Ce qui montre qu'encores que les Normans eussent assiegé Beauvais environ ce temps, si ne la prirent ils pas pourtant. Car on l'eust aussi tost dit que de Chartres, où il y a *Carnotis capitur*. & si Floard, comme il a esté predict, ne l'eust point oublié. Au contraire, il appert par son Histoire que la ville de Beauvais estoit si asseurée pour le Roy Charles le

G iij

Chauve, qu'en l'an DCCCXLV. il y fit assembler le Synode cy dessus mentionné. Et encores Nitard dit en son troisiesme Livre que le mesme Roy y passa, & y prit son chemin comme par ville de seureté. Aussi peu apres, sçavoir est és années DCCCLXXX. DCCCLXXXI. & autres suivátes, il se lit en vne vieille Chronique laquelle le sieur de Belly m'a communiqué, que les Normás estans entrez au pays d'Arthois, passé la riviere de Somme, & ravagé iusques à Beauvais, le Roy Louys fils de Louys le Begue s'estant mis au devant les fit retirer, les ayant combatu & vaincu à Saulcourt. & bien tost apres, c'est à sçavoir souz le regne de Charles le Gros Roy & Empereur des François, les Normans ayans assiegé & pris par composition le chasteau de Pontoise, Aleran qui y commandoit pour les François se retira en la ville de Beauvais: & encores vn autre nommé Chrestien y fut envoyé comme en ville de seureté. Et tousiours depuis, & pendant que toute la France fut tellement travaillée qu'vne partie fut delaissée aux Northmans, & la pluspart occupée & saisie par divers Seigneurs qui s'en approprierent, & iusques aux regnes de Charles le Simple, Louys d'outre Mer, & des Capets, la ville de Beauvais est demeurée tousiours du party François, s'estant conservée par la prudence tant de leurs Evesques, que des habitans d'icelle, sans qu'ils ayent iamais esté Northmans, ores que leur pays ayt esté souvét inquieté par leurs courses & ravages, signamment és années DCCCCXXII. & DCCCCXV. ainsi qu'il se veoid en Floard. Mesmes on lit és Legendes

ET CITÉ DE BEAUVAIS. 55

de ce temps, desquelles on peut apprédre beaucoup de choses qui ne sont point ailleurs, que ceux d'Arras y apporterent le corps de leur S. Vvast, & qu'il y demeura trente ans dedans l'Eglise S. Vvast, laquelle est plus coustumierement nommée Sainct Estienne. Qui sont les années les plus broüillées de ce temps là. Quant aux Anglois, il se voit bien qu'ils essayerent de la prendre ou surprendre du temps du Roy Philippes de Valois: mais ils n'oserent l'assieger, se contentans de brusler vn fors-bourg, & la pluspart de l'Abbaye de Sainct Lucian: celle de Sainct Quentin s'estant rachetée par argent qui leur fut donné. Et pendant les grandes emotions de la Iacquerie, des Parisiens, & du Roy de Navarre, tant s'en faut que ceux de la ville de Beauvais en fussent, qu'au contraire la Chronique de Sainct Denys nous apprend, qu'encores que quasi tout le pays de Beauvaisis en fust: toutefois la ville tenoit tousiours pour Monseigneur le Dauphin Regent pendant la prison du Roy Iean son pere. Mesme depuis que Messire Iean Cauchon Evesque de Beauvais fut du party Anglois pendant la division d'Orleans & Bourgógne, si ne furent ils iamais maistres de la ville. Ils dónerent bié passage par icelle au Roy d'Angletterre en faveur du Duc de Bourgongne, lors qu'il vint à Paris & au bois de Vincennes, pour y aller trouver le Roy Charles VI. ainsi que rapporte Monstrelet. & si se voyent des provisions de prebendes de Beauvais vacantes en Regale conferées par le mesme Roy Anglois: mais il n'y fut pourtant iamais le plus fort, & n'y eut aucune garnison de sa part, & si ceux de Beauvais furent des premiers qui recongnurent le Roy Charles VII. apres qu'il eut esté sacré Roy en la ville de Rheims. Dont les Anglois furent si outrez, qu'ils essayerent de surprendre la ville en l'an MCCCCXXXIII. Dont ils furent vertueusemét empeschez par les habitans d'icelle, & signamment par Iean de Lignieres, & Iacques de Guchenguies l'vn Lieutenant du Capitaine, l'autre simple Bourgeois de la ville, dont nous parlerós au Chapitre des personnages de renom du Beauvaisis. Pour le regard des Bourguignons, il est bien vray que la ville de Beauvais, suivant la fortune du temps & des villes de Picardie & Normandie, de Rheims, Chaalons, Troyes, Auxerre, Senlis, Beaumont sur Oise & autres: & par l'induction du mesme Evesque Cauchon se mit sous la protection du Duc de Bourgógne qui promettoit affranchir les bonnes villes de tous imposts. Mais ce fut sans qu'elle eust esté prise ny forcée, & si se remirent apres des premiers à recognoistre & corriger leur faute, & se sont tousiours depuis monstrez si bons François, que lors que Charles dernier Duc de Bourgongne, ayant premierement sollicité les habitans par ses lettres lesquelles ils envoyerent au Roy, les assaillit avec toutes ses forces, & battit furieusement par son artillerie l'espace de vingt six iours, ils se defendirent tellement par quelques iours; & puis apres par le secours qui y entra tant de la Noblesse voisine, signamment des sieurs de Meru, de Torsi, Loyset de Ballagny Capitaiᵈᵉ Beauvais, Ioachim Rohault, que autres, & ceux

que le

que le Roy y envoya depuis : & par le secours & liberalité des habitans de Paris & d'Orleans ; que le Duc fut contrainct de lever son siege & s'en partir avec sa honte, confusion, & telle perte de ses gens, que l'Histoire du temps porte qu'oncques puis ne prospera, ne vint au dessus d'entreprinse qu'il fit, mais alla tousiours en declinant d'honneur & de puissance, ne faisant que boutter feuz & faire dommages. Dont à bo droit son fol se mocqua plaisamment, ainsi que nous a appris le sieur de Romeney. Car comme le Duc se glorifioit de ses canons & artilleries, disant que c'estoient les clefs des villes du Royaume de France, son fol se mit à tournoyer à l'entour d'icelles : & sur ce qu'on luy demanda ce qu'il faisoit, il respondit qu'il cherchoit les clefs de la ville de Beauvais, lesquelles il ne pouvoit trouver. Doncques ie tien qu'il est vray ce que l'on dict à Beauvais, que la ville ne fut oncques prise ny forcée par nos ennemis, & que ce que quelques vns ont escrit qu'elle avoit esté pillée & saccagée tant par les Huns que par les Northmans, se doit entendre du pays de Beauvaisis, selon ce qu'il a esté dict cy dessus, & selon ce que dit Garin en son Roman,

Li Normans ont tot Biauvaisin gasté,
ou en tout cas il le faut entendre des fors-bourgs qui sont de present la ville, laquelle n'estoit encores fermée de murailles, & non pas de la Cité qui estoit lors la vraye ville de Beauvais. Et consequemment est perpetuellement demeurée en l'obeissance de la Couronne de France depuis le temps que les Ro-

H

mains en ont esté dechassez. A raison dequoy, & de la fermeté & perseverance en leur fidelité, ils ont en leurs armoiries vn pal d'argét en champ de gueulles.

XV. La deuxiesme singularité de la ville de Beauvais est la grande Eglise Sainct Pierre encommencée à bastir dés l'an D C C C X C I. laquelle a esté long téps qu'elle ne consistoit qu'au chœur d'icelle, la croisée qui y est de present, ayant seulement esté commencée l'an M D. & la nef n'estant point encores faicte. Aussi est-ce vn ouvrage de si grande entreprise, que si le tout estoit paracheué selon son commencement, il ne cederoit à aucun qui soit en France. Qui faict qu'on dit communément & par excellence, Chœur de Beauvais. Mais ie croy que tout ainsi que l'on a demeuré prés de cinq cens ans à se contenter du Chœur, cent ans à faire la croisée, l'on demeurera quasi autant à parachever la nef, & les tours & clochers que l'on proiette d'y faire, & que ce sera vrayement l'ouvrage Sainct Pierre, comme l'on dit vulgairement, c'est à dire, qui ne sera iamais achevé.

La troisiesme singularité de la ville est le Marché, qui est paradventure le plus beau & le plus grand qui soit en France: presque carré, environné de toutes parts des plus belles maisons de la ville, au milieu & respondant à toutes les principales ruës d'icelle, capable d'y faire en vn besoin monstre d'vne armée entiere, ordinairement fourny de toutes choses necessaires pour la vie des hommes tant de la ville que des champs, & principalement les premiers Samedis des mois, esquels y a franc marché par Lettres patentes du Roy Henry II. auquel se trouve vn si grand nóbre de peuple de toute vacation pour vendre & acheter, que le Marché, quelque grand qu'il soit, n'estant capable de les tenir, vne partie des ruës de la ville, & les places qui sont proches d'icelle, que l'on appelle coustures, *quasi culturas*, en sont remplies.

La quatriesme singularité est la maison Episcopale qui est des plus belles & des plus fortes que maison d'Evesque du Royaume, & qui ressent mieux son Comte & Seigneur. Car il y a sur l'entrée deux grosses tours, & vne grande porte coulisse ferrée, comme si c'estoit l'entrée d'vne bonne ville: close de toutes parts de hautes & grosses murailles de pierres, le corps d'hostel bien basti & fort logeable tant pour l'Evesque que pour ses gens, accompagné de deux Chappelles l'vne plus grande que l'autre, avec plusieurs greniers & escuries, & sur le portail vne salle & Chábre pour les plaids de sa Iustice: & proche de là ses prisons, & les estalós des mesures, poids & aulnages, & autres remarques de sa Iustice. Outre ce il a sa sortie hors de la ville dans ses jardins par vn pont levis propre & particulier pour luy. Et encores vne forteresse par dehors, avec vne grosse tour, appellée la tour de Crou, environnée de larges & profonds fossez plains d'eau vive, le tout à luy appartenant: sauf qu'en temps de guerre les Maire & Pairs mettent des habitans de la ville dedans la Tour pour la garder & conserver en l'obeissance du Roy, comme le surplus de la ville, sans qu'il y ayt autre garnison en icelle que les bourgeois, manans & habitans.

H ij

XVI. La cinquiesme singularité que ie pése de voir estre remarquée en ceste ville, & qui ne se trouverra par-adventure point en autre, est que nulle des treize Eglises parochiales d'icelle n'est à la plaine collation de l'Evesque; les six premieres dependantes de l'Eglise Sainct Vvast & des Chanoines d'icelle qui en sont les presentateurs & Curez primitifs, les autres à la presentation de Sainct Quentin, Sainct Symphorian, Sainct Laurens & du Tresorier de la grande Eglise.

La sixiesme remarque que i'estime grande, c'est qu'encores que la ville soit bastie dedans vn fons, & côme dans vne prairie environnée de rivieres, si n'est elle pas pourtant mal saine, à cause que celle du Therain est vive & quasi toute de sources : & la ville couverte des mauvais vents du Midy & d'Occident par des montagnes : & au contraire descouverte, purgée & nettoyée des vents d'Orient & du Nort : vers lequel, & pareillement de la mer, la ville est vn peu plus proche que n'est celle de Paris. qui faict que les iours y paroissent vn peu plus longs au solstice d'esté. Aussi tient on que les personnes y vivent plus lôguement en santé. Pour preuve dequoy ie me contenteray de dire ce qui a esté remarqué par ceux qui ont escrit qu'au premier Iubilé publié à Rome par le Pape Boniface VIII. entre deux cens mil pelerins qui s'y rencontrerét il s'en vit deux de Beauvais aagez de cent & sept ans. Mesmes le Roy Charles VI. s'estant trouvé à Amiens travaillé d'vne fievre chaude & côseillé de changer d'air, il fut advisé de le trâsporter en la ville de Beauvais, où il guerit, ainsi que Froissart escrit au Chap. xxxiii. de son quatriesme Tome. Encores auiourd'huy s'y veoid des hommes grandement aagez, sans gouttes, gravelles, ny autre maladie que de vieillesse.

Mais il y avoit encores vne singularité qui meriteroit d'estre renouvellée. C'est qu'en l'Eglise de Beauvais estoit vne Librairie fournie de grande quantité de Livres anciés tant Ecclesiastiques que seculiers, dont les Chanceliers qui en ont la charge, ont eu si peu de soin, qu'il y en a bien peu de reste d'entiers: ains sont la plupart perdus, imparfaicts ou deschirez, entre lesquels i'y ay veu plusieurs Conciles, les Capitulaires de Charles Maigne & de son fils, vne loy Salique escrite en Notes, & d'autres en lettres capitales, qui monstre qu'elle estoit anciennement fort bien garnie: & croy qu'elle avoit esté principalement dressée par Odo trentecinquiesme Evesque homme tres-docte, & depuis augmentée & conservée par Roger, & encores par Guillaume de Holande. C'est ceste Bibliotheque qui a donné la plupart des Capitulaires, & qui nous a conservé la forme du Sacre de nos Roys, que Monsieur du Tillet Greffier & Protonotaire de la Cour a le premier communiqué au public en François, & depuis d'autres en Latin. Et est ceste formule escrite du temps de l'Evesque Roger & du Roy Robert. C'est dommage que ceste Librairie n'a esté bien entretenuë. Il y a aussi au Thresor de l'Eglise de Beauvais quantité de beaux & precieux reliquaires & ioyaux, qu'il seroit paradventure

H iij

perilleux de publier : & neantmoins i'ay pensé que ie ne devois oublier le chef de Sainct Mathieu, ny la verge d'Aaron, ny pareillemét deux anciens bassins, l'vn de crystal, & l'autre d'vne pierre translucide, le premier bordé d'argét sur lequel sont escrits ces mots en lettres Capitales Grecques : ΛΑΒΕΤΕ ΦΑΓΕΤΕ ΤΟΥΤΟ ΕϹΤΙΝ ΤΟ ϹΩΜΑ ΜΟΥ ΤΟ ΥΠΕΡ ΥΜΩΝ ΚΛΟΜΕΝΟΝ ΕΙϹ ΑΦΕϹΙΝ ΑΜΑΡΤΙΩΝ. *Prenez, mangez, cecy est mon corps, lequel sera brisé pour vous en la remission des pechez.* Aux quatre coings de ce bassin sont les Images de nostre Seigneur, de la Vierge sa mere, & de deux Anges. Et sont ces deux plats presétez les bons iours à ceux qui veullent communier, y ayant dedans l'vn d'iceux vne cuillier de laquelle on tire les Hosties pour les mettre dedans l'autre afin de les faire consacrer, & outre vn chalumeau ou tuyau d'or ou argent doré, qui est ce qu'on appelloit anciennement en l'Eglise *pugillares*, duquel on succoit le precieux sang de nostre Seigneur en communiant souz les deux especes. Laquelle forme se pratique encores en l'Abbaye de Sainct Denys en France, & en vsent à present les Papes de Rome en consacrant. Et y a apparence que ces ioyaux ont esté rapportez de Constantinople par nos Evesques, qui furent aux voyages d'outre mer. Davantage il y a au revestiaire de la mesme Eglise vn Livre couvert d'yvoire contenant les prieres de la consecration de l'eau beniste, dedicaces des Eglises, letanies, confections du Chresme, des Ordres, des Messes anciennes, & notamment les prieres qui s'enfuivent, *Vt Domnum Ioannem Apostolicum, Domnum Rotbertum Regem, Domnum Rotgerium Episcopum, Deus conseruet: dicitur ter. Item Rotberto serenißimo à Deo coronato magno & pacifico Regi vita & victoria. Item Ioanni summo Pontifici & vniuersali Papæ &c.* Qui monstre que ce Livre est escrit du temps des Papes Iean dix-septiesme ou dix-huictiesme, & des Roy & Evesque susnommez. I'eusse volontiers adiousté entre les singularitez de la ville le College qui a esté basty & fondé en icelle par Maistre Nicolas Pastour Chanoine de Beauvais, dans lequel i'ay appris les premiers fondemens de la grammaire Latine : mais il est si petitement doté, encores que i'aye eu le soin des l'an mil cinq cens soixante & trois d'y faire adiouster le revenu d'vne prebende Preceptoriale suivant l'Edict d'Orleans, qu'il auroit besoin de la liberalité de quelque Prelat ou autre Seigneur : affin de le rendre autant fameux & renommé pour ce regard, que pour aucune des singularitez cy dessus mentionnées. Ie prie Dieu qu'il luy plaise en susciter quelqu'vn, pour le bien que la ville & tout le Beauvaisis en receuroyent.

DE L'EVESCHÉ, ET EVESQVES de Beauvais.

CHAPITRE III.

Sommaire.

I. De l'Evesché de Beauvais, & de quelques Evesques adioustez & oubliez : specialement d'vn Marinus Evesque & Abbé de Sainct Lucian : & que c'estoit iadis leur primitive Eglise. II. De Sainct Denys Evesque de Paris, & si c'est l'Areopagite. III. Vn lieu en la vie Latine de Sainct Denys corrigé par le moyen de la Grecque. IV. D'autres Evesques de Beauvais, & particulierement d'Odon premier. V. De Roger Evesque & premier Comte. De Valon, de Henry fils, & de Philippes petit fils du Roy Loys le Gros. VI. De Simon de Nesle, & des Iugemens & Arrests donnez entre luy & les Maire & Pairs de Beauvais. De Iean & Miles de Dorman, Pierre Cauchon, Iean Iuvenal des Vrsins, & autres iusques à present. VII. De la forme des entrées des Evesques dans la ville, & des sermens qu'on y preste respectivement. Catalla, Cateux.

I. COMME les Beauvaisins sont comptez par Iules Cesar & autres sous les Belges, aussi ont ils esté compris en la distribution des Provinces, faicte par les Empereurs Romains, sous la seconde Belgique & Metropolitaine de Rheims. Ce qui a esté suivy par les premiers Chrestiens en la distribution des Evesches, auparavant & depuis que le Roy Clovis & son peuple fussent convertis à la foy, ainsi qu'il appert tant par les Capitulaires de Charles Maigne & de Louys son fils Livre II. Cap. XXV. & les anciens provinciaux, que par ce que Hincmar Archevesque de Rheims en escrit au XVIII.

Cha-

ET EVESQVES DE BEAVVAIS. 65

Chap. de son Epistre VI, en ces mots, *In regno Chlodovæi nuper cum integra gente ad fidem cõversi per sanctã prædicationẽ B. Remigij, Domino cooperante & sermonẽ cõfirmante cõsequẽtibus signis, B. Ormisda vices suas S. Remigio Remorũ Durocortorum antiquæ Metropolis Episcopo, quæ præcedentibus temporibus habuit sub se duodecim civitates, videlicet Suessionum, Catalanorum, Veromanduorum, Atrebatum, Cameracensium, Tornacensium, Silvanectũ, Belgivagorum, Ambianensium, Morinum, id est, Ponticum, Bononiensium, & Laudunum clavatum,* &c. Et entre les Eveschez de la Metropolitaine de Rheims celuy de Beauvais a esté des plus renommez, tant pour ce qu'on tient que le premier de nos Evesques, qui fut S. Lucian, estoit compagnon & envoyé de Sainct Denys premier Apostre de la France, qu'à cause de la grandeur de son territoire, & que son authorité est beaucoup augmẽtée par le Comté de Beauvais, qui y fut annexé, & la qualité de Pairrie qui luy fut attribuée: & encor depuis par le Vidamé de Gerberoy. Desquelles qualitez de Comté, Pairrie & Vidamé nous parlerons cy apres, nous contentans d'escrire en ce Chapitre des Evesques, les noms & successions desquels ont esté songneusement conservez aux Livres du Chapitre de Beauvais, dont la copie fut pieç'a envoyée à feu nostre Maistre de Mouchy, lequel s'estant adopté ou baptisé luy mesmes, s'est doné le nom de Demochares, qui les a faict publier en son Livre de la Messe. L'ordre duquel ie suivray: en adioustant à chacun Evesque ce que i'en auray trouvé de preuve par les histoires & autres Livres, Chartes, tiltres, contracts &

I

Arrests que i'ay peu recouvrer. Car quant à ce qu'aucuns ont adiousté deux Evesques au nombre des plus anciens, sçavoir est Sainct Fremin & vn secód Sainct Lucian, ie ne sçay surquoy ils se sont fondez, si ce n'est qu'on nous veuille donner deux Saincts Luciás, l'vn celuy qu'on dict qui vint avec Sainct Denis Evesque de Paris, & l'autre avec Sainct Quentin, desquels nous parlerons cy apres. Et pour le regard de Sainct Fremin, Pierre de Venise en son huictiesme livre *de natalibus Sanctorum*, a bien escrit qu'il vint d'Amiens à Beauvais, & qu'il y prescha, fit bastir plusieurs Eglises, y fut emprisonné, & delivré par les habitans de la ville, puis s'en retourna à Amiés, où il fut decolé par le commâdement de Longin & Sebastié Presidés de la Province du téps de l'Empereur Diocletian: à raison dequoy les habitans de Beauvais tuerent ce Sebastié. Ce que ie ne sçay où il a pris. Car il n'y en a rien en Surius. Mais il n'y a pas qu'il ait iamais esté Evesque de Beauvais, ains d'Amiens. C'est peut estre que nos ancestres ont quelquefois nommé Evesques les plus devots Prestres de leur Evesché, signamment ceux que l'on nommoit Saincts à cause de l'innocence de leurs vies, ainsi que le sieur Savaron a escrit des Evesques d'Auvergne ou de Clairmont. Et pour le regard d'vn S. Vincent, duquel Platine faict mention en la vie du Pape Iean quatriesme, lequel il appelle Evesque de Beauvais, ie croy que luy, ou celuy qui a escrit ou transcrit son Livre s'est abusé, & les autres apres luy. Mais il y a vn Marinus denommé en la dotation de l'Abbaye de Sainct Maur des fossez faicte par

Blidegisille Diacre, en ces termes, *S. Marini Belvacensis Ecclesiæ Episcopi qui & hanc conscriptionem confirmavit*, qui m'empesche plus que n'ont faict les deux pretendus Evesques susnommez, d'autant que ie ne trouve aucun de ce nom au Catalogue de nos Evesques. Et neantmoins ie ne puis que ie ne face estat de ceste Charte, la tenant pour veritable & authenticque, nous ayant esté donnee par le Pere du Breuil en ses additiõs des Antiquitez de Paris. Ce qui me fait aussi croire qu'il y a beaucoup de defectuositez & d'incertitudes aux nõs de nos premiers Evesques, aussi bien qu'en ceux des autres dioceses de ce tẽps là. Et pour dire ce que ie pense de ce Marinus, i'estime que nous le devons tenir pour l'vn de nos anciens Evesques, & qu'il l'estoit environ l'an DCXLVIII. qui est l'an troisiesme du regne de Clovis II. fils de Dagobert, selon ce qu'il est porté par la Charte de ce Roy, par la permission duquel l'Abbaye de Sainct Maur a esté fondée au mesme lieu qu'il avoit donné à ce Blidegisille, qui estoit le fort des anciens Bagaudes, selon ce qu'il est là exprimé, qui est notable pour ce regard. l'estime doncques que ce Marinus est l'vn des Evesques de Beauvais, & le mesme Marinus que l'on dict avoir esté le premier Abbé de Sainct Lucian : lequel estant Evesque presidoit aussi aux Moines & Religieux de Sainct Lucian, qui du commencement n'estoient point Prestres, non plus que Sainct Benoist, Sainct Maur, & les autres anciens Abbez & Religieux, Chanoines & autres Ecclesiastiques, qui l'assistoient au service divin à la façon de tous les anciens Evesques

I ij

occidentaux selon l'institution d'Eusebe Evesque de Verseille mentionée en la LXXXII. Epistre de Sainct Ambroise. Et lequel service divin, comme ie pense, se faisoit lors en l'Eglise de Sainct Pierre pres Beauvais, qui depuis a esté appellée du nom de Sainct Lucian : & que c'estoit la premiere Eglise ou oratoire de Beauvais & de nos premiers Evesques : depuis conioincte à celle qu'on appelle la mere Eglise de la cité: & que cela s'est continué tant que ceste premiere Eglise a esté conservée: mais qu'ayant esté ruinée premierement par les Huns ou Vandales, & depuis du tout par les Normands, & tous les fors-bourgs de Beauvais bruslez & ruinez, les Evesques & leur Clergé adviserent de se retirer du tout au dedans de la cité, & d'y faire bastir vne autre Eglise que celle qui y estoit, tousiours du mesme nom de Sainct Pierre, en delaissant l'autre à quelques Religieux qui n'ont comécé à se prevaloir du nom & de la qualité d'Abbez qu'apres que la simplicité ou innocence des Religieux, & devotion des Roys & Seigneurs & du peuple y ont apporté de grands biens : Le Catalogue des Abbez de ceste maison ne commence qu'apres l'an milliesme de nostre Seigneur, les autres precedens ne se pouvans remarquer. Car quant à vn Hubert mentionné en la seconde action d'vn Concile tenu à Limoges en l'an MXXXIIII. lequel on veut dire avoir esté le secód Abbé de Sainct Pierre de Beauvais, c'est à dire de Sainct Lucian, sur ces mots que Binius a faict imprimer aux derniers Conciles, *auditæ sunt diversorum querelæ, vt illæ Monachorum Bellovacensis mona-*

sterij, nous avons monstré au Chapitre precedét qu'il y a faute au mot *Bellovacensis*, que l'on a mis pour *Bellocensis*, ou *Bellilocensis*. Et qui me confirme davantage en ce que i'ay dict cy dessus que les Evesques de Beauvais tenoient iadis l'Eglise de S. Pierre & de Sainct Lucian pour leur Eglise, c'est que comme dit fort bien le Pape Hadrian II. en sa XXVII. Epistre *omne monasterium in potestate Episcopi consistit*. Et que ceux de Beauvais avoient tousiours soin de Sainct Lucian: si qu'en toutes les permissions faictes par nos premiers Roys en faveur de l'Eglise de Sainct Luciã, soit pour la reedification de l'Eglise, soit pour les donations de celle de Bulles, de la terre de Luchy & autres, ce sont perpetuellement nos Evesques qui en sont les requerãs & stipulans, sans qu'en ces temps là il soit aucunement parlé d'Abbez: & que Eudes premier Evesque de ce nom parlant de l'Eglise de S. Lucian en l'vne de ses lettres dit qu'elle estoit conionte *Sanctæ matri Ecclesiæ Belvacensi*, comme si les deux n'estoient qu'vne. Aussi est-il certain que les Chanoines de Beauvais s'y faisoient ancienném̃et enterrer, n'ayans esté dispensez de le pouvoir faire ailleurs que par le Pape Vrbain II. environ l'an MLXXXIX. Et si ont continué iusqu'à l'an MCXXX. d'aller prendre leurs repas à certains iours solennels à S. Lucian: outre ce que le droit d'advourie que les Evesques avoient sur ladite Abbaye leur a esté depuis par eux quitté. Qui pourroit aussi estre la cause pour laquelle les Evesques de Beauvais prenans possession de leur Evesché, commencent par l'Eglise de S. Lucian; en laquelle ils

MEMOIRES DE L'EVESCHE'

couchét la premiere nuict, & partans de là, sont conduicts en l'autre nouvelle Eglise de S. Pierre, qui est dans la Cité, selon que nous verrons cy apres. Ie me suis estendu vn peu plus que ie ne pensois en ce discours de nos Evesques, tant à l'occasion de ceux que quelques vns y avoient adioustez, qu'à cause qu'on y avoit oublié Marinus qui estoit Evesque de Beauvais & Abbé, c'est à dire chef des Religieux de Sainct Lucian, & par mesme moyen n'ay voulu passer l'occasion d'oster ceste faute des Actes du Concile de Limoges, estimant y estre obligé, à ce que personne ne s'abuse cy apres. Il est maintenant temps de venir à l'examen du Catalogue de nos Evesques, selon ce qu'ils sont escrits aux Livres du Chapitre de Beauvais, apres avoir esté advertis d'y adiouster nostre Marinus en son rang, le meritant mieux que beaucoup d'autres qui sont immediatement apres S. Lucian, desquels nous n'avós certitude, tesmoignage, ny authorité quelconque.

I. SANCTVS LVCIANVS.

Novs tenons Sainct Lucian pour nostre premier Evesque tant par tradition de nos Peres, que par les Eglises basties en son nom, & singulierement celle de l'Abbaye qui est aux fors-bourgs de la ville, en laquelle son chef & l'vn de ses bras sont conservez & reverez avec beaucoup d'honneur ; le reste du corps en ayant esté tiré & enchassé en vne fierte ou chasse, qui a esté forgée par Sainct Eloy, qui estoit orphevre,

ET EVESQVES DE BEAVVAIS.

selon ce qu'il se lit en sa vie: Laquelle est soigneusement & reveremment gardée en l'Eglise Cathedrale de Beauvais, & la memoire du Sainct reverée par ceux du païs avec beaucoup de devotion, à cause des miracles que Dieu a faict pour l'amour de luy. Fut ladite Abbaye bastie ou du moins rebastie par le Roy Chilperic, selon ce qu'il se veoid par sa Charte escrite en escorce de bois en grandes & longues lettres Gottiques, laquelle i'ay veuë. la foy de laquelle neantmoins m'est grandemét suspecte, d'autant qu'elle est dattée de l'an xxii. de son regne, & cinq cens six de l'Incarnation de nostre Seigneur, forme de datte qui ne se praticquoit point encor, nos Roys de la premiere race se contentans d'y apposer les ans de leurs regnes, y adioustans l'Indiction Romaine, sans y apposer les ans de nostre Seigneur: aussi que la mesure des années & de l'Indiction y est mal prise. La feste de Sainct Lucian se celebre chacun an le huictiesme de Ianvier, auquel iour est remarqué aux Martyrologes d'Vsuard, & de Rome ce que s'ensuit: *Sexto Idus Ianuarij Beluaci Sanctorum Martyrum, Luciani presbyteri, Maximiani & Iuliani, quorum duo vltimi à persecutoribus gladio perempti sunt. Beatus autem Lucianus, qui cum Sancto Dionysio in Galliam venerat, post nimiam cædem, cùm Christi nomen viva voce confiteri non timuisset, priorum sententiam & ipse excœpit.* où il semble qu'il faut *Messiani*. car au Martyrologe de Beauvais il y a *Messiani*, & en celuy de Bede plus simplement ces mots, *Bellovaco Sanctorum Martyrum Luciani & Messiani*, & de faict on l'appelle communément Sainct Messian: aussi y a il *Messianum* au Martyrologe d'Adon Archevesque de Treves, & vn Prieuré auec son Eglise du nom de Sainct Messian à vne demie lieuë de l'Abbaye Sainct Lucian. Et tient-on que c'est le lieu auquel ils furent tous decapitez. Nostre S. Lucian doncques estant venu en France y a souffert mort & passion au mesme temps que Sainct Denys, & le tenons ainsi pour certain, & qu'il a souffert pareil martyre que luy, ayant miraculeusemét porté sa teste couppée entre ses bras depuis le lieu de Sainct Messian iusques en l'Abbaye de son nom : & est ainsi escrit en sa vie, laquelle est presque semblable & cóposée sur celle de S. Denys.

II. Mais quel est ce Sainct Denys, & de quel temps estoient ces Saincts Denys, Lucian, Messian, Iulian, & autres ; c'est la grande dispute. En vne ancienne Legende de Saincte Genevieve, qui est en l'Abbaye de Sainct Victor lez Paris, que l'Auteur dit avoir escrit peu d'années apres le decez d'icelle, il y a que nostre Sainct Denys est l'Areopagite. Mais la pluspart des vies des autres Saincts, & signamment celle de S. Firmin, dit qu'il prescha & convertit beaucoup d'habitans de Beauvais avant qu'aller à Amiens, & celles de Sainct Crespin & Crespinian, & de sainct Aumer portent que Sainct Denys, Sainct Iust & Sainct Victoriq vindrent és Gaules avec Sainct Quentin, qui prescha & convertit ceux d'Amiens. Et en celle de Sainct Quentin, qui est ancienne, & de laquelle Surius faict beaucoup d'estat, il y a que Sainct Lucian estant avec luy s'en alla à Beauvais. De sorte qu'ils seroiét tous d'vn mesme temps, sçavoir est souz les Empires

ET EVESQVES DE BEAVVAIS. 73

pires de Dece ou Diocletian & Maximian, ainsi qu'il est disertement escrit en la vie de Sainct Quentin. Et le petit Dorothée qui a assez soigneusement recherché les premiers Evesques de la Chrestienté, ne faict aucunement mention de ce Sainct Denys ny de Sainct Lucian, ny d'aucun autre Evesque envoyé aux Gaules. & quand Eusebe dit que Crescens y fut envoyé, il dit notammēt que Sainct Denys fut mis Evesque à Athenes, Livre III. Chapitre IV. Outre ce nous lisons au deuxiesme Livre de l'Histoire de Sulpice Severe, *serius trans Alpes religionem Dei susceptam fuisse, ac sub Aurelio Antonini filio primùm intra Gallias martyria visa.* Ce qui s'entend à mon advis de ceux qui furēt martyrisez à Lyon & à Vienne, comme il se lit au commencement de ce lieu d'Eusebe. Et Sainct Gregoire de Tours nommant les principaux Evesques qui furent des premiers envoyez aux Gaules du temps de l'Empereur Dece Livre premier, chapitre trentiesme, dict que Sainct Denys fut envoyé à Paris, *Decio & Grato Consulibus,* qui est l'an CCLI. de nostre Seigneur, citant à ceste fin la vie de Sainct Saturnin de Tolose, qui est ancienne & authentique, laquelle le porte disertement, & pareillement que le Christianisme vint tard és pays de deça. Ce que tous nos anciens Legēdaires Gaulois & Anglois avoient tenu. Aussi le venerable Bede met deux Saincts Denys au mois d'Octobre en ces termes, *V. Non. Oct. natalis S. Dionysij Areopagitæ, qui ab Apostolo Paulo instructus, & primus Athenis ab eodem Apostolo Episcopus est ordinatus, sub Hadriano Principe post clarißimam confes-*

K

sionem fidei, post gravissima tormentorum genera, gloriosissimo martyrio coronatur; qui est coforme tant à ce qu'en dict Eusebe en son histoire, que au Kalendrier des Grecs, qui met la Feste de Sainct Denys l'Areopagite au III. iour d'Octobre. Et puis apres le mesme Bede parlant de S. Denys de Paris dict, *VII. Id. Octobris,* qui est le neufiesme du mesme mois auquel nous celebrons la Feste de nostre Sainct Denys, *Apud Parisiū natalis Sanctorum Dionysij Episcopi & Eleuterij Presbyteri & Rustici Diaconi: qui beatus Episcopus à Pontifice Clemente Romano in Gallia, directus vt prædicationis operā populis à fide Christi alienis exhiberet, tandem ad Parisiorum civitatem devenit, & per annos aliquot Sanctum opus fideliter & ardenter executus, à præfecto Fessennino Sisynnio comprehensus est, & cum eo sanctus presbyter Eleutherius & Rusticus diaconus gladio animadversi martyrium compleverunt.* Bede faisant manifeste distinction de ces deux Saincts Denys, en temps, en envoy, & en function d'Eveschez. Dont il s'ensuivroit que nostre Sainct Denys ne seroit point l'Areopagite, ains posterieur & tout autre. Ce qui est encores confirmé par l'ancien Martyrologe Romain que puis nagueres a fait imprimer le Pere Rosveydus Iesuite. Et consequemment nostre Sainct Lucian son compagnon ne seroit point si ancien que l'on le faict. Voire selon ce qu'il se veoid par ce qui a esté dit cy dessus, se trouveroient trois Saincts Denys, l'vn l'Areopagite d'Athene, l'autre mentionné par le venerable Bede, & le troisiesme tant és anciennes vies de nos Saincts, & singulierement de Sainct Saturnin, qu'en Gregoire de Tours ; & ces deux derniers, divers de l'Areopagite. Mais depuis que Michel Empereur de Constantinople eut envoyé à l'Empereur Louys fils de Charles Maigne les œuvres de Sainct Denys en Grec, selon que nous le tenons communémét, encores qu'il n'y en ayt rien en l'Epistre de cest Empereur, ains d'autres presens y mentionnez : & apres que ces Livres furent tournez en Latin du commandemét du Roy Charles le Chauve par Anastase le Bibliothecaire, qui est le principal Auteur de tout ce qu'on en dit, avec vn Methodius ; ceux de Sainct Denys, & singulierement Hilduin leur Abbé, furent si amoureux de S. Denys l'Areopagite, qu'ils en ont chanté la Messe en Grec, l'ont retenu pour leur patron & premier Evesque de la France, & notamment de Paris. Ce qui ne passa point toutesfois sans contredict, selon ce qu'il appert par l'Epistre que le mesme Hilduin en escrivit au Roy Louys susdit, en laquelle il s'efforce de respondre à ce qu'on alleguoit au contraire de Gregoire de Tours, de Bede, & des vies des Saincts susmentionnez : & en vne autre Epistre aussi par luy escrite à diverses Eglises. & sit fortifier son escrit par vne nouvelle vie que l'on composa lors de Sainct Denys, laquelle fut escrite en Grec par ce Methodius, & est imprimée avec les œuvres de Sainct Denys, sans le nom toutesfois d'aucun Autheur : laquelle fut deslors tournée, ou paraphrasée en Latin par le mesme Anastase, ainsi que rapporte Floard au troisiesme Livre de son Histoire des Archevesques de Rheims, chapitre XVIII. Toutesfois nous n'avons point ceste vie d'Anastase, ains seulemét vne Epistre qu'il en escrit au Roy Charles le Chauve, & au lieu de sa vie, celle de Simeon le Metaphraste ou de son translateur, par lesquelles il est porté non seulement que Sainct Denys Evesque de Paris est l'Areopagite, mais aussi que nostre Sainct Lucian estoit l'vn de ses cópagnons, & qu'il fut par luy envoyé à Beauvais pour y prescher l'Evangile de verité.

III. Vray est qu'il y a vne gráde & lourde faute au Livre du Metaphraste, en ces mots, *Inclitum Lucianum, qui presbyterij dignitate erat ornatus, misit ad civitatem Insulæ Belbecansis predicaturum pietatem*, au lieu qu'il y faut *ad civitatem villæ Belvacensis*. Car il y a ainsi au Grec de Methodius, ὁ ἅγιος ὁ Λουκιανὸς πρεσβυτερικῇ τιμῇ τετιμημένος εἰς τὴν Βελλουάκειον ἀποστάλη πόλιν, ἵνα καὶ αὐτὸς ὁμοίως τοῖς ἀπίστοις λαοῖς τὸ εὐαγγέλιον τῆς ἀληθείας πράττοιτο. Et dans la vie de Sainct Lucian escrite vray semblablement sur ceste derniere de Sainct Denys il y a, *Cùm Lutetiam Parisiorum pervenisset, inde paucis secum retentis, Sanctum præsulem Lucianum, quem ordinaverat Episcopum, cum Sancto Maxiano Presbytero, Iuliano Diacono Euangelizandi gratia Belvacum misit, in qua custodia Romanorum & militaris exercitus residebat, quoniam gens Belvacensium semper bellicosa fuisse narratur*: Legende que l'on tient en l'Abbaye avoir esté escrite par l'Evesque Odon au temps des susnommez Anastase & Methodius, c'est à dire pendant ou environ le regne du Roy Charles le Chauve. Qui est droictement le temps auquel les Grecs firent beaucoup de fourbes en Occident, & signamment la pretenduë donation de Constantin, composée par Iean Diacre de l'Eglise de Rome, ne prenans pas garde à beaucoup d'absurditez qui s'y trouvét: adioustans en la mesme vie qu'ils vindrent en France du temps de l'Empereur Domitian, luy donnás pour compagnon S. Saturnin, lequel notoirement fut envoyé à Tholose du temps de l'Empereur Dece, ainsi qu'il appert tant par sa vie que par Gregoire de Tours cy dessus allegué. De sorte que nous voyons par là des incompatibilitez & contrarietez fort difficiles à accorder, si l'on ne dit que l'on a pris Domitian pour Diocletian, cóme M. le Cardinal Baron dit que l'Abbé Hilduin s'estoit abusé en ce qu'il avoit escrit que Sainct Denys estoit mort souz Domitian, & que ce fut souz Adrian, se fondant peut estre sur des vieilles Annales, qui portent sur l'année CXXI. qui est le Consulat de Hadrianus & Salinator, ces mots, *Anno* CXXI. (car il faut qu'il y ayt ainsi, & non pas DXXI. comme l'on l'a mal imprimé en Cuspinian) *apud Parisios Dionysius Episcopus martyrisatur.* Mais tant y a que depuis le téps desdits Roys Louis & Charles le Chauve pere & fils, & de Michel Empereur de Constantinople, l'on a tenu plus communément en Orient & Occident, que nostre Sainct Denys & ses Livres sont de l'Areopagite, & qu'il fut le premier Evesque de Paris & Apostre de la France. Et sur ceste opinion on pourroit bien avoir faict, ou corrigé quelques Martyrologes & anciennes vies de nos Saincts, mesmement celle de Saincte Genevieve, qui est à Sainct Victor, dont il a esté parlé cy dessus. Aussi veoid-on par vne Lettre du Pape Innocent

III. escrite aux Abbé & Religieux de Sainct Denys en l'an MCCXV. qu'on doutoit encor de son temps si nostre Sainct Denys estoit l'Areopagite, & que pour ceste cause il leur envoye le corps que l'on tenoit en Grece pour le vray Areopagite, d'autát mesmement que peu au parauant le Pape Leon avoit iugé que son vray corps estoit en Ratisbone en Allemagne: & encores auparavant en la Grece, ceux ausquels vn Theodore prestre mentionné par Photius s'estoit efforcé de respondre, mais plus ouvertement depuis quelques centaines d'années Laurent Valle, le Cardinal Caietan, Erasme, Lescale, feu M. le Fevre Precepteur du Roy à present regnant, & quelques autres ont tenu tout resolument par leurs escrits que nostre Sainct Denys n'estoit point l'Areopagitain, ny les escrits que nous avons, de luy, ains que ces Livres ont esté escrits depuis le téps de l'Empereur Constantin par vn qui les a voulu faire paroistre plus anciens qu'ils ne sont: comme l'on dit des Livres de Mercure Trismegiste. A quoy Marsille Ficin, Pic de la Mirandole, les Cardinaux Bessarion & Baron ont contredit, & sur tous le Pere Goullu Feuillantin qui en a escrit vne Apologie expresse en nostre langue. Or quel que soit le S. Denys de Paris, & de quelque temps qu'il soit (dont il ne m'appartient point de iuger entre tant de grands personnages) nous tenons & avons tousiours tenu que nostre S. Lucian estoit l'vn des compagnons de Sainct Denys, qu'il nous fut envoyé par luy, qu'il a souffert pareil Martyre que luy, & qu'il est nostre premier Evesque

ET EVESQVES DE BEAVVAIS. 79

& l'Apoſtre des Beauvaiſins: & comme tel le tient auſſi Diederic Religieux de Sainct Benoiſt ſur Loire chapitre III. lequel nommant Sainct Denys pour Apoſtre de Paris, Sainct Martin pour Tours, Sainct Remy pour Rheims, Sainct Aignan pour Orleans, & Sainct Martial pour Limoges, y adiouſte S. Lucian pour Beauvais : comme fait auſſi Pierre le Venerable Abbé de Clugny en la VII. Epiſtre de ſon premier Livre, & Vincent Liv. XI. chap. XXV. C'eſt pourquoy ſes ſucceſſeurs Eveſques de Beauvais, faiſans leur entrée à Beauvais, prenãs poſſeſſio de leur Eveſché, ſont tenus de paſſer leur premiere nuict en ſon Abbaye, ainſi que nous dirons ſur la fin de ce Chapitre.

Apres Sainct Lucian ſuivent au Catalogue des IV. Eveſques,

  II. THALASIVS.

  III. VICTOR.

  IV. CHANARVS.

  V. NVMITIVS.

  VI. LICERIVS.

  VII. LIERCIVS.

Icy aucuns dient avoir eſté deux Eveſques, Sainct Fremin, & Sainct Lucian II. Mais ie n'en trouve rien, ſi ce n'eſt le Sainct Lucian mentionné en la vie de S. Quentin, dont il a eſté parlé cy deſſus, ou bien que noſtre S. Lucian doive commencer en ceſt endroit,

& les Evesques precedens, dont il ne se trouve rien, estre rayez: non plus que des cinq ou six qui ensuivent.

  VIII. THEMERVS.

  IX. BETGISILVS.

  X. RODOMARVS.

Il y a à Sainct Denys en France vn Laudomer Evesque nommé present en vne Charte du Roy Dagobert premier, en datte du XIX. Iuillet l'an X. de son regne. Ie ne sçay si ce seroit luy.

  XI. ANSOLDVS.

  XII. RIBERTVS.

Seroit-ce pas le Rigobert mentionné en vne Charte de Chlovis II. fils de Dagobert, lesdites Chartes estans au thresor de Sainct Denys en France?

  XIII. GOGERINVS.

  XIV. ANSELMVS.

On dict que c'est luy qui a presté consentement à la presentation que faict l'Abbé de S. Germer de Flay à la Cure de Bruslevert, qui est du Doyenné de Clairmont.

  XV. MAVRICIVS.

Ne faudroit il pas icy Marinus mentioné en la Charte de

ET EVESQVES DE BEAVVAIS.

te de la fondation ou dotation de l'Abbaye de Sainct Maur des Foffez faite par Blidigifille Diacre de Paris duquel nous auons parlé cy deuant?

xvi. HIMBERTVS.

xvii. CLEMENS.

Il y a en la vie de Sainct Eloy que Clement Evefque de Beauvais fift baftir vne Eglife en l'Hoftelerie en laquelle Sainct Eloy auoit accouftumé de loger. c'eft l'Eglife de Mouchy Sainct Eloy Doyenné de Clairmont.

xviii. CONSTANTINVS.

De Conftantin il eft faict mention tant en la Charte du Roy Childerich efcrite en efcorce en grandes & longues lettres Gotthiques, dôt a efté parlé cy deffus faifant mentiô de la fondatiô ou reedification de l'Eglife de S. Lucian, ftipulée par ceft Evefque, qu'en vne autre Charte de Guy Evefque, de l'année MLXXV. qui rapporte que le Roy Childebert, & l'Evefque Conftantin auoyent donné à l'Eglife de Sainct Lucian de Beauvais les Eglifes & Chafteau de Bulles que les Normans, lefquels ils appellent *Haftingos*, auoient ruinez: dont depuis Hugues Comte de Dommartin s'eftant emparé, il en fit reftitution.

xix. RAVIGVS.

xx. DODO.

L

Il en est faict mention en ceste Charte du Roy Childerich de l'an DVI. contenant la reedification de l'Eglise de l'Abbaye Sainct Lucian.

  XXI. ERCAMBERTVS.

  XXII. RECOALDVS.

  XXIII. MIROLDVS.

  XXIV. AVSTRINGVS.

  XXV. DEODATVS.

Il y a avec la vie de Sainct Boniface dedans Surius vne Epistre du Pape Zacharie escrite à plusieurs Evesques de France, au nombre desquels est nommé *Deodatus Episcopus Belvocanensis*, où il faut manifestement, *Belvacensis*.

  XXVI. ANDREAS.

  XXVII. AVDINGVS.

  XXVIII. ADALMANVS.

  XXIX. RAMBERTVS.

Ie croy que c'est celuy qui est nommé Ragimbert par Floard au XVIII. Chapitre du IIII. Livre de l'Histoire des Archevesques de Rheims, & Rambart au premier Chapitre du III.

  XXX. HILDEMANNVS,

Floard Livre deuxiefme Chapitre xx. de l'Hiftoire de Rheims en faict mention, difant que l'Empereur Louys le Debonnaire le fit arrefter, ainfi qu'il s'en alloit vers Lothaire fon fils, & qu'il le fit fequeftrer en l'Abbaye de Sainct Vvaft d'Arras en attendant le Synode: auquel Hildeman fe prefenta & purgea de ce qu'on luy avoit mis fus qu'il eftoit de la factió d'Ebo fon Metropolitain, pour Lothaire contre l'Empereur fon pere. Et au Livre III. chapitre XVIII. dit que Hincmar efcrivit au Roy Charles le Chauve, pour l'election d'vn Evefque apres le decez dudit Hildeman. Il eft auffi faict mention de luy au Synode de Rheims, Chapitre XXIII. & de fon temps en fut tenu vn à Beauvais, duquel nous parlerons cy apres. Ceux de Corbie efcrivent qu'il avoit efté Religieux en leur maifon, & plufieurs l'ont tenu pour Sainct.

xxxi. HERMENFRIDVS.

Il en eft auffi faict mention en la mefme Hiftoire de Floard, où il l'appelle par fois Hermenfridus, par fois Irmanfridus Livre III. chapitre XI. & dit qu'il fe trouva au Synode tenu à S. Mard de Soiffons en l'an DCCCLIII. comme de faict il y eft denommé. Il dit auffi qu'il fut Evefque apres Hildeman, & en la mefme année au mois de Novembre eft nommé entre les envoyez par les Provinces du Royaume de Charles le Chauve pour les côtrées de Parifis, Mulfian, Sélis, Vvexin & Beauvais, qui monftre qu'il eftoit homme de Iuftice. Il eft auffi faict mention de luy en vne

Epiſtre inſerée au troiſieſme volume des Conciles a-vec pluſieurs autres Eveſques aſſemblez au Concile tenu au fors-bourgs de Toul en l'an VIIICLIX. du temps du Pape Nicolas premier. Et encore en vne autre Epiſtre eſcrite à Neomeny Comte de Bretagne par pluſieurs Eveſques des Archeveſchez de Tours, Sens, Rheims & Roüen, laquelle eſt inſerée entre les Epiſtres de Loup Abbé de Ferrieres.

xxxii. ODO I.

IV.   Il avoit eſté Abbé de Corbie ſelon ce qu'il eſt eſcrit en leur Livre. Il fut preſent au partage du Royau-aume faict entre Charles le Chauve & Louys ſon frere, rapporté par M. le Greffier du Tillet, où il dit que ce fut en l'an VIIICLXX. mais il y a VIIICLX. aux Conciles, où ledit partage eſt inſeré tout au long. C'eſt luy qui ſouſcrivit au Synode tenu à Poiſſi en l'an VIIICLXII. & qui a ſouſcrit aux Synodes de Soiſ-ſons & de Troyes des années DCCCLXVI. & LXVII. auquel il faut par tout mettre Odo pour Ado, & Atto. C'eſt auſſi celuy dont il eſt fait mentiõ au XXXIX. Chapitre du cinquieſme Livre d'Aimoin, diſant que l'an VIIICLXXIX. le Roy Louys le Begue ſe voyant proche de ſa fin envoya à ſon fils Louys par Odon E-veſque de Beauvais, ſa Couronne, ſon eſpée & ſes autres ornemens Royaux : mandant à ceux qui e-ſtoient proches de ſa perſonne qu'ils le fiſſent ſacrer & couronner Roy. Et ſi en eſtoit encores parlé aux XXXIII. & XXXIIII. Chapitre du meſme Livre, qui monstre que cest Evesque estoit employé aux plus importátes affaires du Royaume, & que nos Roys avoient grande confiance en sa fidelité & suffisance. C'est aussi luy à la requeste & supplication duquel le Roy Charles le Chauve a donné la terre de Luchy, aux Religieux Abbé & Convét de S. Lucian. & qui a esté le premier aucteur du partage faict avec les Chanoines, & de leur donner vne partie des biens de l'Evesché & Eglise de Beauvais, & d'arrester les Chanoinies au nombre de cinquante, en attendant que le bien fust plus grád, qui estoit lors peu de chose. mais il s'est grandement augmenté tant par le bon mesnage du Chapitre que par les fondations d'Obits & autres bienfaicts des Evesques, Chanoines, & Seigneurs tant Ecclesiastiques que temporels. Floard faict encor mention de luy aux Chapitres xxi. & xxiii. du troisiesme Livre de son Histoire, où il se peut veoir qu'il estoit homme de sçavoir, ayant composé plusieurs Livres. Fut envoyé par Hincmar son Archevesque au sacre de l'Archevesque de Treves; & estoit tant aymé & estimé de luy, qu'il l'appelloit non seulement son fils ou son cher, mais son tres-cher fils; vsant volontiers de son conseil és affaires & doutes de consequence, comme d'vn grand homme d'estat & de sçavoir. Et si ay appris du Pere Sirmond qu'il luy dedia son Livre *De erroribus Græcorum*, l'ayant auparavant prié par ses lettres de luy en escrire ce qu'il en sçavoit, afin de l'envoyer au Pape Nicolas I. qui luy en avoit escrit. Il m'a aussi communiqué vne lettre escrite par le mesme Pape Nicolas premier à cest Evesque, en laquelle parlant à luy il vse de ces mots, *Sanctitas tua, & venerabilitas tua*, qui monstre en quelle estime il estoit tát envers son Archevesque que ce Pape : vers lequel il fit aussi vn voyage. Il y a apparence que c'est celuy auquel est escrite la cent quarante & sixiesme Epistre du Pape Iean VIII. & qu'il y faut *Hodoni venerabili Episcopo Belvacensi*, au lieu qu'il y a *Hardoni Belvacensi*. & encores la derniere Epistre de Loup Abbé de Ferrieres, *ad Odonem Præsulem* : car il estoit de mesme temps. On tient en l'Abbaye de Sainct Lucian que c'est luy qui a composé la Legende qu'ils ont de cest Evesque, ainsi que nous avons dit cy devant en son lieu.

XXXIII. RONGARIVS.

Apres le decez de l'Evesque susdit, Hincmar Archevesque de Rheims, ayát adverty le Roy Louys III. & de luy obtenu congé d'en eslire vn autre, il escrivit à Adbert Evesque de Senlis qu'il eust à se transporter à Beauvais, pour en sa presence, & en qualité de Visiteur estre procedé à ceste election par le Clergé, Religieux & autres Prestres, Nobles & Citoyens de Beauvais : comme pareillement il en escrivit à tout le Clergé & au peuple. A quoy il se trouva tát de brigues & menées, que Hirdemolde ayant esté esleu, homme du tout indigne & incapable, sa confirmation luy fut refusée tant par Hincmar que les autres Evesques estans avec luy. Au moyen de laquelle election d'vn incapable ayans esté privez d'en pouvoir eslire vn autre, ils ne delaisserent d'en eslire deux autres, sans estre assistez d'aucun Evesque Visiteur: c'est à sçavoir Raoul & Honorat aussi indignes que le precedent. Qui fut cause que Hincmar & ses Coevesques voulans proceder à nouvelle election, le Roy leur recommanda vn Odoart, que le mesme Hincmar trouva aussi insuffisāt, ainsi que de tout ce que dessus il appert par ses lettres puis nagueres imprimées avec ses autres œuvres, sans toutesfois qu'il apparoisse par icelles de celuy qui fut faict Evesque au lieu du defunct. Neantmoins au Catalogue du Chapitre de Beauvais on luy donne pour successeur vn Rongarius duquel ie n'ay peu rien rencontrer, & apres luy est escrit Honorat, qui pourroit bié estre celuy qui avoit auparavant esté esleu par ceux de Beauvais, & refusé par l'Archevesque Hincmar. Et de faict il se lit en l'Histoire des Evesques de Rheims, qu'il n'estoit pas en la bonne grace de son Archevesque.

XXXIIII. HONORATVS.

Par le sixiesme Chapitre du quatriesme Livre de l'Histoire des Evesques de Rheims il se veoid que cest Evesque estoit en assez mauvais mesnage ou intelligence avec Foulques lors Archevesque de Rheims, & qu'il n'en tenoit pas tel compte qu'il devoit, ou que Foulques desiroit.

XXXV. HERLVINVS.

Ce ne peut eſtre à mon advis celuy qui avoit eſté denomé entre les envoyez par le Roy Charles le Chauve pour les païs de Vimeu, Pontieu, & Amiens en l'an DCCCLIII. où il eſtoit lors fort ieune, mais c'eſt luy qui ſe trouva au Synode de Soiſſons de l'an DCCCCIX. & duquel il eſt parlé par Floard en l'année DCCCCXXI. de ſa Chronique, où il dit qu'il mourut ceſte année, & l'appelle Eluin.

XXXVI. BONO.

C'eſt luy qui a donné à l'Abbaye de Sainct Lucian l'Egliſe de Sainct Iuſt des Marets.

XXXVII. HILDEGARIVS.

Il y a en la Chronique de Floard ſur l'année DCCCCXXIII. *Artaldus Rhemorum Antiſtes Hildegarium ordinavit Epiſcopum vrbis Belvacenſis.* Il en fait auſſi mention és années DCCCCXLVII. XLVIII. & XLIX. de l'Hiſtoire des Archeveſques de Rheims, Livre IIII. chap. XXXVI. & XXXVII. où il parle des Synodes ou aſſemblées faictes en la preſence de Marin Legat du Sainct Siege. Il eſt auſſi remarquable que noſtre Hildegaire Eveſque avoit eſté baillé en oſtage au Roy d'Angleterre avec l'Eveſque de Sélis, lors que le Roy Louys d'Outremer fut ramené en France.

XXXVIII. HVGO.

XXXIX. VVALERANVS.

Il n'y a point d'apparence de penſer que ce ſoit luy qui

qui ayt fondé les Abbayes de Froidmont & de Beaupré, comme quelques vns estiment: d'autant que les temps ne s'y accorderoient pas. Aussi Sigebert dit que ce fut Vvaleran Abbé d'Orcam.

XL. HERVEVS.

Il est denommé present au Synode de Rheims tenu du tēps du Roy Hugues & Robert l'an DCCCCXCI. Il fit de grands biens à l'Eglise de Beauvais, & en son temps furent commencez les fondemens de l'Eglise Sainct Pierre, qui est la Cathedrale, laquelle ne consistoit qu'au Chœur. Car la croisée fut seulement cōmencée en l'an MD. la nef n'estant quasi que commencée.

XLI. ROGERIVS.

C'est le plus renommé de nos Evesques, comme celuy qui a plus apporté de biés temporels à l'Evesché. Car estant fils de Eude II. Comte de Champagne. lors non gueres moins puissant qu'estoit le Roy, il avoit vray semblablement eu pour son partage le Comté de Saxerre, & les Seigneuries d'Ailly en Normandie, & de Mouchy en Vermandois: lequel Comté de Sanxerre il eschangea depuis avec Eude aussi Comte de Chāpagne son frere, contre le Comté de Beauvais, ainsi qu'il y a dans Sigebert MS. sur l'année MXV. Mais il fit confirmer ou aggreer ceste cession par le Roy Robert, ainsi que nous verrons cy apres en nos Comtes: puis en disposa au profit de son E-

V.

M

glise en l'année MXXIIII. & pareillement de ses terres d'Ailly & de Mouchy, comme dit le mesme Sigebert : & ce apres avoir prealablement disposé au proffit de Othon fils de Hebert Comte de Vermandois de la pluspart de la moitié des droicts de la Iustice & Seigneurie de Mouchy souz le titre d'Advoyer, Vicomte, ou Vidame. Desquelles terres d'Ailly en Normandie & de Mouchy l'Agache pres Peronne, le Chapitre iouïst à present: comme les Evesques iouïssent du Comté. L'Evesque Roger est aussi à mon advis le premier qui ietta l'œil sur le Vidamé de Gerberoy pour le faire retourner à l'Evesché, ainsi qu'il se verra cy apres en parlant dudit Vidamé. Il est nommé, & a souscrit en vn Synode tenu à Chelles pendāt le regne du Roy Robert. Et y a en la vie d'vn Bouchard Comte de Paris, que Roger avoit esté Chancelier du Roy Robert auparavant qu'il fust Evesque de Beauvais. Ie croy que c'est luy qui a assemblé, ou du moins conservé la plus part des Livres, actes, memoires & ioyaux qui estoiēt en la Librairie & thresor du Chapitre de Beauvais. Il mourut en l'an MXXIIII. ainsi qu'il est remarqué en la Chronique de Sigebert, le iour de la Nativité de Sainct Iean, selon ce qu'il appert par deux Epitaphes qui sont dās le Chartulaire du Chapitre que i'ay voulu icy inserer.

Ortus Baptistæ cùm mundum lætificaret,
Belvacum tristem fecit moriendo Rogerus,
Sanguine qui clarus, sed clarior indole morum.
Hic rexit cathedram, non pressit, pontificalem.
Ornamenta, domus, status, & possessio cleri,

Libertas patriæ, pulso Comitis dominatu,
Atque viatorum dimisso gaudia censu,
Rebus & in multis totius commoda plebis,
Quod pater, & rector, decus & tutela suorum
Extiterit, melius quàm vox & litera pandunt.

L'autre:
Inclyte Rogeri decus & provectio cleri,
  Sub te grex ovium non tulit excidium.
Quid domus hæc decoris tibi debeat, & quid amoris,
  Res est interior testis & exterior.
Quod Comitis toto gaudemus iure remoto,
  Hoc anathema tuum dat fore perpetuum.
Eius natalis tibi contigit exitialis,
  Cui se vita sacro subdidit in lavacro.

Ces deux Epitaphes sont ainsi que i'ay dit dedans le Chartulaire du Chapitre: mais celuy qui est sur sa sepulture dedans le Chœur de l'Eglise est tel,

Hoc quod dotata est Comitatu Ecclesia tanto
  Iure mihi acceptum grata referre potest.
Vos quibus hæc data sunt saltem præstate sepulto,
  Ne male re patria dicar abusus ego.

XLII. VVARINVS.

Il est mal escrit Darinus au Catalogue des Evesques inseré au Livre de Demochares, car il y a Vvarinus en la dedicace de l'Eglise Sainct Agnan d'Orleans faicte par le Roy Robert, rapportée par Helgaud, où cest Evesque est denommé present. Maistre Pierre Louvet Advocat à Beauvais, homme diligent & a-

M ij

mateur de sa patrie, a remarqué de cest Evesque que *Sanctum Lucianum liberum fecit ab advocatoria*, dont ie verrois volontiers le tiltre: car cela est notable, & pourroit servir pour mostrer que l'Evesque de Beauvais avoit droit d'advoüerie ou Vidamé sur l'Abbaye de Sainct Lucian.

XLIII. DROGO.

C'est luy qui a faict bastir l'Eglise S. Laurens, & fondé l'Abbaye de S. Symphorian proche de la ville de Beauvais, fondation confirmée par le Roy Henry I. ainsi qu'il appert par sa Charte de l'an MXXXVI. L'an ensuivant fut aussi par le mesme Roy confirmée la fondation de l'Eglise Sainct Barthelemy, à la priere du mesme Evesque, lequel leur donna vne prebende en l'Eglise Cathedrale. Il y a au Livre des Obiits du Chapitre ces mots, III. *Kal. Maij obiit Drogo Episcopus.*

XLIV. GVIBERTVS.

Il fut esleu & sacré Evesque sans confirmation du Pape ny de l'Archevesque de Rheims pendãt que le Roy Philippes I. estoit au bail de Baudoüin Cõte de Fládres. Sa provision que i'ay oublié de transcrire est en la vie S. Romaine laquelle i'ay veu en l'Abbaye de S. Quentin. Dont les Papes Nicolas & Alexandre II. indignez escrivirent à l'Archevesque de Rheims, afin de l'interdire, ensemble le Clergé & le peuple de

Beauvais, si l'Evesque les corrompoit par argét pour s'y maintenir. Et pource y eut vne telle mutinerie en la ville, que le Pape les mit en interdit, lequel fut levé par Gregoire VII. à la requeste de Guy Evesque suivant. Ce fut luy qui donna à l'Eglise de Beauvais vn moulin & vn four estans aux fors-bourgs de la ville.

XLVI. GVIDO.

Sigebert dit qu'il fut faict Evesque en l'an mil soixante & sept, & qu'il fit bastir l'Abbaye de Sainct Quentin aux fors-bourgs dicts maintenant de son nom, & iadis le Deloir, qui est le nom ancié Gaulois de Saturne. Ce fut en souuenance de l'Eglise S. Quétin de Verdun, dont il avoit esté Doyen. Ce qui est confirmé par Ives en son Epistre CCVIII. lequel en fut le premier Abbé: comme c'est la premiere Abbaye de l'ordre Sainct Augustin. Ce fut aussi luy, qui ayant vny l'Eglise de Sainct Sauveur à Sainct Vvast, y ordonna des Chanoines: & pareillement fit vn Doyen en l'Eglise de Gerberoy pour avoir l'œil & iurisdiction sur les Chanoines, lesquels estoient lors fort desbauchez. Il eut plusieurs differens contre Eudes Chastelain de Beauvais, dont il sera parlé cy apres. De ce Guy est faicte mention par le mesme Ives en l'Epistre qui parle de l'Eglise de Bulles, laquelle il fit rendre à l'Abbaye de Sainct Lucian. Il y a vne Charte de luy dattée de l'an MLXXV. regnant le Roy Philippes premier qui en faict mention, ainsi que i'ay cotté cy dessus sur l'Evesque Constantin : &

vne autre de l'an MLXXVII. où il est denommé tesmoin en vne donatio faite par le mesme Roy à l'Abbaye de Sainct Benoist sur Loire : & encores vne autre de l'an MLXXVIII. concernant la fondation de l'Eglise Sainct Nicolas. C'est à luy ou a son predecesseur, auquel les Chanoines de Chartres se plaignent en vne Epistre qui est avec celles de Fulbert, de ce que le Roy Robert leur vouloit donner vn Evesque idiot & indigne, le prians luy & les Evesques d'Orleans & de Tours de l'empescher.

XLVI. VRSIO.

Il y a au Livre des Obiits du Chapitre de Beauvais XVI. *Kal. Aprilis obiit Vrsio Episcopus*, qui est tout ce que i'en ay trouvé.

XLVII. FVLCO.

Il avoit esté Religieux en l'Abbaye du Bec, lors qu'il fut esleu Evesque par vne partie du Clergé & peuple de Beauvais. Mais il fut si peu aggreable aux autres qu'il se fit sacrer par le Pape Vrbain II. à condition qu'il se deporteroit de l'Evesché lors qu'il luy commanderoit. Et de faict en fin la quitta volontairement, ainsi qu'il appert par quelques Epistres de Anselme Abbé du Bec. Il eut de grandes querelles contre Eudes Chastelain de Beauvais aussi bien que Guy son predecesseur. Il est faict mention de luy en vne lettre du Roy Louis le Gros de l'an MCIII. en laquelle

ET EVESQVES DE BEAVVAIS. 95

il prent qualité de Roy de France designé, *Froscos quos Dominus Fulco Episcopus dederat Canonicis, & Gnarinus iniustè invadendo eis abstulerat, Ecclesiæ & ipsis reddidi.* esquelles il y a encor ces mots qui sont grandement à noter, *Concessi eis vt absque mala voluntate ex nostra parte Romano Papæ obedientes sint sicut Apostolico, & mihi seruiant vt domino.* Ives Evesque de Chartres luy escrit quelques Epistres.

XLVIII. ROGERVS II.

Ie croy que c'est celuy qui est nommé Chancelier du Roy Philippes premier, en la confirmation de la fondation de l'Abbaye de Sainct Quentin de l'an MLXXIIII. Et est denommé en vn iugement donné par vn Adam, sur le faict des moulins de Beauvais du temps du Roy Louys le Gros. Et encor tesmoin en vne lettre du Roy Louys le Ieune de l'an MCXL. declarative qu'il n'entend avoir preiudicié aux droits de l'Abbaye de Sainct Lucian, pour avoir logé en leur village de Vvarluys.

XLIX. ANSELMVS.

Il fut Evesque en l'an MXCIX. ainsi qu'il est noté au Chartulaire du Chapitre de Beauvais avec ces mots, *dedit potestatem excommunicandi Capitulo.* L'on tient qu'il fut de bonne & saincte vie.

L. GAVFRIDVS.

Ives escrit plusieurs Epistres à Geofroy Evesque de

Beauvais, & singulierement celle par laquelle il luy recommande les droicts de l'Abbaye de S. Quentin.

11. GALLO ou VVALLO.

Apres Geofroy l'Evesché ayant vacqué, il fut remply de personnes de peu de merites, dont Ives se plaignit escrivāt au Pape Paschal en ces mots: *Mater mea Belvacensis Ecclesia, quæ in Christo me genuit, quæ lacte suo me aluit, crebra mutatione perniciosorum & inutilium Episcoporū valde vexata & vehementer attrita est,* &c. & en vne autre à Manasses Archevesque de Rheims, *Quàm crebris luporum incursionibus, quàm multiplicibus filiorum alienorum deceptionibus aggrauata sit Belvacensis Ecclesia, non est necessarium vestram docere prudentiam.* Ce qu'il escrit en leur recommandant la consecration de Vualon ou Gallon, qui avoit lors esté esleu. Mais son election estoit traversée & empeschée par plusieurs, & signamment par vn Estienne de Guarlande qui avoit eu par brigues, faveurs, & presens quelques voix & adherans, souz pretexte qu'on disoit que Vualon estoit de trop bas lieu pour tenir vne telle dignité, ayant esté Religieux & Abbé de Sainct Quentin. Aussi que le Roy Philippes I. qui lors regnoit, estoit indigné de ce que ayant esté esleu sans son auctorité, il poursuivoit sa confirmation par le Pape sans son cōsentement. & pour ceste cause avoit iuré qu'il ne seroit iamais Evesque de Beauvais. Ce qui apporta vn si grand scādale & division en la ville, qu'il y eut des hommes tuez, & aucuns du Clergé mis en interdict.

Dont

Dont Sainct Bernard, Yves Evesque de Chartres, & les Papes escrivirẽt au Roy: lequel ne se peut appaiser que Vvalon ne quittast l'Evesché, ayant depuis esté faict Evesque de Paris par le consentement du Pape, du Roy Philippes, & de Louys son fils. J'ay leu dedans les registres de l'Vniversité de Paris, que ce fut luy qui leur donna pour Iuge l'Abbé de Sainct Victor, où on luy donne qualité de Cardinal.

LII. PETRVS I.

Estienne de Guarlande ne demeura pourtant Evesque de Beauvais, ains semble que Pierre fut mis en la place de Vvalon. car il est denommé en ce temps Evesque en vn tiltre de l'Abbaye S. Martin de Pontoise, dont il a esté parlé au Chapitre precedent. Il y a au Chartulaire de Sainct Martin des Champs à Paris plusieurs confirmations de cest Evesque, signamment des Eglises de Meru & Cressonsart des années MCXXIII. & MCXXVII. & d'autres de son successeur Odon des années MCXXXVI. & MCXL. Il y a apparence que du temps de cest Evesque le Roy Louys le Gros fit la guerre à Dreux Seigneur & Baron de Monchy en Beauvaisis, à cause des torts & iniures qu'il faisoit à l'Eglise de Beauvais, dont est faict mention par le Continuateur de Sigebert, & Suggere en la vie du Roy susnommé. Ce fut luy qui mit, avec grande solennité, le corps de Sainct Germer en l'Eglise de Beauvais, en laquelle il repose, selon ce qu'il est rapporté en vne sienne Charte tesmoignée de l'Evesque de Soissons, de trois Abbez, & de plusieurs autres personnes de qualité, du iour de Sainct Pierre & Sainct Paul de l'an MCXXXII.

LIII. ODO II.

Il avoit esté Abbé de Sainct Symphorian pres Beauvais. est denommé present en la confirmation faicte par le Roy Louys le Gros, de l'an MCXXXVI. par lettre d'eschange d'entre Raoul Comte de Vermandois de cent dix sols Beauvaisis faisans partie de plus grande somme, qu'il avoit droict de prendre en fief sur l'Evesché de Beauvais, contre la terre de Chevrieres & Maigneville, estans aussi du fief de l'Evesché à luy transportée par les Chanoines de Beauvais.

LIV. ODO III.

Il fut Evesque en l'an MCXLIV. car en vne lettre de luy de l'an MCXLVI. il y a *Episcopatus anno tertio*. Il avoit esté Religieux de Sainct Germer. Et y a encor vne lettre de luy entre celles de l'Abbé Suggere, par laquelle il le prie d'avoir pitié des clercs de son Evesché, & des torts que luy faisoit Raoul Comte de Vermandois, & de faire absoudre vn Pierre de Milly de quelque faute par luy commise, à la charge de faire service au voyage d'outre mer. & vne autre en faveur du Comte de Clairmõt, qui estoit travaillé de guerre par Raoul Comte de Vermandois. Ie croy que c'est aussi à luy, ou au precedent, auquel est escrite la

XIII. Epiftre du v. Livre de Pierre le Venerable Abbé de Clugny.

LV. HENRICVS.

C'eft Monfieur Henry de France fils du Roy Louys le Gros, lequel fut premierement Religieux à Clairvaux, ainfi qu'il se veoid par les Epiftres de Nicolas Notaire ou Secretaire de Sainct Bernard, qui en faict vne grand'fefte, fignamment en fa xxxix. Epiftre, dont il fut tiré contre fon gré, ayant efté efleu Evefqué de Beauvais, ainfi qu'il eft remarqué par l'Abbé du Mont continuateur de Sigebert fur l'année MCXLVIII. & fallut que le Clergé de Beauvais en efcriuift au Pape. La lettre eft entre celles de l'Abbé Suggere, avec vne autre de Monfieur Henry, par laquelle il fe veoid qu'il ne vouloit accepter l'Evefché. Il en appert encores tant par celle qu'il en efcrivit à Pierre le Venerable Abbé de Clugny, que celle que le mefme Venerable envoya à Sainct Bernard Abbé de Clairvaux, qui font les II. & III. Epiftres du VI. Livre des Epiftres de Pierre de Clugny. Surquoy le fieur du Chefne remarque & prouve par plufieurs auctoritez fingulieres que ceft Evefque fut premierement Clerc, Souzdiacre, Archidiacre d'Orleans, Abbé ou Prieur d'Eftampes, de Sainct Denys de la Chartre, de S. Spire de Corbeil, de Mante, de Poiffi, de Sainct Melon de Pontoife, & generalement de toutes les Abbayes Royales, qui font maintenant pour la plufpart Doyénez d'Eglifes Collegiales, & ce par conceffió mefmes du Pape Eugene: puis Evefque de Beauvais, & finalement Archevesque de Rheims, ayant eu pour succeſſeur eſdits Archidiaconé d'Orleans & Abbayes Royales Monſieur Philippes ſon frere. Il fut aucunement en mauvais meſnage avec Louys le Ieune auſſi ſó frere, & y embarqua tellemét ſes Dioceſains que le meſme Suggere grand hóme d'Eſtat leur en eſcrivit en ces termes: *Venerabili Episcopo Belvacenſi Henrico, & nobili Eccleſiæ Beati Petri Belvaci, capitulo, clero ſimul & populo, Suggerius Dei gratia Beati Dionyſij Abbas pacem ſuperiorem & inferiorem à rege regum, & rege Francorũ. Ex ea familiaritate.* &c. puis apres, *Miſeremini veſtri, miſereatur ſibi nobilis Pontifex, miſereatur Clerus ſui ipſius: quia ſicut non poterit formica currum trahere, ſic nullo modo poterunt civitatis Belvacenſis ſubverſionem à fortitudine coronæ & ſceptri defendere. Si quid ſcire poſſum, ſi quid retinui, qui iam in his conſenui, veſtra longo labore parta raptoribus & furibus expendetis: iram domini Regis, immò & ſe credentium omnium vobis accumulabitis, odium ſempiternum, veſtris generationibus generabitis, vniverſis per totum regnum Eccleſiis regiam devotionem, & miram liberalitatem, qua & hanc, & alias ditaverunt, in ſempiternum peßimæ huius rebellionis memoria ſubmovebitis. Videte, videte viri diſcreti, ne & alia vice reſcribatur quod ſemel inventum eſt in columna huius civitatis ore Imperatoris dictum,* VILLAM PONTIVM REFICI IVBEMVS. Sainct Bernard en eſcrivit auſſi au Pape Eugene par ſon Epiſtre CCCVI. & pareillement le Comte de Dòpmartin vne lettre pour ceux de Beauvais au meſme Abbé Suggere, laquelle eſt entre les ſiénes. Et à raiſon de ces querelles le Roy oſta à la ville

de Beauvais leur Comune, laquelle leur fut bien toſt
apres renduë, comme il ſe verra en ſon lieu. Le Continuateur de Sigebert remarque auſſi que le Roy Héry II. d'Angleterre & Thiebaut Comte de Champagne faiſans la guerre au Roy Louys au pays de Beauvaiſis, ceſt Eveſque aſſiſté de Monſieur le Comte de
Dreux ſon frere, s'en defendirent vertueuſement. Il
eſcrit auſſi qu'il mourut en l'an MCLXXVI. eſtant Archeveſque de Rheims. Il y a deux Epiſtres de Pierre
Abbé de Moſtier la Celle à luy eſcrites, l'vne pendant
qu'il eſtoit Eveſque de Beauvais, l'autre depuis qu'il
fut Archeveſque de Rheims. Moſieur Philippes ſon
frere fut auſſi Archidiacre de Paris, & encores eſleu
Eveſque: mais il le quitta à Maiſtre Pierre Lombard.

LVI. BARTHOLOMÆVS.

Il fut ſucceſſeur de Monſieur Henry de France eſtát
faict Archeveſque de Rheims, car il eſtoit Eveſque
de Beauvais dés l'an MCLXIX. ainſi qu'il appert par
ſes lettres teſtimoniales d'vne donation faicte à l'Abbaye de Brioſtel dicte de Launoy, par Adam de Fontaine & Ameline ſa femme de l'année ſus dattée.
C'eſt à luy à qui eſt eſcrite la premiere des Epiſtres du
Pape Alexádre III. que le Pere Sirmond nous a donnée, par laquelle il luy recommande la reformation
de l'Abbaye de Flay, qui eſt celle de Sainct Germer.
C'eſt auſſi luy qui dedia l'Egliſe de la maladerie de
Creil, à la priere de Raoul Comte de Clairmont, en
l'an MCXC.

LVII. PHILIPPVS.

Monsieur Philippes de Dreux neveu de Monsieur Henry fit plus le Comte & l'homme de guerre, que le devot ou religieux Evesque. Il se croysa pour aller au voyage d'outremer, où il fut pris & mené en Babylone, & y fit vn miracle guerissant vn enfant en le baptizant selon ce qu'escrit *Cæsarius* Liv. x. chap. xiiii. Il fut aussi à la guerre contre les Albigeois, ensemble contre les Anglois qui venoient courir vers ses quartiers, & par leurs embuches fut prisonnier pres de Milly & mené au Roy d'Angleterre Richard, lequel le traicta assez rudement, en vengeance de ce qu'il disoit que l'Evesque luy avoit faict de mauvais offices tant au voyage d'outremer qu'à son retour vers l'Allemagne, où ce Roy avoit esté arresté prisonnier de l'Empereur. Dont l'Evesque ayāt escrit au Pape Celestin III. le priant d'interceder pour sa delivrance, il luy manda en se mocquant, que puis qu'il avoit esté pris portant la lance au lieu d'vne crosse, vn bacinet au lieu d'vne mytre, vn haubergeon au lieu d'vne aube, & vn bouclier au lieu d'vne estole, il ne commanderoit rien au Roy d'Angleterre, seulement le prieroit de le traicter gracieusement, ainsi qu'il est raconté en l'histoire de Guillaume de Neubrige Liv. v. Chapitre XXII. Mathieu de Paris le racomte vn peu autrement disant sur l'année MCXCVI. que le Roy Richard ne voulant manifestement esconduire le Pape, luy envoya le haubergeon ou cuirasse de l'E-

ET EVESQVES DE BEAVVAIS. 103

vesque, demādāt si c'estoit la robbe de celuy qu'il appelloit son fils. A quoy ce Pape ayant fait respōse que non, & que puisque par icelle il se mōstroit plus gendarme de Mars que de Iesus Christ, il le remettoit à la volōté du Roy. De fait il y demeura prisonnier deux ans entiers: & ne fut delivré que par le Roy Iean, & encores à la priere du Legat du Pape, en payant six milles marcs d'argent, & iurant qu'il ne porteroit iamais les armes contre les Chrestiens, ainsi qu'il est escrit par le mesme de Paris. Et de ceste guerre & prisō sont ces vers de la Philippide de Guillaume le Breton Livre troisiesme.

Richardus fines ingressus Bellovagenses,
Immensasque hominum prædas, pecorumque, peremptis
Pluribus abducit: Præsul ruit obvius illi
Belvaci, cum quo Guilelmus nobilis ille
Melloti Dominus, patriam defendere tentat.
Quos Merchaderi sic clausit rupta, quod ambo
Dum patriæ pugnant capti, vinctique cathenis
Carcere multa diu clausi tormenta tulerunt.
Idem Præsul erat Roberti clara propago,
Qui Grossi fuerat Ludovici regia proles,
Et sic natus erat regi patruelis. at illum
Nil iuvat Ecclesiæ prælatio, nil sacer ordo
Propria nil probitas, generis nil gloria tanti,
Quin inclusus ita minimus de plebe satelles
Carcere pœnali per multos squaleat annos.

Il fut long temps prisonnier dans le Chasteau de Chinon qui estoit tenu par l'Anglois, lequel le Roy Philippes Auguste alla assieger, ainsi que le mesme

Guillaume le Breton racóte en son VIII. Livre disant,

Bellovagensis erat vbi vinctus Episcopus arcta
Compede &c.

Ce fut aussi luy qui auoit auparauant faict bastir vne forteresse en Beauuaisis, laquelle le Comte de Dommartin ayant faict ruiner, d'autant qu'il pretendoit qu'elle faisoit empeschement à la Comtesse de Clairmont sa parente, il luy demolit au contraire le Chasteau de Herme proche de la forest : dont il aduint vn grand debat entre eux, & les enfans du Comte de Dreux neueu dudit Sieur Euesque, qui abboutit à vne guerre ouuerte, ainsi qu'il est rapporté en l'Histoire de Rigord sur l'année M C C X I I. Il se trouua aussi à la bataille de Bouines auec le Roy Philippes Auguste son Cousin, en laquelle il combatit auec sa masse, de laquelle il en atterra plusieurs, & entre autres Estiéne Comte de Salbery dit Longue-espée frere & Lieutenant du Roy d'Angleterre, lequel fut puis apres tué par vn autre. Ce qui est si plaisamment raconté par le mesme Guillaume le Bretó, qui viuoit en ce temps ou bien tost apres, en ces vers de la Philippide, qu'ils meritent d'estre icy inserez.

Nam Belvacensis vt vidit Episcopus Angli
Germanum Regis, cui cum sit viribus ingens
Angligenæ longo dederant agnomen ab ense,
Sternere Drocenses & damnificare frequenti
Cæde sui fratris acies, dolet : vtque tenebat
Clavam forte manu, sic illum dißimulato
Præsule percußit in summo vertice fracta
Caßide, quod sterni telluri cogit eundem,

Corporis & longi signare charactere terram.
Et quasi calari facti tam nobilis auctor
Possit, néue queat Præsul gerere arma notari;
Dissimulare studet quantum licet, atque Ioanni,
Servit adhuc Petrum cui iure Nigella, suorum,
Hunc vincire iubet, & sumere præmia facti.
Sic plerosque alios clava sternebat eadem,
Militibus super hoc titulum palmamque resignans.
Accusaretur operam ne forte sacerdos
Gessisse illicitam, cui nunquam talibus inter
Esse licet, ne cæde manus oculosque profanet, &c.

Tant y a que par là le bon Seigneur pensoit avoir végé sa longue prison sans s'estre ensanglanté les mains. C'est luy qui mit le Vidamé de Gerberoy en sa main, & le retint sa vie durant, à la charge de le rendre apres son decez, ainsi que nous verrons cy apres. Ie croy que c'est aussi luy qui a esté cause que quand nos anciens peintres peignoyent les Pairs de France Ecclesiastiques, ils donnoient à l'Evesque & Comte de Beauvais vne cotte d'armes par dessouz son surpellis. ou bien d'autant que l'Evesque de Beauvais porte la cotte d'armes du Roy lors qu'il assiste à son Sacre. On remarque que pendant son temps, sçavoir est en l'an MCLXXXVIII. la ville de Beauvais fut bruslée pour la pluspart, & qu'en l'an MCXCIIII. advint vne si grande tempeste en Beauvaisis, que tout y fut quasi gasté. Il vesquit longuement, & fut trente cinq ans Evesque, l'estant encor en l'an MCCXVII. car il est denommé ou entendu tant en l'Arrest de la Comtesse de Champagne & du sieur de Brenne en datte du

O

mois d'Avril MCCXVII. qu'en la lettre que le Roy Philippes eſcrivit lors au Pape Honoré de la códemnation faicte par les Pairs de France contre Manaſſes Eveſque d'Orleans pour avoir mal parlé de ceſt Arreſt. Laquelle qualité de Pair eſt touſiours depuis demeurée à ſes ſucceſſeurs Eveſques. C'eſt à luy à qui s'addreſſe le cent trente & vnieſme douzain des vers de la mort compoſez de ſon temps par dom Helinand Religieux de Froidmont.

 Mors va à Beauvais tout courant
 A l'Eveſque qui m'aime tant,
 Et qui touſiours m'a tenu cher:
 Dy luy qu'il a ſes contremant
 Vn iour à toy & ne ſçait quant.
 Or puet du tout s'eſpelucher
 Sa vie, & ſa nef eſpuiſer,
 Et de bonnes mœurs alleger:
 Et deſormais ſe voie encrant
 Des que toit à ſon huis bucher
 Pour ſa chaiere tresbucher,
 Et pour eſcorre ſon devant.

Le meſme Helinand faict auſſi vn plaiſant conte de luy en ſó Livre *De reparatione lapſi*, lequel ie me deporteray de tranſcrire icy, me reſervát de parler particulierement cy apres de Helinand. Il dit en quelque autre lieu parlant de ceſt Eveſque, que *fuit tam bellator quàm clericus*, & Vincent de Beauvais apres luy l'appelle *virum in armis ſtrenuum*. Il ſe lit au Chartulaire de l'Abbaye de Pantemont qu'il leur donna ſept arpens de vignes. Ce qui leur fut cófirmé par l'Eveſque Miles ſon ſucceſſeur.

LVIII. MILO.

Apres Monsieur Philippes fut Miles de Nantheul, lequel se trouva à l'enterrement du Roy Philippes Auguste en l'an MCCXXIII. certifia & tesmoigna avec les Archevesque de Sens & Evesque de Chartres, que le Roy Louys huictiesme mourant à Montpensier avoit ordonné la Royne Blanche tutrice de ses enfans. ce qui fut creu & effectué. C'est aussi luy auquel sont escrits, ainsi que i'estime, les Chapitres XIII. *de foro compet.* II. *de iure iur.* XXIX. *de decim.* & *Cùm in tua de sponsalibus*, qui sont du Pape Innocent III. Thibaut Comte de Champagne & de Brie le nomme par honneur entre ses Barons en la preface de ses Coustumes de l'an MCCXXIV. l'appellant *Redoutable pere Evesque & Comte de Beauvais*. Pendant son siege il y eut vne émotion à Beauvais dont Vincent escrit en ceste façon, Qu'il y eut vne dissention entre les Bourgeois de Beauvais, les petits s'elevans contre les grands, plusieurs desquels furent occis, & d'autres pris & envoyez prisonniers en divers lieux, qui finalement furét rachetez de grande somme de deniers: estoit l'Evesque soupçoné de favoriser les plus petits. Mais le Roy cóme souverain y mit la main de vengeance, qui fut cause que l'Evesque mit l'Evesché en interdict, lequel depuis s'achemina à Rome pour d'abondát y interposer l'auctorité du Pape: mais il mourut en chemin. Il y a en Guillaume de Nangy qu'il porta les armes au voyage de la terre Saincte.

O ij

LIX. GAVFRIDVS.

Geofroy, qui estoit de la maison de Nesle succeda à Milon, lequel à cause des rebellions de ceux de Beauvais fut mal traicté du Roy: mit son Diocese en interdict, à quoy son Chapitre defera, ainsi qu'il est escrit au Chartulaire des Evesques.

LX. ROBERTVS.

A Geofroy succeda Robert, qui fit sa paix avec le Roy, & leva l'interdict de ses predecesseurs. Tout ce que dessus est dit de Miles, de Geofroy & de Robert, par Vincent en l'an M CC XXX. qui est d'autant plus croyable, qu'il estoit vivant à Beauvais environ ce temps. Ce Robert estoit de la maison de Cressonsart, & à l'exemple de Monsieur Philippes de Dreux son predecesseur, se croisa avec plusieurs autres Prelats, denommez par Guillaume de Nangis, pour faire le voyage d'outremer avec le Roy Sainct Louys, où il mourut. C'est luy qui asseura le Vidamé de Gerberoy à l'Evesché, ainsi que nous verrons cy apres. Il fonda deux prebendes à Sainct Barthelemy, qui doivent servir à l'Eglise S. Pierre: & racheta du Roy les droicts de gistes qu'il avoit en la ville de Beauvais. Ce fut aussi luy qui acquit de l'Abbé de Clugny l'Eglise de Bury à l'Evesché de Beauvais, laquelle l'Abbé avoit auparavant eu de l'Abbé de Sainct Iean d'Augery, selon ce qu'il se veoid és Chartes de Giraud Abbé de Clugny l'vne d'icelles de l'année MCCXL.

LXI. GVILLELMVS.

Ie croy que c'est l'Evesque dont entend parler Maistre Iean le Coq en l'Arrest de l'an MCCLXXVII. par lequel l'Evesque de Beauvais fut condamné à l'amède envers le Roy pour avoir detenu prisonnier Regnault de Levegnem, apres & nonobstant qu'il se fust advoüé homme de corps du Roy, & qu'en ceste qualité il eust esté requis par le Bailly de Senlis.

LXII. REGINALDVS.

Il estoit de la maison de Nantheul, & croy que c'est de luy & de Messire André de Nantheul son frere, que parle Messire Iaques de Victry Evesque d'Accône au troisiesme Livre de son histoire Orientale, sur la prise de la ville de Damiette, où il dit que l'Evesque esleu de Beauvais & Thomas de Nantheul son frere y furent pris prisonniers & tuez. Il l'escrit aussi en l'Epistre qui est apres : mais il y a *Nansolio* pour *Nantolio*, & encores plus mal en l'histoire de Mathieu de Paris, Nantes pour Nantheul. C'est de son temps que le Comté de Clairmont, ou vne partie d'iceluy furent exemptez de l'hommage du Comté de Beauvais, selon ce qu'il est contenu en la Charte du Roy Sainct Louys du mois de Mars mil deux cens soixante neuf. En cest endroit ou environ, sçavoir est sur l'année MCCLXXVI. il est faict mention au petit

O iij

Chronique de du Tillet, d'vn Pierre Evesque de Beauvais: mais il y a faute, ainsi qu'il se veoid par l'histoire de frere Guillaume de Nangy, qui l'appelle Pierre de Beauvais Evesque de Bayeux, & faut qu'il y ayt ainsi en du Tillet, qui est vne faute qui advient souvent en ces deux mots.

LXIII. THEOBALDVS.

Messire Thiebaut aussi de Nantheul est denommé au iugé du Parlemét de Toussaints de l'an MCCLXXXIII. où il y a simplement Thiebault esleu de Beauvais, qui est la qualité que l'on donnoit aux Evesques n'estans encor sacrez. Il avoit vn frere nommé Iean, qui en ce mesme temps fut Evesque de Troyes, & est escrit au Livre des Obits de l'Eglise Sainct Pierre de Troyes, qu'ils moururent tous deux le XXVII. iour de Iuillet.

LXIV. SIMON.

VI. Messire Simon de Nesle eut plusieurs debats contre les Maire, Pairs, & Commune de Beauvais, lesquels se terminerét par la Iustice, laquelle comméçoit lors à reprendre aucunement son auctorité. Car auparavant la pluspart des differens se desmesloient par forme de guerre, voyes de faict, & duels. Plusieurs iugemés furent donnez entre eux: & premieremét vn arbitral ou plustost accord des parties pardevát le Cardinal Cholet, le Seigneur d'Offemont & le Chantre de l'Eglise de Rheims Secretaire du Roy, à ce deputez & envoyez à Beauvais par sa Maiesté au mois d'Ouſt MCCLXVI. lequel accord eſt appellé la grande Compoſition ſur le CVI. article du procez verbal de la Couſtume de Senlis. Compoſition advantageuſe aux Maire & Pairs, laquelle neantmoins n'eut gueres d'effect. Car ores qu'elle euſt eſté confirmée par lettres patentes du Roy Philippes le Hardy fils de S. Louys : toutesfois ils en plaiderent bien toſt apres en la Cour de Parlemét de nouvel arreſté à Paris, en laquelle pluſieurs Arreſts intervindrét, l'vn interlocutoire au Parlement de Touſſaints l'an MCCLXXIX. l'autre diffinitif au mois d'Ouſt MCCLXXXI. Mais la plus grande querelle fut depuis, ſçavoir eſt ſouz le regne de Philippes le Bel. Car les Beauvaiſins & l'Eveſque & ſes Officiers ne ſe contentans point des Arreſts deſſuſdits, & contrevenans reſpectivement à ceſte Compoſition, en vindrent aux mains, iuſques à aſſaillir & forcer la maiſon de l'Eveſque par les gens de la Commune, y mettre le feu, reſpandre le vin des caves, piller ſes meubles, ſes Chappelles, forcer & rompre les priſons, faire evader les priſonniers, battre & tuer ſes ſerviteurs & officiers, l'iniurier & outrager tant de paroles que de faict. Tellement qu'il fut contraint de ſortir la ville. Depuis s'accompagnant d'aucuns de ſes vaſſaux & Nobleſſe du pays, il fit battre & tuer aucuns des habitans trouvez par les champs, bruſler leurs maiſons, & les fors-bourgs, ſe faiſans guerre ouverte & à toute outrance les vns aux autres. Laquelle s'appaiſa toſt apres par vn autre Iugement arbitral donné avec la permiſſion du Roy par Maiſtre Guillaume Bonnet Thresorier d'Angers, & Messire Guillaume de Marsiliac Chevalier, Conseiller du Roy nommez & convenuz par cōtract passé entre eux la veille Sainct Simon Sainct Iude de l'an MCCCVI. dont le iugement fut donné le Vendredy de devant la Toussaints ensuivant, par lequel il fut dit qu'en la presence des Arbitres & de la Cōmune de Beauvais les Maire, Pairs, & Iurez d'icelle demanderoiēt pardon à l'Evesque; rapporteroient & remettroient en son Palais les meubles qui en avoient esté emportez, & mesmement vne image de nostre Dame du poids de quatre marcs d'argēt; pourroit l'Evesque retenir trente des habitās de la ville prisonniers, delivrables neantmoins au dire des Arbitres : & outre furent les Maire, Pairs, Iurez & Commune condamnez en huict mil livres Parisis petits d'amende payable dans les termes y contenus. Et moyennant ce fut ordonné que lesdits Evesque, Maire, Pairs & Iurez oubliroient respectivemēt les torts & outrages faicts & receuz sans s'en ressentir l'advenir, ny en pouvoir faire poursuitte les vns cōtre les autres, ny contre les Seigneurs de Ronceval & de Sōiōs Chevaliers qui avoiēt assisté l'Evesque. ce qu'ils iurerent faire & conserver de part & d'autre, signerēt & approuverēt le iugement de leurs seaux, & y acquiescerent. En quoy se veoit la simplicité du temps, ne ce qu'apres vne si grande emotion ils se submirent volontairement au iugement de deux hommes d'vn affaire de si grande consequence, & y acquiescerent tout aussi tost qu'il fut donné, au lieu que maintenāt il faut plaider vingt ou trente ans pardevant vingt &

trente

trente iuges pour vne cause de peu de valeur, encor
n'y veut on point acquiescer. Cest Evesque est en-
tédu en l'acte appellatoire interietté par plusieurs Archevesques & Evesques de ce Royaume côtre le Pape Boniface VIII. du mois de Iuin l'an MCCCIIII,
& faut qu'il ayt esté longuement Evesque. car l'on
marque qu'il deceda en l'an mil trois cens douze le
vingt deuxiesme de Decembre. Neantmoins il y a en
l'obitaire de l'Abbaye de Beauvais XI. Kal. February.
faut qu'il y ayt erreur en vn lieu ou en l'autre.

LXV. IOANNES.

Iean de Marigny estoit frere de Enguerran de Marigny tant renommé par nos Histoires. Ie croy que
c'est luy qui se trouva en l'assemblée du bois de Vin-
cenes contre Messire Pierre de Cugnieres Advocat
du Roy en l'an MCCCXXIX. Il se retira en Angleterre,
& fut depuis Archevesque de Rouen environ l'an
MCCCLI. est enterré à Escouy.

LXVI. GVILLELMVS II.

Ie ne trouve rien de cest Evesque que son Epitaphe,
lequel m'a esté donné par le sieur du Chesne, par lequel on apprèd quelque chose de sa vie & de sa maison, & par les lettres numerales d'iceluy qu'il deceda
le IX. iour de May l'an MCCCLVI. qui est la cause
que ie l'ay icy inseré.

G. Bertran natus iacet sic Præses tumulatus,

Montfort stirpe satus, ac Magela genitus,
In Novio gratus, Baio post sic decoratus.
Flos Prælatorum, laus Cleri, clavis honorum,
Pax subiectorum, via iuris, dux miserorum,
Et divinorum lux splendens officiorum.
M. C. T. I. sena decies V. carpit amœna,
Morte die nona decima Maij sibi prona.
Vt cœli dona fungatur Christe corona.

LXVII. PHILIPPVS.

C'est Monsieur Philippes d'Alançon fils de Monsieur Charles de Valois Comte d'Alançon frere du Roy Philippes de Valois & fillol du Roy. Il prenoit qualité d'Evesque esleu d'autant qu'il n'estoit sacré. fut depuis Archevesque de Roüen, & Patriarche de Ierusalem, & est à mon advis celuy qui fut au secours de l'Empereur Charles IIII. dont il fait mention en la vie que cest Empereur a escrite de soy. C'est aussi celuy selon mon advis qui est entendu au traicté des treves faictes par son entremise entre le Roy Philippes de Valois & le Roy Edoüard d'Angleterre en l'année MCCCXL.

LXVIII. IOANNES.

Iean de Dorman fut premierement & dés l'an MCCCLVII. Chancelier de Monseigneur le Dauphin Duc de Normandie regent le Royaume pendant la prison du Roy Iean só pere, & depuis Evesque de Beauvais: où il fit son entrée le dixseptiesme iour de Iuillet l'an mil trois cens soixante, puis fut Chancelier de France & Cardinal : & en ces qualitez est denommé aux Registres du Conseil du Parlement, és années MCCCLXVI. XXV. Nov. & XXVIII. Decembre, XXIII. Avril, IX. XI. & XXI. May MCCCLXIX. où il fut employé à proposer en la presence du Roy seant en son lict de Iustice, & de la Royne assise à son costé droict, & des Estats, aséblez sur vn escrit enuoyé par les Anglois qu'ils appelloient Bulle. Le contenu duquel fut plus amplement discouru par Messire Guillaume de Dorman son frere Advocat du Roy, lequel y avoit esté en ambassade. Il eut aussi en ceste qualité de Cardinal l'honneur d'estre commis par le Pape Gregoire XI. pour moyenneur de paix entre le Roy de Fráce & d'Angleterre, par Bulle du penultiesme Iuillet premier an de son Pontificat, & à raison de ceste qualité eut la prerogative de baptiser Monsieur Charles, qui fut depuis le Roy Charles sixiesme, dedans l'Eglise de Sainct Paul en presence de l'Archevesque de Sens, ainsi qu'il se trouue escrit au registre de la Chambre des Côptes du mois de Decembre MCCCLXVI. Son corps est enterré aux Chartreux de Paris, vis à vis du grand Autel, où est sa statue relevée en cuivre. Guillaume son frere fut depuis Chancelier de France en son lieu, sur la resignation qu'il en fit és mains du Roy en l'an MCCCLXXI.

LXIX. IOANNES.

Il est escrit au Livre des Obits de l'Eglise de Beauvais, VIII. *K al. Febr. obiit dominus Ioannes de Angeranno quondam Belvac. Episcopus* MCCCLXXVII.

LXX. MILO II.

Miles de Dorman neveu du deffunct Cardinal de Dorman fut Evesque d'Angers, & depuis Evesque de Beauvais, & encor Chācelier de France apres le decez de Messire Guillaume son pere. Iean Froissard Tome III. Chapitre LXXV. dict que c'estoit vn sage & vaillant preud'homme & beau langager. Et de faict il auoit esté des plus employez par le Roy Charles cinquiesme à la reception de l'Empereur Charles IV. & de Venceslaus son fils Roy des Romains venans en France. Ie croy que c'est de luy qu'entendent nos Annales, quand elles dient qu'en la bataille, qui fut donnée contre les Flaments en l'an MCCCLXXXIX. l'Evesque de Beauvais faisoit les aisles de l'avantgarde avec le Duc de Bourbon. Ce fut aussi luy qui fit receuoir sa complainte en Parlement contre le Procureur du Roy & des Marchands de marée, de pouvoir faire prendre & arrester du poisson passant par Beauvais pour chasser à Paris, dont l'Arrest est rapporté par Maistre Iean le Cocq en datte du huictiesme iour de Iuin MCCCLXXXVII. Car il mourut le dix-septiesme Aoust ensuiuāt. Est aussi enterré aux Chartreux : & neantmoins leurs Epitaphes sont en la Chappelle du College de Beauvais à Paris duquel ils sont fondateurs.

LXXI. GVILLELMVS III.

Il estoit de la maison de Vienne: presta le serment de fidelité au Roy dans Paris le dernier Septembre MCCCLXXXVII. L'on dit qu'il fut depuis Archevesque de Roüen. I'ay leu dans l'vn des Chartulaires de l'Evesque de Beauvais fol. VIIIXX. que son entrée faicte en la ville, par la Tour de Crou, le Roy y estant, fut tenuë pour non faicte, par ce qu'il doit entrer par la porte de l'Hostel Dieu.

LXXII. THOMAS.

Il estoit de la maison de Touteville. C'est de son téps ou de son successeur, sçavoir est le quinziesme Fevrier MCCCXCII. que fut donné vn Arrest contre la Comtesse de Beaumont, le Procureur du Roy ioint avec elle, par lequel l'Evesque & Comte de Beauvais fut maintenu & gardé en possession de faire prise & capture des Prestres & Clercs dás le Comté de Beaumont sur Oise, qui est de son Diocese, sans en demáder congé au Bailly du lieu.

LXXIII. LVDOVICVS.

On luy donne le surnom d'Orleans. Toutesfois ie n'en trouve rien en la derniere branche de ceste maison. Ie croy que c'est luy duquel s'entend le registre du Parlement du XXVII. Ianvier MCCCXCVI. auquel

P iij

y a que la Cour se leva avant l'heure pour se trouver aux exeques & funerailles de l'Evesque de Beauvais.

LXXIV. PETRVS II.

On l'appelle Pierre de Savoisy. Il fut envoyé en ambassade vers le Pape Benedict dit Pierre de la Lune, pour l'vnion de l'Eglise contre le schisme qui estoit en la Papauté du temps du Roy Charles VI. dont il est faict mention au premier Tome de Monstrelet, chap. XXIII. Presta le serment de fidelité le dixneufiesme Fevrier MCCCXCVII. & fit publier à Beauvais vn mandement patent du Roy contre les Orleanistes en l'an MCCCCXI. qui fut revocqué bien tost apres.

LXXV. BERNARDVS.

Bernard de Chevenó presta le sermét au Roy le XXVII. Iuillet MCCCCXXXI. à Paris. Il se trouve aux registres du Parlement de l'an MCCCCXX. que Messire Eustache de Laittre lors Chancelier de France, grand partisan du Duc de Bourgongne, fut esleu Evesque de Beauvais, & son eslection confirmée par le Pape, mais d'autát qu'il mourut avant qu'en prendre possession, il n'est point compté entre nos Evesques.

LXXVI. PETRVS III.

Pierre Cauchon Docteur en Theologie fut Evesque pendant les divisions d'Orleans & de Bourgongne.

ET EVESQVES DE BEAVVAIS. III

Et de faict le Duc de Bourgongne se trouva à son entrée. Aussi tenoit-il pour luy & pour les Anglois, iusques à s'estre trouvé en qualité de Pair de France au Sacre de Henry soy disant Roy de France & d'Angleterre faict en l'Eglise de Paris en l'an MCCCCXXXI. C'est luy qui principalement entretenoit les habitans de Beauvais en ces factions, & se trouvent en ce temps des provisions de prebendes comme vacantes en regale données par le Roy de France & d'Angleterre. La ville s'estant renduë des premieres au Roy Charles septiesme contre la volonté de cest Evesque, il se retira à Roüen, où il fut employé au procez de la condamnation de la Pucelle d'Orleans, d'autant qu'elle avoit esté prise prés du pont de Cópiegne, qui est dans le Diocese de Beauvais. Fut depuis Evesque de Lisieux. Messire Iean Iuvenel des Vrsins escrit en son Histoire que ce Cauchon estoit fils d'vn laboureur de vignes prés de Rheims. Neantmoins il y a en ces quartiers là beaucoup de bonnes maisons du nom de Cauchon qui vivent noblemét.

LXXVII. IOANNES.

C'est Messire Iean Iuvenel des Vrsins homme d'Estat & de sçavoir. Car il estoit Docteur en droit Ciuil & Canon, & de tres-bon sens, ainsi qu'il appert tant par l'Histoire du téps du Roy Charles VI. qu'il y a apparence estre de luy, que par les Epistres par luy escrites aux Estats tenus en la ville de Blois en l'an MCCCC-XXXIII. & autres, & particulierement au Roy Charles VII. sur les miseres de son temps, & fidelité de ses subiets, notammét de ceux de la ville de Beauvais, adioustant que supposé qu'ils eussent tenu pour leur seigneur le Roy d'Angleterre, c'estoit pour ce que leur precedent Evesque estoit en ceste folle erreur, mais que le cœur estoit tousiours François, attendãs l'approchement du Roy : & luy avoient tousiours esté entre autres choses tres-loyaux fideles, iusques à avoir soustenu & supporté longuement les fraiz de la guerre à leurs despens, n'y ayant ville quelconque entre les rivieres d'Oise, de Seine, & de Somme, dont elle peust avoir secours, se monstrat d'ailleurs par icelles autant zelateur du bien de son peuple, que bon & affectionné serviteur du Roy. Epistre qui m'a esté communiquée par le sieur du Chesne, afin d'en faire part au public. Il avoit presté le serment de fidelité au Roy comme Evesque de Beauvais le premier Iuin MCCCCXXXII. à Amboise. Depuis fut faict Evesque & Duc de Laon, & Archevesque de Rheims selon ce qu'il est escrit & peint en la Chapelle des Vrsins derriere le Chœur de l'Eglise de nostre Dame de Paris, en laquelle feu Messire Iean Iuvenel des Vrsins Advocat du Roy, & dame Michelle de Victry ses pere & mere, & Messire Guillaume Chancelier de France son frere, sont enterrez, & leurs vnze enfans, freres & sœurs representez.

LXXVIII. GVILLELMVS IV.

On luy donna le surnom de Holãde. fit son entrée à Beauvais le vingtquatriesme Aoust MCCCCXLIIII.

fut

fut employé au procez de iustification de la Pucelle d'Orleans, & mourut l'an MCCCCLXI.

LXXIX. IOANNES.

Il estoit de la maison des Comtes de Bar. Ce fut luy qui fut aresté par les habitans de Beauvais, & notamment par la femme de Maistre Iean de Bretigny, comme il vouloit sortir de la ville à cause du siege des Bourguignons de l'an mil quatre cent soixante & douze, dont il est faict mention en vne lettre qui est en l'Hostel de la ville de Beauvais.

LXXX. LVDOVICVS.

Louys de Villers estoit frere du Seigneur de l'Isle Adam, celuy qui gouvernoit le Duc de Bourgongne, qui eut l'heur de la reduction de la ville de Paris, sous l'obeissance du Roy Charles VII. laquelle il avoit fait auparavāt prendre pour les Bourguignons. On remarque en cest Evesque qu'il voulut en qualité de Pair, preceder aux exeques du Roy les autres Evesques non Pairs sacrez auparavant luy. ce qu'il n'obtint point: mais bien aux processions esquelles la Cour marcheroit en corps. C'est M. du Tillet au traicté des Pairs de France, où il l'appelle Pierre au lieu de Louys. Il estoit bon mesnager, & grand bastisseur. Car c'est luy qui a refaict de neuf le grand corps d'Hostel de l'Evesché, & le Chasteau de Bresle: & si estoit grand aumosnier. Presta serment de fidelité au Roy le penultiesme Decembre MCCCCXCVII. à Chaalons.

LXXXI. ANTONIVS.

Estoit de la maison de Tende pays de Provence.

LXXXII. CAROLVS.

Il estoit frere ou neveu de l'Evesque Louys de Vilers, & fut le premier Evesque pourveu à la nomination du Roy suivant le Concordat. Car quant à Louys Canosse Legat en Fráce qui avoit esté nommé par le Roy François premier suivant la recommandation du Pape Leon X. selon ce qu'il se voit en trois lettres imprimées aux XIIII. & XV. livres des Epistres du Cardinal Bembe, il faut dire qu'il ne fut pas receu ny mis en possession. Et de faict il n'est point escrit au Catalogue des Evesques: ou bien il le resigna en faveur du superieur Evesque, par le decez duquel cestuy cy fut pourveu. Charles estoit aussi Abbé de S. Pierre lés Chalons, & de Nostre Dame du Val où il est enterré.

LXXXIII. ODO IV.

Odet de Coligny neveu maternel d'Anne de Montmorancy Connestable de France estant pourveu de l'Evesché de Beauvais en presta le serment de fidelité au Roy en la ville de Chalons le trentiesme iour de Decembre MDXXX. Ne faisoit quasi point de residence en son Evesché, ains suivoit ordinairement la Cour des Roys Henry II. & Charles IX. comme faisoient lors plusieurs autres Cardinaux de son temps, neantmoins n'estoit gueres Courtisan, c'est à dire vendeur de fumée ou de paroles, ains le tenoit on pour Seigneur debonnaire & amateur de la vertu & des lettres. Vray est que sur la fin il se rendit non seullement fauteur de ceux de la nouvelle religion, mais aussi en fit luy mesme profession à l'exemple de l'Admiral de Chastillon & du sieur d'Andelot ses freres, au grand scandale de son ordre, & regret de tous ceux qui avoient cogneu son bon naturel, tesmoin ce qu'en escrit Ronsard en sa remonstrance au peuple François.

 Ie cognois vn Seigneur, las! qui les va suivant,
 Duquel iusqu'à la mort ie demeuray servant:
 Ie sçay que le Soleil ne voit çà bas personne
 Qui ait le cœur si bon, la nature si bonne,
 Plus amy de vertu: & tel ie l'ay trouvé,
 L'ayant en mon besoin mille fois esprouvé.
 En larmes & souspirs Seigneur Dieu, ie te prie
 De conserver son bien, son honneur, & sa vie.

Et encores ailleurs:

 Las que ie suis marry que cil qui fut mon maistre,
 Depestré du filet ne se peut recognoistre.
 Ie n'ayme son erreur, mais haïr ie ne puis
 Vn si digne Prelat dont serviteur ie suis.
 Qui benin m'a servy, quand fortune prospere
 Le tenoit prés des Roys, de seigneur & de pere.
 Dieu preserve son chef de malheur & d'ennuy,
 Et le bonheur du Ciel puisse tomber sur luy.

Car c'est de ce Cardinal duquel il entend parler en ces lieux.

LXXXIV. CAROLVS.

Odet ayant esté privé du tiltre & possessoire de ses benefices, & notamment de l'Evesché de Beauvais, Monsieur Charles Cardinal de Bourbon en fut pourveu, sás toutefois y faire plus de residéce que son predecesseur : ains suivoit pareillement la Cour. Il fut vn fort bon Prince, mais trop facile à se laisser emporter à ceux qui le bessloyent : iusques à croire ceux qui luy donnerent le tiltre de Roy Charles dixiesme, au preiudice du grand Henry son neveu.

LXXXV. NICOLAVS.

Nicolas Fumée fut pourveu de l'Evesché par la resignation & permutation qu'en fit en sa faveur Monsieur le Cardinal de Bourbon. Cestuy fit devoir de bon Evesque, demeurant ordinairement à Beauvais, ou à Bresle maison Episcopale, & y faisant plusieurs aumosnes. Estoit vray Catholique François, & bon serviteur du Roy, iusques à avoir esté emprisonné & chassé de son Evesché par ceux de la Ligue : pendát le temps de laquelle il mourut. Il avoit faict son entrée à Beauvais le XIIII. Octobre MDLXXVI.

LXXXVI. RENATVS.

J'avoy deliberé ne rien escrire de cest Evesque, d'autant qu'il estoit plain de vie lors que ces Memoires estans ia bien avancez sur la presse, on nous apporta les nouvelles de son decez soudainement advenu à Beauvais le IV. iour de ce mois d'Octobre MDCXVI. Ce qui m'a obligé d'en dire icy quelque chose. Et principalement ce que plusieurs en avoient escrit de son vivant, Que c'estoit vn autre Didyme François à cause de l'infirmité de sa veuë recompensée par vn sçavoir, qui le rendoit admirable à tous ceux qui l'oyoient parler tant des plus profonds secrets de nostre foy & creance, suivant la doctrine de tous les Peres Grecs & Latins: que de l'Histoire Ecclesiastique, discipline de l'Eglise, & affaires d'Estat: & generalemēt de tout ce qui se pouvoit presenter. Et ce avec vne telle promptitude, force d'eloquēce, & vivacité d'esprit, que s'il eust aussi bien employé son talent aux Sermons & Predications publiques qu'aux Remonstrances faictes aux Roys & Messieurs du Conseil, aux Estats, Assemblées generales du Clergé de France, & particulieres de son Diocese, il eust merité de remporter le surnom de Chrysostome. Ie n'en ay veu qu'vn eschantillon, qui est la Remonstrance faicte au Roy au nom du Clergé de France sur le faict du restablissement de l'exercice de la Religion Catholique au pays de Bearn, qui merite d'estre conservée. Mais sur tout ie desireroy que ceux qui ont recueilly ses derniers propos, & principalemēt les remonstrances qu'il fit à son Clergé, & vne grād' partie des bourgeois de la ville lors qu'il y receut ses derniers Sacremens, nous en eussent faict part: ayant entendu que ce fut avec vn tel zele & ferveur de l'amour de Dieu,

Q iij

vne si grande apprehension de son iugement, & neantmoins esperance à sa misericorde par les merites de la passió de nostre Seigneur Iesus Christ, que l'on pensoit plustost oüyr vn esprit divin qu'vn homme mortel. Dieu luy ayant aussi faict la grace de se recócilier avec tous ceux qu'il pensoit avoir offensé, avec vne telle contritió de ses fautes, mespris & condamnation des folies & vanitez de ce monde, que ceste derniere action & closture de sa vie a plus proffité à son Eglise, que n'eussent fait cent Sermons des meilleurs Predicateurs qu'il leur eust peu envoyer pendant sa vie. Il disposa de la pluspart de ses biens au profit de l'Eglise par vn Testament & des Codiciles qu'il dicta luy mesme de mot à mot aux Notaires en la presence de plusieurs personnes: qui est vn vray miroüer de sa vie & de sa mort. Lequel partant merite d'estre publié. Le Roy a nommé pour son successeur Messire Augustin Potier son frere, que tout le Clergé & le peuple de Beauvais desiroit. Il a esleu sa sepulture en l'Eglise de Sainct Innocent, chappelle de ses predecesseurs, où gist son corps.

VII. On peut remarquer en la qualité de nos Evesques deux choses en general. L'vne, que depuis qu'ils sont devenus Comtes & Vidames, l'Evesché a le plus souvent esté possedé par Princes, Seigneurs, ou personnages de grande qualité, iusques à s'y trouver vn fils de France, qui est Monsieur Henry fils du Roy Louys le Gros, & trois autres Princes du sang, Monsieur Philippes de Dreux, Monsieur Philippes de Valois, & Monsieur Charles Cardinal de Bourbon: encores estimay-je qu'on en y pourroit mettre vn quatriesme, sçavoir est Louys d'Orleans, outre les Cardinaux & Chanceliers qui s'y rencontrent. L'autre remarque est que ces augmentations de Comté & Vidamé ont bien acquis à nos Evesques plus d'authorité, de dignité, & de biens téporels: mais paradvéture esté cause qu'aucũs ont eu moins de soin de la pasture spirituelle de leurs oüailles. A raison dequoy Ives de Beauvais en ses Epistres en parle assez à leur desavantage, disant en l'vne d'icelles, parlát de l'Evesque Vvalon : *Ecclesiã Belvacẽsem tam diu iam bonos desuevisse habere Pastores, vt malos habere videatur ei quasi legitimum: bonos autem eligere quasi nefarium.* Et en l'autre: *Tales consuevisse habere Pontifices, quibus ipsa damnaretur, non à quibus ad viam vitæ dirigeretur.* Mais il semble par la lecture d'icelles qu'il en escrit aucunement par passion, & si ie ne me trompe, il eust grandement desiré que l'on l'eust esleu Evesque.

I'adiousteray pour la closture de ce Chapitre la forme des entrées, receptions, & sermens des Evesques. Il a esté dit cy dessus en parlant de S. Lucian premier Evesque, que les Evesques faisans leur entrée, & prenans possession de l'Evesché sont tenus passer la nuit en l'Abbaye Sainct Lucian, sont receuz en icelle avec la Croix & l'eau beniste. Or apres avoir fait leurs prieres en l'Eglise & passé la nuit, ils en partent le lendemain matin (apres avoir oüy la Messe) revestus d'vne aube, nuds pieds, & accõpagnez de tout le Conuent, sont conduits processionnellement iusques à vne Croix proche la porte de la ville, où le Clergé d'icelle, fors ceux de l'Eglise Cathedrale, attend le nouvel Evesque aussi processionnellement : & le conduisent iusques à la porte de l'Hostel Dieu : par laquelle il doit entrer, & non par autre, ainsi qu'il a esté dict cy dessus en parlant de Messire Guillaume de Viéne Evesque. Souz laquelle porte les Maire & Pairs de la ville l'attendent pour luy en presenter les clefs comme à leur Seigneur. Ce qu'ayans faict, & l'Evesque les ayant prises, il les leur rend tout à l'instant en leur disant ces mots ; *Maire ie vous baille en garde les clefs de ma ville de Beauvais, à la charge que vous me les rendrez toutesfois & quantes que ie vous les demanderay.* A quoy le Maire respond en les reprenant, *Ie vous iure & promets Monseigneur, comme Maire & pour toute la ville, de garder vostre corps, vostre vie, vos meubles, vostre honneur, vos chastels, & droicts, sauf la fidelité du Roy.* comme aussi l'Evesque de sa part iure de garder & maintenir les bourgeois de la ville en leurs droicts & Coustumes, franchises & libertez. Et de ces sermens est faict mention, sçavoir est de celuy de l'Evesque en la LXXVII. Epistre de Ives Evesque de Chartres : & de celuy desdits Maire & Pairs en vne Charte du Roy Philippes Auguste du mois de Mars de l'an M.CC.XVI. en ces mots ; *Quod vnusquisque servabit bona fide corpus & membra Episcopi, & vitam suam, & honorem suum, & Catalla, & iura, salva fidelitate nostra :* où ce mot de *Catalla* signifie non pas chasteaux ou chastels, comme on le tourne coustumierement en ce serment, mais meubles *cateux*, ainsi qu'on parle en Picardie, & pareillement quelques immeubles qui

par les

ET EVESQVES DE BEAVVAIS.

par les couſtumes de Boulenois, Amiens, Artois, & autres ſont reputez meubles. De ce lieu l'Eveſque continue d'aller iuſques à la porte de la cité que l'on appelle *Gloria laus*, ou porte du chaſtel, en laquelle les Doyen & Chanoines de l'Egliſe l'attendent ſur vn pont de bois faict exprés, ſur lequel y a vne chaire pour l'aſſeoir. Et là apres avoir promis d'obſerver les droicts, privileges, libertez & couſtumes honneſtes & approuvées de l'Egliſe de Beauvais, il eſt reveſtu de la Chappe & Mitre Epiſcopale, & par eux conduict avec la Croſſe, la Croix, & l'eau beniſte dans l'Egliſe. En laquelle le *Te Deum* eſtant chanté, & ſa priere faicte, il eſt inthroniſé en ſa chaire Epiſcopale. Voila tout ce que i'ay penſé devoir eſtre remarqué des Eveſques de Beauvais.

R

DES COMTE' ET COMTES de Beauvais.

CHAPITRE IIII.

Sommaire.

I. *Des Comtes en general, & particulierement de ceux de Beauvais.* II. *De l'Evesque Roger premier Comte Ecclesiastique temporel. Du bien des Ecclesiastiques, & signamment des Evesques.* III. *De deux Eudes ou Odons Comtes de Champagne & de Beauvais.* IV. *De Hugues de Beauvais.* V. *De Beranger Comte non de Beauvais, mais de Bayeux. Faute remarquée en Paul Emile, & aux autres.* VI. *De Lancelin de Beauvais.* VII. *Des correspondances des villes d'Orleans & de Beauvais.*

I. Tout ainsi que par la premiere institution & discipline de l'Eglise l'on ordonna des Evesques en chaque cité pour l'instruction du peuple, & administration des sacremens; aussi y establit on peu à peu des Comtes pour contenir le peuple des villes & territoire d'icelles en paix, le preserver d'oppressions & iniures, leur faire & administrer la Iustice, & exercer les autres fonctions temporelles. Signamment en ce Royaume souz la premiere & seconde race de nos Roys: lesquels conioinctement, & quelquefois separemét la rendoient, l'vn la civile, temporelle, & criminelle, l'autre la spirituelle & Ecclesiastique, estans tous deux stipendiez du public: c'est à dire du revenu & patrimoine public de leurs citez, Comtez, pays & Dioceses, & des amendes & autres emolumens de leurs iustices. Particulierement on voit par le deuxiesme livre des Capitulaires de Charles Maigne & de Louys son fils, qu'il y avoit deslors vn Comte à Beauvais aussi bien qu'vn Evesque. Car il y a ainsi au vingt cinquiesme chapitre, *In Rhemis Ebo Archiepiscopus & Ruadfridus Comes sit super v 1. videlicet Comitatus, id est Rhemis, Catalon, Suesson, Sylvanectis, Belvacus, & Laudunum,* &c. N'estoiét ces Comtes perpetuels ny hereditaires, ains temporels, revocables & par commission, ainsi que ceux qu'ils appelloient *Missos dominicos.* Mais come sur le declin de la seconde race le Royaume fut ravagé & presque envahy de toutes parts, les plus puissans se faisans maistres & seigneurs où ils pouvoient: aussi ces Comtes particuliers establis és Eveschez & ailleurs, entreprirent de se continuer d'eux mesmes, & se rendirent peu à peu seigneurs hereditaires de leurs Comtez, partissans aucunement le revenu des villes, Comtez, & Dioceses avec les Evesques des citez. Il est donc certain qu'il y avoit despieç'a vn Comte à Beauvais, comme en beaucoup de moindres villes du pays. Et de faict il y a encores auiourd'huy en Beauvaisis les Comtes de Clairmont & de Beaumont : & si se trouve en quelques anciens tiltres estre faict mention des Comtes de Bulles, de Breteul, Angy & d'autres lieux du mesme pays. Mais quand ce fut, & qui furent les premiers qui prinrent la qualité de Comtes hereditaires ou patrimoniaux de Beauvais, il est difficile de le sçavoir. Pour essayer d'en faire la recherche ie veux commencer par ce qui

R ij

est de plus clair & notoire, pour parvenir à ce qui est plus obscur & moins cogneu : & faisant le contraire de ce que nous avons suivy en nos Evesques, commencer par la fin, & remonter peu à peu aux premiers ou plus anciens Comtes. Or il est notoire que nos Evesques sont de present vrays Comtes patrimoniaux de Beauvais, & en ceste qualité les premiers Pairs de France des Comtes Ecclesiastiques, encores que quelques vns les ayent mis les derniers : & qu'ils sont seigneurs téporels & spirituels tant de la ville que du domaine du Comté. Qui est ce qui fit dire despiec'a à Hildebert Evesque du Mans, depuis Archevesque de Tours, escrivant à l'Evesque de Beauvais en son Epistre LVIII. ces mots : *Tui iuris est quicquid in civitate Belvaci vel sacerdotium spectat vel regnum.* Nous avons aussi veu cy devant qu'en ceste qualité de Comte nos Evesques avoient pouvoir de forger monnoye en rapportant ce qui s'ensuit : *Dominus Belvacensis Comes est & Episcopus, & moneta Belvacensis ipsius est,* &c.

II. Secondement on tient pour chose certaine, que le premier Evesque qui en a esté Comte fut Roger, lequel vivoit du temps du Roy Robert. Mais comment ce Comté luy est venu, & en quoy il consistoit, il y a beaucoup de difficultez. Car quant à ce que l'on allegue communément de Sigebert sur l'année MXIIII. *Comitatus Belvacensis datur Rogerio Episcopo,* & sur l'année MXXIIII. *Hoc tempore in Gallia Belvacensi vrbe inclytus Rogerius decessit Episcopus, qui inter alia beneficia dedit Ecclesiæ Sancti Petri, cui præsidebat, Alliacum in Normània, & Montiacum in Verman-*

ET COMTES DE BEAUVAIS. 133

densi patria. Comitatum quoq; eiusdem vrbis ab Odone Campanensi Comite impetrauit, dato ei pro commercio castro Sincerrio. (Il y auoit ainsi en mon vieil cayer, mais on l'a depuis raturé, & escrit d'vne lettre plus moderne, *Quod dicitur Sanctum Cæsaris in Bituricensi territorio sito, quod sibi patrimonij iure competebat*): Il n'y en a du tout rien en l'autographe de Sigebert que nous a donné maistre Aubert Miré Chanoine & Escholastre d'Anvers, homme que ie tien veritable pour l'auoir cogneu à Paris, m'ayant faict l'honneur de m'y venir veoir. Et neantmoins ce que i'ay transcrit cy-dessus se trouue ainsi escrit, non seulement au Sigebert imprimé, mais aussi dans mon escrit à la main: lequel ie pense auoir autrefois appartenu, ou esté escrit pour Yves de Beauuais lors Abbé de S. Quentin, depuis Evesque de Chartres. Comme beaucoup de choses se trouuent auoir esté adioustées en cest Autheur, qui ne sont point de luy, lesquelles ne delaissent pourtât d'estre veritables; chacun y ayant faict escrire en le faisant transcrire ce qui estoit de son pays, tout ainsi que S. Hierosme auoit faict en Eusebe en le tournant en Latin, & que nos Moines ont faict en transcriuant Aimoin, & plusieurs autres Historiés ou Chroniqueurs

Ie tien donc Roger pour nostre premier Comte Evesque. Neantmoins c'est grand cas qu'il ne se trouue rien escrit à Beauuais ny ailleurs de ce côtract d'eschange ou donation; n'y ayant qu'vne lettre de confirmation du Roy Robert qui en face mention: & non encores d'aucun contract d'eschange, ains d'vne donation pure & simple faicte par le Comte

R iij

Eudes a l'Eglise de Beauvais, afin de prier Dieu pour son ame. Examinons doncques vne partie de ce qui est contenu en ceste Charte de confirmation. Signamment en ce qui peut seruir à ce que nous cherchons. Premierement, sans s'arrester à la preface (qui est neantmoins remarquable en ce que le Roy Robert parlant de soy vse de ces mots, *Quem Gallica liberalitas ad regni prouexit fastigia*) l'on veoid qu'il n'est nullement parlé que la ville ou cité de Beauvais ayt esté donnée par le Comte Eudes à l'Evesque Roger: ny de droict ou chose quelconque qui fust en icelle, mais seulement y a, *Exactiones & reditus Comitatus quę tenebat in suburbio Belvacensis vrbis*, qui ne sentét que des droicts qu'il avoit aux fors-bourgs. Et neantmoins le principal du Comté dont iouïssent les Evesques consiste en la Seigneurie de la ville & cité de Beauvais, sans que iamais elle leur ait esté contredicte ny controversée, ains confirmée & asseurée par receptions en foy & hommage, d'adveuz & denombremens, par plusieurs lettres de nos Roys, Arrests de la Cour & possession immemoriale. Consequémentil faut croire qu'auparavant, & sans ceste donation ou confirmation, nos Evesques estoient Seigneurs de la ville & cité, estant la presumption bonne du present au passé, & la possessio paisible & perpetuelle faisant presumer la proprieté & seigneurie. Secondemét il n'y a pas mesmes que le Comte Eudes donne le Comté de Beauvais, ains seulement, *exactiones & reditus quos tenebat ex beneficio Regis in suburbio Beluacensis vrbis, & in villis extra ambitum civitatis constitu-*

tis, sicut iam ipse Episcopo concesserat ac diuiserat: qui mõstre que l'Evesque & le Comte avoient auparavant faict quelque partage & division entre eux de ces droicts, & que l'Evesque y avoit part. Ce qui se void encor plus clairement par ce qui s'ensuit en ces mots, *Præterea omnes exactiones & reditus, & quidquid pertinebat ad Comitatum in villis subter adnotatis, hoc est in villa Episcopi, quæ dicitur Brælla, in villa sancti Iusti, in villa Castiniaco, in villa de Bureio, in villa Flavio.* Et puis apres, *Medietatem quoque Comitatus in villa quæ dicitur, Senentes, & in Montagniaco, & in Monciaco, & in villa quæ dicitur Cogniacus.* Et encor apres: *Medietatem quoque Comitatus, & mercatum quod tenebat Franco de Castro quod dicitur Gerboredum.* Qui sont les parts ou droicts que Eudes Comte pretendoit avoir à Bresles, Sainct Iust, Castenoy, Bury, Flay, moitié de Senentes, Montagny, Mouchy, Cogny & Gerberoy. Dont il faut inferer que l'Evesque avoit deslors grandes parts en toutes ces terres & domaines: & notamment à Bresles, qui par le mesme tiltre est ia appellée *villa Episcopi*, comme estant deslors à luy. Partant ie tien pour asseuré que l'Evesque estoit dés auparavant Seigneur de la pluspart de ce qu'on appelle maintenant le Cõté. Comme à vray dire les Evesques de France estoiét deslors, & long temps au precedent grands terriens en leurs citez, villes, & Eveschez, non seulement par donatiõs & liberalitez des Roys, mais aussi des Princes & Seigneurs: & des Evesques mesmes, lesquels bien souvent s'eslisoient de personnages de qualité & de biens, qui en augmenterent leurs Eglises, ainsi qu'il se veoit par le Testament de sainct Remy, & autres dispositions. Aussi y a-il apparence qu'on leur avoit dés le commencement & avant que nos Rois vinssent aux Gaules delaissé le domaine dont jouissoient les Prestres des Payens, & specialemét les Druydes: ainsi que les Empereurs Chrestiens, apres que les gens d'Eglise furent declarez capables de posseder des biens en commun, donnerent aux Eglises de Rome le revenu & patrimoine des Prestres Payens & des Vestales, dont il est faict mention és Oraisons de sainct Ambroise & de Symmache: & côme Saxon le Grammairien escrit que leurs premiers Evesques Danois s'accómoderent du bien des Prestres Payens, lors qu'ils furent convertis à la foy Chrestienne. Ce qui est aussi remarqué de l'Italie en Aggenus Vrbicus en son Commentaire sur Frontin, disant, *Multi crescente sacratissima religione Christiana lucos prophanos siue Templorũ loca occupauerunt.* Et ce qui iustifie encor plus clairement que nos Evesques de France estoient tres-riches dés le temps de la premiere race de nos Rois, & qu'ils avoient grand domaine & revenu dedans leurs Citez; c'est que non seulement vn Leon Poictevin s'en pleignoit en Gregoire de Tours livre IIII. chap. XVI. mais aussi les Rois mesmes, disans, *Ecce pauper remanet fiscus noster. Ecce diuitiæ nostræ ad Ecclesias sunt translatæ. Nulli penitus nisi soli Episcopi regnant: perijt honor noster, & translatus est ad Episcopos ciuitatum.*

Ie veux donecques dire & conclure de tout ce que dessus que long temps auparavant ceste donation,
eschan-

COMTES DE BEAVVAIS. 137

eschange & confirmatiō nos Evesques avoiēt part au revenu de leur cité & Comté aussi bien que d'autres Evesques, cōme nous en voyōs des remarques tāt en la ville de Paris, à laquelle l'Evesque a grand' part avec le Roy, & l'avoit encor plus grande qu'il n'a de present, selō ce qu'il appert par le Cōcordat fact entre le Roy Philippes Auguste, & l'Evesque de Paris, vulgairemēt appellé *Forma Pacis*, en datte de l'an MCCXXII. qui est la cause pour laquelle l'ancien Glossateur du chap. III. *De for. compet.* aux anciennes Decretales dit que *Parisius Episcopus habet temporalem iurisdictionem, & gerit vicem Comitis. Vnde & præco ibi nunciat nomine Episcopi & Regis.* Item en la ville d'Agen l'Evesque porte encor le nom de Comte, ores que le Roy en prenne les emolumens. Et de la ville de Lyon l'Archevesque & les Chanoines en estoient Seigneurs & Comtes au temps du Roy Henry II. Ce qui se pourroit iustifier, à mon advis, avoir esté de mesmes à Rheims, Chaalons, en autres villes. Et encores par la donation jadis faicte par la Royne Constance du Comté de Sens à Eudes Comte de Champagne & de Brie, il n'est faict mention que de la moitié, comme si l'autre appartenoit dés lors à l'Evesque ou Archevesque : lequel d'ailleurs auoit, & a dés long temps de grands Domaines, tant en la ville qu'és enuirons d'icelle, & signamment la Seigneurie directe de Montreau où fault Yonne : & le Chapitre ayant associé le Roy à la proprieté de leurs moulins. Ce qui faict à mon advis grandement à noter. Doncques par nos tiltres il appert que dés lors

S

l'Evesque de Beauvais avoit part au Comté. Mais ce qui pourroit faire difficulté sur la forme ou façon que la part que Eudes auoit au Comté seroit aduenuë à nos Evesques, c'est qu'aux Epitaphes de l'Evesque Roger que nous auons cy-dessus transcripts, il y a en l'vn ces mots,

> *Libertas patriæ pulso Comitis dominatu,*
> *Atque viatorum dimisso gaudia censu,*
> *Rebus & in multis totius commoda plebis,*
> *Quod pater & rector, decus & tutela suorum*
> *Extiterit, melius, quàm vox & litera produnt.*

Et en l'autre plus ouuertement,

> *Quod Comitis toto gaudemus iure remoto,*
> *Hoc anathema tuum dat fore perpetuum.*

Comme si l'on vouloit dire, que Roger ayant aboly & estaint les droicts du Comté par quelque forme d'excomunication, il en eust affranchy & deschargé le Clergé & le peuple de Beauvais. Ce qui n'est pas: car par là, & depuis ce temps, les Evesques ont tousiours usé de tous les droicts que le Comte possedoit. Comme de faict ils possedent la Seigneurie, Iustice, censiues, villages, terres, bois, & domaines, tant de la ville que du Comté, sans que l'on y puisse remarquer aucune descharge pour le peuple ny autrement, si ce n'est des droicts de lots & vétes dont on ne paye rien en la ville ny és fauxbourgs, selon ce que nous auons dict au premier chapitre de ces Memoires. Tant y a que par quelque moyen que ce Comté soit parvenu à nos Evesques, il est certain qu'ils en sont en bonne, plaine, & paisible possession plus que

ET COMTES DE BEAVVAIS. 139

immemoriale, & que dés & depuis le téps de Roger, luy & ses successeurs ont esté tenus pour Comtes & vrais seigneurs de Beauvais & des environs, en ayans mesme disposé d'vne partie par fondatiós & augmentations des Abbayes de sainct Symphorian, sainct Quentin, Pantemont, & autrement. Partant nous pouuons tenir pour certain que Roger Evesque & ses successeurs ont esté & sont les vrais Comtes de Beauvais. Voyons maintenant qui s'en pouuoit dire Comte immediatement auparavant.

Or il y a plus d'apparence que c'estoit Eudes III. Comte de Champagne, tant par ce qui en est rapporté par ceste Charte du Roy Robert, que par ce qui en est escrit despieça par ceux qui ont adiousté à Sigebert ce que nous en avons transcrit cy dessus. Il y a doncques apparéce d'estimer que ce Comté est venu à Roger, au moins en partie par donation du Comte Eude. Partant ie ne péseray point faillir quand ie conteray Eudes pour nostre dernier Comte seculier immediatemét avant l'Evesque Roger. Or il y a eu deux Eudes Comtes l'vn pere de l'autre. Mais il faut que ç'ait esté le fils, d'autant que le pere estoit decedé au paravant le temps de ceste donation, laquelle l'histoire dict avoir esté l'an M X I I I I. Et auparavant la Charte de confirmation qui est de l'an ensuivant, le pere estant decedé environ l'an D C C C X C I I I. lors que mourut le Comte Hebert son oncle, selon ce qu'il se iustifie par la Genealogie des Comtes de Champagne dressée par feu Monsieur Pithou Seigneur de Savoye mon grand & singulier amy, reveuë par le

S ij

sieur de Bierne son frere: sur les pas desquels l'on peut à mon advis si seurement marcher en cest endroit & tous autres où ils ont passé, que ie ne m'en suis point voulu enquerir davantage. Ce n'est pas pourtant à dire que ie ne mette le pere pour vn autre de nos Comtes seculiers : mais ce sera le deuxiesme en remontant : car on luy donne aussi en ses tiltres la qualité de Comte de Beauvais ; de sorte qu'il l'avoit delaissé à Eudes son fils. Voila doncques deux Comtes immediatement precedens l'Evesque Roger, qui tous deux estoient Comtes de Champagne, desquels est procedé nostre Comté de Beauvais. qui est la raisõ pour laquelle le Comte Thiebault parlant en la preface de ses coustumes de Milles Evesque & Comte de Beauvais, le nõme encor entre ses principaux Barons, comme s'il relevoit de luy. Ce que toutefois nos Rois, ny nos Evesques n'ont iamais accordé, ains ont tousiours relevé, & relevent leur Comté de la Couronne de France, le tenant immediatemét en Pairrie.

IV.   Il nous faut maintenant essayer de trouver les autres Comtes precedens. Or il y a en la vie du Roy Robert escrite par Helgaud Religieux de S. Benoist de Fleury, qu'vn *Hugo Belvacensis* estoit si grand & puissant, que Foulques Evesque d'Orleans avoit soubmis le bien de l'Eglise saincte Croix d'Orleans en sa protectiõ & advoüerie. De ce mesme Hugues de Beauvais il est encor parlé au deuxiesme livre de Glaber chap. 11. où il dict que Hugues de Beauvais avoit tant de credit envers le Roy Robert, que la Royne Constance en estoit comme jalouse : & le haïssoit tellement qu'il se trouva tué estant à la chasse avec le Roy son maistre, par douze Cheualiers enuoyez par Foulques Comte d'Anjou, cousin de la Royne : Adioustant l'Historien que Hugues estoit en tel credit envers le Roy, que *vt Comes Palatij habebatur*. Aussi l'autre Historien l'appelle *Hugo Belvacensis potentißimus*. Ne pourrions-nous pas dire que comme on disoit en ce temps là, *Odo Campanensis*, & *Odo Carnotensis*, *Nivernensis* & *Blesensis*, en taisant ou oubliant le nom de *Comes*, ainsi cest *Hugo Belvacensis* se doiue entendre comme s'il y avoit *Hugo Comes Belvacensis* ? Il y a encor au mesme livre de Glaber chap. ix. que cest Eudes Comte de Champagne & de Beauvais, dont nous avons parlé cy-dessus, estoit si puissant que l'Archevesché de Sens ayant vacqué, il fut si hardy que d'y mettre vn Archevesque de son auctorité contre la volonté du mesme Roy Robert, & qu'il s'empara aussi du Comté de Sens, comme ses ancestres avoient empieté sur les Rois predecesseurs les villes de Troyes, Meaux, Vittry, & autres. Qui me faict croire que comme Eudes & les siens estoient grandement entreprenans par tout, aussi il vsurpa ce Comté de Beauvais, côme vacquant par le deceds de ce Hugues de Beauvais. Car il se trouve qu'en mesme temps les Comtes de Troyes & de Meaux prennent conioinctement la qualité de Comtes de Beauvais, ce que n'avoient encor faict leurs ancestres.

Nous compterons doncques ce Hugues de Beauvais pour nostre troisiesme, ou plustost pour nostre premier Comte temporel & patrimonial de Beauvais, n'en pouvant remarquer aucun precedent au-

MEMOIRES DES COMTE'

V. quel ceſte qualité ſe puiſſe approprier. Car quant à Beráger qui fut beau-pere de Raoul le Normád pere de Guillaume Longue-eſpée, lequel quelques-vns ont voulu dire avoir eſté Comte de Beauvais, le ſieur Pithou a eu raiſon d'eſcrire en ſes Memoires de Champagne qu'il en doutoit, n'en voulant rien aſſeurer. Mais il faut dire tout reſolument qu'il ne le fut oncques, ainsque ce Beranger eſtoit Comte de Bayeux, ainſi qu'il y a, tant en vne vieille Chronique Latine de Normandie qui eſt pardeuers moy, qu'en la Françoiſe de nouvel imprimée à Roüen. De maniere que l'on a pris Beauvais pour Bayeux, comme nous avons dict cy-devant qu'on a faict ſouvent pareille faute en ces deux mots : & ſignamment au troiſieſme livre de l'hiſtoire de Paul Emile, où parlant de ce Beranger comme Comte de Beauvais, il faut mettre *Baiocaſsium* au lieu de *Bellovacorum*. Ce qui a trompé beaucoup de gens qui ont eſcrit apres luy, à faute d'avoir recours aux originaux des hiſtoires, comme il faut touſiours faire.

VI. Quant à vn autre qui eſt Lancelin, auquel on donne auſſi le ſur-nom de Beauvais, ce qu'aucuns, & entre autres Frere Robert Gaguin aſſez bon Hiſtorien, & le meſme Paul Emile apres luy, prennent pour Seigneur ou Comte de Beauvais : ce ſeroit auſſi, ſouz correction, s'abuſer, d'autant que ce Lancelin vivoit du temps des Rois Philippes premier, & Louys le Gros, auquel temps les Eveſques de Beauvais eſtoiët ja Comtes ; ſçauoir eſt, dés le temps des Rois Robert, Henry, & Philippes. Auſſi Suggere ne dit-il pas que ce Lancelin pretendist le Comté ny aucune Seigneurie à Beauvais, ains vse du mot *Conductum Belvaci*, qui se peut interpreter du convoy & conduitte des communes de Beauvais & Beauvaisis aux guerres & batailles contre les ennemis de nos Roys comme en la XXIIII. Epistre de Loup Abbé de Ferriere il appelle *Comitem pagi* celuy qui conduisoit en l'armée ceux que l'Abbé de Ferriere y devoit envoyer. Ie croy donques qu'il faut entendre ce que dict Suggere, qu'au moyen des victoires que Louys le Gros obtint côtre ses ennemis & vassaux rebelles, *Querela conductus Belvacensis sine spe recuperandi amissa erat.* les communes des villes & pays estans lors de grand secours, ainsi qu'il se vit de celle de Beauvais, de Soissons, de Corbie, Amiens & autres en la Iournée de Bovines gagnée quelque année ensuivant, sçavoir est en l'an MCCXIIII. Doncques ce n'estoit pas en qualité de Seigneur ou Comte domanial de Beauvais que Lancelin avoit quelques pretentions à Beauvais, mais par adventure comme Capitaine de Beauvaisis, & qu'en ceste qualité il prenoit quelques droicts & emolumens sur l'Evesché, Comté, ville ou cité de Beauvais, ainsi que ie trouve au Chartulaire du Chapitre, que l'Evesque de Laon fit vne querelle contre le mesme Lancelin, soustenant qu'il vsurpoit du bié de l'Eglise de Beauvais, iusques à offrir d'en faire preuve par vn Champion de bataille, selon ce que ces preuves estoient praticquées en ce temps là: & comme il se trouve par vne Charte de Raoul Comte de Vermandois, qu'il avoit droict de prendre cent dix fols de rente, monnoye de Beauvais, fur le fief de l'Evefché (qui eftoit à dire, à mon advis, le Comté.) A quoy il renonça & les donna à l'Evefque Odon, moyennāt qu'ō luy baillaft en contr'efchange les terres de Chevrieres, & Maigneval. Cefte Charte confirmée & auctorifée par le mefme Roy Louys le Gros, la Royne Alix ou Adelaide fon efpoufe, & Louys le Ieune leur fils ja courōné Roy en datte de l'an MCXXXVI. Toutes lefquelles pretentions eftoient & font fort peu de chofe au prix du Comté & Seigneurie de Beauvais. Pour cōclufion doncques de ce que deffus ie ne puis remarquer que trois Comtes feculiers ou temporels de Beauvais, Hugues, Eudes le premier, & Eudes le deuxiefme. Et puis l'Evefque Roger & fes fucceffeurs tenans le Comté vny & incorporé à l'Evefché. Auffi en l'obitaire de l'Abbaye de fainct Lucian, il n'y a que ce qui s'enfuit, *Hugo Comes* VI. *Id. Iulij, & Odo Comes* III. *Id. Martij*. Il y a bien encor vn *Stephanus. Comes* X. *Kal. Iunij*. Mais ie croy que c'eft l'vn des Comtes de Champagne qui pouvoit avoir faict quelque bien à cefte Abbaye. I'ay leu en vn vieil Roman qu'on dict eftre de Garin ou Garnier Loherand (qui eft à dire le Lorrain) & avoir efté efcrit dés l'an MCL. ce vers,

Et fi y vint li Cuens de Beauvoifis.

qu'on pourroit prendre pour le Comte de Clermont en Beauvoifis, n'eftoit qu'il y a incontinent apres,

Et avec lui Roger qui Clermont tint.

Mais il y a en ce livre tant de chofes fabuleufes, & des noms de Seigneurs controuvez, que pour en dire ce
que

que i'en pense, on n'y peut adiouster aucune foy.

I'adiousteray à ce que dessus de Hugues de Beau- VII.
vais, qu'ayant gouverné l'Eglise de saincte Croix
d'Orleans & la ville de Beauvais en vn mesme temps,
c'est à dire pendant le regne du Roy Robert, selon
ce que nous avons dict cy-dessus, il pourroit avoir
esté cause de ce que les villes & pays d'Orleans & de
Beauvais ont beaucoup de correspondances ensemble, les vns & les autres vsans des noms & mesures
de muids & de mines en leurs terres & grains : car
il faut en l'vn & en l'autre lieu pres de cinq muids
de bled pour en faire vn de Paris. Et croy que Hugues
estant Comte de Beauvais, & comme le Vidame ou
quasi vn autre Comte d'Orleans, avoit gouverné
l'vn & l'autre peuple sous les regnes de Hugues
Capet, & Robert: administrant la Iustice aux vns &
aux autres, les reglant de mesmes loix, poids, & mesures. Et de faict il y a tousiours eu alliance & frater-
nité entre ces deux villes, comme ayans esté à mesmes
maistres; sçavoir est à ceux du party de Hugues le
Grand, Robert, & Hugues Capet Comtes de Paris,
qui furent finalement Rois de France. Aussi lisons
nous que la ville de Beauvais estant assiegée par le
Duc de Bourgongne, ceux d'Orleans comme leurs
anciens amis & alliez, leur envoyerent des vins &
munitiõs de guerre, sans en estre requis ny semonds
par ceux de Beauvais, ainsi que nous avons dict
ailleurs.

T

DE LA PAIRRIE DE BEAUVAIS, ET VIDAMÉ DE GERBEROY.
CHAPITRE V.

Sommaire.

I. *Des Pairs de France en general, & particulierement de la Pairrie de Beauvais, & du Patriciat.* II. *Des Vidames en general. Vn lieu corrigé en l'Histoire de Normandie.* III. *Du Vidamé, & des Vidames de Gerberoy, & comment il est venu aux Euesques de Beauvais, & des autres Vidamez.*

I. DAVTANT que les Evesques de Beauvais, outre la qualité de Comtes, prennent aussi celle de Pair de France, & de Vidame de Gerberoy, i'ay pensé estre obligé d'en dire quelque chose. Non pour rechercher l'origine de nos Pairs assez esclaircie, selon mon advis, par les escrits de messieurs du Tillet, Fauchet, Pasquier, Pithou, & autres, qui ont tellement combatu l'opinion de ceux qui les font venir de l'institution de Charle-Maigne, qu'il n'y a plus que les petits enfans qui le croyent : mais seulement pour dire en particulier ce que i'estime de la Pairrie de Beauvais, & quelque chose de ce que ie pense en general de la source & origine du mot de Pairrie. Pour le regard de la qualité de Pair que l'on donne aux Evesques & Comtes de Beauvais, il n'y a gueres plus de quatre cens ans que cela s'est practiqué. Car au sacre du Roy Philippes le premier, ny aux precedens, les Evesques de Beauvais n'y estoient point. Et ceux de Langres, de Laon, & de Noyon, qui y sont denommez, n'y sont pas en qualité, ny en rang de Pairs. Le premier des Evesques de Beauvais qui s'y est trouué, fut monsieur Philippes de Dreux. Ce fut au sacre du Roy Philippes Auguste son cousin germain, en l'an MCLXXIX. lequel est aussi nommé entre les Pairs en l'arrest de l'homage de Brienne, donné entre Blanche Comtesse de Champagne, & Thiebault son fils, d'vne part, & Errard de Brienne d'autre, en datte du mois de Iuillet de l'an MCCXVI. rapporté tant par le sieur Greffier & Protonotaire du Tillet, que par le sieur Pithou en ses Memoires des Comtes hereditaires de Champagne. Lequel neantmoins Thiebault Comte de Champagne ne delaisse de nommer huict ans apres entre ses Barons Miles Evesque de Beauvais successeur de ce Philippes, selon ce que nous avons dict cy-devant se trouver au commencement des anciennes coustumes de Troyes de l'an MCCXXIII. De sorte que, & nos Rois & les Cotes de Champagne tenoient les Evesques de Beauvais pour leurs principaux Princes, Pairs ou Barons: Comme ces qualitez de Princes, de Pairs, de Ducs, de Comtes, de grands & haults Barons estoient lors quasi indifferentes en la France; Nitard & Suggere en leurs epistres appellans *Primores & Primates Francorum & regni*, ceux que Floard avoit nomé *Principes* en parlant de ceux qui avoient assisté au Sacre du Roy Louys d'Outre-mer en l'an DCCCCXXIX. & *proceres*, ceux qui assisterent au Sacre du Roy Lothaire son fils. Aussi voyons nous qu'il n'y a qu'vne mesme forme de provision de Duc, de Comte, & de Patrice en Marculphe. Et le premier que ie pense auoir vsé du mot de Pair pour Prince, est Odet Comte de Champagne en vne lettre qui est entre celles de Fulbert Evesque de Chartres, qui est la xcvi. en laquelle il appelle Pairs ceux qu'il nomme Princes sur la fin d'icelle. Et le mesme Fulbert en la lxxvi. Epistre appelle Prince ce qu'on a depuis appelé Pairs. Lesdits Pairs & Princes estans comme les principaux & plus honorez vassaux du Roy, ou des plus grãds Seigneurs Ducs, ou Comtes. Car ils avoient aussi leurs Pairs. Le premier de nos Evesques que ie trouve avoir faict estat de ce tiltre de Pair, & pris la qualité, c'est messire Simon de Nesle en l'Arrest donné entre luy & les Maire & Pairs de Beauvais en l'an MCCCXIII. sur la fin du regne du Roy Philippes le Bel. Lequel peu d'années auparavãt, sçavoit est, en l'an MCCXCVII. avoit donné ceste qualité de Pair au Duc de Bretagne, fondé en partie sur ce qu'il disoit que le nombre de douze Pairs de France estoit grandement diminué: qui monstre que dés ce temps on n'en sçavoit guere l'origine ny le nombre. Comme aussi l'Histoire de Bretagne porte que leur Duc n'en fit pas grand estat. Et la premiere seance des Pairs que i'aye veu aux Registres du Parlement selon l'ordre & le rang que nous l'observõs maintenant, est de l'an MCCCLXXVIII. Car en l'Arrest de Iean de Bretagne Comte de Montfort d'vne part, & Pierre de Dreux d'autre, au Parlement tenu à Conflans en l'an MCCCXLI. qui porte qu'il a esté donné par l'advis des Pairs; ils n'y sont point denommez, ains en general y a, Par l'advis des Pairs, Prelats, & Conseillers du Parlement. Tellement que d'aller chercher que nos Evesques fussent Pairs de France auparavant qu'ils fussent Comtes, ce sont vrais contes de Romans; celuy de Beauvais n'ayant esté entierement Comte que sous le Roy Robert, ny estimé entre les Pairs & Grands du Royaume, que depuis que messire Henry de France fils, & Philippes de Dreux petit fils du Roy Louys le Gros, en furent faicts Evesques. Et pour dire ce que ie pense de l'origine du mot de Pairrie, ie suis de l'advis de monsieur Pasquier & autres, qui le tirent du mot *Patricius*. Et pour le confirmer, i'adiousteray qu'il appert tant par ce que Zosime en escript, qu'en ce qui s'en lit aux Codes & Nouelles de Iustinian, & des subsequens Empereurs, & pareillement en nostre Gregoire de Tours, que la qualité de Patrice estoit lors du declin de l'Empire & commencement des nouueaux estats, le plus hault tiltre d'honneur qui fust apres celuy des Empereurs, signament lors que celuy des Consuls ne servoit plus qu'à compter les années. Et si estoit perpetuel, & non à vie ny revocable comme les autres dignitez, ainsi qu'il appert par Cassiodore, & ne se communiquant gueres qu'aux plus grands. A raison dequoy le mot de *Patricius* est tourné par nos Glossateurs Grecs αὐτόχθων, comme qui diroit, tenant sa terre de soy-mesme, & non d'autre que de Dieu. C'est pourquoy les Empereurs d'Orient & les Papes apres eux penserent faire beaucoup d'honneur aux Rois Clovis, & Empereurs Charles-Maigne &

Othon de leur communiquer le nom de Patrice, & que Gundebault Roy des Bourguignons est aussi appellé Patrice par *Alcimus Avitus*. Et à cet exemple nos Rois ayans succedé aux derniers Romains, & continué és Gaules, en Italie, & ailleurs les noms des dignitez & qualitez de Ducs, de Comtes, & autres, y ont aussi retenu celuy de Patriciat pour tiltre de premiere & quasi souveraine dignité, en tournant en nostre vulgaire Roman-VValon le mot de Patrice en Pair ou Pairre auec deux R R. Car quant il y a vn T auec vne R, c'est à dire vne lettre muette auec vne liquide, selon ce que parlent les Grammairiens, nous sommes coustumiers de les tourner en deux R R, ainsi qu'il se veoit au mot *Patrinus* que nous disons parrain, *Petrus* & *Petra* Pierre, Fedriq Ferry, Medric Merri, & autres: au lieu que quand il n'y a qu'vn T sans R, ou vne R sans T, on ne met ordinairement au vray François qu'vne seule R, come nous voyons és mots de pere, mere, frere, parent, parage, parageur, & autres. Qui feroit qu'on eust dit pairie & non pairrie, si le mot prenoit son origine de *par*. Doncques, come l'on dit pairrie pour patriciat: aussi l'on a dict pairre ou pair pour *patricius*, & au feminin pairresse & non pairesse, comme on dict Perrette au feminin de Pierre. Et ne se faut point esbahir de ce racourcissement de mot de pairs ou pairre pour Patrice, attendu qu'ils en vsoient de mesme és mots de Bers pour Baron, & de Kents pour Comte, & en plusieurs autres. Toutesfois nous avons depuis adoucy le mot de pairre en le tournant en celuy de Pair,

comme estant plus ordinaire, plus commun, & plus intelligible entre nous, qui sommes coustumiers de tourner beaucoup de mots en ceux qui leur ressemblent, & nous sont plus familiers & populaires que les premiers. A raison dequoy nos derniers Latineurs François ont tourné le mot de pair en per, comme venant de *par*: d'autant mesmes que l'on appelloit dés le temps de la seconde, & commencement de la troisiesme race de nos Rois, au iugement des differends des François, tant deçà que delà le Rhein, les Pers & compagnons de ceux que l'on iugeoit. Et comme dict Othon en la vie de l'Empereur Fridrich, *Nulla sententia nisi per pares exposcebatur*, suivant ce qui est aux Capitulaires de l'an DCCCLVI. *ante suos pares illum in rectam rationem mittat*: & en Guill. le Breton,
Illos consilio parium tractabo suorum:
mais cela est d'vn autre discours. Partant en reprenāt nostre propos, il y a apparence de dire que ce nom de Pair de France ayant esté communiqué aux principaux seigneurs spirituels & temporels de l'obeyssance des premiers successeurs de Caper portans qualité de Ducs ou de Comtes, entre lesquels & des principaux d'iceux l'Evesque de Beauvais s'estant trouué, mesmemét monsieur Henry frere du Roy Louys septiesme, & luy & ses successeurs Evesques ont esté tenus pour Pairs de France: & en ceste qualité assisté aux sacres des Rois, receuz aux armées, & appellez aux iugements des plus grandes & importantes affaires de la couronne auec les autres que l'on appelloit Pairs de France, voire des premiers, encores qu'ils

ne fussent que Comtes. Car il y a dedans Nangis sur l'année MCCCXVI. que l'Evesque de Beauvais gaigna la prerogative de Pairrie sur l'Evesque de Lengres, ores qu'il fust Duc. Voyla ce que i'en trouve, & qu'il m'en semble. Il est maintenant temps de venir à ce qui est du Vidamé de Gerberoy.

11. Les Vidamez en general semblent avoir pris leur origine des anciens Oeconomats establis aux Eveschez de la primitiue Eglise. Car bien tost apres que les Ecclesiastiques furent rendus capables de posseder des biens temporels, l'on establit des Oeconomes, dispensateurs, ou Advocats pour les gouverner & mesnager, à ce que les Evesques qui en estoiēt superieurs, ny les Prestres estans sous eux, ne fussent diuertis de l'administration du spirituel. Ce qui pouuoit bié auoir eu lieu dés le temps des Empereurs Arcadius & Honorius, qui font mention des Advocats des Eglises en la loy 38. *De Episcop. & Cler.* du Code de Theod. Depuis leurs biens estans enuiez par quelques seculiers, & plusieurs entreprises faictes sur iceux, mesmement sur ce qui estoit esloigné de leurs demeures, ils furent contraincts se mettre en la protection de quelques hommes puissants & entendus aux affaires, pour se conseruer & maintenir, poursuiure & defendre leurs droicts & affaires, lesquels ont aussi esté appellez Advocats, ἔκδικοι, *defensores*, gardes, mainbours, advoüez, ou advoyers, *Vicedomini*, en quelques lieux *Vicedomini plebis, Comites, Vicecomites, Villici, Vicarij.* Car il y a ainsi en vne lettre que le Roy Charles le Chauue escriuit au Pape Nico-

DE BEAV. ET VIDAME DE GERB. 153

Nicolas I. *Reges Francorum non Episcoporum Vicedomini, sed terræ domini, non Episcoporum Villici aut actores*, en prenant *Villicos, Rectores & Vicedominos* pour vne mesme chose, & *Advocatura*, & *Vicecomitatus*, & *Vicedominatus* en quelques chartes se prenans pour vn : comme *Advocatus* & *Vicedominus* en plusieurs lieux des Capitulaires, & en Flodoart livre II. chap. XVIII. *Vt bonos & idoneos Vicedominos & Advocatos habeant*, & au chap. XIX. *Radulphum Vicedominum & Advocatum Ecclesiæ*, &c. Et en la Chronicque de Erdfort sur l'année M X V. *Episcopus ad nutum Imperatoris, Ludouicum in totam Thuringiam misit, & ibidem Vicedominum, id est Vicarium per totam Thuringiam fecit*. Mesmes en nos livres de Droict, nos tuteurs & curateurs sont dicts *Vicedomini* en la loy CLVII. *De reg. Iuris*. Et en Cassiodore, qui est le plus ancien autheur auquel i'aye trouué ce mot coposé de deux en vn, *Vicedomini*, semble estre mis pour Lieutenant des Comtes livre V. chap. XV. Aussi disons nous communément dom, dam, & dame, pour *dominus* ou *domnus*, comme il se veoit tant en l'ancienne Bible jadis tournée en François par le commandement de nos Rois, qu'au Commentaire du Psaultier, en Helinand és vers de la mort, en Villehardouin, au Roman de la Rose, & autres, où il y a souuét *Damedieu* ou *Damediex* pour *Dominus Deus*. Ce que celuy qui a transcript ou faict imprimer à Rouën le livre de l'histoire des Normands, n'a pas à mon advis entendu. Car comme chaque nation a son cry de guerre, les François *Montjoye sainct Denys*, les Castillans *Santiagno*, les Veniciens *Marco Marco*,

V

ainsi les Normands qui conquirent la Normandie sous Guillaume le Bastard avoient en leur cry de guerre *Damediex ayde*, qui est à dire, *Domine Deus adiuua*: au lieu dequoy on a mis, *Nostre-Dame Dieu ayde*, estimans qu'il y avoit de la faute où il n'y en avoit point. Et de faict il y a ainsi au Latin du livre *De gestis Anglorum*, *inclamato Dei auxilio*, qui se rapporte à *Dame-Dieu ayde*. Encores usons-nous communément de ce mot de Dame pour Dominus quasi sans y penser, quand parlans les vns aux autres nous disons souvent Dame-voire, Dame-oüy: & de là sont venus les noms de Damoysel ou Damoyseau mis en nos meilleurs & plus anciens Romans pour Seigneur. Doncques les Vidames estoient ceux, *Qui secundas partes dispensationis sub Episcopis agebant*, côme dict tres-bien Sigebert sur l'année DXXXVII. & qui gouvernoient, procuroient, poursuivoient & defendoient les biens & droicts des Eglises, lesquels les Ecclesiastiques choisissoient souvent par la permission du Roy ou de l'Empereur, selô ce qu'il se veoir par le LXX. & nonante sept Canons des Conciles d'Afrique, & par vne permission du Roy Clotaire rapportée par M. Hierosme Bignon Advocat, docte & judicieux outre son aage, en ses Notes sur les formules de Marculphe. Il y a aussi en l'vne des Epistres de S. Gregoire, *Vicedominum ordinet qui causis quæ venient idoneus & paratus existat*, & en la vie de sainct Gothard, qui est ancienne, *Vicedominus Ecclesiæ*. Or il y avoit quasi en toutes les Eglises de la France, & quasi d'Occident, de ces Vidames, gardiens ou defenseurs, specialemét du têps des Normâds. Car nous lisons que Hugues le Grand, Robert, & Hugues Capet avoient esté choisis pour defenseurs & protecteurs des Abbayes de sainct Denys en France, de sainct Vincent ou S. Germain lez Paris, sainct Germain d'Auxerre, de sainct Martin de Tours, & de Marmonstier : voire qu'ils prenoient les noms d'Abbez, & ce à la requeste mesme des Ecclesiastiques, comme il se veoit par vne Charte de Robert de l'an DCCCCXII. imprimée au bout du Gregoire de Tours de M. Laurens Bochel Advocat. Ainsi du temps du Roy Charles le Simple, estoit Advoyer ou Vidame de l'Abbaye de Fleury (qui est sainct Benoist sur Loire) le Comte Gissilolphe, lequel combatit lors vertueusement contre les Normands qui avoient bruslé & destruit l'Abbaye, ainsi qu'il se veoit tant au livre intitulé *Gesta Francorum*, que celuy de Diederic Religieux de la mesme Abbaye. Et auparavant tous les susnomez, le Roy Charles-Maigne avoit esté faict & esleu par les Romains Advoyer de sainct Pierre de Rome contre les Rois des Lombards, & ce avant qu'il fust ny Patrice, ny Empereur, ainsi qu'il y a tant en l'vne de ses vies, qu'en celle de sainct Genulphe. A l'exemple dequoy il se veoit que les communautez de quelques villes ont aussi pris des Advoyers, comme nostre Hugues de Beauvais avoit esté choisy pour defenseur & protecteur des biens temporels de saincte Croix d'Orleans. Bref il y avoit des Advoyers ou Vidames és Eglises de Rheims, d'Amiens, de Chartres, & du Mans, lesquels par la commodité, ou plustost incommodité des temps

V ij

ont depuis essayé se faire perpetuels & hereditaires, & de serviteurs copagnons, & de compagnós maistres, comme avoient & ont faict les Ducs, Comtes, Chastelains, Advoyers, & tels autres officiers.

III. De mesmes à Gerberoy Diocese de Beauvais y ayant despieça, comme encor il y a vne Eglise Collegiale de Chanoines estans à la batterie & exposez aux incursions des Normands, & autres ennemis ou vsurpateurs leurs voisins, ils ont eu besoin d'vn defenseur Advoué ou Vidame, lequel à ce que ie voy prenoit la moitié de leur revenu, selon ce que l'on avoit quasi accoustumé de faire, ainsi qu'il se lit en l'acte du delaissement que fit nostre Evesque Roger de l'Advoüerie de la terre de Mouchi en Vermandois à Othon fils du Comte Herbert, lequel avant que disposer de la terre au profit de son Chapitre, ordonna en ces mots, *Medietatem Vicecomitatus, & dimidias leges de forensibus hominibus, ita vt minister Episcopi, ac minister Advocati sive Comitis, iustitiam inter eos & leges æqualiter dividant,* &c. Que ie croy avoir esté de l'ordinaire de ce temps, & qu'il se practiquoit ainsi à Gerberoy, en prenant par le Vidame la moitié des emolumens de la Iustice, pour ayder à leur conserver l'autre, & deffendre le Chasteau qui y estoit. Ce que l'Evesque Roger, estant Comte de Beauvais, voulut empescher. Et de faict il fit mettre ces mots en la confirmation du Comté de Beauvais de l'an M.XV. *Medietatem Comitatus & mercatum quod tenebat Franco de Castro quod dicitur Gerboredum*; d'autant que lors les denommez Francons ou Francs tenoient le chasteau

& la moitié ou bonne partie de la seigneurie & revenu de Gerberoy, dont ils s'accorderent aucunement entr'eux par des serments & promesses reciproques qu'ils firent les vns aux autres, qu'ils appellent *chirographa*, Sçavoir est que les Francs pere & fils, recevroient l'Evesque, ses successeurs, & leurs gens dedans le chasteau toutes les fois qu'ils voudroient y aller ou envoyer, le conserveroient & defendroient pour eux envers & côtre tous, & le tiendroiét en foy de l'Evesque & de l'Eglise de Beauvais, & reciproquement l'Evesque Roger leur iura & promit les conserver en la garde de ce chasteau tant & si longuement qu'ils luy seroient fideles. Depuis lequel téps les Francons ou Francs & leurs successeurs demeurerent en ceste possession, iusques à ce qu'ils garderét si mal la place, que Henry II. Roy d'Angleterre la destruisit quasi toute, environ l'an MCLX. ainsi qu'il y a en la continuation de Sigebert. A raison dequoy monsieur Philippes de Dreux Evesque, qui estoit grand home de guerre, deschargea Enguerrand de Gerberoy successeur des Francons de la garde du chasteau, & le retint à soy tant qu'il vesquit par vne cóposition qu'ils en firent ensemble, promettant ledit Seigneur qu'apres son deceds le chasteau luy seroit rendu ou à ses heritiers. Ce que Miles & Geofroy Evesques successeurs de Philippes n'ayans executé, ains continué la jouyssance & garde de Gerberoy sans en faire restitution, quoy qu'ils en eussent esté requis tant par Guillaume de Gerberoy soy disant heritier d'Enguerrád, que par Iean de Crevecœur leur successeur,

Crevecœur en fit poursuitte côtre messire Robert de Cressonsart Evesque. Pendãt lequel têps neantmoins il se trouve que ceux de la maisõ de Gerberoy ne delaissoiẽt d'en prẽdre le surnom, ainsi qu'il se lit en vne Charte du Roy Louys le Ieune de l'an MCLI. dont nous avons parlé cy-devant, en laquelle Helie de Gerberoy est denommé tesmoin avec Raoul Comte de Vermandois, Guy le Bouteiller, Matthieu Connestable, Matthieu Chambrier, & autres: lequel Helie ie trouve aussi prendre le surnõ de Gerberoy, avec vn Pierre, en vn tiltre de l'Abbaye de Launoy de l'an MCXXXVIII. & encor est-il faict mention du mesme Pierre, mary de Melusinde pere & mere de Pierre, Gerard, Guillaume, & Estienne, en vne Charte de la donation faicte de Rotangy à l'Abbaye de Chaalis, confirmée par monsieur Henry Evesque de Beauvais: & encores ailleurs d'vn Hugues, d'vn Garnier, & d'vn Gerard de Gerberoy: qui monstre qu'en prenant ce surnom de Gerberoy ils estoient Seigneurs & Vidames de Gerberoy, ou pour le moins y vouloient conserver leurs droicts. Mais en fin tout le differend du Vidamé fut terminé par vne transaction du premier Dimanche d'apres Noël de l'an MCCL. contenant quittance & delaissement au profit de l'Evesque Cressonsart & de ses successeurs, de toutes les pretentions sur Gerberoy, moyennant que l'Evesque assignast à Iean de Crevecœur vingt quatre livres parisis en terre dans la Chastelenie de Gerberoy, lesquels il tiendroit en fief & hommage des Evesques de Beauvais, qui est à present la terre de

DE BEAV. ET VIDAME' DE GERB.

Rotangy, selon ce que i'ay appris du seigneur de Bouf-flers gentilhôme de vertu & de sçavoir, qui a espousé vne des filles de ceste maison de Crevecœur. Tant y a que depuis ce temps les Evesques de Beauvais ont paisiblement joüy de Gerberoy, non en qualité de Vidames de Beauvais, comme faisoient ou font les Vidames d'Amiens, de Chartres, du Mans, & les autres, de leurs Vidamez: mais comme seigneurs de Gerberoy, adioustans à leurs tiltres & qualitez d'E-vesques, Comtes & Pairs, celle de Vidames : quoy que mal à propos, selon mon advis. Car la charge de Vidame estant estainte, & le Vidamé faict le propre domaine des Evesques, ils ne sont plus Vidames ny Vicaires ou Lieutenans d'eux-mesmes, ains vrais seigneurs de Gerberoy. Au surplus encores que ce Vidamé soit vny & incorporé aux Evesché & Comté de Beauvais, qui sont de l'ancien ressort du Bailliage de Senlis : toutesfois il est demeuré du Bailliage d'A-miens, dont il estoit auparavant, ainsi qu'il appert par vn Arrest de l'an MCCCLXXXIV. rapporté par maistre Iean le Cocq, dict Gally, par lequel il fut iugé que l'Evesque ne pouvoit transporter ses pri-sonniers de Gerberoy en ses prisons de Beauvais. On en allegue encores vn autre du Conseil privé du XXII. May MDII. par lequel il est disertement iugé que le Vidamé estoit d'Amiens. Ce qui est encor confirmé par les redactions des Coustumes d'Amiés des années MDVII. & MDLXVII. ausquelles ceux de Gerberoy sont assubiettis, nonobstāt les pretenduës coustumes locales par eux alleguées, n'en ayans sceu faire deuëment apparoir. Mesmes monsieur le Procureur general du Roy soustint le XXII. iour de Decembre de l'an MDVII. que le Vidamé n'estoit point de la Pairrie de Beauvais, comme estant de nouuel acquis à l'Evesché, ainsi qu'il se veoit par le registre de la Cour des jours & an cy-dessus cottez. Quant à celuy qui est appellé Vidame de Laon en l'addition de Sigebert sur l'année MCXCIV. il est manifestement pris pour Vicomte ou Lieutenant en la Iustice. Car il est là employé pour rendre iustice sur vn cas qui y est rapporté, selon les premieres impressions de Sigebert, contre ce qui se veoit aux livres escrits à la main, esquels il ne s'en trouve rien. Comme aussi aux epistres de Ives de Beauvais, Hugues Vidame de Chartres y est tousiours appelle Vicomte. Et pour le regard du Vidame du Mans, qui est à present vne dignité & seigneurie de remarque hereditaire, c'estoit jadis l'vn des officiers de l'Evesque, ainsi qu'il appert tant par le VI. chap. d'Adreuald Religieux de sainct Benoist de Fleury, que par la vie de S. Maur escrite il y a mil ans ou environ, faisant mention d'vn Arderad lors Vidame du Mans, envoyé avec Flodegar Archidiacre par Bertigran leur Evesque vers Sainct Benoist, pour querir & amener en France Sainct Maur & ses compagnons. qui est vn lieu que i'ay bien voulu marquer en passant, lequel pourra paradventure servir à quelqu'vn en autre endroit.

DE LA

DE LA COMMVNE, MAIRE ET PAIRS,
Bourgeois, Capitaine, Chastelain, & Officiers royaux de Beauvais.

CHAPITRE VI.

Sommaire.

I. *De la Commune & ancien Senat de Beauvais.* II. *Des Chartes des Rois Louys le Gros, Louys le Ieune, & Philippes Auguste.* III. *De quelques Iugements & Arrests donez entre les Evesques, & les Maire & Pairs sur les differends de leurs Iustices.* IV. *Des privileges octroyez aux habitans, & particulierement aux femmes de Beauvais.* V. *De la forme d'eslire les Maire & Pairs.* VI. *Du Capitaine.* VII. *Du Chastelain.* VIII. *Des Officiers Royaux & Presidiaux.* IX. *Du Iuge des exempts.* X. *Du Preuost d'Angy.*

I. LA Commune de Beauvais se dict à la façon que les Grecs dient κοινωνίας τῆς πόλεως, l'Empereur Adrian ὁ κοινὸν τῶν Θεσσαλῶν, en la loy xxxvii. *De Iudiciis*, & qu'il y a aux revers de deux medales, l'vne de l'Empereur Domitian, κοινὸν τῶν Μακεδόνων, & en l'autre de Marc Antoine, κοινὸν Κυπρίων, & Ciceron en ses Verrines *Commune Siciliæ, & Commune Miliadum*: c'est à dire, l'Asséblée & Communauté qui se faict de plusieurs personnes, bourgs & maisons, auparavant espars & separez, afin de vivre souz mesmes loix & Magistrats. La Commune doncques de Beauvais est l'assemblée de la ville & banlicuë: & la Commune de Beauvaisis,

X

celle de toutes les villes, bourgs & villages du pays. Ce qui estoit jadis quasi en toutes les Gaules, chacun ayant son estat à part & divisé, & signamment ceux de Beauvais: qui est ce que Iules Cesar appelle en ses Commentaires *Civitas Bellovacorum*; gouvernée en forme de Republique par le conseil de leur Senat. Car le mesme Cesar en parle ainsi en ses Commentaires quãd il dict, qu'ayãt vaincu les Beauvaisins, ils s'excusoient sur ce que le peuple n'avoit pas voulu croire le conseil de leur Senat. Laquelle forme de gouvernement a vray semblablemét esté continuée du temps des Empereurs Romains souz l'obeyssance de leurs Magistrats & Gouverneurs, se servans de ce petit Senat à la recepte de leurs imposts & tributs, les appellans plus communément Decurions, & d'autres semblables noms. Ce que nos Rois de la premiere & seconde race, s'estans faicts maistres des Gaules, ont peu suivre souz les noms de Comtes, d'Eschevins, ou Consuls: & ceux de la derniere race pareillement souz les noms de Maires, Gouverneurs, Pairs, Capitouls, Iurats, & autres semblables: & neantmoins tousiours par la permission des souverains: dautant qu'en nul estat, & singulierement en France, on ne se peut assembler, ny faire communauté ou Commune sans congé du Roy.

II. Qui fut cause que bien tost apres que les Rois de ceste race eurent repris l'auctorité de se faire obeyr, qui fut principalement souz le Roy Louys le Gros, autrement dict le Dolé, ceux de Beauvais eurent recours à sa Maiesté pour avoir confirmation ou continuation de leur Commune. Car c'est le premier que l'on trouve leur en avoir donné lettres de Chartes. Lesquelles neantmoins ne se voyent point: mais il en est faict mention en deux lettres du Roy Louys le Ieune son fils, l'vne de l'an MCXLIV. l'autre de l'an MCLI. la premiere portant ces mots, *Communiam illam, quam à patre nostro Ludovico, per multa ante tempora homines Belvacenses habuerunt, sicut prius instituta fuit & iurata, cumq; eiusdem consuetudinibus, salva tamen fidelitate nostra, nos quoque ipsis concedimus & confirmamus.* Et de ceste Commune & Assemblée des Pairs de la ville de Beauvais, il y a vne epistre entre celles de l'Abbé Suggere. Mais par ce qu'entre les articles des Coustumes inserées esdites lettres de Chartes, on leur attribuoit quelques droicts de Iustice, mesmemét pour les forfaicts commis contre leurs cómuniers, ils en entrerent incontinent en differend contre l'Evesque & Comte de Beauvais. Comme de verité les restablissemens des Communes qui se firent en ce temps là en plusieurs villes, y causerent de grands differends: signamment en la ville d'Orleans, au commencement du regne de Louys le Ieune, ainsi qu'il se lit au continuateur d'Aimoin: & auparavant en la ville de Laon, comme il se veoit tant au cótinuateur de Sigebert sur l'année MCXI. qu'en la vie du Roy Louys le Gros escrite par l'Abbé Suggere. Ce qui fut cause de la leur faire oster. Ces esmotions doncques advenuës à Beauvais, firent que monsieur Henry de France lors Evesque & Comte de Beauvais en fit plainte au Roy Louys le Ieune son frere: lequel prit la peine de se transporter en personne en la ville de Beauvais, & y interposer son iugement, qui porte que l'affaire ayāt esté traitté en sa presence, *Et in palam recitata Communiæ chartula, cives Belvacenses recognoverunt solius Episcopi iustitiam esse totius villæ, & vt nemo de facienda iustitia se intromittat apud Belvacum; quandiu vt fiat in Episcopo non remanebit. Sed si forte in eo remanserit, tunc ipsi cives habeant licentiam suis concivibus faciendi.* Et toutefois ce iugement n'appaisa point leurs querelles. Car le Roy Philippes Auguste son fils estant venu à la Couronne, ceux de Beauvais prenans de luy confirmation de leur Commune & Coustumes, firent inserer en ses lettres de l'an MCLXXXII. la pluspart de ce qui estoit contenu és precedentes. Lesquelles Chartes i'eusse volontiers transcrit icy: mais elles sont si differentes les vnes des autres, mesme le François de Louys le Ieune d'avec la Latine, que la foy d'icelles m'est grandement suspecte. Et de faict ie voy que nonobstant tout ce que dessus les Maire & Pairs de Beauvais se plaignans à l'Abbé Suggere lors Regent en France de quelque prise de chevaux que l'on avoit faict sur l'vn de leurs Iurez, le requirent de leur en faire faire la Iustice.

III. Cependant aussi chacun continua comme il pouvoit l'exercice de sa Iustice, signamment pendant les regnes des Rois Philippes Auguste, Louys de Montpensier, & Sainct Louys: souz lequel la Commune de Beauvais fut aussi cōfirmée; ainsi qu'il appert par vne Charte qui est en la Chambre des Comptes. Et encores pendant le regne de Philippes le Bel petit fils de S. Louys, il se trouve que les debats & differents qui

MAIRE, PAIRS, ET OFF. DE BEAV. 165
ont esté pour raison de leurs droicts, ont plus esté
demesléspar voyes de faict, que par la voye de droict,
d'autant qu'en ce temps, & notamment pendant
les voyages d'outre-mer, la Iustice ne regnoit gueres
en France, ains la force & violence, ainsi que remarque tres-bien le sieur de Ioinville en son histoire: &
nostre Poëte François en ces vers,
 Quant le Prince est absent, tousiours le droit a tort:
 L'equité, la Iustice ont perdu leur puissance,
 Qui fleurissent en paix par sa seule presence.
Ioint que le Parlement n'estat point encores arresté,
chacun s'en faisoit à croire. Neantmoins en fin ils se
submirent de leur differend au iugement arbitral du
Cardinal de saincte Cecile, Legat en France, qui fut
depuis PP. Martin IV. de messire Arnault d'Ossemot
Chevalier, & de M. Thiebault Poncet Chantre de
Rheims, secretaire du Roy. Lesquels donnerent
leur iugement en l'an MCCLXXIX. confirmé & autho-
risé par le Roy Philippes fils de Sainct Louys. Iugement qui est appellé la Grande composition au procez
verbal de la Coustume de Senlis, lequel contient
plusieurs articles à l'advantage des Maire & Pairs, &
d'autres assez mal ordonnez, & ressentans aucunement l'ancienne barbarie de nostre France. Et entre
autres choses ce qui s'ensuit, Que les Maire & Pairs ne
se pourront entremettre d'aucun crime ou mesfaict,
ores que la plainte leur en fust premierement faicte,
sinon que ce fust pour doner trefves. Et neantmoins
ne pourront l'Evesque ny ses officiers faire defenses
aux Communiers, ny les adstraindre par serment ny

X iij

autrement de se plaindre aux Maire & Pairs auant que d'aller à luy, ny de s'accorder auec la partie sans son congé, sauf son droict. Item que lesdits Maire & Pairs ne pourroiét prédre aucune cognoissance de crime où il escheut mutilation de membre, ou perte de la vie, ores que le Maire ou les Pairs eussent esté outragez par aucun de la Commune. mesme leur auroit esté defendu de faire coupper le poing à celuy qui les auroit frappé: ains le pourroient punir en grosses amendes pecuniaires, qu'ils appelloient hachies, tout ainsi que si l'on auoit outragé vn des Iurez de la Cómune. Plus qu'ils ne pourroiét cognoistre d'aucun mesfaict contre les Communiers quand il seroit questió de playe ouuerte, sinon pour leur faire defense de se mesfaire, & s'entredonner trefues pour vn téps, & non pas asseurance ou sauuegarde, dautant que cela appartiendra à l'Euesque. Bien pourront ils se plaindre aux Maire & Pairs des playes & meshaings, d'iniures, de coups de main ou de pied, dont il y eust effusió de sang par le nez, & les Maire & Pairs en cognoistre par preuention, en condemnant l'outrageát à l'amende, selon l'vsage de la ville, qui estoit de vingt sols trois deniers, ou de vingt sols quand il n'y auoit point de sang respandu, & aux cousts & despens de l'outragé: à quoy si l'accusé ne veut satisfaire, ils le pourront desaduoüer de leur Commune, & le faire contraindre par la Iustice de l'Euesque de satisfaire à leur iugement: & à faute de ce auoir recours au Roy, ou au Baillif de Senlis. Plus, qu'ils pourront cognoistre des actions personnelles con-

MAIRIE, PAIRS, ET OFF. DE BEAV. 167

tre ceux qui recognoiftront leurs debtes, ou qui en feront convaincus par tefmoins aufquels ils fe rapporteront, en leur donnant delay de payer dedans quinzaine, & pour ce les faire executer. Ce qui eft difcouru en ce iugement avec beaucoup de formalitez y contenuës. Item, qu'ils ne pourront chaffer ny bannir aucun de la ville, ains feulement le defadvoüer de leur Commune. Qu'ils pourront affeoir les tailles, & pour la levée obtenir lettres du Roy addreffantes à l'Evefque ou fes officiers, afin de contraindre leurs Communiers au payement d'icelles. Au furplus recognoiffent l'Evefque eftre Seigneur de la ville, ayans de luy en garde les clefs des portes, forterefles, & murs. Pourront faire & pofer le guet, en prenant cögé de luy: prendre auffi de luy & adjufter les poids & balances de la drapperie, ou de fes officiers & vaffaux. Pourront eflire les lurez ou efguards de drapperie, faire brufler les draps ou les couper, felon la malfaço qui s'y trouvera, en advertiffant les officiers de l'Evefque d'y faire mettre le feu, finon les faire donner à l'Hoftel-Dieu, ou vendre en detail fur le champ en plain marché. Que les Communiers pourront eftre citez en la Iuftice de l'Evefque, és cas dont la cognoiffance n'appartient aufdits Maire & Pairs, par le Sergent de l'Evefque, fans y appeller aucun Sergent de la ville: mais ne les pourront arrefter, ny faifir leurs biens meubles ou cateulx finon qu'il fuft queftion de crime, en donnant par eux feureté & caution d'efter à droict. Que la police & Iuftice du pain appartiendra du tout a l'Evefque. Ne pourront cognoistre d'aucun differend d'heritages ou fonds de terre, ores qu'ils en fussent premierement requis, sinon qu'il fust question de restablissement de quelque goutiere ou parois dont le dommage ou peril deust estre promptemét reparé par advis de maçons, charpentiers, Esguards ou Iurez par eux ordonnez, lesquels presteront le serment pardevant la Iustice de l'Evesque, aussi bien que pardeuant les Maire & Pairs. Mais tout ce que dessus ne fut pas si tost accordé, iugé & confirmé par le Roy susnommé, qu'ils en plaiderent à bon escient au Parlement lors de nouvel estably à Paris, suivant ce qu'ils s'estoient respectivement reservé par le commencemét de cet accord de se pouvoir pourvoir contre certains articles qui leur sembloient durs & non raisonnables. Et sur ce intervindrent plusieurs Arrests, signamment vn de l'an MCCLXXXI. par lequel fut iugé que la Iustice de toute la Commune, & de chasque personne d'icelle, à raison de leurs obligations, contracts, conventions & delits appartiendroit à l'Evesque : & au Roy, (qui est à dire, selon mon advis, aux Maire & Pairs de la ville) en ce qui concernoit le poinct des libertez & droicts de la Comune. Et encores par vn autre Arrest de l'an MCCCVIII. fut iugé qu'il appartenoit à la Cour de l'Evesque de commettre des Gardes & Esgards sur les mestiers de Laneurs, Tainturiers, & autres manufactures de draps : corriger, punir & iusticier les fautes & abus qui s'y commettoient : cognoistre des deniers levez pour l'entretenement & reparation des chaussees : qui est en effect que la Iustice & police de la ville

ville appartiédroit du tout aux officiers de l'Evesque. Comme respectivement plusieurs Arrests intervindrent au profit des Maire & Pairs contre les Evesques & leurs subiets ; signament pour le faict & cognoissance des tailles, qui lors s'imposoient sur les Communiers de la ville : lesdits Arrests donnez és années MCCLXXXI. MCCCII. MCCCVIII. MCCCXIIII. MCCCXXXII. & MCCCLXVIII. & encores d'autres interlocutoires & non diffinitifs. Comme aussi il s'en donna au profit de l'Evesque, & entre autres vn l'an MCCCXIIII, par lequel vn habitant de Beauvais fut rendu au Baillif de l'Evesque, nonobstant leur Commune. Qui fut cause que les Maire & Pairs ne delaisserent d'exercer comme ils pouvoient leur Iustice, ny de donner plusieurs iugements tant en matiere civile que criminelle : principalement pour le faict des tailles, dont la cognoissance leur à tousiours esté cóservée & confirmée par les Arrests à l'encótre de leurs Cómuniers, ores qu'ils fussent subiets couchans & levans de l'Evesque, Chapitre, ou autre Seigneur : & ce par condemnation de peines & amendes pecuniaires, & hachies. Pareillement furent données par eux plusieurs sentences en d'autres matieres, cófirmées par le Baillif de Senlis. De sorte que chacun se faisant iuge en sa cause, il en advint vne telle sedition & mutinerie contre messire Simon de Nesle lors Evesque, que non seulement la ville, mais aussi tout le pays en furent troublez. Mais d'autant qu'il a esté parlé de ceste mutinerie au chapitre des Evesques, j'adiousteray seulement que les habitans de Beauvais en furent là

Y

reduicts qu'ils feirent plainte au Roy de ce que l'Evesque avoit diverty & empesché le cours de la riviere passant par la ville. Et finalement ayans esté mis en interdict par leur Evesque, ils en appellerent au Pape, *vel ad illum ad quem, vel ad quos de iure esset appellandum.* Appel qui fut receu par le Pape Clement: & les Abbez de sainct Lucian, S. Symphorian, & S. Quentin commis pour le iuger. Et disoient les habitans que l'Evesque leur avoit faict tort de plus de cent mille livres. Qui fut cause que l'Evesque recognoissant sa faute, se condamna luy-mesme en six mille livres d'amende envers le Roy, pour les outrages que ses gens, du faict desquels il se chargea, avoient faict aux habitans, selon ce qu'il est contenu en l'Arrest cy-dessus mentionné. Tant y a que pour raison de ceste Iustice contentieuse, il suffira de dire qu'il y a encores procez pendant en Parlement, pour raison de toute espece de Iustice pretendüe par les Maire & Pairs contre l'Evesque de Beauvais, dont on attend despieç'a le iugement. Il ne faut icy obmettre que par les lettres du Roy Philippes Auguste, desquelles a esté parlé cy-dessus, on commença de faire mention de treize Pairs de ville, leur permettant d'en eslire vn ou deux pour leur Maire, à l'exemple de la pluspart des villes de la France, esquelles y avoit jadis *Maiores villarum*, ainsi qu'il se veoit au cent septiesme chapitre du cinquiesme livre des Capitulaires: les autres douze retenans le nom de Pairs, à la façon des Pairs de Poictiers, de la Rochelle, & de quelques autres villes. Et depuis ce temps ceux de Beauvais & leur Commune ont tousiours esté gouvernez par vn Maire & douze Pairs: qui ont sous eux vn Lieutenant de leur Iustice, vn Procureur, Advocat, Greffier, seel authentique, & siege de Iustice pour tenir leurs plaids: vn Receveur, maistre des forteresses, & des Sergens. Et en ceste qualité, & comme ayans Iustice, ont esté appellez aux redactions de la Coustume de Senlis, selon ce qu'il appert par le procez verbal d'icelle. Est aussi remarquable qu'en faisant confirmer leurs privileges par le Roy Louys vnziesme du mois de Iuillet de l'an MCCCCLXXII. ils obtindrent lettres, par lesquelles il leur est permis de faire Maire & Pairs de la ville telles personnes qu'ils adviseront, soient clercs, gens de fiefs, ou autres, & ordonner que tous les habitans d'icelle seront tenus d'obeyr aux Maire & Pairs pour comparoir aux assemblées qui par eux seront advisez estre à faire pour le bien & vtilité de la ville, sur peine de l'amende. Mais sans qu'il soit besoin d'en venir là, les habitans de la ville portent vn tel respect à leur Maire, qu'à son mandement tout le peuple est incontinent assemblé pour recevoir & executer ses commandemens, tant ils sont bons Communiers. Et leur authorité paroissoit principalemét en ce que lors que les tailles n'estans point ordinaires, ains se levans par l'advis des Estats selon les necessitez des guerres & affaires du royaume, la levée s'en faisoit par l'impositiõ des Maire & Pairs, qui eslisoient certains preud'hómes: sur les roolles desquels ils decernoient leurs contrainctes contre les Communiers, de quelque qualité ou condition qu'ils fussent; & de ces de-

Y ij

niers on soudoyoit les gens qu'ils envoyoient aux guerres, ou autrement estoient employez aux necessitez de la ville. Ce qui a cessé lors que les tailles ayans esté faictes ordinaires, on les a employez à la solde des gens de la gendarmerie du Roy. Lequel à ceste fin a creé des Esleuz en tiltre d'Office; c'est à dire, depuis les regnes des Rois Charles VII. & Louys XI. A raison dequoy la iurisdiction & pouvoir de nos Maire & Pairs ont esté beaucoup amoindris; ores qu'en faisant confirmer leurs privileges par le Roy Charles IX. ils ayent aussi faict confirmer les droicts de leur Commune, & coustumes portees par lesdites lettres de Philippes Auguste, lesquelles ont esté enregistrées en Parlement le cinquiesme iour de Mars MDLXXII. avec la clause ordinaire, pour en joüyr par les impetrans, ainsi qu'ils en avoient bien & deuëment joüy & vsé, joüyssent & vsent. L'on doit aussi adjouster à ce que dessus, que la pluspart du contenu aux articles des Coustumes mentionnées en l'establissement & confirmation de ceste Commune, & iugemens arbitraires dessusdits, & autres donnez en confirmation d'iceux, ne s'observent plus: signamment le serment des Communiers, d'autant que les tailles qui se levoient sur eux n'estans plus en vsage, l'on tient pour communiers & bourgeois de la ville ceux qui y ont demeuré par an & iour, iusques à là que les forains qui s'y sont habituez, mesmement ceux qui ont pignon sur ruë, peuvent estre Pairs de ville: mais non pas Maires: ains faut qu'ils soient enfans de la ville. Ioüyssent tous lesdits Maire, Pairs &

habitans des privileges, franchises, & exemptions à eux accordés par les Rois. Desquels privileges il nous convient maintenant parler. Et premierement d'vne lettre de Sauve-garde particuliere du Roy Iehan de l'an MCCCLII. par lesquelles les Maire, Pairs & habitans de Beauvais sont mis en la sauvegarde du Roy, sans prejudice toutesfois de la iurisdiction de l'Evesque: selon ce que le mesme Roy declara par autres lettres de l'an MCCCLIV. comme le Roy Philippes de Valois avoit auparavant declaré par autres lettres, que la capture des chevaux faicte par son commandement en la ville de Beauvais pour son armée de Flandres, ne pourroit prejudicier à l'Evesque. Plus le Roy Charles V. estant Regent, leur accorda deux foires en l'an, l'vne à la my-May, l'autre le lendemain des Morts, par ses lettres de l'an MCCCLX. mais ie ne voy point que ces lettres ayent sorty effect. Leurs plus grandes franchises & libertez leur ont esté données par le Roy Louys vnziesme, à cause de leur fidelité envers la Couronne de France, & pour avoir vaillamment soustenu l'assault, & defendu leur ville contre Charles Duc de Bourgongne en l'an MCCCCLXXII. & sont ces privileges tels: Premierement, qu'ils sont exempts & affranchis de toutes tailles, par lettres patentes du mois de Iuillet de l'an MCCCCLXXII. verifiees en la Chambre des Comptes le cinquiesme d'Aoust ensuivant. Item par autres lettres des mesmes mois & an leur est octroyé & permis de tenir & posseder fiefs nobles, sans qu'il puissent estre cotrainêts d'en vuider leurs mains, ny pour raison d'iceux payer

Y iij

aucune finance, ny indénité, & sans qu'ils soiét tenus d'aller ny envoyer aux guerres pour raison d'iceux, ny autrement pour quelque cause ou occasion que ce soit. Leur estant enjoint de demeurer en leur ville en bons & suffisans habillemens de guerre pour la garde & defense d'icelle, souz l'obeyssance du Roy. A raison dequoy il y a tousiours eu en la ville des compaghies d'Archers & Arbalestriers, & maintenant des Harquebuziers, qui s'exercent ordinairement aux armes, y estans invitez par prix proposez à ceux qui tireront le plus droict. Tellement que qui viédroit en la ville les iours ausquels se font tels exercices, il penseroit estre en l'vne de celles dont parle Virgile en ces vers,

Ante vrbem pueri, & primævo flore iuventus
Aut acres tendunt arcus, aut lenta lacertis
Spicula contorquent, cursuque, ictuque lacessunt.

Plus par autres lettres du mesme Roy, & de mesme mois & an, ils sont affranchis & exépts cóme nobles, de toutes impositions, fors du gros du vin, bois & poisson, & de ce que l'on appelle le pied-fourché. Et qui est de remarque singuliere, est qu'à cause que les femmes & les filles de Beauvais se monstrerent tres-vaillantes en la defense de ce siege; il leur est permis par autres patentes du mesme iour d'aller les premieres à la processió, & à l'offrande le iour de l'assault, & de la feste saincte Angadresme qui est patrone de la ville. & particulierement vne fille nommée Ieanne Laisné, dicte Fourque, est affranchie de toutes impositions par lettres du vingtdeuxiesme iour de Fevrier MCCCCLXXIII. selon qu'il sera dict particulierement cy-apres. Tous lesdits privileges, franchises & exemptions continuées par les Rois subsequents, & singulierement par lettres des Rois Charles neufiesme, & Henry le Grand dernier decedé du XXIV. iour d'Aoust MDXCIV. & encores du Roy Louys XIII. de present regnant. D'abondant portent lesdites lettres du Roy Henry le Grand promesse & asseurance de ne leur donner aucun Gouverneur, ny edifier aucune forteresse ou citadelle en leur ville, declarant qu'il n'y veut autre garnison que le cœur de ses bons & loyaux subjects, à cause de l'asseurace de leur affectió & fidelité envers la Couronne de France, qui sont toutes remarques de Noblesse.

Quant à la forme de l'ellection des Maire & Pairs, V. c'est que chacun an le dernier iour de Iuillet la Commune de la ville est assemblée au son de la cloche, qui est à sainct Estienne, & est la principale horloge de la ville, afin de se trouver au cimetiere de l'Eglise. En laquelle l'ancien Maire montant en la chaire qui y est de long temps, remercie les bourgeois de l'honneur qu'ils luy ont faict, les priant l'en vouloir descharger, & proceder à l'ellection d'vn autre, qui soit bien affectionné au service du Roy, & à la conservation de la ville. Le lendemain à six heures du matin, luy accompagné de ses Pairs & autres du conseil, font chanter vne Messe du Sainct Esprit en ladite Eglise: & de là vont en l'hostel de la ville, auquel se trouvent tous ceux du conseil, & la plusfpart des habitans, au moins les maistres des mestiers: en la presence desquels le Maire les ayant derechef remercié, remet les clefs de la Chambre du secret, & les seaux de la ville sur le bureau. Lesquelles, s'estant retiré, sont mises par le Procureur de la ville és mains du plus ancien Pair, & la cõpagnie advertie par l'Advocat d'icelle d'eslire quatre scrutateurs pour recevoir les voix de l'eslectiõ, sçavoir est, deux du corps de la ville, & deux de la Commune : du nombre desquels est ordinairement le plus ancien Pair. Sont en leurs presences appellez à tour de roolle les maistres des mestiers, qui iurent s'estre fidelement informez, chacun au sien, de celuy qu'ils estiment le plus digne & capable pour estre Maire pour ceste année, & le baillent par escrit au Greffier qui en faict vn roolle, lequel est seellé par les scrutateurs : & lors chacun sortant de la Chambre du secret, en laquelle ces nominations ont esté faictes, ils s'é vont en la salle où est tout le peuple : & ayãs lesdits scrutateurs recogneu les roolles avec leurs seaux, on publie & annonce tout hault le nom de celuy qui est esleu Maire à la pluralité des voix. Lequel en est incontinent adverty par les deputez, qui le prient d'accepter la charge : & à ceste fin se trouver au lieu de la Commune sur les quatre heures de relevée, afin d'en prester le serment. Ce qu'il faict en la presence de tout le peuple. Et est la forme du serment que l'Advocat de la ville luy faict iurer telle, *Vous iurez Dieu le Createur que vous conserverez la ville de Beauvais souz l'authorité du Roy, la defenderez de tout vostre pouvoir envers tous & contre tous en ses droicts, privileges, franchises & libertez, ensemble toute la Commune : Que si tost qu'il* qu'il viendra à vostre cognoissance aucun peril eminent par lequel il vous apparoisse aucune chose au dommage de la ville, & sur tout contre le service du Roy, vous le communiquerez à vos Pairs pour en avoir advis : & au contraire s'il vient à vostre cognoissance aucun bien pour le profit de la ville & Cômune, vous le mettrez en deliberation. Qu'en vostre charge aucun pour inimitié ne blesserez, ny pour amitié ne supporterez. Que vous ne trâsporterez ne permettrez estre tansportez aucuns tiltres ou enseignemês du secret sans deliberation. Que vous ferez executer selon vostre pouvoir ce qui sera deliberé, & vous vous côporterez en vostre charge côme vn bon Maire & hôme de bien est tenu de faire. Ce serment estant faict, luy estant en bas au milieu de la Commune, sur l'interrogatoire de l'Advocat qui est en hault dedans la chaire, on le conduict en icelle. Et de là apres avoir remercié la compagnie, & exhorté vn chacun au service du Roy, & au bien & conservation de la ville, il est conduict en sa maison par la pluspart de ses Pairs & amis, ausquels il donne à soupper. Le lendemain matin lesdits Maire, Pairs, Conseil, & principaux des mestiers estás derechef assemblez au son de la cloche, se trouvent en l'hostel de ville pour proceder à l'eslection des nouveaux Pairs, au lieu de ceux qui sortent de charge, ausquels l'eslection estant signifiée par vn Sergent de la ville, ils se rendent sur les cinq heures de relevée au mesme lieu de la Commune, pour y prester le serment en la presence de tout le peuple. Lequel ils reïterent en l'hostel de la ville en la presence du Maire & des autres Pairs. Ce que font aussi tous les autres officiers d'icelle, sçavoir

Z

est, les Lieutenant, Advocat, Procureur, Greffier & Maistre des forteresses. Qui monstre que toutes lesdites charges sont annuelles: & les elections susdites populaires: retenans encores de la façon des anciens Gaulois & François. lesquels souuent tenoient leurs principaux conseils & autres assemblées en plain champ, ainsi qu'il se veoit au petit Chronique de Pepin sur l'année DCCLXVII. & qu'il auoit esté auparauant remarqué par Agathie, & practiqué jadis par les Romains en tels cas, comme dict Pline au VIII. chap. du XL. livre: & aussi depuis par les Empereurs d'Allemagne s'allans faire couronner à Rome: & qu'il s'obserue encores, tant par les Polonois, que Hollandois: qui sont toutes remarques de l'ancienne liberté & franchise des peuples. Plus, on peut encores noter qu'en ceste assemblée il n'y a en la ville de Beauvais, que les gens de mestier, qui est le menu peuple, lesquels y ayét les principales voix. Vray est que depuis quelques années on y a admis les Officiers, Advocats, Procureurs, & autres gens de Iustice, dont y a de present grand nombre en la ville. Voyla tout ce qui cócerne le faict de la Commune, & des Maire & Pairs.

VI. Mais il y a d'abondát en icelle vn Capitaine pourueu par le Roy, lequel est ordinairement vn Seigneur de telle marque que feu monsieur Anne de Montmorency Connestable de France, & le Seigneur de Montbrun son fils, n'ont pas desdaigné de s'en faire pouruoir du téps des Rois Henry II. & Charles IX. Ce Capitaine tient vn Lieutenant, demeurant en la ville, lequel y residant, a la garde conioinctement avec le Maire de l'vne des clefs de chacune porte, se trouuans ensemblement à l'ouuerture & closture d'icelles, afin d'euiter aux trahisons & surprinses qui s'en pourroient faire. A quoy ils pouruoyent si soigneusement, qu'il n'y a parauenture ville en France dont les portes s'ouurent plus tard, ou ferment de si bonne heure: ny à la closture & ouuerture desquelles il se face plus de solemnité. Il se trouue aussi és Annales de l'an MCCCCXLIX. qu'vn seigneur de Mouy prenoit qualité de Gouuerneur pour le Roy en Beauuaisis, lequel prit Gerberoy par escalade, estant lors occupé par les Anglois: mais c'estoit au fort de la guerre, & cela ne se trouue point auoir esté depuis practiqué, le Gouuerneur de l'Isle de France estant aussi Gouuerneur de Beauuaisis, & la ville en estant du tout exempte.

VII. Il y a en outre en la ville, & y a eu de tout temps, vn Chastelain, qui estoit jadis Capitaine de la ville, & gardien de la cité, laquelle cõme nous auons dict cydeuant, pouuoit auoir esté appellée Chastel, *Castrum* & *Castra*. Et de faict la principale porte par laquelle on y entre s'appelle à present la porte du Chastel, & l'Eglise de Nostre-Dame, qui est en l'autre bout de la cité, appellée Nostre-Dame du Chastel: & ce lieu estoit l'ancien camp ou fort des Romains, & le *Cæsaromagus*, selon ce que i'ay remarqué cy-dessus. Et le Chastelain ayant eu ceste garde, s'est en fin faict seigneur Chastelain hereditaire. Ce que nos Euesques ont pensé empescher: signamment depuis qu'ils ont esté faicts Comtes. dont il aduint sedition en la ville, de laquelle le Pape Gregoire VII. qui estoit Hildebrand, se voulut mesler, iusques à mettre les habitans d'icelle en interdict : lequel il leva bien tost apres, & si en rescrivit au Roy Philippes lors regnant, selon ce qu'il appert par les LXXIV. & LXXV. epistres de son premier livre. Nonobstant lesquelles lettres les autres Evesques de Beauvais ne delaisserent de faire tousiours querelles à ce Chastelain, qui en fit encores sa plaincte au mesme Pape Gregoire VII. qui fut si entreprenant que d'en vouloir prendre cognoissance, & de donner gain de cause au Chastelain. Mais on en tint si peu de conte, que Foulques successeur mediatement de Guy, ne delaissa de recommencer à faire la guerre à Eudes Chastelain, iusques à attenter par ses gens à sa personne, selon ce qu'il se veoit par la plaincte qu'il en fit au Pape Vrbain II. lequel en escrivit tant à l'Evesque, qu'au Clergé & peuple de Beauvais, par lettres qui font mention du iugement dudit Gregoire, qu'il appelle *Confirmatum*. Tant y a que Vrbain suivant les traces du Pape Gregoire, en rescrit comme d'vne authorité souveraine, non seulemét spirituelle, mais quasi temporelle. Et apprenons par ces lettres que le Chastelain, comme Capitaine de la cité, pretendoit avoir la garde de la porte, & des clefs d'icelle, se plaignant de ce que l'Evesque Foulques les luy avoit ostées. Comme aussi il en appert par le CCXXVI. chapitre du Chartulaire du Chapitre de Beauvais : se fondant peut estre l'Evesque sur ce qu'estant Comte, & le Chastelain seulement Vicomte : (car ie voy par quelques tiltres anciens qu'on luy donne ceste qualité) il n'estoit que son Lieutenant. Il y a aussi plusieurs autres plainctes esdites lettres, dont le Pape attribuë la cognoissance à l'Archevesque de Rheims, & au cas qu'il n'en veuille cognoistre, la retient à soy. Dont il y a aussi apparence qu'on ne fit pas conte: ces entreprises de iurisdiction n'ayans lieu en ce Royaume, auquel nos Rois ont retenu & conservé leur authorité souveraine de rédre Iustice à leurs subiects, sans l'aller chercher à Rome ny ailleurs: voire mesme en ce qui concerne le spirituel, en donnant des Iuges dans le Royaume. Tant y a que ce n'est pas le Chastelain qui a la garde des clefs ny des portes de la ville, ains l'Evesque comme Comte, & les Maire & Pairs pour luy & de luy, selon ce qu'il est recogneu par eux en l'accord de l'an MCCLXXVI. confirmé par le Roy Philippes le Hardy, portant ces mots, *Dominium portarum & clavium ipsarum esse Episcopi*. De sorte qu'il y a long temps que le Chastelain n'y pretend rien. Comme aussi il n'y auroit à present aucune apparence, dautant que ceste porte du Chastel ne fermant plus, & la ville estant depuis grandement accreuë, & les forsbourgs enfermez en icelle, le Chastelain se contente de ce qu'il est seigneur hereditaire & patrimonial de la Chastellenie, la relevant du Comté, & n'ayant superiorité ny authorité quelconque en la defense de la ville, ains quelque Iustice, avec vn droict de minage sur tous les grains qui se vendent en icelle. lequel est de grand revenu, d'autant qu'il se leve sur tout le grain qui se vend, tant en public & au marché, que

Z iiij

182 MEMOIRES DE LA COMMVNE,
particulierement aux greniers de tous les habitans. En ce qui a esté dict cy-dessus consiste quasi tout ce qui est de la Iustice & police de la ville de Beauvais. Sinon que les Doyen, Chanoines, & Chapitre de l'Eglise cathedrale ont aussi censive & iustice en vne partie de la ville: laquelle est limitée & bornée contre l'Evesque en quelques lieux, & en d'autres tellement meslée & confuse, qu'ils en sont souvent en procez. Pareillement le Tresorier de l'Eglise y a Iustice, qui est peu de chose: & encores moins celle que chacun Chanoine d'icelle pretend avoir en sa maison sur ses domestiques.

VIII.   Mais depuis que les Rois ont mis leurs officiers par tout, mesmement és villes des Seigneurs spirituels & temporels, l'on a establi à Beauvais des Grenetiers & Controolleurs du sel, vn Siege d'Eslection composé de Presidens & Esleuz pour le faict des tailles, taillon & aydes, & des Notaires, Tabellions & Sergens Royaux. Et encores depuis quarante sept ans en ça ou environ des Iuges & Consuls des Marchands: & depuis encores par Edict du mois de Decembre MDLXXXI. verifié en Parlement, selon ce qu'il est contenu au registre, le treiziesme iour de Decembre MDLXXXII. vn Bailliage & Siege Presidial eclypsés de Senlis, Vermandois & Amiens: en leur attribuant cinq lieuës au circuit des environs de la ville de Beauvais: Sieges cõposés de Baillif, President, Lieutenans, Conseillers, Advocat & Procureur du Roy, Greffier & Sergens. Au lieu que d'ancienneté il n'y avoit aucun officier royal en la ville: sinon le

Iuge des exépts, duquel il est faict mention au procez verbal de la Coustume de Senlis. Mais par ce que lors qu'elle fut redigée, qui fut en l'an MDXXXIX. il ne se trouua personne qui en eust oüy parler, ny sceut que c'estoit, selon ce qu'il est porté par le procez verbal d'icelle, ce Iuge fut rayé du nombre des Iuges royaux du Bailliage. A raison dequoy il ne sera pas mal à propos d'en dire icy quelque chose.

Ce Iuge donc estoit celuy qui cognoissoit des IX. causes de ceux de Beauuais qui auoient appellé du Baillif de l'Euesque & Comte, tant & iusques à ce que leur appel eust esté decidé par Arrest de la Cour, selon ce qu'il s'obseruoit en beaucoup de lieux, tant és pays coustumiers, que de droict escrit. & signamment és iurisdictions des Pairs de France, ainsi qu'il appert par le Coustumier general, auquel il y en a tiltre exprés, qui y faict plusieurs distinctions. Et de ces exemptions par appel y a beaucoup de restes en ce royaume, mesmement en Poictou & Angoulmois. & encores en la ville de Laval, en laquelle il y a tousiours eu, & y a encor de present vn Iuge royal des exempts. Qui est aucunement contre le droict ciuil en la Rubr. des Pandectes, *Apud eum à quo appellatur aliam causam agere compellendum.* Au surplus, i'ay leu en vn vieil Coustumier de Senlis, que le Iuge des exépts de Beauuais estoit jadis commis par le Baillif de Senlis à la nomination de l'Euesque de Beauuais, au lieu qu'il y a audit Coustumier general, que la Cour auoit accoustumé de les commettre, & les appeller gardiateurs. Tant y a qu'il y a fort long temps que l'on ne parle plus à Beauvais de celuy des exempts, & croy que c'est depuis que le Roy Charles VI. declara par ses lettres du XXII. Avril MCCCCXXII. apres Pasques qu'il n'y auroit aucun Iuge royal à Beauvais: lesdites lettres publiées au Siege de Beauvais en la presence de Mathieu de la Beagnie Escuyer, Prevost d'Angy le cinquiesme iour de Ianvier ensuivant. Car quant à ce que M. Nicole Gilles dict en ses Annales que le Roy avoit Iustice par prevention en la ville de Beauvais, il n'y en a rien en Vincent de Beauvais, dont il a pris tout le reste de ce qu'il rapporte en cest endroict. Et ne recognoissoient ceux de Beauvais autres Iuges pour les cas royaux que le Bailly de Senlis, & le Prevost d'Angy. Encores ay ie veu des Arrests par lesquels il estoit defendu au Preuost d'Angy demeurant à Beauvais d'y exercer aucun acte de iurisdiction : & falloit qu'il se retirast aux fors-bourgs, & sur vne autre terre que celle de l'Evesque quand il vouloit donner quelque iugement en cause qui fust de sa cognoissance, par renvoy de la Cour, ou autrement. Come aussi Balde en son II. Conseil du second volume tient que le Roy n'y pouvoit tenir aucun Notaire ny Tabellion au preiudice de l'Evesque ny du Chapitre. En quoy l'on voit de combien leurs droicts & authoritez sont diminués, & ceux du Roy accreus : & consequemment que l'on ne peut plus dire de l'Evesque de Beauvais ce que nous avons rapporté cy-devant de Hildebert Evesque du Mans, & depuis Archevesque de Tours,

Eius iuris esse quicquid in civitate Belvaci vel sacerdotium specta-

spectabat vel regnum. Mais il semble qu'vne chose reste encore, laquelle retient aucunement la remarque du droict de l'ancienne Commune de Beauvais, qui est que quand quelqu'vn est condamné à mort par le Baillif ou Prevost de l'Evesque, il faict advertir le Maire par vn Sergent qu'il ait à faire sonner la cloche de la Commune, & luy baille le condamné à garder, lequel est monté & lié au pilory par les Sergens du Maire, qui le gardent là iusques à ce que le Baillif ou Prevost le viennent requerir pour le faire executer: & sont les Maire ou ses gens tenus accompagner la Iustice de l'Evesque, & leur aider si besoin est à la faire, selon ce qu'il est contenu en l'adveu & denombrement que l'Evesque rend au Roy des droicts de son Comté.

DES PERSONNAGES DE RENOM
de Beauvais & Beauvaisis.

CHAPITRE VII.

Sommaire.

I. De Belgius & Bellovesus. II. De Corraus. III. De S. Iust, vn lieu en sa vie corrigé, & d'vn insigne imposteur de fausses reliques. IV. De S. Germer. V. De Hugues. VI. De Lancelin. VII. De Raoul. VIII. De Yvon. IX. De Bergues de Fransures. X. De Helinand. XI. De Vincent. Vn lieu de Guillaume de Nangy corrigé. XII. De Philippes de Beaumanoir. XIII. De Iean Chollet. XIV. De Iean de Betancourt. XV. De Guillaume de S. Amour. XVI. De Arnault de Corbie. XVII. De Iean Michel. XVIII. De Iean & Philippes de Villiers-Adam, Claude de la Sangle, & Alops de Vignacourt, grands Maistres de Malte. XIX. De Iacques de Guehenguies, Iean de Lignieres, & N. de Rucharville. XX. de Nicolas Loisel. XXI. De François Gouffier. XXII. De Iean & Claude Binets. XXIII. De Nicolas Pastour. XXIV. De Iean Thierry. XXV. De Iacques Helluys. XXVI. De Iean le Comte. XXVII. De Louys & Iean de Bouffers. XXVIII. De Louys de Vaudrey. XXIX. De Anthoine Caron. XXX. De Iean Maxille. XXXI. De Iacques Grevin. XXXII. De Eustache du Courroy. XXXIII. De Claude Gouïne. XXXIV. De Saincte Angadresme. Vn lieu d'Vsuart corrigé. XXXV. De Ieanne Laisné dicte Fourquet. XXXVI. Des femmes de Beauvais en general.

BELGIVS, BELLOVESVS.

I. ON dict qu'il est pardonnable, mesme aux historiens, de mesler quelques anciennes fables aux commencemens de leurs narrations affin de les auctoriser davantage. Ce qui m'enhardira de commencer les personnages de renom du Beauvaisis par vne forme de divination, prenant pour les premiers & plus anciés des nostres, Belgius & Bellouesus, l'vn approchát de bien prés du mot de Beauvais & Beauvaisis, & l'autre ayant vray semblablement pris, ou donné le nom aux Belges, entre lesquels les Beauvaisins estoiét les principaux: dont la ville a esté appellée par aucuns *Belgivacum* ou *Belgivagum*, selon ce que nous auons dict cy dessus. De Belgius il est parlé en Iustin abreuiateur de Trogue Pompée, qui dict de luy qu'estant compagnon de Brennus il passa les Alpes, puis entra és Pannonies auec vne grande trouppe de Gaulois: dont tous ces pays furét en telle frayeur, que beaucoup de Roys envoyerét au devant de luy pour acheter sa paix. Ce que Ptolomée lors Roy de Macedoine, se glorifiant des victoires de Philippes & Alexandre le grand ses predecesseurs, & de ses soldats descendus de ceux qui les avoient servy en leurs batailles, ne voulut faire. A raison de quoy Belgius luy manda par ses Ambassadeurs qu'il luy offroit la paix, s'il la vouloit acheter comme les autres. Qui outra tellement Ptolomée, que non seulement il refusa son amitié, mais aussi demanda qu'on luy dónast les principaux de l'armée de Brennus pour ostages, & qu'ils posassét les armes. desquels propos les Gaulois s'estás mocquez, ils se mirent en chemin & combattirent tellement les Macedoniens, qu'ils furent incontinét defaicts, leur Roy pris & tué, & sa teste fichée en vne lance portée par le camp, afin de donner terreur à ce qui leur restoit d'ennemis. De l'autre, qui est Bellovesus, Tite Liue rapporte qu'estant passé en Italie, il y fit bastir Milan, & plusieurs autres villes, entre lesquelles ceux qui ont escrit de l'Italie, & notamment vn Albertzo Boullenois, & apres luy Fra Leandro, nomment la ville de Plaisance, disans qu'elle fut bastie par Peucet l'vn des Capitaines de Bellovesus, & qu'il la nomma premierement Peucentia, dont l'on a faict Piazença. L'on escrit aussi que ce Bellovesus accompagna Brennus en toutes ses fortunes bonnes & mauuaises. Mais c'est assez parlé ou plustost deuiné de ces deux: il faut venir à ceux qui sont plus certainement du pays de Beauvaisis.

CORREVS OV CORBEVS.

I. Correus fut Capitaine des Beauvaisins alencontre de Iules Cesar, lequel luy dressa vne telle embusche auec six mil hommes de pied & mil cheuaux, que Cesar y cuida estre surpris. Dont il semble que la nouuelle vint à Rome, selon ce que nous lisons en l'epistre de Cælius, qui est entre celles de Ciceron, où il y a *Cæsarem apud Bellovacos circunsideri interclusum à reliquo exercitu*, ainsi que nous auons dict en nostre premier chapitre. Il eut aussi le courage de le combattre en bataille rengée: & voyant la victoire tourner du costé de Cesar, ne voulut iamais entendre à se rendre, quoy qu'il y fust semód par les Romains: ains combattant vaillamment, & en ayant tué plusieurs les contraignit en fin de se ruer sur luy, afin de mourir auec la liberté de son pays, & ce auec vn tel regret des

Gaulois, que luy mort, ils se rendirent tous à Cesar. Ie transcriray icy pour son dernier eloge ce que Iules Cesar en escrit luy mesme en ses Commentaires, *Nulla calamitate victus Correus excedere prælio, sylvas petere, aut invitantibus nostris ad deditionem potuit adduci quin fortissimè præliando, compluresq. vulnerando cogeret elatos iracundia victores in se tela coniicere.* Les aucuns l'appellent *Corbeus*, & est ainsi escrit en quelques livres tant escrits à la main que communément aux imprimez : mais aux plus anciens MS. & en celuy de Leiden que le feu sieur de Lescalle fit imprimer en l'an mil six cens & six, qui est le meilleur de tous, il y a perpetuellement *Correus*, du nom du pere de Stratonique femme d'Antigone, mere de Demetrius Rois de Macedoine. Qui pourroit faire penser à aucuns que nostre Correus auroit donné le nom à Courroy.

SAINCT IVST.

Ie ne voudrois pas asseurer qu'il fust de Beauvaisis. III. Car sa legende porte qu'il estoit d'Auxerre : mais en Sigebert, & aux martyrologes il y a ainsi, xv. *Kal. Nov. in territorio Belvacensi sancti Iusti martyris, qui adhuc puer in persecutione Diocletiani sub Rictiovario præside cæsus est.* Quelques-vns l'appellent Iustin : mais il est nommé Sainct Iust, tant en l'Eglise de Beauvais, qu'en vne Abbaye & bourg de son nom, qui est en Beauvaisis, où il souffrit mort & passion, ainsi qu'il se veoit en sa vie escrite à la main. Car au lieu qu'il y a en celle que Surius a faict imprimer ces mots, *Cùm iam* feré venissent equites ad locum quem Luparam vocant, il y a en l'ancien, *Ad locum cui vocabulum est Simonovicus in territorio Belvacensi, repererunt ibi fontem Syricum qui & ipse ingreditur in rivulo qui vocatur Traict*, ainsi que i'ay trouvé sur ceste vie, escrit de la main du feu sieur le Fevre, tres-digne Precepteur de nostre Roy Louys XIII. qui sont des noms de lieux & de ruisseaux que ie n'ay peu recognoistre. Et neantmoins ie croy que c'estoit le nom ancien du bourg de Sainct Iust: estant notoire que nos Saincts ont faict changer les noms anciens de plusieurs villes & villages. Ceux du Louvre en Parisis font bien celebration de Sainct Iust: mais c'est en la France & au Parisis, trop esloigné du Beauvaisis : qui me faict penser que c'est vn autre Sainct Iust que le nostre : duquel le corps repose enchassé en l'Eglise de Beauvais, & non pas seulement sa teste, comme a escrit Pierre de Venise Evesque en son neufiesme livre, communément mal appellé *Petrus de Natalibus*, pour ce qu'il a escrit *De natalibus Sanctorum*. I'ay depuis appris du sieur Belly Advocat du Roy à Fontenay le Comte, homme tres versé és antiquitez de la France, vn lieu de *Glaber Rodulphus*, lequel m'estoit eschappé, encores qu'ayant donné cet autheur au feu sieur Pithou pour le faire imprimer ie l'eusse leu plusieurs fois : c'est au III. chap. de son IV. livre, où il parle d'vn insigne imposteur de fausses reliques, & signamment de nostre Sainct Iust, disant que son imposture fut descouverte le iour de la feste de ce Sainct. Mais il vaudra mieux le transcrire tout au long. *Contigit ista fieri die XVI. Kal. Novembrium*, (ou paradventure il faut xv. mais l'on prend quelquefois la veille pour le iour de la feste) *Idcirco nempe quoniam fautores huius erroris asserebant esse eadem Iusti martyris ossa, qui eo die Belvaco Galliarum passus vrbe: cuius etiam caput Autissiodoro, vbi natus & nutritus fuerat, relictum est, & habetur: sed ego, qui rei novitatem noveram, frivolum quod dicebatur asserebam*, &c. Et puis apres, *Nocte insecuta visa à quibusdam Monachorum seu aliorum religiosorum monstruosa in eadem Ecclesia phantasmata, atq; à locello quo inclusa habebantur ossa, formæ nigrorũ Aethiopum exisse, necnon ab Ecclesia recessisse. Et licet plures sanæ mentis detestabile figmentum abominandum clamarẽt, vulgus tamen rusticanæ plebis mangonem corruptum iniusti nomen pro Iusto venerans, olim in suo permansit errore. Nos autem idcirco ista retulimus, vt à multiformis dæmonum seu humanorum errorum, qui in orbe passim abundant, ab ægris incautè veneratio caveatur.* Comme de verité seblables impostures ont esté jadis & dés long temps practiquées en plusieurs lieux sous ombre de devotiõ, ainsi que nous voyons tant en Optatus African, qu'en la vie de sainct Martin, si bien escrite par Sulpitius Severus, & au ix. livre de Gregoire de Tours, & ailleurs. Ce lieu doncques nous resoult de ce dont nous doutions cy devant, nous asseurãt que Sainct Iust n'estoit point à la verité de Beauvais, ains qu'il avoit esté né & nourry en Auxerrois. Toutefois ie ne l'ay point voulu rayer de ce roolle, dautãt que tout ainsi que nous cõptons en l'Eglise le iour du Martyre de nos Saincts pour celuy de leur nativité, ainsi pourrons-nous dire S. Iust estre nostre, pour avoir souffert mort & passion en Beauvaisis.

SAINCT GERMER.

IV.   Natif de Vuarde pres la riviere d'Epte aux confins de Beauvaisis vers Gournay, du temps du Roy Dagobert. Il fonda vne Eglise en l'honneur de S. Pierre & S. Paul, puis vne autre au nom de S. Iean où il mit douze Religieux, lesquels il dota de son bien : qui est maintenant l'Abbaye de son nom, ordre de S. Benoist, Diocese de Beauvais, dicte Sainct Germer de Flay. Son corps est enchassé en l'Eglise cathedrale, y ayant esté mis avec grande solemnité en l'an mil cent trente deux, selon ce qu'il a esté dict cy-dessus en parlant de Pierre premier du nom Evesque de Beauvais. Beda & Vsuard en leurs Martyrologes, & Sigebert font expresse mentiõ de luy. Sa legende m'a esté donnée par le Prieur de l'Abbaye, qui est assez Latine & ancienne, & paradventure escrite par Raoul Religieux de la maison, homme docte environ l'an DCCCC. Vincent en escrit aussi au VIII. chap. du XXIV. livre de son Mirouër historial.

HVGVES.

V.   Helgault en l'Epitome de la vie du Roy Robert l'appelle Hugues de Beauvais le tres-puissant, disant que Foulques Evesque d'Orleans l'avoit choisi pour Gardien, Conservateur & Avoyé du bien temporel de l'Eglise Saincte Croix, afin de le defendre des oppressions & invasions qu'on faisoit lors sur les biens des Ecclesiastiques. Et Glaber dict qu'il gouvernoit tellement le Roy son maistre, qu'il estoit comme

vn

vn Maire du Palais: & si ay appris de feu monsieur le Conseiller Pethau que le Roy susnommé l'appelle en l'vne de ses lettres non imprimée, son pere nourricier ou *Educator*. On escrit de luy en l'histoire d'Anjou qu'il tint quelques propos, dont la Roine Constance fut tellement courroucée qu'elle le fit tuer par douze Chevaliers que Foulques Comte d'Angers son cousin germain envoya lors que Hugues estoit à la chasse avec le Roy. Nous en avons cy-devant parlé entre nos Comtes.

LANCELIN.

Il y a plusieurs Lancelins qui ont pris le surnom de Beauvais pretendans par là quelques droicts sur la ville. Ie n'ay encor bien peu les distinguer. I'en ay parlé d'vn au tiltre de nos Comtes: ie ne sçay si c'est le mesme duquel i'enten parler en cet endroict. Il estoit fils de Foulques, prenant aussi le surnõ de Beauvais. Il visita le Sainct Sepulchre de nostre Seigneur en Hierusalem, & à son retour prit vn pelerin prisonnier nommé Foucher: dont le Pape Gregoire VII. escrit aux Evesques de France par sa lettre cinquiesme de son second livre. Et depuis pour l'expiation de ses pechez, luy prit devotion de fonder en l'an mil soixante, vn Monastere de Religieux de l'Abbaye Sainct Germer dont nous avons parlé: lesquels il dota, y ayant faict bastir vne Eglise & logis competans & commodes pour y faire le service divin & s'y loger, qui est le Prieuré du Sainct Sepulchre scis en la vallée de Beauvaisis, à present possedé en cõmande, sans qu'il y ait aucun Religieux, cõtre l'intention du fondateur.

VI.

RAOVL.

VII. Il est faict mention en vne Charte de Guy Evesque de Beauvais dattée du iour de la nativité Sainct Pierre de l'an MLXXVIII. du regne de Philippes I. d'vn qu'il appelle *Radulphus Belvagicæ vrbis casatus*, fondateur de l'Eglise Sainct Lucian & Sainct Nicolas, dans la ville de Beauvais: lequel pour ceste cause merite d'estre mis au nombre des personages de renom. Est ceste fondation d'autant plus recommandable qu'il est porté par la Charte d'icelle que les prebendes de ceste Eglise sont incompatibles avec autres benefices: & ainsi le iurent les Chanoines prebendez en leur receptio. Est encores remarquable en ce qu'elle contient que ceste Eglise estoit lors bastie de bois: qui ne sera pas trouvé estrange par ceux qui sçavent que l'ancienne Eglise de Strasbourg avoit esté premierement bastie de bois par le Roy Clovis, selon ce que Rhenanus le tesmoigne en son III. livre. Comme aussi estoit iadis le Temple d'Apollon en ce forsbourg de la ville d'Antioche tant celebre surnômé Daphne, qui fut bruslé pendant l'Empire de Iulian l'Apostat, selon ce qu'il est rapporté par nos historiens Ecclesiastiques. Il y a des lettres du mesme Roy Philippes par lesquelles ce Raoul est appellé *Dapifer Regis*, qui n'estoit pas vne petite dignité en France. Il falloit qu'il fust de bon lieu, & home de sçavoir: car il y a entre plusieurs vers de son Epitaphe ce Distique,

Hoc inter cives Belvaci nobiliores
Clarior ingenio nullus & eloquio.

Monsieur le President Fauchet met entre nos Poëtes François, vn Raoul de Beauvais; mais ie croy que c'est vn autre que cestuy-cy.

YVON EVESQVE DE CHARTRES.

VIII.

Ce qui me fit premierement penser que Yves Evesque de Chartres estoit Beauvaisin, c'est qu'en toutes ses epistres il se monstre merveilleusement soigneux de ce qui concerne la ville de Beauvais & le Beauvaisis, appellant tousiours l'Eglise de Beauvais sa mere, & se disant son enfant: que c'est elle qui l'a engendré en Iesus-Christ, & luy a donné les premiers fondemens de la religion: son accroissement estant venu d'ailleurs; qui est à dire, par l'Evesché de Chartres, duquel il fut pourveu par le Pape Vrbain II. le retirant de l'Abbaye sainct Quentin lez Beauvais où il avoit esté faict le premier Abbé. Est en ceste qualité d'Abbé nómé tesmoin és lettres de la fondation de l'Eglise sainct Nicolas cy-dessus dattées. A laquelle Abbaye il a faict de grands dons. Fut Evesque de Chartres au lieu de Geofroy que le Pape avoit deposé. Mais ce qui faict du tout croire qu'il estoit de Beauvais, c'est que nommément il se dit Beauvaisin en l'epistre qu'il a escrit à Richard Vicaire du Sainct Siege, Evesque d'Albe sur le debat des Religieux Abbé & convent de sainct Lucian d'vne part, & ceux de Vezelay d'autre, pour le faict de l'Eglise de Bulles en ces mots, *Huius negotij ordinem vtpote Belvacensis, ita processisse cognovi, &c.* La science, vertu, & bon sens de ce personnage paroissent assez tant par ses epistres, collections des Decrets, quelques Sermons, & autres œuvres, que par nos histoires: lesquelles tesmoignent que par son bon sens & advis la couronne de France fut asseurée au Roy Louys le Gros, l'ayant soudainement faict sacrer à Orleans. ce qu'il soustint se pouvoir faire, par vne epistre qu'il en escrivit contre l'Archevesque de Rheims. Il mourut en l'an MCXIIII. Se trouve en quelques obitaires que sa mere s'appelloit Heremburge.

BERGVES DE FRANSVRES, AVBERY, PAYEN, ET REINORD DE BEAUVAIS.

IX. Il ne faut pas oublier les bons & devots Chevaliers, Bacheliers, & autres qui se croiserent aux voyages d'outre-mer, dont il est faict mention és anciennes histoires des guerres de la terre Saincte. Comme Aubery de Beauvais Evesque d'Ostie Legat, qui fut faict Cardinal par le Pape Honoré III. ainsi qu'il est remarqué par Onufre: ny Payen de Beauvais qui estoit à la suitte de monsieur Hugues le Grand frere du Roy Philippes le premier, ny Reinord de Beauvais & autres. Mais sur tous il nous faut relever la memoire de Bergues de Fransures Beauvaisin, duquel Ville-Hardouyn parle si honorablemét, disant qu'il fut Capitaine des Latins, avec Branas mary de l'Emperatrice sœur du Roy de France, Capitaine des Grecs, en vne grande & importante entreprise, rapportée au huictiesme livre de son histoire.

HELINAND.

X. Ie fis imprimer en l'an MDXCIV. des vers en

DE BEAVVAIS ET BEAVVAISIS. 197
noſtre ancien vulgaire François compoſez par Dans
Helinand Religieux, avec vne lettre qui s'addreſſoit
au feu ſieur Fauchet premier Preſident des monnoyes, contenant la vie de l'Autheur, de laquelle
l'on m'a conſeillé inſerer en ce recueil les principaux
poincts, pour monſtrer quel homme c'eſtoit que
noſtre Helinand. Il y a doncques ainſi en ma lettre,
Ie vous renvoye vos vers, qui ſont vrayement ceux
que ie cherchois, & les vous renvoye plus corrects
qu'ils n'eſtoient, vous en delaiſſant neantmoins le
dernier & ſouverain iugement. Mais à ce que vous
ny autres ne doutiez plus de l'Autheur d'iceux, ie
veux en guerdon & recognoiſſance de ce bien-faict,
vous faire vn brief recueil de ce que i'en ay peu
apprendre. Helinand fut vn Poëte, ou comme ils
parloient lors, vn Chanterre, du temps des Rois
Louys VII. dict le Ieune, & Philippes Auguſte:
natif du pays de Beauvaiſis, & comme ie croy à
Pruneroy: inſtruict en toutes ſortes de lettres ſeculieres & divines, & ſingulierement en l'humanité &
poëſie tant Latine que Françoiſe, ſelon ce qu'il ſe
peut veoir par ce poëme, & quelques vers Latins qui
ſe retrouvent encor auiourd'huy, dont ce Diſtique
rapporté pourra ſervir de monſtre.

Pauper, egenus, inops, pallens, exanguis, inanis,
Aere, cibo, requie, frigore, peſte, fame.

Et ſemble qu'il pourroit avoir eſté inſtruict en
l'eſchole de M. P. Abbayelard: dautant que ſes
eſcripts s'en reſſentent aucunement. En ſa ieuneſſe

Bb iij

il fut fort desbauché, courant & rodant le monde, suivant les Cours des Princes, & maisons des grands, flattant les vns, & mesdisant des autres, à la façon des Ionglerres & Chanterres du temps: entre lesquels il gaigna facilement par son sçavoir le premier rang. Car vn des autheurs du Roman d'Alexandre voulant ressusciter vn autre Orphée, ou Iöpas pour esgayer la compagnie apres le repas à la façon des plus anciens Grecs, Romains, Perses, Bardes, Allemans, & François, en parle ainsi,

> *Quand li Roys ot mangié, s'appella Helinand*
> *Pour li esbanoyer, commanda que il chant:*
> *Cil commence à noter ainsi com li Iayant*
> *Monter voldrent au Ciel comme gent mecreant*
> *Entre les Diex y ot vne bataille grand*
> *Si ne fust Iupiter à sa foudre bruiant*
> *Qui tos les derocha, jà ne ussent garand.*

Mais sa desbauche, legereté, folie, & rage mondaine ne se sçauroient mieux representer que par ce qu'il en escrit luy-mesme au livre qu'il composa en faveur & souz le nom de Guillaume son frere & compagnon de religion, intitulé *De Reparatione lapsi. Nosti*, dict-il, *Helinandum. sed quis non novit hominem, si tamen hominem? neque enim tam natus erat homo ad laborem, quàm avis ad volandum, circumiens terram & perambulans eam, quærens quem devoraret, aut adulando, aut obiurgando. Ecce in claustro clausus est, cui totus mundus solebat esse non solum quasi claustrum, sed etiam quasi carcer. Neque ipse tam levis fuerat, quàm ipsa levitas: vnde & tanta levitas tam leviter mutata, apud plures nihil aliud putatur quàm ipsa levitas.*

hinc est quod iam quinquennis eius conversatio vix facit alicui fidem de futuro. nimirum quantum in seipso dedit experimentum incontinentiæ, tantum perseveraturæ nunc debilitat argumentatio. Erubesce igitur miserrime, te saltem non sequi istum præcedentem, juniorem, infirmiorem, debiliorem, delicatiorem. Quis enim attendens vnde iste surrexerit, surgere non possit? Et vn peu plus haut parlant encores de luy-mesme, Ipse quidem spectaculum factum est & Angelis & hominib. levitate miraculi, qui prius eis spectaculum fuerat miraculo levitatis: dum non scena, non circus, non theatrum, non amphitheatrum, non amphicircus, non forum, non platea, non gymnasium, non harena sine eo resonabat. Ce qu'il escrit à cause du grand changemét advenu en sa personne, en ce que d'vn des plus desbauchez ieunes hommes de son temps, il devint vn des plus devots Religieux de l'ordre de Cisteaux: qui estoit lors le plus reformé de tous, en ayant faict profession en l'Abbaye de Froidmont, proche & du Diocese de Beauvais. qui est ce qu'il veut dire en ce commencement,

 Mors qui ma mis muer en muë
 En tel estuve où li cors suë
 Ce qu'il fist au siegle d'outraige.
Et puis apres,
 Porce ai changié mon vsaige
 Et ai laissié & jeu & raige,
 Mal se moüille qui ne s'essuë.

Il fut chery, aimé & estimé par beaucoup de Princes & Seigneurs, & sur tous de monsieur Philippes de Dreux lors Evesque de Beauvais, duquel s'entendent ces vers,

Mors va à Beauves tot courant
À l'Evesque qui m'aime tant
Et qui touſiours m'a tenu cher, &c.

Il en faict vn conte au liure cy deſſus allegué qui merite d'eſtre raconté. C'eſt que ledict ſieur Eveſque l'ayant vn iour eſté veoir à Froidmont, luy dict ſur le ſoir qu'il vouloit oüyr la Meſſe le lendemain de bon matin; qui fut cauſe que incontinent apres Prime il alla en ſa chambre, où il le trouua encor dormāt, ſans que aucun de ſes gens l'oſaſt eſveiller: & s'approchāt de ſon lict luy dit tout haut, Hé dea! les paſſereaux & oiſillons du ciel ſont eſveillez pour loüer & benir Dieu, & Monſieur noſtre Eveſque dort encores. Surquoy Monſieur s'eſtant reveillé comme en ſurſaut luy dit en colere, Ah coquin vat'en tuer tes poux. Ce que le Moine deſtourna en riſée, diſant, Monſieur, Monſieur, gardez que les vers ou les poux ne vous mangent vous meſme: i'ay ia tué & faict mourir les miens. car les pauvres les tuent pendant leurs vies: mais ils mangent bien ſouvent les riches en leur mort. Liſez les Machabées, Ioſephe & les Actes des Apoſtres: vous trouverez que les Roys Antiochus, Herodes, & Agrippa en ont eſté mangez. Ce qui reſſent le naturel de noſtre Moine, & moſtre la liberté & familiarité qu'il avoit avec mondit ſeigneur. Il appert auſſi par ce poëme qu'il eſtoit cognu & aymé de l'Eveſque d'Orleans qui eſtoit lors Monſieur Henry de Dreux frere de l'Eveſque de Beauvais, & pareillement amy de l'Eveſque de Noyon, & encor de Regnault Comte de Boulongne & autres Seigneurs qui
ſont

DE BEAVVAIS ET BEAVVAISIS. 201

sont nommez ou entendus en ce livre. Et outre estoit fort familier d'vn Gaufroy Evesque de Senlis: auquel il envoya les cayers de son histoire, lequel n'en estant soigneux comme il devoit, fut cause de la perte d'vne partie d'icelle. I'en ay veu vn volume entre les livres du feu sieur Sainct André Chanoine de Paris, & quelques siens sermons en l'Abbaye de Froidmont. Au surplus il eut vn oncle nommé Helebaut qui fut Chambellan de monsieur Henry de Dreux Archevesque de Rheims. Or que c'est Helinand soit autheur de ce poëme, l'on n'é peut douter. Car encores qu'il ne soit comprins entre ses œuvres par frere Iean de Trittehan Abbé, si est-il nommé par Vincent de Beauvais, qui estoit son voisin, & de temps, & de demeurance : duquel i'ay transcrit ce que s'ensuit, *His temporibus* (c'est en l'an MCCIX) *in territorio Belvacensi fuit Helinandus monachus Frigidimontis, vir religiosus & facundia disertus, qui & illos versus de morte in vulgari nostro, qui publicè leguntur, tam eleganter, & vtiliter, vt luce clarius patet, composuit, & etiam Chronicam,* &c. Et à vray dire ces vers me semblent si elegans, que ie pense que nous ne ferons que bien si apres avoir rendu le nom, & esté comme les parrains d'vne si belle & precieuse mort, nous luy rendons la vie apres quatre cens ans tous entiers. Car outre la naïfveté de l'ancien Roman-François que nous y devons recognoistre, & apprendre avec plaisir; ie trouve son style bien orné & grandement figuré, son oraison plaine, sententieuse, & morale, & sa rythme si riche & coulante, qu'il ne se trouve en chaque douzain, dont

Cc

cet œuvre est principalement composé, que deux lizieres : & pour le dire en vn mot, i'estime cet eschantillon se pouvoir parangoner non seulement à beaucoup d'escrits de nos modernes ; mais aussi surpasser plusieurs ouvrages anciens, & des nostres, & des estrangers, que nous prenons peine d'apprendre, & lisons avec admiration. Comme aussi cet autheur les devance presque tous en aage & ordre de temps. Ce qui me confirme de plus en plus en mon opinion, que non seulement les estrangers ne nous ont rien appris en ce subiet de poësie vulgaire, Leonine, ou Saturnienne : mais au contraire que les François les ont surmontez : & presque en toute chose monstré le chemin de bien faire & bien dire.

I'adiousteray à ma lettre deux ou trois choses que i'ay depuis appris de Helinad, & de ses vers de la mort : l'vne, qu'il s'en trouve esquels quelques-vns de ceux qui sont en ceux que i'ay faict imprimer ne sont point, & d'autres qui ne sont point aussi au mien. L'autre, qu'en ceux que i'ay veu en la librairie de sainct Victor, il y a qu'vn Abbé de leur maison en est l'autheur : qui est chose non veritable. Et la troisiesme que c'est nostre Helinand qui a escrit le martyre de sainct Gerion, & de ses compagnons, qui est dans les tomes de Surius : lequel est tres-digne d'estre leu pour estre de tout autre stile que le commun des Legendaires. Ie croy que Vincent de Beauvais, & Antonin Florentin sont en partie cause de la perte de son histoire, pour en avoir inseré la plusparc dedans leurs livres.

VINCENT.

Il y en a qui disent qu'il estoit Bourguignon; mais XI. tous sont d'accord qu'il fut Religieux Iacobin de Beauvais, & en toutes ses œuvres on l'appelle Vincent de Beauvais. Se trouvét en son Mirouër historial tant de particularitez de Beauvais & du Beauvaisis, que cela me faict croire qu'il en estoit: mais non pas Evesque, comme le sieur Cardinal Belarmin le dict. Son sçavoir paroist assez par ses escrits, lesquels nos ancestres ont tant estimé, qu'on les a tourné de Latin en François: & ont esté ses œuvres en tresgrande estime principalement avant que les autheurs desquels il en avoit tiré vne grãde partie, fussent imprimez. Aussi y a-il apparence que ceux qui les ont depuis transcrit, y ont adiousté tant du leur, que d'autres autheurs: voire mesmes de ceux qui ont esté apres son temps, ainsi qu'il se peut veoir en son Mirouër moral, auquel il y a plusieurs choses de S. Thomas d'Aquin, selon ce que ledit sieur Cardinal Belarmin a remarqué.

PHILIPPES DE BEAVMANOIR.

Philippes de Beaumanoir fut Cõseiller de mõsieur XII. Robert fils du Roy Sainct Louys, Comte de Clairmont, dont il estoit Baillif, tenant ses assizes ainsi qu'il appert par les trente & cinquante quatriesme chapitres des Coustumes & vsages de Beauvaisis par luy recueillies en l'an MCCLXXXIII. qui est le premier, le plus grand, & le plus hardy œuvre qui ait esté composé sur les Coustumes de la France. Car c'est luy qui en a rompu la glace, & ouvert le chemin à Iean le Boutillier, & tous ceux qui sont venus depuis. Car messire Pierre de Fontaines Conseiller & Maistre des Requestes de Sainct Louys, autheur du livre de la Roine Blanche, n'avoit point passé si avant. Il appert par son livre qu'il estoit grand Legiste, Canoniste, & Coustumier. il meritoit d'estre imprimé, l'ayāt baillé à ceste fin à Douceur Libraire. Il estoit certainement de Beauvaisis, son langage le monstre manifestemēt, & si le dit luy-mesme en son prologue, auquel il n'est point nommé, mais il l'est sur la fin de son œuvre.

IEAN CHOLET CARDINAL LEGAT.

XIII. Il estoit fils de Oudart Chevalier seigneur de Nointel, Diocese de Beauvais, ainsi que i'ay veu dans l'obitaire de sainct Lucian, au XII. des Kal. d'Aoust: & par son testament il donne trois cens livres parisis aux pauvres du village de Nointel. Pendant sa vie il fit beaucoup de biens aux pauvres de Beauvaisis. Car i'ay appris dés mon enfance que c'est luy qui a donné aux habitans des villages la pluspart des cōmunes & pastis qui y sont, les ayant achetez à ceste fin des particuliers. Son corps repose en l'Abbaye de S. Lucian, de laquelle Odon son frere estoit Abbé, & en laquelle sa representation estoit jadis d'argent, qui fut vendu pour la refectiō de l'Eglise, laquelle avoit esté bruslée par les Anglois. Sa sepulture est maintenant d'airain doré. Par son testament il leur a legué deux mil livres de terre. Deceda en l'année M CC XC II. Son epitaphe qui est au College des Cholets à Paris fondé par luy, est assez bien faict au prix de celuy qui se veoit sur sa tumbe dedans l'Abbaye S. Lucian:

Belgarum me primus ager nutrivit: honorat
　Roma, seni curæ fœdera pacis erant.
Relligio, pietas, studiorum insignia, crescunt
　Me duce: quis fuerim comprobat ista domus.

On tient qu'il avoit premierement esté Chanoine de Beauvais, & s'estant advancé aux dignitez de l'Eglise, fut vn grand homme d'Estat: ainsi qu'il appert par l'histoire de frere Guillaume de Nangy, qui dit qu'il estoit employé tant par le Pape Innocent IV. qui le fit Cardinal & Legat en France, que par le Roy fils de Sainct Louys, iusques à avoir pour eux presché la Croisade contre Pierre d'Arragon, & depuis accompagné le Roy susnommé en son voyage & guerres des Espagnes. Mais ie croy qu'il y a faute en ce mot d'Innocent Pape, & qu'il y faut Martin IV.

IEAN DE BETANCOVRT.

L'on peut dire du sieur de Betancourt ce que dict XIV. Horace,

Illi robur & æs triplex
　Circa pectus erat, qui fragilem truci
Commisit pelago ratem
　Primus.

Car c'est luy qui le premier s'enhardit de chercher & tracer le chemin à ceux qui ont depuis descouvert les Indes Occidentales, ausquelles il s'achemina des l'an MCCCCV. mais par faute de moyens il fut côtrainct s'arrester és Isles Canaries, & de s'habituer en deux d'icelles Lancelotte & Forte adventure, lesquelles il cultiva & conserva toute sa vie, les delaissant à ses enfans qui les vendirent depuis aux Espagnols à nostre grād honte & dommage. Car si ses desseings eussent esté favorisez & secourus de nos Rois, nous fussions dés pieç'a Seigneurs du Perou & de toute l'Amerique, qui a rapporté tant d'or & d'argent à l'Espagnol. L'on en donne l'honneur à Christophe Colomb : mais il n'a marché que sur les pas & l'addresse que luy avoit ouvert le Seigneur de Betancourt, ainsi que recognoissent ceux qui en ont premierement escrit, & signamment Pierre Martyr : les vns disans simplement qu'il estoit Gaulois, les autres Belge ou Vvalon : mais ie croy que c'estoit le Seigneur de Betancourt en Beauvaisis pres de Clairmont, plustost que de Betancourt en Vermandois pres de Chauny, ou en Ponthieu. car il y en a trois ou quatre en Picardie. Robert de Betancourt qui fut Abbé de Sainct Quentin de Beauvais en l'an MCCCCLXXIV. pouvoit estre de sa parenté.

GVILLAVME DE SAINCT AMOVR.

XV. Guillaume de Nangy & l'auteur du Rosier historial cōposé par le commādement du Roy Louys XI. parlans de Guillaume de S. Amour disent qu'il estoit Chanoine de Beauvais, qui me faict penser qu'il estoit du pays. C'est luy qui en l'an MCCXII. escrivit contre les Mendians vn livre intitulé, *Collectio catholicæ & canonicæ scripturæ ad defensionem Ecclesiasticæ hierarchiæ, & administrationem & præparationem simplicium fidelium Christi, contra pericula imminentia Ecclesiæ generali per hypocritas, pseudopræedicatores, & penetrantes domos, & ociosos, & curiosos, & gyrovagos.* Car il y a ainsi au tiltre du livre qui fut donné à la Librairie de Beauvais par l'Evesque Guillaume de Holáde le quinziesme iour de Fevrier l'an MCCCCLXI. Ce livre estoit aussi jadis en la Librairie de Sorbonne, ainsi que remarque le sieur du Tillet Evesque en son Chronicon, & estoit au Catalogue de leurs livres, dont il a esté tiré. Dans vne lettre de l'an MCCCLIII. que l'Vniversité de Paris escrivit en sa faveur au Pape Alexandre IIII. qui est dans ses registres, elle l'appelle *fidelissimum Vniversitatis patronum*, adioustant que son accusateur Gregoire Nunce du Pape ayant esté cité devant le Roy & l'Evesque de Paris, n'osa ou ne voulut comparoir, & qu'il fut condamné comme calumniateur, & Maistre Guillaume absous en la presence & poursuitte de quatre mil escholiers. Vray est que comme les affaires de ce monde, & principalement de nostre France sont muables, ses livres furent depuis condamnez à Rome, Sainct Thomas d'Aquin ayant escrit contre luy, & ce par commandement du Pape Clement IV. qui prit la peine de luy escrire vne lettre, en laquelle il y a ces mots entre autres, *Cavendum est tibi ne te multa litteræ faciant insanire.* Tant y a qu'en fin il en fut banny de ce Royaume, dont maistre Iean de Meun aussi Docteur en Theologie ne se peut taire, disant en son Roman de la Rose en parlant de Faux-semblant, ces vers,

> Se cil de Sainct-Amour ne ment
> Qui disputer souloit & lire
> Et prescher de ceste matire
> A Paris devant les Divins.
> Ià ne m'y donnent pain ny vins
> S'il n'avoit en sa verité
> L'accord de l'Vniversité,
> Et du peuple communément,
> Qui escoutoit son preschement.
>   Et puis apres,
> Estre banny de ce royaume
> A tort comme fut maistre Guillaume
> De Sainct-Amour, qu'hypocrisie
> Fist exiler par grand envie. &c.

Aussi quād le Continuateur de Guillaume de Nangy parle de la condemnation de ce livre, il dit que ce fut *Non propter hæresim quam contineret, sed quia contra religiosos seditionem & scandalum concitabat.*

ARNAVLT DE CORBIE.

XVI. L'on pourroit à bon droict adiouster au nombre des plus celebres & renommez bastards recueillis & remarquez par plusieurs, messire Arnault de Corbie natif de Beauvaisis, pour avoir esté l'vn des plus grāds & sages hommes de son temps, & comme tel choisy par le plus sage de tous nos Rois, qui fut Charles V. lequel estant Conseiller Clerc au Parlement, fut par luy employé au faict du mariage de monsieur Philippes son fils avec Madamoiselle Marguerite Duchesse de Bourgongne, fille de Loys Comte de Flandres, selon ce que i'ay veu en vne lettre de ce Roy. Et pareillement pour faire compagnie à l'Empereur Charles IV. Roy de Boheme lors qu'il vint en France avec VVenceslaus Roy des Romains son fils, ainsi qu'il se lit és actes de leurs entreveuës n'agueres imprimez. Le mesme Roy Charles le Sage le fit depuis premier Presidét en son Parlement: & du téps du Roy Charles VI. en ceste qualité proposa aux Estats tenus à Compiegne en l'an MCCCLXXXII. sur le faict des aydes: remonstrant au peuple qu'il n'estoit pas possible que la chose publicque se peut conduire sans iceux, ou qu'il falloit que le Royaume fut suiect à robberies & pilleries, & finalement vint à perdition. Et en l'an MCCCLXXXV. fut envoyé vers le Pape seant en Avignon pour faire cesser les exactions que ses ministres vouloient praticquer sur les beneficiers du Royaume, lesquelles il fit cesser. Puis fut Chācelier de France, & comme tel receut le serment de Connestable de Messire Charles Seigneur d'Albret en l'ā MCCCCII. Exerça cest estat l'espace de vingt quatre ou ving cinq ans, en ayant en fin esté deschargé & desappointé par les mutinés de Paris, prenás excuse sur son ancien aage, qui estoit de quatre vingts huict ans, & maistre Eustache de Laittre mis en son lieu. Il avoit de grandes terres en Beauvaisis, selon ce qu'il se veoit par le Chartulaire des fiefs du Vidamé de Gerberoy, auquel ils sont compris, & luy nommé bastard: & outre estoit Seigneur d'Annueil, d'Ansonvillers, & du fief de Tonlieu dedans Beauvais. Il ne se lit point qu'il ait laissé aucuns enfans, est faict mention en l'histoire du Roy Louys vnziesme d'vn nommé Guillaume de Corbie Conseiller en Parlement, qui fut faict par luy premier President en Dauphiné en l'an MCCCCLXI. On trouve qu'il fut aussi fait President au Parlement de Paris, le Roy luy ayant fait l'honeur de soupper en sa maison. Ie ne sçay s'il estoit de la pareté du Chacelier. Mais il y a vn Thomas de Corbie enterré en l'Eglise S. Estienne de Beauvais, par l'Epitaphe duquel, qui est de l'an MCCCCVII. on ne luy donne autre qualité que d'Escuier, frere de Messire Arnaut de Corbie Chancelier de France. I'ay appris qu'il eut vn autre frere, Iean Evesque d'Auxerre, & vne sœur Ieanne qui a donné de ses biens à l'Abbaye de Beaupré. Il y a aux registres de l'Hostel de la Ville de Beauvais qu'en l'an MCCCCXXXIII. l'on fit demolir vne Chappelle qu'il avoit faict bastir aux fors-bourgs d'icelle, d'autant que l'on craignoit le siege des Anglois. Ie ne sçay s'il y avoit esleu sa sepulture: car ie n'ay peu apprendre où il est enterré.

IEAN MICHEL.

XVII. Il estoit natif de Beauvais, fils de pauvres parens gagnans leurs vies à la iournée, neantmoins fut premierement Secretaire de Loys II. & Iolande d'Arragon & Royne de Sicile, Duc & Duchesse d'Aniou: puis Chanoine de l'Eglise d'Aix en Provence, & apres de celle d'Angers, & finalement esleu tout d'vne voix Evesque au lieu de Messire Hardouin du Bueil, suivát le Concile de Basle & la pragmaticque Sanction lors fraichement publiez, en laquelle charge il se comporta si sainctement, qu'apres son decez il fut tenu pour Sainct, nostre Seigneur ayant faict des miracles par luy, ainsi qu'il est porté tant par la remonstrance faicte par Messieurs du Parlement au Roy Louys XI. en l'an MCCCCLXV. article XVII. que par la question LXXXIIII. de Guy Pape, & par sa legende qui est au Martyrologe de l'Eglise d'Angers, où il y a qu'il deceda le vnziesme iour de Septembre MCCCC-XXXXVII. dont il faut corriger la faute qui est pour ce regard au livre dessusdit de Guy Pape, & le neufiesme an de son Episcopat. Est enterré en so Eglise sous la croisée qui mene vers l'Evesché. Il appert par le livre vulgairement appellé la Salade que ce fut luy qui dressa la genealogie des Roys d'Arragon pour monstrer que ladicte Iolande sa maistresse en estoit heritiere.

IEAN ET PHILIPPES DE VILLIERS ADAM.

CLAVDE DE LA SANGLE.

ALOPH DE VIGNACOVRT.

Grands Maistres de Rhodes & de Malte.

Il n'y a paradventure Province en la Chrestiété qui XVII. ayt l'honneur d'avoir eu tant de grands Maistres de l'ordre de sainct Iean de Hierusalem que le pays de Beauvaisis. Car il y en a eu quatre, deux de la maison de l'Isle Adam Iean & Philippes de Villiers-Adam. Claude de la Sangle de la maison de Montchavoire pres Beaumont sur Oyse, & Aloph de Vignacourt à

Dd ij

present grád Maistre, de la maison du Liz pres Clairmont en Beauvaisis, qui tous sont paruenus à cest honneur & dignité d'estre chefs de la fleur de la Noblesse de Chrestienté par leurs merites & vertus. Et particulierement lesdicts de la Sangle & Philippes de Villiers celebrés entre les autres grands Maistres, l'vn pour auoir si vaillâment & prudemment soustenu le siege de Rhodes, l'autre pour auoir fait bastir & fortifier à Malte le bourg sainct Michel appellé de son nom l'Isle de la Sangle tant renommée par l'Histoire du siege de Malte.

IACQVES DE GVEHENGVIES.
IEAN DE LIGNIERES.
ET N. RICHARVILLE.

XIX. I'ay assemblé ces trois, d'autant que leurs actes valeureux sont si côioincts que l'on ne les sçauroit quasi separer. En l'an MCCCCXXXIII. le VII. Iuin qui estoit le iour de la Trinité, les Anglois rauageans és enuirõs de Beauvais, qui s'estoit reduit quelque temps auparavant sous l'obeissance du Roy Charles septiesme, firent vne entreprise pour la surprendre, voyans que l'vne de leurs portes estoit assez mal gardée. Et de fait vne partie des Anglois estoient ja entrez par la porte de l'hostel Dieu. Surquoy Guehenguies Lieutenant du sieur de Montier-Raulet lors Capitaine de la ville absent, s'estant trouué auec Iean de Lignieres l'vn des bourgeois d'icelle, s'aduiserent & resolurent sur le champ, l'vn sçauoir est Guehenguies d'empescher auec quelque nombre de soldats & citoyens qu'il auoit l'entrée des Anglois, combatans, à la premiere porte ou barriere, & souſtenás leur effort à toute outrance: l'autre qui eſtoit de Lignieres, de monter incontinent en haut, où la herſe ou porte couliſſe d'entre les deux portes pendoit attachée auec des cordes, leſquelles il couppa ſi dextrement, que les Anglois qui eſtoient entrez ſe trouuerent enfermez, leſquels furent mis au tranchant de l'eſpée. Et contre les autres de dehors Guehenguies & ſes compagnons cóbatirent ſi vertueuſement que par leur mort & prudent conſeil ils ſauuerent leur ville. Laquelle en memoire de ce ordonna que l'on ſe transporteroit tous les ans le iour de la Trinité proceſſionnellement ſur leurs foſſes, qui ſont dans l'Egliſe ſainct Sauueur, afin de prier Dieu pour leurs ames. Ce que i'ay appris du ſieur Adrian Advocat de Beauvais homme docte, lequel m'a aſſeuré cela eſtre ainſi eſcrit aux regiſtres de l'hoſtel de la ville. Ce bó & heureux ſuccez de ceux de Beauvais encouragea vn autre de leurs bourgeois nommé Richarville & ſes compagnons habitans de Beauvais de ſe hazarder en la meſme année de ſurprendre la ville de Roüen. De faict ils eſchellerent & prindrent le Chaſteau, & vne groſſe Tour en laquelle ils tuerent tous les Anglois qui eſtoient dedans fors le Comte d'Arondel, qui criant par la feneſtre d'vne chambre fermée aux habitans de Roüen pour qui ils entendoient tenir, firét reſpóſe qu'ils tenoiét pour le Roy de Fráce & d'Angleterre, ce qui fut cauſe que nos ſoldats furét ſurpris, leſquels par leurs proüeſſes euſſent deſlors reduit en l'obeiſſance du

Roy la ville de Roüen, si les habitás d'icelle eussét eu le cœur aussi bós François qu'ont tousiours eu ceux de Beauvais. Ce sont les histoires de Normandie qui racomptent ce dernier acte, & pareillement l'autheur du Mirouer historial cóposé du temps du Roy Louys vnziesme, qui le met en l'an MCCCXXXIII. & vn peu diuersement.

NICOLAS L'OISEL.

XX. Ie penseroy estre blasmable, & reprehensible du peché d'ingratitude si i'oubliois de mettre au nombre des personnes de renom de Beauvais Nicolas l'Oisel mon ayeul, pour auoir esté l'vn des plus hommes de bien, des plus heureux en sa vie & en sa mort, & qui a receu plus de benediction de Dieu en sa posterité qu'il se sçauroit dire, & que ie serois côtraint de remarquer en tout autre qui ne m'appartiendroit en rié de la ville ou du païs. Car outre ce qu'il estoit deuot enuers Dieu, d'vne vie innocente & bien faisant à vn chacun, il rencontra vn heureux & fecond mariage auec Marie Vvalon, viuans ensemble plus de cinquáte ans auec toute amitié & concorde: voyans douze de leurs enfans pourueus, lesquels ils assébloient tous les Dimanches à soupper en leur maison, & bié souuét les enfans de leurs enfans: me souuenant, moy qui estoy le douziesme & dernier de nostre maison, de les y auoir tous veus. Ce qu'ils faisoient afin de les entretenir en amitié. Comme de faict ils y continuerent de sorte qu'ils firent partage des biens qui se trouuerent apres leurs deceds sans y employer ny Greffier ny Notaire, estans tous maieurs. Le bon homme deceda le premier, aagé d'enuiron quatre vingts ans & sa femme en la mesme année. Il auoit vn de ses fils Cordelier qui luy donna l'habit de sainct François en sa mort, & fut ainsi porté en terre auec beaucoup de deuil & de solemnité, les visage, mains, & pieds descouuerts, selon ce que sa representation se veoit en pierre dans les Cordeliers sur l'autel qu'on y fist bastir, auquel se celebrent les Messes de fondation. Sur lequel pareillement ses douze enfans sont representez, & la plus part d'eux enterrez en ce lieu. Il estoit fils de Pierre l'Oisel, petit fils de Robert tous bourgeois de Beauuais. Ie n'en ay point trouué de nostre nom plus auant. Il eut vn frere nommé Iean, & Damoiselle Magdelaine sa sœur, femme du sieur de Betancourt, qui eurent vne fille mariée auec le sieur de Hondainuille pres Mouy, dont sont yssus quelques Gentils-hommes qui nous accousinent. Iean son frere fut Docteur en Medecine à Paris & des plus fameux de son temps, nommé communément Maistre Iean Auis, selon ce qu'on tournoit lors les surnoms en Latin, duquel on fit vne rythme par risée que i'ay souuent ouy reciter à feu Monsieur le premier President de Thou, lequel disoit l'auoir appris de Monsieur le President son pere & veuë representée en vne vieille tapisserie, le malade luy disant.

Quand ie voy Maistre Iean Auis,
 Ie n'ay ny fiebure ny frisson.
A quoy le Medecin respond:

Gueri estes à mon aduis,
Puis que vous trouuez le vin bon.
Et vn autre qui estoit là present luy dit,
La peinture de vostre vis,
A plus cousté que la façon.

Il eut l'honneur d'estre Medecin des Roys Louis XII. & François I. Se trouue au registre de la faculté de Medecine qu'en estat Doyé, il proposa & fit arrester deux choses memorables & qui se sont gardees iusques à huy: l'vne que les barbiers de Paris seroient instruits en la Chirurgie & anatomie par vn Docteur de la faculté, en langage François, & qu'en consequence de ce ils praticqueroient la Chirurgie. à raison de quoy ils se sont depuis ce temps appellez Barbiers Chirurgiens ou Chirurgiens Barbiers: dont il fut faict contract du cinquiesme iour de Ianuier l'an MDV. L'autre que les Medecins des Roys & Princes du sang seroient receus à pratiquer à Paris, ores qu'ils n'y fussent point Docteurs. Fut marié auec Catherine Helin parente du sieur Helin Conseiller en Parlement, & allié des Burgensis & Morelis aussi medecins fort celebres, & des Haqueuilles Seigneurs d'Ons en Bray. Mourut sans enfans delaissant son frere Nicolas seul & vnique heritier, leur sœur Magdelene estant decedée. Ce qui accreut tellement les biens du bon homme, qu'il eust plus de moyen d'entretenir ses enfans aux estudes à Paris: trois desquels furent Religieux, l'vn d'iceux Prieur de la Chaise Diocese de Sees, & encore vn autre Chanoine de Beauvais: les autres mariez suivirent sa vacation. Feu mon

mon pere nommé Ieá aisné espousa Catherine d'Auvergne fille de Nicolas d'Auvergne S.' d'Authueil, duquel il est faict métion au procez verbal de la coustume de Senlis. La Noblesse duquel, & des siens a esté confirmée par arrest de la Cour des Aydes donné au profit des petits enfans de Maistre Iean d'Auvergne Lieutenant de Ponthoise mon oncle maternel. Lucian l'Oisel son second fils fut marié à Ponthoise, lequel fut ayeul maternel de feu M. Pierre Germain Aduocat fameux au Parlement : Pierre & Nicolas mariés à Beauvais, Pierre fut aussi Maire de Beauvais communément appellé, selon la vanité de maintenát, le Seigneur de Queuremont. Trois filles mariées en la ville, & vne Religieuse à Pantemont, tous vivans honorablement chacun en sa profession. Le moindre en apparence qui estoit le Cordelier nommé Iacques l'Oisel aussi dit Avis, fut Docteur en Theologie & grand Predicateur, procurant beaucoup de biens à son Convent, selon ce qu'il appert tant par les autels qu'il a faict faire ou reparer esquels il est represété, que par vne tapisserie du chœur, & vn grád calice d'argent doré qu'il leur a donné. Il est enterré dás le chœur du costé de la main gauche, où est son Epitaphe graué en airain qui en contient d'avantage. Feu mon pere qui estoit l'aisné en toute sorte, & principalement en vn grand sens naturel, fit instruire tous ses enfans aux lettres, lesquelles Claude qui estoit nostre aisné quitta bien tost. Il fut Esleu de Beauvais Seigneur de Flambermont, & son fils Odet President en l'esléction de Senlis : Philippes l'Oisel mon second frere estoit Lieutenant General, & President Presidial à Senlis: Iacques son fils aisné Lieutenant de Compiegne, Claude Lieutenant General & President à Senlis, depuis President en la Cour des Aydes & Conseiller d'Estat, & son frere Philippes mis en sa place de Sélis : Ieä leur autre frere Chanoine & Archidiacre de Senlis & Nicolas sieur de Vadelle. Ma sœur Marguerite Religieuse & Abbesse de Paremont, & deux autres mariées aux Clemens & Patins: le surplus decedé en minorité : & moy le dernier Aduocat en Parlement, & en ceste qualité employé aux charges d'Advocat du Roy en la Chambre de Iustice de Guyenne & Restablissement du Parlement de Paris, & Conseiller au Tresor, pere de Antoine & de Guy Conseillers en Parlement, tous du nom de l'Oisels. Nos filles mariées l'vne à feu Monsieur Maistre Anthoine de Soulphour, Conseiller en Parlement & President aux Enquestes, les autres à des Esleus, Maistres des eaux & Forests, Advocats du Roy ou autres fameux, Lieutenans Generaux, Maistres des Requestes, & Conseillers d'Estat, tous descendus du bon Nicolas l'Oisel. Et les enfans de Iean l'Oisel son aisné annoblis par les Roys Henry III. & IV. à cause de leurs services. Ce que ie ne dis point par vanité, ny pour gloire que nous nous en devions attribuer, ne faisant pas moins de compte de ceux qui se sont maintenus en leurs premiers & simples qualitez & fortunes : mais pour en loüer Dieu & donner exemple à ceux qui viendront apres nous de ne point forligner, ou souiller l'honneur que leurs ancestres ont acquis à vne si belle & grande posterité: qui est de près de deux mille ames, y en ayant seulement de feu mon pere plus de huict vingts en la huictiesme race. Les masles qui restét en la cinquiesme generatió sõt Claude l'Oisel S.r de Flabermõt petit fils de Claude mõ aisné: Claude sieur des Grages petit fils de Philippes; & encores Claude, Philippes & Anthoine aussi petits fils de Philippes mon second frere: & finalemét mon petit Anthoine postume de feu mon fils aisné: Lesquels ie prie Dieu vouloir conserver pour s'en seruir s'il luy plaist à son honneur, au bien public du Royaume, secours, contentement & seruice de ceux ausquels ils appartiennent, & d'vn chacun : Ayant principalement escrit ceste Genealogie pour l'amour d'eux.

FRANCOIS GOVFFIER.

XXI. François Gouffier Cheualier Seigneur de Crevecœur fils de Messire Guillaume Gouffier Seigneur de Bonniuet Admiral de France renommé par nos histoires par la prise de Fontarabie qu'on estimoit imprenable, siege de Milan, & bataille de Pavie, Chevalier des deux Ordres, Capitaine de cinquante hommes d'armes, Lieutenant General pour le Roy & Visadmiral en Picardie, ayant seruy les Roys François I. Henry II. Charles IX. & Henry III. signamment en l'armée de Chaalons, à la bataille de Serizolles, & au siege de Mets: & outre combatu en duels ou combats singuliers, tant contre vn Capitaine Allemant, lequel s'estant desbandé de son rang pour deffier quelque Chevalier François, le Seigneur de Crevecœur l'alla recevoir, & le tua d'vn coup de pistolle : que contre le Comte de Mont-Fort Colonnel de la Cavalerie Imperiale, lequel s'estant presenté pour donner vn coup de lance contre vn François, ledit sieur decocha contre luy d'vne telle roideur qu'il le porta par terre, & le fit son prisonnier. Bref il se porta par tout si valeureusement qu'il acquist le nom & tiltre de Chevalier sans reproche. D'ailleurs il estoit naturellemēt peintre, ainsi que i'ay veu par plusieurs portraits tirez de sa main estans au cabinet de sa maisō de Crevecœur : qui estoit vn beau & honneste passetemps pour donner relasche à ses serieuses entreprises & vacations, à l'exemple des plus grands Empereurs Adrian, Marc Antoine & autres Romains, Sultan Selim & autres grands hommes de guerre.

IEAN ET CLAVDE BINETS.

XXII. Il y a plusieurs familles yssues de personnes de remarque de la ville de Beauvais, comme celles de Feuquieres, Boileau, Binets & autres mentionnez és anciens registres de l'hostel de la Ville : qui n'est pas peu d'hōneur à ceux qui y portēt encores ces surnōs, qui sōt en assez bon nōbre, tous gens de qualité & d'honneur. Ie feray icy mention particuliere de deux Binets que i'ay cogneu, l'vn fut Maistre Iean Binet Advocat, docte en droit & aux bonnes lettres, singulie-

DE BEAVVAIS ET BEAVVAISIS. 221

rement en la Poësie Latine, ayant veu plusieurs vers de luy qui meriteroient d'estre publiez. L'autre fut Maistre Claude Binet son nepueu, aussi en sa ieunesse Poëte Latin & François, ainsi qu'il appert par plusieurs vers imprimez de son vivant, singulierement sur le tumbeau de feu Maistre Pierre de Ronsard Prince des Poëtes François. Et par vn Poëme de la Truitte de nostre riviere de Therain dedié au mesme Ronsard. C'est à luy auquel le sieur Thresorier de saincte Marthe addresse le dernier de ses Poëmes Latins, qui est fort elegant. Il estoit aussi Advocat en Parlement : mais il s'en retira ayant esté pourueu gratuitement par la Royne Elisabeth douairiere du feu Roy Charles IX. de l'estat de Lieutenant General en la Seneschaussee de Riom en Auvergne, où il deceda quelques annees apres au milieu de son aage.

NICOLAS PASTOVR.

Maistre Nicolas Pastour natif Chanoine & Chancelier en l'Eglise de Beauvais merite d'estre mis au nombre des hommes de renom de la ville, pour avoir esté premier fondateur du College, & y avoir employé quasi tout son bien, & son temps. XXIII.

IEAN THIERRI.

On n'en sçauroit mieux parler que par la plume du grand Robert Estienne, en la preface de son Thresor de la langue Latine disant : *Huius operis præcipua* XXIV.

Ee iij

laus debetur Iohanni Theodorico Bellovaco viro doctissimo, & in optimis quibusque auctoribus valde exercitato: &, quod omnium est maximum, acri iudicio prædito: qui nisi nobis auxilio fuisset, & quasi Hercules quidam fesso Athlanti in partem laboris successisset; nunquam tantam operis molem sustinere potuissemus. Is enim iam inde ab initio instituti laboris ita nobis, vel Reip. potius, cuius est amantissimus, operam dedit, vt omnia quæ à nobis & à nostris congesta erant, ipse relegeret, eáque tanquam supremus artifex, inchoata & adhuc rudia perpoliret. Ce qui monstre qu'il est le principal aucteur & ouvrier de ce grand Thresor de la lãgue Latine. Pour preuve d'vne partie de son sçavoir il faut aussi veoir son Columelle François, & les Annotations tant sur iceluy, que sur quelques œuvres d'Ovide. C'est luy auquel la France doit la premiere impression des douze petits Grammairiens Latins imprimez par Bade en l'an mil cinq cens seize, ainsi qu'il appert par son Epistre dedicatoire escrite à vn sien oncle paternel, qui estoit aussi de Beauvais.

IACQVES HELVYS.

XXV.   Iacques Heluys fut vn exemple singulier d'vn joüet de fortune, ou plustost de la grace que Dieu faict quelques fois à des personnages de bas lieu. Car il estoit fils de Iean Heluys laboureur demeurant à Tillard pres Beauvais, lequel feu monsieur le Prince de la Roche sur Yon ayant veu petit garçon en l'Eglise du lieu; il le choisit & retint quasi pour son enfant, le faisant premierement instruire aux bonnes lettres, puis pourveoir de quelques Prieurez & Abbayes: & finalement, de l'Evesché, Duché & Pairrie de Langres, & l'eust advancé d'avantage n'eust esté que Heluys mourut au milieu de son aage.

IEHAN LE COMTE.

Il estoit fils d'vn cardeur ou laneur de la ville de Beauvais, lequel ayant appris à bien escrire, vint demeurer à Paris, où il fut premierement Sergent à verge & à Cheval, apres Huissier en la Chambre des Coptes, puis garde des livres, Auditeur, & finalemét Maistre des Comptes: & de là appellé à la Cour pour estre Intendant des Finances pendant le regne du Roy Henry deuxiesme: & fut le premier en ceste comission, laquelle il continua souz les Roys François deuxiesme & Charles neufiesme. Au Regne desquels & encor depuis, ceste charge d'Intendant s'est tellement accruë en dignité, en nombre, & en qualité de personnes, que c'est à present l'vne des principales du Conseil du Roy. Il estoit communément appellé Seigneur de Voisinlieu, qui est vn petit fief qu'il acheta aux fors-bourgs de Saint Iacques de Beauvais, encores qu'il eut beaucoup d'autres belles & grádes terres & Seigneuries. Il n'eut qu'vn fils qui ne laissa que des filles.

XXVI.

LOVYS ET IEAN DE BOVFFLERS.

De la maison de Boufflers en Ponthieu, laquelle s'est habituee à Caigny, trois lieues proche de Beau-

XXVII.

vais sont sortis plusieurs Gentils-hommes renommez en saincteté de vie, proüesse, & sçavoir. Mais ie ne parleray icy que de deux freres enfans de Messire Adrian de Boufflers & de Dame Louise Doyron, Louys & Iean, tous deux personnages singuliers en diverses vacatiõs. Pour le regard de Louys qui estoit l'aisné, dit de Caigny, qui eut l'honneur de porter le Guydon de la compagnie de feu Monsieur d'Anguyen, il estoit si fort & robuste que l'on le pourroit apparier à vn Milon de Crotone, à Nicostrate, ou à ce Marius Gaulois qui tint l'Empire des Gaules par trois iours seullement. Car il rompoit avec ses mains vn fer de cheual en deux, arrestoit vn bidet, voire le faisoit reculer le tirant par la queuë, & l'eslevoit en l'air: Ne se trouvoit homme qui luy peust ouurir sa main y ayant enfermé quelque chose, & non pas mesme oster son doigt de la place en laquelle il l'avoit posé: devançoit vn cheual à la course, tuoit d'vne pierre les oyseaux en l'air, sautoit les ruisseaux & petites rivieres botté & esperonné: montoit ordinairement à cheual armé sans estrier: bref se fust trouvé invincible si vn mousquet ne l'eust attaint montant à la bresche de Pont sur Yonne, où il mourut. L'autre nommé Iean de Boufflers Seigneur de Rouverel fut aussi vn miracle de nature, en ce que n'ayant eu autre eschole que la maison de son pere, avec vn Maistre tel quel, il se rédit neantmoins capable d'entendre & de composer tant en prose qu'en vers Latins: puis se mettant de soy-mesme aux Mathematicques & à la Theologie se rendit capable d'en conferer

rer avec les plus versez, & pour s'y cósomer d'avátage entreprit de voyager par l'Italie, la Grece, l'Asie, l'Afrique, l'Espagne, les Allemagnes, la Flandre, & l'Angleterre: dont il rapporta plusieurs memoires, instructions & singularitez, lesquelles il mit par escrit : ensemble certains discours des moyés de faire la guerre cótre les Turcs, des livres en Theologie & mathematicques, & autres œuvres serieuses : & pareillement vn Centon Ovidian de trois cens vers qu'il fit en se joüant à la loüange de Nostre Dame de Lorette, & plusieurs autres petits escrits qui meritét d'estre mis au iour. Puis s'estant marié se monstra fort aumonier, & secourable envers les pauvres, signamment en vne annee de cherté, en laquelle il leur ouvrit ses greniers. Et fust parvenu à la perfection d'vn tres-grand & vertueux personnage s'il n'eust esté ravy aux premiers fruits de son aage.

LOVYS DE VAVDREY.

Louys de Vaudrey Seigneur de Mouy en Beauvaisis ne doit estre oublié, pour avoir esté l'vn des plus vaillans & hazardeux chevaliers de l'armee de feu Monsieur le Prince de Condé en la iournee de Dreux, & és guerres de la Religion pretenduë reformee : où il mourut en fin par la trahison du sieur de Maurevert, ainsi qu'il est plus amplement escrit és histoires de nostre temps. Seulement y adiousteray, ce qui me fut dit estant en son bourg de Mouy, Que se promenant vn iour dedans son parc, il y trou-

XXVIII

va vn loup ou fanglier, lequel il fut fi hardy d'affaillir luy feul auec fon efpee, & le combatit tellement qu'il le tua fur la place. Son fils aifné nommé Antoine ayant depuis rencontré Maurevert pres la valee de Mifere à Paris le tua, & y fut auffi luy mefme tué par l'vn des gens de Maurevert, delaiffant fon frere Ifaac qui eft auffi depuis decedé, & leur race mafculine faillie.

IEAN MAZILLE.

XXIX. Eftoit fils d'vn Barbier Chirurgien de Beauvais, lequel fit fi bien eftudier fon fils en Medecine, qu'eftant Docteur de Mont-Pellier, praticquant & marié à Beauvais, il fut retenu par le fieur Cardinal de Chaftillõ lors Evefque pour fon Medecin, & trouvé fi capable qu'il le fit appeller en Cour pour eftre Medecin de Meffieurs les enfans du Roy Héry II. & fignamment de Monfieur d'Alençon, duquel il fut premier Medecin, puis de la Royne Mere, finalement premier Medecin du Roy Charles neufiefme. Lequel eftant decedé delaiffant pour fucceffeur le Roy Henry troifiefme fon frere, qui retint pour fon premier Medecin Marc Myron fon ancien Medecin, Mazille fe retira à Beauvais pour y achever le refte de fes iours, & y mourut, avec vne telle difgrace des nouveaux courtifans, qu'ils envoyerent faifir l'argent qu'ils penfoient luy trouver apres fa mort: mais il y en avoit fi peu au pris de ce qu'on penfoit, & qu'il devoit avoir, que le Commiffaire eut honte de le faifir: ce que ie trouvay fi indigne, que ie ne me peus tenir d'en faire ces vers Latins.

Mazillum archiatrum delator vt aulicus audiit
Pertæsum nostri, Plutonia regna petiisse,
Aulicus ad paruas, Senecæ vt prædiuitis, ædes
Advolat, atque manu iniecta, sibi vendicat aris
Ingentes, auri falsa sub imagine, folles.
Res tenuis, tenui ac numeroso herede minuta,
Atque impar decimæ, corvum delusit hiantem.
Aulice do veniam, iusto quem errore fefellit
Mazilli meritum, Carlique profuso regis.
Debuerat sane regalis claviger ille
Adsiduus, tibi speratos contingere census.
Multa viro virtus, tecto tam curta supellex,
Iam delatori modo non prædaque parata,
Effert æternam Mazilli ad sydera famam.
Henrici insontis minuit pulsatque pudorem.

Et en François :

L'affamé courtisan sang-suë de la France,
Espion des moyens de la simple innocence,
Aduerty que Mazil' nourriçon d'Apollon,
Las de seruir nos Roys s'en alloit vers Pluton,
Pensa que sa maison d'escus fust toute plaine,
Et ja les deuoroit : mais d'esperance vaine.
Car le courrier hastif, qui pour vingt mil escus
N'en trouva pas la disme en ruint tout Camus.
Six mille francs, espoir d'vne trouppe meshaigne
D'heritiers lamentans, estoit tout son espargne.
Vrayement courtisan tu avois bien raison
De peser qu'vn Thresor deust estre en la maison,

De celuy qui portant la clef d'vn Roy de France,
Devoit en peu de temps se combler de finance.
Mais en ce que tu as au milieu de sainct deüil
Trouvé si peu de chose au pres de son cercueil;
De Mazil tu as faict d'autant le los accroistre
Que celuy de Henry tu auras faict descroistre.

IACQVES GREVIN.

xxx. Il estoit natif de Clairmont en Beauvaisis, Docteur en Medecine de Paris, & si bon Poëte François que Ronsard en escrivit ce qui s'ensuit.

Tu te fis Medecin, & d'vne ardente cure
Doublement agité, tu appris les mestiers
D'Apollon, qui t'estime, & te suit volontiers,
Afin qu'en nostre France vn seul Grevin assemble
La docte Medecine & les vers tout ensemble.

Il fut tant estimé & favorisé de Madame Marguerite de France Duchesse de Savoye, que l'ayant retenu pour son Medecin, elle le retira en sa Cour à Thurin, ensemble sa femme & ses enfans, le faisant Conseiller d'Estat en Savoye & Piedmont, où il mourut en la fleur de son aage. Aussi avoit-il commencé à monstrer des fruits de son esprit en la Poësie Françoise dés sa premiere ieunesse, n'estant lors aagé que de vingt ou vingt vn ans: & depuis fit quelques traitez de l'atimoine & des venins, & tourna de Grec en François ceux de Nicandre des theriaques & contrepoisons. Monsieur le President de Thou ne l'ayant pas oublié en son histoire, ie penserois faire faute de l'avoir mis en oubly. I'ay entendu qu'il avoit aussi composé vn Poëme auquel il celebre son pays de Beauvaisis : mais ie ne l'ay point veu.

ANTOINE CARON.

L'art de peinture est si noble que Galien la met entre les sciences liberales : & les Empereurs Romains voire les plus grands & signamment Hadrian & M. Antoine le Philosophe la praticquoient & s'y faisoient instruire. A raison dequoy leurs successeurs ont affranchy les peintres de plusieurs charges, & leur ont donné beaucoup d'immunitez, ainsi qu'il se veoit par les loix derniere *De Excusat. artific.* du Code de Theodose, & VIII. *De Metatis*, en celuy de Iustiniā. Partant ie penseroy avoir failly si ie ne mettoy en ce roolle Antoine Caron peintre excellent : veu mesme que ceux qui ont faict imprimer & representer les visages des hommes illustres de la France ne l'ont point oublié, adioustans qu'il estoit de Beauvais, comme il est vray. Les peintres, sculpteurs, & graveurs en font si grand cas, & ses desseings se recueillent & vendent si cherement, & sa peinture est de telle grace, que ses traits servent de patron, de loy, ou de leçon aux autres : aussi la recognoit-on entre toutes. Il avoit vn tres-bon iugement & vne forte apprehension : mais il estoit vn peu paresseux, qui a esté cause qu'il n'a pas laissé grands moyens, &

a l'on verifié en luy ce que l'on dit, *Nescio quomodo bonæ mentis sororem esse paupertatem.*

EVSTACHE DV COVRROY.

XXXII. Ce peintre Beauvaisin a esté suivy de pres d'vn Maistre de la Chapelle du Roy nommé Eustache du Courroy natif de Gerberoy, qui estoit si excellent Musicien, que ne se contentant point de la Musique vulgaire de nos peres, il s'estudia de ramener en vsage celle des anciens Grecs & Romains: se jouant d'ailleurs si heureusement & dextrement de sa voix, qu'en chantant luy seul deux ou plusieurs parties, il se rendoit admirable & comparable à celuy duquel Iean Moulinet escrit ainsi:

I'ay veu comme il me semble
Vn fort homme d'honneur,
Luy seul chanter ensemble
Et dessus & teneur.

CLAVDE GOVYNE.

XXXIII. Il estoit fils d'vn Procureur en Cour d'Eglise de Beauvais, lequel l'ayant faict estudier à Paris & puis envoyé aux Vniversitez de Droit, il y passa Docteur. Ce qui le rendit Advocat fameux à Beauvais: où estant pourueu premierement d'vne prebende en l'Eglise Collegialle sainct Nicolas, puis d'vne en l'Eglise Cathedrale, il en fut faict Doyen, puis Official, & Grand Vicaire de trois Evesques consecutifs, qui est tout ce à quoy vn homme de sa profession pouuoit paruenir en la ville de sa natiuité. Il estoit de bonne vie, bon conseil, & de grande literature, signamment en droit Canon, & matieres beneficiales, & assez bõ Poëte Latin, tesmoings quelques vers qu'il fit imprimer sur la cheutte aduenuë en l'an MDLXXIII. d'vne partie de l'Eglise de Beauuais, & autres, & en François aussi. Car ce fut luy qui fit des vers qui ont couru par le Palais tant sur le sieur Dormy President, que sur l'endormissement du sieur le Procureur General Bourdin, lesquels il composa estant à Paris à la poursuitte d'vn procez de son Chapitre qu'ils perdirent en la quatriesme chambre des Enquestes où presidoit ledit sieur Dormy. Il fut bon seruiteur du Roy, ayãt pour ceste cause esté dechassé de la ville pendant la Ligue auec feu Messire Nicolas Fumee son Euesque.

FEMMES.

SAINCTE ANGADRESME.

Il est raisonnable que les femmes de Beauuais soient aussi mises au rãg des personnes de renom de Beauuaisis, & singulierement deux ; l'vne pour la saincteté de sa vie, & l'autre pour sa vaillance.

La premiere est saincte Angadresme fille de Robert Chancelier ou garde du seel du Roy Chlotaire. Sõ pere estãt requis par vn Seigneur du Vulxin nõmé Sinuin de la dõner en mariage à sõ fils, qui fut depuis

xxxiv.

S. Ausbert Archevesque de Roüen, & le pere la luy ayãt accordé, elle luy fit entendre qu'elle desiroit vivre en virginité. Et de faict fut consacrée à ceste fin par sainct Ouen Archevesque de Roüen, & puis faicte Abbesse d'vn Convent de filles pres Beauvais, ainsi qu'il y a en la vie de sainct Ausbert. Aucuns dient que c'est l'Abbaye de sainct Paul : mais c'estoit Orouer, du mesme nom qu'il y a deux parroisses en l'Evesché d'Orleans : Orouer sur Loire & Orouer des champs, qui est à dire *Oratorium*, où il y avoit jadis vn Monastere de filles, lequel fut ruiné par les Huns, & le lieu donné à l'Eglise de Beauvais par le Roy Charles le Chauve, confirmé par le Pape Nicolas premier, à la requeste de l'Evesque Odon premier du nom. Elle vivoit sous le regne de Clovis fils du Roy Dagobert. En est fait mention au Martyrologe de Vsuard. *Prid. Id. Oct. in territorio Belvacensi sanctæ Angadrismæ virginis*, où il est mal imprimé *Andragisina*. Il en est aussi faict mention dans Sigebert d'espieç'a escrit en la ville de Beauvais sur l'année DCXLIX, *Clarent*, &c. *Angadrisma quoque sacra virgo secus Belvacum*, &c. Et plus amplement tant en Vincent de Beauvais livre XXIV. chap. XCIX. qu'en sa vie ou legende. La chasse ou fierte de son corps est en l'Eglise de S. Michel, qui reposoit jadis audit lieu d'Orouer.

IEANNE

IEANNE LAISNE DICTE FOVRQVET.

L'autre est Ieanne Laisné dicte Fourquet fille de Mathieu Laisné de Beauvais, laquelle se monstra si courageuse au siege que Charles dernier Duc de Bourgongne y mist du téps du Roy Louys vnziesme, qu'elle arracha des mains d'vn porte-enseigne son drappeau, lequel elle porta & presenta dás l'Eglise des Iacobins : en recognoissance dequoy le Roy la maria avec Collin Pillon, les affrâchissant de toutes tailles & impositiós par ses lettres du XXII. Fevrier MCCCCLXXIII. xxxv.

I'eusse volontiers adiousté au nombre des femmes vertueuses du Beauvaisis la fille d'vn paysan, laquelle ayant esté iniurieusement violée par vn Capitaine soldat logé en la maison de son pere, envoyé dehors querir du vin, fut si vertueuse que de luy donner du cousteau dans l'estomac, estant assize à table pres de luy, dont il mourut sur le champ. mais le sieur de Boufflers ne nomme point la fille, ny le Capitaine, ny le lieu auquel cet acte si genereux fut commis. C'est en son livre des histoires memorables appariées, duquel ie recognois avoir appris beaucoup de choses de nostre Beauvaisis.

DES FEMMES DE BEAVVAISIS EN GENERAL.

Mais qu'est-il besoin de nommer particulierement Ieanne Laisné, ny la femme de maistre Iean de Brequigny, qui fut si hardie que d'arrester son Evesque par la bride de son cheval lors qu'il vouloit sortir de xxxvi.

la ville craignant le siege des Bourguignons, attendu que toutes les femmes de la ville en general se monstrerent si vaillātes en ce siege, qu'elles ont surmonté la hardiesse des homes de plusieurs autres villes: dont il y a tesmoignage autentique non seulemēt par nos histoires, & singulierement par Gaguin, mais aussi par les lettres patentes du Roy Louys XI. du mois de Iuin MCCCCLXXIII. contenans qu'en memoire du courage & vaillance des femmes de la ville, elles iront les premieres à la procession & offrande au iour de la feste Saincte Angadresme patrone de la ville, & qu'elles se pourront parer & habiller tant le iour de leurs noces que toutefois que bon leur semblera, vestir & orner de tels ioyaux & ornemens qu'elles pourront recouvrer, sans qu'elles en puissent estre reprinses ny blasmées, de quelque estat & condition qu'elles soiēt. Ie ne doute point qu'il n'y ait eu en Beauvaisis plusieurs autres personnes de renom de toutes qualitez & professions; lesquels estans venus à ma cognoissance i'adiousteray volontiers en ce roolle.

Cepēdant il se veoit que le Beauvaisis nous a donné plusieurs personnages de remarque és deux sexes en toutes sortes de vertus & de professions. Comme en saincteté de vie, SS. Iust, Germer, & Ieā Michel. En l'Eglise, Yves Evesque de Chartres, le Cardinal Chollet, le mesme Michel Evesque d'Angers, Iacques Helluys Evesque de Langres, & Dam Helinand Religieux de Froidmōt: Es estats seculiers, Hugūes gouverneur du Roy Robert, Raoul, Arnault de Corbie Chancelier, Ieā Mazille premier Medecin, & Iean le Comte premier intendant des finances. Au faict des armes, Correus, Bergues de Fransures, les quatre grands Maistres de l'ordre Sainct Iean de Hierusalé, l'Admiral de Bonnivet, Mouy, Caigny, Guehengvies, & Lignieres. Aux lettres Yves, & Helinand susnomé, Vincet, Philippes de Beaumanoir, Guillaume de Sainct-Amour, Iean Thierry, Iean Mazille, Iacques Grevin, & Claude Gouyne: Au faict de la marine, Iean de Betancourt: En la poësie Iacques Grevin, & les Binets: En la musique Eustache du Courroy: & en la peinture Antoine Caron. Et pour le regard des femmes, Saincte Angadresme, Ieanne Laisné, & en general, vne grande partie des femmes & filles de la ville : sans ceux qui sont vivans, & sans ceux qui sont venus à la cognoissance d'autres qui en toute autre chose, & signamment en ce qui concerne le Beauvaisis, ont employé plus de temps que moy. Lesquels ie prie prendre en bonne part ce que i'en ay remarqué : communiquans au public ce qu'ils en ont de plus ample & de meilleur, que ie tiendray à grande obligation.

EXTREMVM HVNC MIHI CHRISTE DEVS,
CONCEDE LABOREM.
GRATVS VT IN PATRIAM MORIAR, VIVAMQVE
SVPERSTES.

A. OÏS. B. MDCXVI.
M. VIIIBRI.

CHARTES, IVGEMENTS,
ET AVTRES TILTRES IVSTIFICATIFS
d'vne partie de ces Memoires.

CHAPITRE VIII.

D'autant qu'il y a plusieurs Chartes, Iugements, & autres tiltres mentionnés en ces Memoires, lesquels estans inserez dedans le texte, en eussent peu troubler ou empescher le discours; l'on a trouvé meilleur les mettre en vn chapitre à part selon l'ordre de leurs dattes, fors quelques vns qui se sont rencontrez aucunement convenables ensemble, & servans à l'esclaircissement les vns des autres: Et encores tout au long, parce qu'ils pourront servir ailleurs, & à d'autres fins que ceux ausquels ils ont esté alleguez par l'Autheur. Lequel requerroit volontiers ceux qui en ont davantage luy en vouloit faire part, afin de les communiquer aussi au public.

CHARTA CHILPERICI REGIS.

DCVI. CHILPERICVS *Rex Francorum vir illuster. Cùm & in hac vita brevi tempore maneamus & ad mortem ineffugabiliter properemus, oportet vt voluntatem Domini faciamus, & Ecclesias vel sanctorum venerabilium loca devote construamus vt imperpetuum cum ipsis gaudere valeamus: Haec enim facientes, Deo vero sine dubio poterimus placere, & cum sanctis imperpetuum regnare. Igitur notum sit praesentibus & futuris, omnibus videlicet Agentibus nostri regni, quod olim paganis irruentibus in Francorum terras, Ecclesiae destructae, monasteria quamplurima depopulata atque vastata sunt: ad quae reaedificanda cum noster animus, si facultas assit, promptus omnino fuerit, domnus Dodo Belloacensium venerabilis Episcopus atque charissimus noster Ebrul-*

phus Abbas cum aliis quamplurimis fidelibus nostri regni adierunt serenitatem nostram, obsecrantes vt quandam Ecclesiam, quæ ab antiquis in honore B. Petri Apostolorum principis & S. Luciani Martyris prope muros Belloacæ vrbis fuerat constructa, sed postea quidem paganorum irruptione vastata atque destructa est, pro salute nostra & totius nostri regni conservatione, nostra munificentia & largitate reædificare iuberemus, & eam nostra ditione nos & nostri successores imperpetuum tueremur. Et ideo maximè quoniam hanc eandem Ecclesiam genitores nostri datis quarundam suarum possessionum redditibus ad meliorem statum quondam reducere voluerunt: & eiusmodi negotij providentiam iam supra nominatæ vrbis Episcopis committentes crediderunt, sed illi alia cupientes commissum hoc neglectum reliquerunt. Nos itaque ad id peragendum invitat permaximè quod his diebus nostris sanctus Lucianus Martyr Domini gloriosus iam superius dicto Ebrulpho Abbati per visionem apparuit, & vt sanctum Maxianum qui adhuc in monte Milio latebat, & illius consortio pro Christo cæsum de abdito sublevaret, & secum in eadem Ecclesia conderet rogavit: Vbi ex ea die qua iussio ista peracta est multa & præclara miracula per Sanctos illos Martyres in illo loco demonstrantur. Igitur quia petitio iusta & vtilis existit, Nos nostram auctoritatem præstantes, per hanc decreti nostri paginam decernimus atque roboramus, vt Ecclesia in honore B. Petri Apostolorum Principis & sancti Luciani Martyris, vbi ipse sanctus in corpore quiescit, quæ est prope muros Belloacæ vrbis, nostræ liberalitatis munificentia reædificetur, & vt famulatibus omnipotentis Domini aptetur, atque cœnobitæ Deo famulantes ibi congregentur: Ita tamen vt in perpetuum sub nostra nostrorumque successorum regum videlicet Francorum ipse locus & Ecclesia consistat, nec eam aliquis alicui aliqua potestate seculari prædito credat vel subdat. Si quis autem quod minimè credimus contra hoc nostræ sanctionis decretum aliter, quàm à nobis dictatum est agere voluerit, & hoc præceptum nostrum temerare tentaverit, iram summi iudicis pro cuius nomine & amore nos ista roboravimus incurrat, & quantamcumque possessionem habere videtur, legibus amittat: & insuper exul & profugus à potestate totius regni fugiens recedat. Quodquidem nostræ serenitatis Decretum vt pleniorem vigorem obtineat anuli nostri impressione astipulari fecimus, atque manu propria subsignantes roboravimus.

Signum Chilperici gloriosi Regis.
Ego Eltritus. Palatinus scriptor recognoui.
Datum anno Dominicæ incarnationis DCVI. *Indictione nona, anno regni Chilperici Regis* XXII.
Actum Rotomagi in generali conuentu iij. Nonas May mensis.

EPISTOLA HINCMARI
REMORVM EPISCOPI.

DCCC
LXVII.

Hincmarus Remorū Episcopus dilecto fratri & venerabili Episcopo Odoni salutem. Domnus Apostolicus communiter nobis & aliis Episcopis regni Domini nostri Caroli epistolam misit, ita continentem. Quod Græci tam Ecclesiam Romanam specialiter, quàm omnem generaliter quæ lingua Latina vtitur conantur reprehendere, quia ieiunamus in Sabbatis, quod Spiritum sanctum ex Patre Filioque procedere dicamus, cùm ipsi hunc tantum à patre procedere fateantur. Dicunt præterea nos abominari nuptias quia presbyteros assortiri coniuges prohibemus. Quod tantum chrisma nos ex aqua fluminis conficere fallaciter arbitrantur, reprehendere nihilominus moliuntur: & quod octo hebdomadibus ante Pascha à carnium, & septem hebdomadibus à casei & ouorū esu more suo non cessamus. Metiuntur quoque nos, sicuti per alia eorum scripta indicatur, Agnum in Pascha more Iudæorum super altare pariter cum dominico corpore benedicere & offerre. Quin & reprehendere satagunt, quia penes nos clerici barbas radere suos non abnuunt: & quia diaconus non suscepto presbyteratus officio apud nos Episcopus ordinatur: cùm ipsi etiam illum quem patriarcham suum nominant ex laico subito tonsuratum ac monachum factum, saltu ad episcopatus apicem imperiali fauore ac brachio prouehere, vt ipsi putant, minime formidauerint, & adhuc quod grauius est & insanius, à missis nostris contra omnem regulā & præter omnem consuetudinem, libellum fidei, si se ab illis recipi vellent exigere moliebantur. in quo tam ista capitula quàm ea tenentes anathematizarent, necnon epistolas canonicas ab his ei quem suum Oecumenicum Patriarcham appellant, dandas reprobè requirebant. Et ipse inuasor Constantinopolitanæ Ecclesiæ Photius in scriptis suis se Archiepiscopum atque vniuersalem Patriarcham appellat, & imperatores Græcorum legatos. Apostolicæ sedis cum epistolis veneratione qua debuerant

D'VNE PART. DE CES MEMOIRES. 239

recipere noluerunt. Inde vnusquisque vestrum qui Metropolitana iura sortitus est iunctis sibi fratribus & coepiscopis suis, qui sub se sunt, de his diligentem curam suscipiat, & quid invidis eorum detractionibus opponi necesse sit rimari studeat, & invenire summopere gestiat: atque inventum nobis ocius transmittere minimè parvipendat, & presulatui nostro scripta divinitus inspirata sapientia vestra reprehendendo, & forti prensus invectione feriendo tantam eorundem Imperatorum vesaniam mittat. quae nos suscipientes rursus ea cum aliis assuefactionibus nostris ad ipsorum quoque dementiam confutandam mittere valeamus. Quapropter, frater carissime, secundum domni Apostolici commendationem, de his per tramitem scripturarum & traditionem maiorum quae illi convenienter rescribere possimus quaerere & in vnum colligere stude: Vt cum simul adiuvante domino venerimus, quae quisq; nostrum invenit sigillatim communi studio relegamus, & quae eidem Domino Papae à nobis inde scribenda sunt, ordinemus. Data 1. v. Kalend. Ianuarij, Indictione prima.

EPISTOLA NICOLAI I. PAPÆ.

NIcolaus Episcopus servus servorum Dei reverendissimo & sanctissimo Hodoni Episcopo, & per te carissimae Belvacensi Ecclesiae in perpetuū. Quicumq; in huius labentis saeculi fuerint aliquo detenti discrimine, ne velut in fluctuantis maris pelagus viribus infirmati infeliciter dimergantur, nullum melius suae possunt firmitatis invenire salutiferum portum, quam sedem illius, cui divino oraculo dictum est, Et tu aliquando conversus confirma fratres tuos. Vnde quia nos vicem illius per abundantiam supernae gratiae in tota Christi vniversali Ecclesia gerimus, debemus omnium infirmantium imbecillitatibus subvenire, & manum confirmationis nostrae animo libenti porrigere. Sed quoniam sanctitas tua retulit, ac suggessit Apostolatui nostro, quod Ecclesia Belvacensis provinciae Remorum, cui divina favente gratia venerabilitas tua praeesse cognoscitur, rerum facultatibus, quibus prioribus temporibus per terrenam potestatem privata mansit, & modernis quoque diebus paganorum irruptione pariter & depraedatione valde attenuata fuit: pro qua re sollicitus pastorali cura pij Principis clementiam sanctitas tua adijt, auxilium petens vt sibi grex commissus rerum inopia non deperiret. quam vel violentorum manus

DCCC LXVIII.

intulerat, vel hostilis vastitas irrogasset: & si non aliud consolationis subsidium ferre, saltem de rebus eidem Ecclesiæ sublatis aliquod restitutionis subsidium pietas gloriosi Regis Caroli non denegaret. Cuius precibus religiositas regis mota, res quidem sublatas ex integro non restituere se posse dixit, ne suæ Reipublicæ militiam defraudare videretur; conferre tamen solatium sanctæ Ecclesiæ Bellovacensi benigne spopondit. Qua de re concessit ei duo monasteria in eadem Bellovacensi parrochia constituta, Oratorium videlicet quod fuit olim Puellare cœnobium, & Flaviacum, in quo canonici habitaverunt, pro recompensatione Fontaneti monastery: quodquidem monasterium veracium testamentorum & irrefragabilis auctoritatis scripturarū assertione præscriptæ matris Ecclesiæ Bellovacensis iuris fuisse omnimodis probatur. Quæ tamen monasteria & prius quidem quam secularibus collata fuerant, propter civilis discordiæ seditionem non parum fuerant destructa, & nunc propter barbaritam incursionem penitus sunt eversa: adeo ut non solum rebus privata sint propriis, verum canonicorum sacrarumque virginum chorus qui prius illic habitaverant ex maximo inde sit ablatus, & domus Ecclesiæ destructa, nec spes restat restitutionis illorum, si vel reposita fuerint in sæcularium manus, vel si absque pastore Ecclesiastico deguerint ut hactenus faciunt. Vnde petyt venerabilitas tua, ut de ijsdem sibi monasteriis Ecclesiæ tuæ privilegium nostræ auctoritatis fieret, & nec tuis nec successorum tuorum temporibus auferri ab Ecclesia Bellovacensi possit. Insinuavit quoque super eadem re nobis petitiones gloriosissimi carissimi filij nostri Caroli Regis similiter efflagitantis. Quapropter considerantes iustam piamque fore petitionem, quatinus & Ecclesiæ Belvacensis devastationi suffragia non deessent, & præfata monasteria religionis ordine penitus exspoliata non manerent, decrevimus fieri quod postulabatur, & Apostolica auctoritate statuimus, ut monasteria præfata scilicet, Flaviacum & Oratorium benignitate Caroli gloriosi Regis Bellovacensi Ecclesiæ collata cum omnibus quæ possident Ecclesiæ prefatæ, & perpetuis & futuris temporibus perpetuo manere subiecta, nec ab ulla deinceps, vel regali, vel iudiciali potestate sive de potestate tua qui in præsentiarum eiusdē Ecclesiæ Episcopus esse dignosceris sive successorum tuorum antistitum Ecclesiæ ipsius ullomodo auferenda. Eo autem ordine ut de rebus eisdem monasteriis collatis sive conferendis Ecclesiæ Bellovacensis necessitatibus subveniatur, prout voluntas & iudicium

Epi-

D'VNE PARTIE DE CES MEMOIRES. 241

Episcopi qui præfuerit eidem Ecclesiæ decreuerit, & monasteria ipsa nec in ædificiis domorũ nec in restauratione Ecclesiarum nec in necessitatibus Deo illic deseruientium subsidia defraudentur, sed ita rerum dispositio fiat ab Episcopo Beluacensis Ecclesiæ, vt & ipsa monasteria iuxta modum facultatum sibi collatarum restaurentur & conseruentur, & illic Deo militantium siue fœminarum siue virorum fuerit sexus, subsidiis necessariis adiuuentur, quatinus loca deo dicata, & res illis Ecclesiis collatæ ibi potissimum deseruiant, vbi Deo per fidelium oblationes esse collatæ cognoscuntur: quia nec pium nec iustum esse cognoscitur, vt Ecclesiæ præfatæ ita suis rebus spolientur, & alterius Ecclesiæ necessitatibus deseruiant, vt earum necessitudinibus nulla prorsus cura videatur impendi. Vnde sollicitus videat Episcopus Belluacensis vt siue de fœminis illis Deo deseruientibus siue de cuiusque ordinis viris, siue de monasteriorum restauratione & conseruatione eam curam suscipiat, quatinus & diuinæ domui dignam habere sibi procurationem gaudeat, & ipse qui præfuerit rector supernæ censuræ iudicium propter negligentiam non incurrat. In sæcularium vero manus atque potestatem ipsa monasteria nulla deinceps ratione vel occasione perueniant, quia non est leue ante oculos summi iudicis discrimen religiosis locis & monasteriis Deo dicatis secularem præficere potestatem, & ei contradere pastoralis curæ sollicitudinem, qui quid sit pastor ignorat, nec quærit lucrum animarum, sed pecuniæ censum, nec in diuinis cultibus seruitium impendatur, sed vt suis vsibus ad dominationis votum deseruiatur. Nullus itaque regum, nullus iudicum, nullus secularis potentiæ dignitate fultus in rebus præfatorum cœnobiorum, vel villis & agris, vel mancipiis, vel quicquid ad eadem monasteria collatum fuerit potestatem habeat, vel dominandi, vel accipiendi, vel auferendi præter Episcopum Belluacensis Ecclesiæ, qui per tempus fuerit eidem prælatus Ecclesiæ: sed quicquid vel in auro, vel in argento, vel in quacunque supellectile, vel in omni facultatis substantia ipsius est, hodie monasteriis delegatum & futuris temporibus fuerit collatum, Episcopi Belluacensis distributioni & ordinationi fiat subiectum: nec alterius potestatis ius vel dominatio super eis potestatem aliquam, nisi quantum diuina auctoritas & lex & iustitia permittit, obtineat. Si quis autem temerario ausu magna paruaque persona contra hoc nostrum apostolicum decretum agere præsumpserit sciat se anathematis vinculo esse inondatum, & regno Dei

Hh

alienum, & cum omnibus impiis æterni incendij supplicio condemnatum. At vero qui observator extiterit præcepti huius, gratiam atque misericordiam vitamque æternam à misericordissimo domino Deo nostro consequi mereatur. Scriptum per manum Petri Notarij regionary & scriniarij S.R.E. in mense Aprili, Indictione XI. Bene valete AMHN. *quarto Kalendas Maias per manum Tiberij primicerij sanctæ Sedis Apostolicæ, Imper. Domino nostro pijssimo Augusto Hludovico à Deo coronato magno pacifico Imperatore anno decimo quarto.*

CHARTA CAROLI CALVI REGIS.

DCCC LXX.

IN nomine Sanctæ & individuæ Trinitatis, Carolus gratia Dei Rex. Cum locis divino cultui mancipatis quiddam nostræ proprietatis conferimus, hoc nobis ad præsentem vitam felicius transigendam, imo etiam ad æternæ remunerationis emolumentum profuturum omnino confidimus. Idcirco noverit omnium sanctæ Dei Ecclesiæ fidelium & nostrorum scilicet præsentium & futurorum solertia. Quia nos animæ nostræ saluti necessario consulentes, nec non etiam necessitatibus deservientium compatientes, ad petitionem charissimi nostri Odonis Belvac. urbis Præsulis villam quandam proprietatis nostræ sitam in pago Belvacense quæ vocatur Luciatus, medietatem scilicet eiusdem villæ quam tunc temporis quidam capellanus noster Rodingus in beneficium tenebat, monasterio pretiosorum martyrum Luciani, Maxiani atque Iuliani, quod subditum atque coniunctum S. matri Ecclesiæ Belvacensi esse constat, & fratribus inibi domino famulantibus, ad necessaria scilicet vestimentorum concessimus & per præcepta nostræ auctoritatis perpetualiter possidendam delegavimus, sicuti in præcepto donationis nostræ manifeste claret. Sed quia tunc integritatem præscriptæ villæ memoratus Pontifex postulaverat, præfato monasterio & monachis ibidem domino famulantibus dare nequivimus. Quippe quam V vassallus noster quidam nomine Sigefridus tunc in beneficium retinebat, Decedente eodem atque humanis rebus vale faciente, ad petitionē rursus memorati Pontificis & præfatorum fratrum alteram medietatem suprafatæ villæ cum omni integritate, cum Ecclesiis, domibus, ædificiis, cum viis, curtiferis, viridariis, hortis, vineis in villa Arsitio, sitis ad ipsam iuste pertinentibus, terris, sylvis, pratis, pascuis, aquarum decursibus, perviis adiacentibus exitibus & regressibus, mancipiis vtriusque sexus desuper commanentibus vel ad eandem villam iuste legaliterque pertinentibus, & quicquid ad prædictam villam pertinere dignoscitur, ob emolumentum mercedis animæ nostræ, atque ob æternorum remunerationem præmiorum, simulque in elemosyna fidelis ac charißimi nobis Vvaßaldi nostri Vvidonis, pro redemptione scilicet ipsius animæ atque absolutione peccaminum, sæpefato monasterio ac fratribus ibidem Domino servientibus concedimus æternaliter habendam, & de nostro iure in ius ac proprietatem ipsius monasterij ac sæpememoratorum fratrum solemni more transferimus, atque hoc præceptū nostræ auctoritatis confirmamus ad vestimenta sibi subministranda, eo scilicet pacto vt nulli præsulum per succedentia tempora liceat ex eisdem rebus quicquam substrahere vel minuere aut in alios præter quos constituimus vsus retorquere. Et quia eodem die quo idem fidelis & charißimus nobis Vvaßallus noster Vvido obijt, duodecimo scilicet Kalend. Iulij anniversarius Domini & genitoris nostri divinæ memoriæ Hludovici dies depositionis esse dignoscitur, volumus vt singulis annis à fratribus præfati monasterij decimo Kalendas eiusdem mensis anniversarius præfati Vvidonis celebretur ac de præfata medietate villæ refectio fratribus pleniter præparetur. & præter ipsum anniversarium sicut pro vno quoque monachorum ex eodem cœnobio à seculo migrantium, ita pro absolutione animæ ipsius Vvidonis in Mißis & Psalmis & aliis orationibus supplices Deo æternatim preces fundant. reliqua vero omnia quæ ex præfata villa exire poterunt in vsus eorundem monachorum ad necessaria scilicet vestimentorum deputentur, vt his quæ minus, sibi sufficiebant nostra liberalitate ac eos delectet magnificentia adiuti facibus, pro nobis & coniuge & prole simulque pro sæpedicto charißimo Vvaßalo nostro Vvidone Domini misericordiam implorare. Vt autem hæc nostræ largitionis auctoritas firmior habeatur, & nostris futurisque temporibus inviolabilius conservetur, manu propria subter eam confirmavimus, & annuli nostri impreßione sigillari iußimus. S. Caroli gloriosißimi Regis. Hildeboldus ad vicem Gosleni recognovi. Data III. Kalend. Iulij, Indictione secunda, anno xxx. regnante Carolo gloriosißimo Rege. Actum apud Salas busiu, in Dei nomine feliciter.

Hh ij

ALIA CHARTA EIVSDEM CAROLI R.

DCCC LXX.

IN nomine sanctæ & individuæ Trinitatis. Cum locis divino cultui mancipatis quiddam nostræ proprietatis conferimus, hoc nobis ad præsentem vitam felicius transigendam, imo etiam ad æternæ remunerationis emolumētum profuturum omnino confidimus. Idcirco noverit omnium sanctæ Dei Ecclesiæ & fidelium nostrorum, scilicet præsentium ac futurorum solertia: quia nos animæ nostræ saluti necessario consulentes, necnon etiam necessitatibus Deo servientium compatientes, ad petitionem carißimi nobis Odonis Belvacensis vrbis Præsulis villam quandam proprietatis nostræ sitam in pago Belvacensi quæ vocatur Luciacus, medietatem scilicet eiusdem villæ, quam tunc temporis quidam capellanus noster nomine Rodingus in beneficium tenebat, monasterio pretiosorum Martyrum Luciani, Maxiani atque Iuliani, quod subditum atque coniunctum matri Ecclesiæ suæ Belvacēsi esse constat, & fratribus ibi Domino famulantibus ad necessaria scilicet vestimentorum, concessimus, & per præceptum nostræ auctoritatis perpetualiter possidendā delegavimus, sicuti in præcepto donationis nostræ manifestè claret. Sed quia tunc integritatem præscriptæ villæ memoratus pontifex postulaverat, præfato monasterio & monachis ibidem domino famulantibus dare nequivimus. Quippe quam vassalus noster quidam nomine Sigefridus tunc in beneficium retinebat. Decedente eodem atque humanis rebus valefaciēte ad petitionē rursus memorati pontificis & præfatorum fratrum alteram medietatem suprafatæ villæ cum omni integritate, cum Ecclesiis, domib. ædificiis, cum viis, curtiferis, viridariis, hortis, vineis in villa Arsitio sitis ad ipsam villā iustè pertinentibus, terris, sylvis, pratis, pascuis, aquis, aquarumve decursibus, perviis, adiacentiis, exitibus, & regressibus, mancipijs vtriusque sexus desuper commanentibus, vel ad eandem villam pertinere dignoscitur, ob emolumentum mercedis animæ nostræ, atque ob æternorum remunerationem præmiorum, simulque in elecmosyna fidelis ac carißiui nobis vassalli nostri V vidonis, pro redemptione scilicet ipsius animæ atq; absolutione peccatorum, sæpe fato monasterio & fratribus ibidem Domino servientibus cōcedimus æternaliter habendum, & de nostro iure in ius ac proprietatem ipsius monasterij & sæpe memoratorum fratrum solenniter transferimus, atque hoc præcepto nostræ auctoritatis confirmamus

D'VNE PARTIE DE CES MEMOIRES. 245

ad vestimenta sibi subministranda. Eo scilicet pacto vt nulli præsulum per succedentia tempora liceat ex ijsdem rebus quicquam subtrahere vel minuere, aut in alios præter quos constituimus, vsus retorquere. Et quia eodē die quo idē fidelis ac carißimus nobis vassalus noster Vvido obijt, duodecimo scilicet Kal. Iuly. anniversarius Domini & genitoris nostri divæ memoriæ Hludouici dies depositionis esse dignoscitur, volumus vt singulis annis à fratribus præfati monasterij x. Kal. eiusdē mensis anniversarius præfati Vvidonis celebretur, ac de præfata medietate villæ refectio fratribus pleniter præparetur, & præter ipsum anniuersarium sicut pro vno quoq; monachorum ex eodem cœnobio à seculo migrantium, ita pro absolutione animæ ipsius Vvidonis in vigilijs & Psalmis & alijs orationibus supplices Deo æternatim preces fundant. Reliqua vero omnia quæ ex præfata villa exire potuerint in vsus eorumdem monachorum, ad necessaria scilicet vestimentorum deputentur; vt his quatinus sibi sufficiat nostra liberalitate & munificentia adiuti facibus, eos delectet pro nobis & coniuge ac prole simulque pro sæpedicto vassallo nostro Vvidone Domini misericordiam implorare. Vt autem hæc largitionis nostræ auctoritas firmior habeatur, & nostris futurisque temporibus inviolabilius conservetur manu propria subter eam firmauimus & annuli nostri impreßione sigillari tußimus.

Signum Caroli gloriosißimi Regis. Hildeboldus Notarius ad vicem Gisleni recognoui. Datum IV. Kal. Iulij, Indictione secunda. Anno xxx. regnante Carolo glorioss. Rege. Actum apud Salas Basin.
In Dei nomine feliciter AMHN.
Alentour du seau auquel est emprainte la figure d'vne teste, sont escrits ces mots, CAROLVS GRATIA DEI FRANC. REX.

CHARTA ODONIS BELVAC. EPISCOPI.

ODo gratia Domini nostri Iesu Christi Belvacensis Ecclesiæ Præsul, notum sit omnibus sanctæ Dei Ecclesiæ fidelibus, maximéq; successoribus nostris, quoniam vnanimis congregatio Ecclesiæ S. Petri (cui Deo authore deseruio) expetijt nostrā obnixè liberalitatem, quatinus res sibi à nostris prædecessoribus iuxta confinia singularū concessas, pariterque nostra sibi consolidatione firmatas, canonicè iuxta aliarū morem Ecclesiarū dono liberalitatis regis absq; vllius cōtradictione quictis concessas disponerē. Enimverò videns excedere huiusmodi negotiū solùmodo diffinitionis vires, pariterq; gratia superni cōsilij præeunte providens iam

DCCC
LXXIII.

H h iij

dictam congregationem sibi præfata quærere: & illis super hoc assensum prebendo timens, ne ouilia Dominici gregis tyrannica irrumperentur aliquando infestatione, expetij consilium tam metropolitanæ Rhemorum prouinciæ Hincmari, quàm coepiscoporum meorum: Vt quorum sanctione Ecclesiastica pertractantur negotia, eorum taxatio mihi nostræque Ecclesiæ vtile afferret ac salubre prouentum. Quorum consultu adij pijssimi Caroli Regis serenitatem, vt solita misericordia sua sicut omnibus vbique supernæ maiestati famulantibus, ita huic Ecclesiæ mihi nullis præcedentibus meritis ad regendum commissæ profutura quiete provideret cum præceptione solidæ firmitatis. Ille vero gratuita sua clementia precibus nostris pium præbens assensum, decreuit ordinatissima sua auctoritate stabile fore quod nostra etiam prouidit beneuolentia. Vnde necessitatibus iam dictæ nostræ congregationis destinamus canonica institutione villulas infra scriptas in pago Belvacense, cum omnibus adiacentibus ad se pertinentibus: necnon & cum omnibus habitatoribus ad se legitimè pertinentibus, hoc est, Burcinas lucrosas, cum Velena, Laverciano, Fromaro-curte, Hilgia Cabariaco, in Balliauavalle de vineabuntur IV. & arpennum vnum. In suburbio nostræ ciuitatis molendina II. & cambas II. & hortos cultos II. & curtilos X. pratum I. cum precaria vbi sunt mansi XXIV. secundum quam Sigebertus tenet cum censu. Obsecrantes vt nullus successorum nostrorum quod Deo authore à nobis constitutum exinde aliquid minuendo subtrahat, nec suis propriis suorumque vsibus aliquid impertiatur, sed hæc quæ divino amore & animarum salute patravimus inconcussa conseruent, æqualem & vnam & vna nobiscum à Domino mercedem sperantes. Numerus vero Canonicorum inibi degentium vt volumus atque expresse consolidari nitimur, nisi res addantur vnde facultas subministretur, non transcendat quantitatem quinquagenary numeri. Verum cum quilibet diuina vocatione decesserit, alius subrogetur ne præfatus numerus minuatur. Et vt etiam nostræ devotionis authoritas firmiorem obtineat vigorem, non solum præcepto magni & pijssimi Caroli Regis, verumetiam dominorum Patrum venerabiliúmq; coepiscoporum meorum, quorum consensu ista peregimus canonica authoritate roborare obnixè decreuimus. Hincmarus S. metropolis Ecclesiæ Rhemorum. Archiepiscopus subscripsi. Ansegisus Senonum Archiepiscopus subscripsi. Venilio Rothomagensis Archiepiscopus subscripsi. Hrotaldus Suessonicæ Ecclesiæ Episc. subscripsi. Imo Noviomagensis

Episcop. subscripsi. Lupus Catalaunensis civitatis Episcopus suscripsi. Elconius civitatis Moriesis.Episc.subscripsi.Theodoricus Ecclesiæ Cameracens. Episc. subscripsi. Rugenarius Ecclesiæ Ambianens. Episc. subscripsi. Erponius Silvanectensis Ecclesiæ Epis. subscripsi.

Datum in ipsis Kalendis Martij in civitate Sueßionis ante altare sanctorum Martyrum Gervasij & Prothasij, anno xxxv. Domini Caroli Regis gloriosi, qui hoc privilegium sua pietate concessit & regia authoritate roboravit, Indictione octava.

EX V. C. MS. DE GESTIS FRANCORVM.

Anno Dominicæ incarnationis DCCCLXXXI. Northmanni, &c. Postea circa solemnitatem S. Petri mense Februario Atrebatis venerunt, omnesque quos ibi invenerunt, interfecerunt. Interim Ludovicus Rex gravi dolore contristatus, convocato exercitu præparat se ad prælium. At Northmanni cum magno exercitu mense Iulio Summam fluvium transeunt, & vastando omnia usque Belvacorum civitatē perveniunt: quibus obvius Rex in pago Vuimau, in villa quæ Sathulcurtis dicitur, commissum est prælium. Mox Northmanni fugam ineunt, quos Rex insequutus gloriosißimè de eis triumphavit.

DCCCC
LXXXI.

EX EOD. COD.

Carolus Imperator fratre Carolomanno mortuo venit usque Pontionem, ibique Franci ad eum venientes, eius se subdiderunt imperio, & Carolus redijt in Franciam. Tunc Northmanni sævire cœperunt incendiis & occisionib. sitientes, populumque Christianum necant, Ecclesias captivant & subruunt. At Franci munitiones construunt, vt illis navale iter intercidant. Castrum statuunt super Ysam in loco qui dicitur Ad-pontem-Isara, quod Aletranno committunt ad custodiendum. Northmanni vero mense Novembrio Ysam ingressi, prædictum castrum obsidione cingunt. Hij autem qui in castro erant pacem petunt, & vivos se abire postulant, & datis ad invicem obsidibus, Aletrannus cum suis Belvagum petijt. Northmanni vero castrum incenderunt, diripientes ibi reperta. Hac Northmanni patrata victoria, Parisius adeunt, turrimque aggreßi, valdè impugnant, &c.

NOTITIA DE ROGERO EPISCOPO.

MXV. Omnibus fidelibus notum fieri volumus quomodo Rogerus Belvacensis Episcopus alodum suum de Montiaco ante quà eum S. Petro daret, Othoni Vermandorum Comiti commendaverit, eumque eiusdem alodi advocatum fecerit. Tempore Heriberti Comitis perrexit Rogerus Episcopus ad S. Quintinum, ibique commisit supra memoratum alodum præfato Othoni prædicti Heriberti filio, dans ei medietatem Vicecomitatus & dimidias leges de forensibus hominibus, ita vt minister Episcopi & minister Comitis iustificent reos, & leges æqualiter dividāt. Neminem vero hospitem, non servum, mansionariū, nec deiustificabit Comes aut minister eius nisi fuerit latro. Quod si sit, omnis substantia quæ intra domum latronis est præsulis erit: furemque, si puniendus est, ministri Præsulis & Comitis simul puniant: vel si redemerit, æquale pretium partiantur. Præterea Episcopus Comiti medietatem fororum & forageriorum, & vt accipiat in potestate prandium non amplius in toto anno quàm vnum. Minister qui à Comite imponetur fidelitatem Præsuli faciet: Iurabit se nunquam de aliquo aliquem fraudaturum. Hæc omnia dedit Episcopus Rogerus Othoni Comiti vt homo de alode teneatur: néve damnum alicui, aut iniuriam ipse faciat, nec ab aliquo fieri patiatur. Si autem aliquid supra hæc præsumpserit & admonitus à Præsule iniuste pervasa reddere cum lege noluerit, advocatoriam perdat.

CHARTA ROBERTI REGIS.

MXV. In nomine sanctæ & individuæ Trinitatis. Robertus Dei gratia Francorum Rex Serenissimus cunctis ortodoxæ fidei cultoribus. Quoniā divina propitiante clementia nos Gallica liberalitas ad regni provexit fastigia, dignum ideo duximus Ecclesiarum Dei nostri operam dare profectibus & consulere vtilitatibus. Proinde noverit omnium tam præsentium ætas quam futurorum posteritas, quod Rogerius sanctæ Belvacensis sedis venerabilis Pontifex quamplurimum eiusdem sedis competentibus & honestis inhians augmentis, multis precibus & obsequijs imploravit dilectionem Odonis nostri preclari Comitis, quatenus ea quæ sibi iam dederat in beneficio conferret sanctæ suæ Ecclesiæ pro remedio animæ ipsius Comitis: id est omnes exactiones ac reditus Comitatus quem tenebat ex nostro beneficio in suburbio Belcensis vrbis, & in villis extra ambitum civitatis constitutis, sicut iam

ipse

ipse Episcopo concesserat ac diviserat: præterea omnes exactiones & reditus & quicquid pertinebat ad Comitatum in villis subteradnotatis, hoc est in villa Episcopi quæ dicitur Braella, in villa sancti Iusti, in villa Castiniaco, in villa Bureio, in villa Flaviaco. Medietatem quoque Comitatus in villa quæ dicitur Senentis, & in Montigniaco & in Monciaco, & in villa quæ dicitur Cogiacus. Medietatem etiam Comitatus & mercatum quod tenebat Franco de castro, quod dicitur Gerboredum. Præfatus itaque clarissimus Comes prædicti & memorandi Antistitis benignè annuens votis, cultuque divini amoris permotus sanctam Belvacensem adijt Ecclesiam, eamque in conspectu Reverendissimi Pastoris, sub testimonio totius Cleri ac populi fecit hæredem præscripti Comitatus secundum cautionē superius desinitam. Insuper ipsam divisionem Comitatus nobis reddidit, & hoc regiæ dominationis præceptum obnixè flagitavit nostræ munificentiæ imperio fieri ipsi sanctæ Ecclesiæ Belvacensi. Idque super altare beatissimi Petri Apostolorum Principis locavit vt habeat, teneat, atque possideat sæpedictus Episcopus præfatam divisionem Comitatus, cum omnibus suis successoribus, nemine post hac inquietante vel repetente, ceu reclamante. Hac autem conditione id corroboratum est quatenus per singulas hebdomadas succedentium annorum, in Ecclesia B. Petri semel Missarum sacro-sancta mysteria pro abolendis excessibus animæ memorati Comitis celebrentur, vt propensiori cura cæteri ad zelum incitentur largifluæ pietatis. Postquam vero humana fragilitate naturæ cesserit, dies anniversarij ab Episcopo & Canonicis sanctæ Belvacensis Ecclesiæ tam strenuè quam religiosissimè fiat per singulos annos. Si quis autem, quod absit & quod minimè per gratiam Dei speramus, contra hoc nostræ Regiæ maiestatis præceptum venire tentaverit, si præpotens sit, centum libris auri multetur, si mediocris fortunæ decem, si abactor, Regiæ vltionis vindictam cum detrimento sui patiatur. Hanc igitur nostræ auctoritatis notitiam inconvulsam & inviolatam fore cupientes, per succedentia temporum diludia, manu propria eam corroboravimus & sigilli nostri impressione insigniri iussimus. Actum apud castrum B. Dionysij anno ab incarnatione Domini nostri Iesu Christi M.XV. Regnante Roberto Rege gloriosissimo anno vigesimo.

    Franco Cancellarius sacri Palatij subscripsit.

DE CONVENTIONE INTER ROGERVM
Episcopum & Franconem de Gerboreddo.

CHIROGRAPHVS FRANCONICÆ
conventionis extremæ.

MXX. Sacramenta quæ tibi antehac iuravi, Senior Rotgeri Episcope, per omnia tibi servabo, neque laxabo vt non illa tibi servem propter illud sacramentum quod fecerim vel facturus sim, neque vllus homo per meum commendatum atque vllum hæredem, tibi neque successori tuo Belvacensis Ecclesiæ Episcopo præsentabo, neque vllus homo per meum commendatum nisi per commendatum & consilium tuum, aut successoris tui, & nisi ante gratuita deprecatione apud te vel apud successorem tuum hoc impetrare potuero, si successor tuus tale sacramentum mihi facere voluerit quale tu in præsentiarum sub conventione facturus es.

Chirographus Episcopalis conventionis.

Franco non tibi ero in damno de castello Gerboreddo, vt tu illud perdas me sciente, nisi contra me forisfeceris, postquam nomine huius sacramenti emendare te submonuero, aut per me aut per meum Missum, duabus quadragesimis emendationem tuam expectabo. & si infra duas quadragesimas illud mihi emendaveris, aut emendationem tuam accipiam, aut tibi perdonabo, & deinceps hanc ipsam convenientiam observabo si contra me & contra illos homines quos intromittere voluero ipsum castellum Gerboreddum non deffenderis, & si sacramenta quæ mihi iurasti & convenientias quibus mecum convenisti per omnia in fidelitate mihi observaveris.

Ab hac hora in antea, Rotgeri Episcope, non tibi ero in damno de tua vita neque de tuis membris quæ corpori tuo adhærent, neque de castello Gerboreddo vt illud perdas: neque deffendam illud contra te, nec cõtra successorem tuum Belvacensem Episcopum, si mihi tale sacramentum facere voluerit quale tu sub conventione nobis facturus es. Etsi quis illud tibi & Ecclesiæ Belvacensi aut successori tuo auferre voluerit, & ego sapuero, si disturbare potuero, per rectam fidem hunc disturbabo. Si vero disturbare non potuero, antequam illud perdas &

D'VNE PART. DE CES MEMOIRES.

antequam malum inde eveniat per rectam fidem notum tibi faciam aut per me aut per meum Missum si occurrere potuerit: & ad deffendendum illud contra omnes mortales homines, & ad tenendum in tua fidelitate & Ecclesiæ Belvacensis & successoris tui, adiutor tibi ero per fidem. Et si forte meus Senior Franco à fidelitate tua & Ecclesiæ Belvacensis & successoris tui eiusdem Ecclesiæ Episcopi sese avertere voluerit, & ego sapuero, ad fidelitatem tuam & Ecclesiæ Belvacensis & successoris tui infra duas quadragesimas eum reducam si potuero. Quod si facere non potuero infra duas quadragesimas antequam malum inde eveniat, & antequam tu illud castellum perdas neque successor tuus, ad fidelitatem tuam & Ecclesiæ Belvacensis & successoris tui reveniam cum castello. Et si meus Senior Franco in sua vita hæredem non præsentaverit tibi aut successori tuo quem receperis tu aut successor tuus, nullum hæredem præsentabo tibi aut successori tuo Belvacensis Ecclesiæ Episcopo: neque recipiam nisi per commendamentum & consilium tuum aut successoris tui, & nisi gratuita deprecatione apud te vel successorem tuum hoc impetrare potuero, si successor tuus tale sacramentum mihi facere voluerit quale tu mihi impræsentiarum sub conventione facturus es.

EPISCOPALE SACRAMENTVM.

Vos qui hæc sacramenta mihi & Ecclesiæ Bellovacensi & successori meo de castello Gerboreddo impræsentiarum in mea fidelitate iurastis, si in illud receperitis, & illos homines quos intromittere voluero ad salvamentorum meum & illorum, & si non defenderitis illud contra me, neque contra illos homines quos intromittere voluero: Et si convenientias quibus mecum convenistis per omnia in fidelitate mea mihi observaveritis, nō vobis ero in damno de illa custodia huius castelli quam hodie habetis vt illam perdatis me sciente, nisi contra me forisfeceritis. Etsi contra me forisfeceritis postquam emendare vos submonuero, aut per me aut per meum missum, duabus quadragesimis emendationem expectabo: & si infra duas quadragesimas illud mihi emendaveritis, aut emendationem vestram recipiam aut vobis perdonabo, si hoc castellum Gerboreddum non deffenderitis contra me neque contra illos homines quos intromittere voluero.

Tiré des Registres de l'Eglise S. Pierre de Beauvais.

CHARTA HENRICI I. REGIS.

MXXXVI. IN nomine sanctæ Trinitatis, Henricus Dei gratia Francorum Rex. Regalis excellentiæ amplitudinem decet multimodo virtutum fructu affatim exuberare, quarum cultus & emolumentum valeat reipublicæ statum erigendo sublimare, & sublimando erigere. Nam in præsentiarum felici & prospero successu huius dignitatis solium firmat, & in æterna remuneratione perpetuitatis portum suis cultoribus præparat, vt licet omnibus in commune honestatis officiis sit talibus incumbendum, præcipuè tamen illi liberalitati & munificentiæ est insudandum, quæ erga Sanctorum loca exhibetur, & religiosorum Deo servientium necessariis vsibus devotè impenditur. Noverit ergo solertia præsentium & posteritas futurorum sanctæ matris Ecclesiæ fidelium, quendam Belvacensis Ecclesiæ Episcopum divinæ religioni admodum mancipatum Drogonem nomine nostræ tranquillæ serenitatis præsentiam humiliter & fidenter convenisse, obnixè atque ex animo postulantem vt sibi de rebus Ecclesiæ vel de aliis quas circumquaque adquirere iure forensi possit, liceret Abbatiam quandam in honore sancti Symphoriani martyris in suburbio prædictæ vrbis construere, & monastico ordini deputare per nostræ iussionis præceptum, & nostræ auctoritatis inviolabile edictum. Cuius petitioni cum pro sua devotione, cum pro nostra salute acquiescendum iudicavimus, & quod pietatis studio poscebat, gratia supernæ retributionis benignè concessimus. Quocirca nostræ celsitudinis reverenda inhibemus censura, ne quis succedentium Episcoporum aut alius quispiam à loco memorato, vbi iam idem Episcopus monasticæ conversationis fundamenta iecit, Abbatem vel Monachos aliquando exterminare, nec bona antiquitus ad eum pertinentia seu noviter accedentia dissipare, neque vllomodo sibi audeat vsurpare. Vnde & præsenti volumus scripto mandari, quæ fratrum inibi degentium vsibus supra designatus donaverit Episcopus vt hoc inquietare perversorum temeritas tanto sollicitius pertimescat, quanto diligentius fuerint describendo commendata. In monte vbi monasterium hoc situm est arabilem terram quantum vni carrucæ per totum annum sufficere possit, sylvamque non modicam circa ipsum montem, hospites vi-

D'VNE PARTIE DE CES MEMOIRES.

ginti quatuor, terramque contiguam consitem partim vineis consertam, partim arabilem atque pratis vestitam, singulis annis tres libras denariorum soluentem: omnes etiam terrulas quas Episcopus indominicatas possidebat in illa Tharæ fluminis ripa quæ est Monasterio contigua, necnon & piscationem à vico qui dicitur Meniacus vsque ad sanctum Lucianum, & ex altera parte vsque ad Gobiuri-curtem. His addit pratum Rodulphi: præterea etiam Ecclesiam villæ cui Libus nomen est, & alteram quæ appellatur Sancti Germani, sub eodem monasterio vnum molendinum & alterius medietatem in villa Marisco. Vniuersam quoque decimam hospitali Beluacensi Ecclesiæ attributam, in Buriaco vnum mansum cum collibertis ibidem manentibus, in præfato suburbio cambam & hospitem. In his possessionibus non Comiti, non vicario, non cuiquam secularium exactorum vlla consuetudo relinquitur: sed hæc omnia integra & absoluta monachorum dispositioni subyciuntur. Quod vt vehementius roboretur, nostri sigilli impressione & nominis nostri gratia præcipimus insigniri, ac fidelium nostrorum attestatione confirmari. Actum Loduni publicè anno incarnati Verbi MXXXVI. Et regni Henrici IV.

CHARTA ALIA EIVSDEM HENRICI REGIS.

IN Christi nomine. Henricus Dei gratia Francorum Rex. Sicut MXXXVII
Regiæ dignitati congruit prauis actionibus potenter resistere, sic etiam decet modestis petitionibus benigniter acquiescere, præsertim si illud quod petitur ad augmentum Ecclesiæ proficere videatur. Nam inde & nostra respublica melioratur & crescit, & nostrarum animarum saluatio ad æternitatis infinitatem se extendit. Qua consideratione Drogoni Episcopo Beluacensi pro vtilitate famularum Dei serenitati nostræ supplicanti voluntarium præbuimus assensum, & quod postulabat ad desideratum perduximus effectum. Est enim res huiusmodi. Miles quidem Heilo nomine intra muros Beluacæ vrbis Ecclesiam in memoria S. Bartholomæi Apostoli Domino fundauit atq; dicauit, offerens eide Ecclesiæ, iam dicto Episcopo annuente, ad victum

Canonicorum ibidem servientium, possessiones quasdam & reditus quorum descriptio subnotatur. Sanctam Ecclesiam villæ quæ dicitur Villare cum hospitali, decima eidem Ecclesiæ attributa: Molendinum quod dicitur Tolsaque iuxta Fromericurtem, quod soluit frumenti modios XII: necnon tria altaria, vnum in villa Hantvellis nominata, alterum in Hadulphicurte, tertium in Antsaco. In villa Sarodo hospites quatuor, & in Frotmericurte hospitem vnum cum vno vineæ arpenno prope Belloacum suburbiū tantum censiti vineti vnde soluuntur octo solidi & iiij. denarij. Præterea canonicalem præbendam in B. Petri Ecclesia Belvacensi. His canonicorum stipendio deputatis memorato suggerente Episcopo Ecclesiam illam sancti Bartholomæi cum omnibus sibi subiectis huius præcepti nostri suffultam authoritate, stabilem & quietam imperpetuum stare decernimus. Et ne quis eam destruere, aut Canonicos inde expellere, siue res eorum diripere præsumat edicimus. Illud quoque propter multorum insolentiam addendum videtur, vt canonicis ibidem degentibus nemo præficiatur vel Abbas, vel dominus, nisi eiusdem vrbis Episcopus: ipse locum disponat ipse donet præbendas, solusque super eos principatum habeat. Si quis hoc statutum temerare non timuerit, ærario nostro centum auri libras inferre coactus, & incœpto suo frustratus, sentiat & experiatur quam non expediat nostræ iussionis violare decreta. Quod vt omnem calumniam repellat facilius, & nomine & sigillo nostro signantes roborauimus, atque sub anathemate firmari consensimus.

Actum in Palatio Compendiensi, anno incarnati Verbi MXXXVII. Regnique Henrici VI.

Balduinus Cancellarius subscripsit.

CHARTA GVIDONIS BELVAC. EPISCOPI.

MLXXII IN nomine sanctæ & indiuiduæ Trinitatis, Guido Dei gratia Belvacensis Episcopus omnibus tam futuris quam præsentibus notum sit, Quod nos considerantes Domini Roscelini cantoris Ecclesiæ S. Petri, & Nevelonis Compendiensis Ecclesiæ canonici religiosam deuotionem collaudamus, & sicut dignum est comprobamus. Hi si quidem Ecclesiam B. Vedasti quæ in Belvacensi Burgo sita pro antiquitatis dignitate quasi mater & caput est cæterarum Ecclesiarum tam in vrbe quam in suburbio positarum sub nomine personæ possidentes: cum duo tantum in ea presbyteri deseruirent, nostræ mansuetudinis licentiam postularunt, vt in prædicta Ecclesia plures apponi Canonicos concederemus, quatinus augmentato numero ministrorum, multiplicaretur quoque religionis obsequium. Quorum laudabilem petitionem libenter amplectentes, in prædicta B. Vedasti Ecclesia Canonicos institui decreuimus, id etiam constituentes, vt Canonici illi iam dictam Ecclesiam, necnon & Ecclesiam S. Saluatoris sine calumnia possideant, cum omnibus quæ ad vtramque Ecclesiam pertinent, die qua Canonici constituti sunt Rosselinus & Neuelo possidebat. Id etiam decernimus & præsenti pagina sancimus, vt in iam dicta Ecclesia Canonici ea dignitate & libertate vigeant quam cæteri qui vel in vrbe vel in suburbio sunt Canonici obtinent. Vt autem hæc Canonicorum institutio rata in posterum & stabilis permaneat, illam charta præsentis attestatione & sigilli nostri assignatione corroboramus. Illud postremo adijcientes, vt si quis canonicorum redditus & stipendia vel Ecclesiæ ornamenta violenter aut fraudulenter & perperam detrahere, corrumpere, aut alienare præsumpserit, anathema sit. Actum in ipsa B. Vedasti Basilica in præsentia cleri & populi, XV. Kalend. Iulij, anno incarnationis Dominicæ MLXXII. Indict. X. Anno regni Philippi Regis XIII. Episcopatus domini Guidonis IX. Regnante Domino nostro Iesu Christo per omnia secula, Amen.

EPISTOLA GREGORII VII. PAPÆ
quæ est LXXIV. lib. 1.

Gregorius Episcopus seruus seruorum Dei, Clero & populo Belvacensi, si resipiat, salutem & Apostolicam benedictionem. Quoniam mira & hactenus inaudita fecistis, detestanda & abominanda perpetraistis, & super gentes quæ ignorant Deum, sæuiendo, & inhumanas linguas exacuendo, in Deum & in Dominum vestrum præsumpsistis. Idcirco S. Romana Ecclesia auctoritate Patrum, sanctione Canonum in vos iaculum anathematis iure contorsit, & pro meritis sceleribus ac culpis gladium in vos diræ animaduersionis evaginauit. Sed postquam

MLX
XIII.

filius & cōfrater noster Guido Episcopus vester paterna pietate rogando pro vobis epistolam suam in tempore Synodi direxit, sentientes eum erga vos beneuolum, ac referentem pro malo bonum; precibus eius moti, solita pietate condescendimus, & per auctoritatem B. Petri Apostolorum Principis vos absoluentes, indultam absolutionem continuo vobis per litteras nostras significare destinauimus. Eadē igitur auctoritate BB. Apostolorum Petri & Pauli & nostra vos monemus, quatenus subditi posthac & sibi obedientes sicut vestro Episcopo & S. Romanæ filio Ecclesiæ sitis: & de tanta perpetratione si pœnitentiam adhuc non fecistis, eiusdem Episcopi vestri salubri consilio sine mora suscipiatis: quatenus spiritus vester saluus sit in die Domini. Datum Romæ Idibus Aprilis, Indictione duodecima.

EPISTOLA LXXV. LIB. I.

MLX
XIII.

Gregorius seruus seruorum Dei Philippo Regi Francorum, Salutem & Apostolicam benedictionem. Significasti nobis per litteras & legatos tuos, te B. Petro Apostolorum Principi deuotè, ac decenter velle obedire, & nostra in his, quæ ad Ecclesiasticam religionem pertinent monita desideranter audire atque perficere. Quod si ita cordi tuo diuino instinctu affixum est, multum gaudere nos conuenit, quòd eminentia tua ad diuinam prona reuerentiam, quæ regiæ administrationis sunt, cogitat, atque cognoscit. Vnde nobilitatem tuam ex parte B. Petri admonemus, & omni charitatis affectu rogamus, quatenus Deum tibi placare studeas, & inter cætera, quæ tuum est corrigere, per te illata Beluacensi Ecclesiæ detrimenta pro magnitudine tui nominis & honoris aliquatenus emendare non prætermittas. Attendere enim te nobiscum, & diligenter considerare volumus; in quanta dilectione Sedis Apostolicæ, quantaque gloria & laudibus ferè per orbem terrarum antecessores tui Reges clariss. & famosissimi habiti sunt, dum illorum regia maiestas in amplificandis & defendendis Ecclesiis pia ac deuota constitit, in tenendo iustitiam libera ac districta permansit. Postquam verò diuina & humana iura subuertendo, tanta virtus in posterioribus cœpit hebescere, totius regni gloria, decus, honor, & potentia cum peruersis moribus immutata sunt, & nobilissima fama & status regni à culmine suæ charitatis inclinata sunt. Hæc quidem & alia talia frequenter, & si oportet, aspero etiam sermone tibi inculcare,

suscepti

suscepti nos officij cura compellit : quoniam licet verbum prædicationis absondere, & vspiam tacere non sit nobis tutum aut liberum; tamen quanto dignitas est amplior, & persona sublimior, tanto propensiorem curam & clamorem pro eius rectitudine nos habere convenit, admonente nos Domino per Prophetam dicentem: Clama, ne cesses, quasi tuba exalta vocem tuam. Præcipuè cum virtus Christianorum Principum in eiusdem Regis castris ad custodiam Christianæ militiæ nobiscum convenire debeat. Vt igitur eorum, quorum es successor in regno, nobilitatis & gloriæ apud Deum & homines singularis & individuus heres existas, virtutem illorum summopere te imitari, & iustitiam Dei totis viribus exequendo, Ecclesias quantum potes, restaurare & defendere exhortamur: quatenus omnipotens Deus dextera virtutis suæ & hic regni tui gubernacula protegat, & exaltet, & coronam sempiternæ gloriæ in futura remuneratione donet. Dat. Romæ, Idib. Aprilis, Indictione duodecima.

EX EPIST. V. LIB. II. EIVSDEM GREG.

Gregorius, &c. Manassæ Rhemensi, Richerio Senonensi, Richardo Bituricensi Archiepis. & Adraldo Eiscopo Carnotensi, cæterisque Episcopis Franciæ. Longa iam, &c. & postea. Præterea multum rogamus & admonemus dilectionem vestram, quatenus Lancelinum Belvacensem militem convenientes, vt Forterium Carnotensem fidelem nostrum, quem ab Apostolorum liminibus revertentem cepit, nihil de bonis eius retineat, & illæsum dimittat, ex parte B. Petri, & nostra Apostolica auctoritate commoneatis.

CHARTA GVIDONIS BELVAC. EPISC.

Guido Dei gratia Belvac. Episcopus vniversis sanctæ matris Ecclesiæ filiis, quibus licet respuere quæ Christiano sunt inimica nomini, & ea quæ sunt apta sectari. Totius mundi fabricæ rector & gubernator omnipotens Deus, ad ædificandum suam Ecclesiam, non solum sacri ordinis rectores & ministros mittere, verùm etiam laicalis ordinis adiutores & defensores suggerere dignatus est : quatenus inter eos vicaria charitate & mutuæ dilectionis affectu sic ageretur, vt quos illi ab invisibilium hostium insidiis prædicationis & orationis divino tuerentur officio, hi eos à mundanis curis remotos, à visibilium inimicorum invasionibus seculari munirent præsidio. Ipsius igitur

MLX
XVIII.

operante misericordia, Rodulphus Belvacicæ vrbis casatus Ecclesiam B. Martyris Luciani, infra muros vrbis sitam, quæ antea lignea fuerat, lapideam ædificavit, & post eius consecrationem Deo auxiliante in honorem & memoriam prædicti Martyris, necnon & B. Nicolai pretiosi Confessoris à nobis factam, datis redditibus ibidem Canonicos instituit. Transactis autem aliquot annorum curriculis, eidem Ecclesiæ præuidens in futurum, ne successorum possessione aut cuiuslibet alterius dominatione grauaretur, eam nostra voluntate & concessione B. Petro ad dominium Canonicorum tribuit, & donum super altare posuit : Ita vt præbendæ præfatæ Ecclesiæ sub dispositione Canonicorum B. Petri permanerent, qui honestas & vtiles personas ad reddendum Deo servitium eidem Ecclesiæ providerent. Et quoniam pullulante cupiditate omnium malorum radice perversus in Ecclesia mos sibi locum vsurpavit, vt quidam Canonici in pluribus locis præbendas acquirant, & pro sua absentia ibi vicarios apponant : Ideo decrevimus, ne aliquis clericus in alia Ecclesia attitulatus ibi præbendam vsurpet, nec alicui ibidem prius attitulato, & postea propter inanis gloriæ cupiditatem volenti ad aliam Ecclesiam transmeare, prior præbenda permaneat : quia plerumque videmus contingere, vt ex huiusmodi licentia perversa, & vicariorum vel potius mercenariorum negligentia deserta à servientibus fiant Ecclesiæ. Solet etiam multoties euenire, vt valentes Clerici ab Ecclesia repellantur propter suam inopiam, & inutiles propter suæ pecuniæ abundantiam recipiantur. Quapropter etiam decernimus, vt Canonici B. Petri in præfata Ecclesia prudentem & vtilem Clericum absque vllo pretio vel mercede retributionis in officio Thesaurarij constituant, & gratis præbendam tribuant, qui in disciplinis ad servitium Ecclesiæ pueros edoceat, & ipsam Ecclesiam luminaribus, tectura, & cæteris necessarijs restauret. Canonici quoque B. Petri ad prædictam Ecclesiam vigilia sancti Nicolai ad vesperas, & in die festivitatis ad Missam cum processione pergent, & ibi solemnitatem celebrabunt. Eos omnes, qui huic privilegio contraire tentabunt, auctoritate Dei omnipotentis, & potestate à Deo nobis concessa excommunicamus. Quod manus nostræ subscriptione signamus, sigilli quoque nostri impressione corroboramus. Actum Beluaci in Ecclesia B. Petri, die Natalis Domini, anno incarnati Verbi MLXXVIII. Indictione II. Regnante Philippo Rege, Anno eius decimo nono.

CHARTA EIVSDEM GVIDONIS EPISC.

Guido Dei gratia Belvacensis Episcopus. Scire vos volumus quod in Gerboredi castello tanta fuit tempore longo perversitas, vt eiusdem castelli Canonicos nemo pastorali vigilantia custodiret, nullus errata corrigeret ipsorum, nullus commissa redargueret. Plebem quoque nullus presbyter super eam constitutus observabat, qui sibi subditorum culpas inquireret, cui peccata sua confiteretur, qui pœnitentes ad Ecclesiæ Belvacensis Episcopum vel Archidiaconum deduceret, vt vel dignam pœnitentiam susciperent vel completa pœnitentia reconciliarentur. Tandem Vvarnerus & Vrsio iam dicti castelli principes, qui bene noverant quæ sunt Cæsaris reddere Cæsari, & quæ sunt Dei Deo: cum animaduerterent huiusmodi libertatem Canonicis & plebi vehementer esse noxiam, seseque in tam prava suorum negligentia non innoxios, cum nostra auctoritate constituerunt, vt Canonici quempiam ex suo eligant numero qui à Pontificibus Belvacensibus cura spirituali subiecta Decani dignitatem obtineat, in nullo alio in Belvacensem respectans Episcopum, nisi de eo quod pertinet ad curam animarum. Præterea constituerunt in Burgo Basilicam, illud instituentes vt presbyter in ea deseruiens ab Archidiacono qui in illis est partibus regimen plebis suscipiat, & sicut sacerdotes qui sunt in villa suos requirunt parrochianos, sic & iste plebis illius administrationem habeat: nequaquam tamen ad synodum vadat, nunquam censum illum qui Circata nuncupatur persolvat: Nullatenus ad Episcopum vel Archidiaconum vel ad aliam Belvacensis Ecclesiæ personam respiciat, nisi tantum modo propter animarum curam & plebis administrationem. Hæc à dominis Vvarnero atque Vrsione instituta sunt & à nobis confirmata, memoriæque mandata, vt successor noster Belvac. Episcopus sive Archidiaconus, seu quilibet alius, neque super Canonicos neque super Decanum neque super presbyterum ad curam populi ordinatum aliam dominationem habeat, aliam potestatem exerceat, aliam ab eis subiectionem, vel aliud debitum exigat, nisi secundum dilectionem Dei & proximi, præter curam & vtilitatem animarum, sicut primitus institutum esse memoravimus. Quod vt ratum. &c. sine data.

ALIA CHARTA EIVSDEM GVID.

MLXVX. IN nomine sanctæ & indiu. Trinit. ego Guido Belvac. vrbis gratia Dei Præsul ad omnium incitamētum bonorum nostrū facta fratribus fidelium notitiā manifestare curavi. Quia enim sanctā Dei Ecclesiam verbo & exēplis interius ædificare, rebus & alimentis exterius iuvare, possessionibus augmentare, ablatis reintegrare debemus: oportet vt & his indesinenter insistamus, & istis illa non amittamus. Vnde cum domnus Hugo Comes de domno Martino ex Ecclesiis de Bubulis quas iniuste tenuisse fatebatur nostram adisset præsentiam, quam salubrius cuius animæ cōsulere potuimus nos cōsuluisse credimus. Sanctus namq. martyr Lucianus easdem Ecclesias cum omni ipsius castri integritate ex dono Childeberti Regis & Constantini Belvac. Episcopi sibi concessas dudum possederat. Sed postmodum barbarorū incursione & impiorum id est Hastingorū pervasione cuncta perdiderat. Quod ego pertractans vt iniuste ablata & perversè retenta sancto Martyri redderet illico consului & persuasi. Qui nostri consily iussis optemperans domnum Theobaldum Monastery sancti Luciani Abbatē adyt, suam suorumq. iniustitiam antecessorū recognovit: & ipsas Ecclesias laudantibus Canonicis quos ibi posuerat iussu nostro & concessu clericorū nostrorum cum omnib. appendicys suts sancto Martyri rddidit. Idem autem Abbas cum ex nostro admonitionis iussu cum quibusdam monachorum suorum denominatum castrum adisset, & præcepto nostro & ipsius Comitis redditione vt dictum est, Ecclesias recepisset, quomodo eas S. Lucianus possederit volens manifestum haberi, super hoc sibi scriptum fieri, & nostræ auctoritatis sigillo confirmari poposcit. Cuius postulationi gratanter acquiescentes, hanc ei chartulam sigilli nostri impressione firmavimus, & vt inconvulsa permaneat à Deo nobis cōcessa potestate statuimus. Quicumque ergo huius nostri cōstituti decretum violaverit, Patris & Fily & Spiritus sancti auctoritate, & S. Petri Apostolorum Principis & nostra anathematizetur, & ab omni Christi vnitatis communione segregetur amen. Ego Guido Belvacenc. Episcopus hanc chartā fieri iussi, & manu propria subscripsi. Ego Theobaldus Abbas subscr. Ego Hugo Comes subscrisi. Helinandus Prior subscripsi. Valterus Thesaurarius subscripsi. Airardus de Monceio subscripsi. Guincelmus Archid. subscr. Ilgerius de Bubulis subscripsi, & multi aly tam clerici quam laici subscripserunt. Actum civitate Belvacus, anno incarnat. Domini MLXXV. Regnante Rege Philippo, Indictione XIII. Epacta prima.

CHARTA PHILIPPI I. REGIS.

IN nomine sanctæ & individuæ Trinitatis, Philippus Dei gratia Francorum Rex. Instituta regia de rebus Ecclesiasticis aut secularib. publica vel privata, sine vlla iuris controversia, priorum Regum iussu & auctoritate firmata non violare, sed incôcussa servare; nostra quoq. nulla iuris parte reclamante præsentib. ac posteris servanda mandare, regiȳ culminis est opus implere. Vnde notum volumus esse cunctis ortodoxis Ecclesiæ filiis tam præsentibus quàm longè positis, viventibus & nascituris, quod sanctæ Belvacensis Ecclesiæ Guido reverendus Antistes orator aures adierit nostræ pietatis, suppliciter nobis intimans decentissimā Basilicam se fundasse in honore & memoria gloriosissimi Quintini martyris, à qua nostræ sublimitatis decreto ita dominium postulat vniversæ potestatis exterminari, vt grex dominicus in eadem Basilica Deo serviens nullius extraneæ potestatis ibidē servientis possit infestatione turbari. Cuius petitioni libenter assensum præbemus, & regiæ maiestatis auctoritate sancimus, vt deinceps in prædicta Basilica, vel in vico eidem adiacente, non Episcopus, non aliqua quæcumq. potestas aliquid sibi iuris vsurpet, præter eiusdem loci Prælatum, aut eos qui ab eo potestatem acceperint. Excepto quod Belvac. Sedis Antistes, defuncto eiusdem loci Prælato, electione fratrum alium ibidem substituet, qui res Ecclesiæ strenuè & fideliter administret. Ea quoque quæ eidem Ecclesiæ à prædicto Episcopo vel cæteris fidelibus donata sunt, vel quandóque donanda, præsenti testamento Deo & Ecclesiis debita libertate donamus, & irrevocabiliter de cætero possidenda quâ præcellimus potestate mandamus. Quòd si quis contra hoc auctoritatis nostræ decretum quicquam moliri præsumpserit, quódque pro reverentia tanti Martyris tam piè sancitum est violare tentaverit, regiæ maiestatis reus iudicetur, & sacrilega eius pervasio irrita penitus habeatur. Vt autem testatior auctoritas huius nostri possit esse præcepti, sigillo nostro subter illud fecimus sigillari, & sublimium personarum, in quarum præsentia confirmatum est, cum nota cuiusque pariter assignari.

Ego Philippus Rex Francorum mea manu scripsi. Ego Guillelmus Rex Angloru̅ mea manu scripsi. S. Roberti Regis dapiferi. S. Galerandi Camerarij. S. Hervei Buticularij. S. Adami Constabularij. S. Anselmi Beccensis Abbatis. S. Rodulphi Belvac. Ecclesiæ Thesaurarij. S. Comitis Hugonis fratris Regis.

MLXXIX.

Interfuerunt autem & alij quorum nomina subscripta sunt. Yvo eiusdem Ecclesiæ Prælatus, Aluffus Monachus, Comes Yvo de Belmonte, Albericus de Cociaco, Gaufridus de Calmonte, Lanscelinus casatus Belvac. Ecclesiæ, Rodulphus cas. Belvac. Ecclesiæ, Ansoldus Meldensis, Ascelinus de Bullis. S. Manassæ Rhemorum Archiepiscopi. S. Thetboldi Suessorum Episcopi. S. Guidonis Belvacensis Episcopi. S. Gerardi Cameracensis Episcopi. S. Rogeri Catalaunensis Episcopi. S. Ratbodi Noviomensis Episcopi. S. Yvonis Silvanectensis Episcopi. S. Huberti Tarvanensis Episc. S. Godefridi Cancellary. S. Varini Archidiaconi. S. Arnulphi Archidiaconi. Actum publicè in obsidione prædictorum regum, videlicet Philippi Regis Francorum, & Guillermi Anglorum Regis, circa Gerboredum: Anno incarnati Verbi millesimo septuagesimo nono, anno verò regni Philippi Regis Francorum nono decimo. Recitatum verò & confirmatum est sub præsentia prædicti venerabilis Manassæ Rhemorum Archiepiscopi, & plurimorũ sanctorum Patrum Suessionis in Concilio quod sub eodem Archiepiscopo celebratum est in Ecclesia sanctorum Martyrum Gervasy & Protasy, sexto Kalendas May. Ego Manasses Rhemensis Archiepiscopus mea manu scripsi. Quicumque hoc firmamentum de cætero violare præsumpserit, Christi Martyris Quintini accusationem apud districtum Iudicem incurrat, & nostra auctoritate nostræque congregationis in idipsum tandiu anathema sit, donec dignè satisfaciat. Ego Gislebertus ad vicem Rogery Cancellary Regis relegendo subscripsi.

DIPLOMA VRBANI II. PAPÆ.

MXC. **V**Rbanus Episcopus servus servorum Dei, dilecto fratri Fulconi Belvacensi Episcopo, salutem. Multa & gravia adversus fraternitatem tuam ad nos pervenere capitula, vnde satis mirari non sufficimus, & graviter condolemus. Nos enim cùm pro tua egregia indole, tum pro Monastici ordinis disciplina, non minimam de te confidentiam gessimus, quòd eruditionis præteritæ regula simplicitatem tuam à secularium negotiorum pravitatibus cohiberet. Nunc autem contra opinionem nostram nonnulla audivimus sacerdotalis ordinis puritati valdè contraria. Diceris enim (quod absit) homicidiis & hominum proditionibus commisceri. Commissæ namque Ecclesiæ tuæ Clerici conqueruntur, quod Hubertum Sylvanectensis Episcopi fratrem infra

D'VNE PART. DE CES MEMOIRES. 263

treugam domini pro expilatione pecuniæ in vincula coniiceris, & ipsius bona effractis domibus diripueris, tandem regiæ tradideris captioni. Quamobrem Belvacensis Ecclesia iamdiu destituta officijs ingemiscit, quod (nequam) excommunicationibus varijs te immisceri clamitant, quod anathema à regni vestri Episcopis pro communi pace sancitum est, parui pendis,& à Parisiensi Ecclesia excommunicatum in communionem recipis: atque ipsius Apostolicæ memoriæ prædecessoris nostri Gregorij de Odonis Castellani rebus præsente prædecessore tuo Guidone confirmatum temerarius infregisti. Multas enim de eadem Castellania per te sibi illatas iniurias idem Odo conqueritur. Tuo enim instinctu sui servi ac servientes eum ante domum propriam sunt aggressi, & cum homicidium & proditionem perfecisse non possent, apud te facinoris sui tutamen sunt adepti. Euntem etiam ad coniugem deducendam frater tuus & milites insidijs circumvenire moliti sunt: sed spe frustrata, quia alia iste via regressus est, te tutorem, te patronum tantæ nequitiæ habuerunt. Sexto præterea ante Nativitatem Dominicam die, domus eius fores obsideri fecisti: & quia ibi tunc capi interficique non potuit, vrbis etiam portas, ne egredi posset, obserari vsque in diei alterius meridiem præcepisti: portarum claves, quas ipse ex more tenuerat, ademisti: Amelbertum eius famulum, & Isabellam famuli coniugem ipsius ancillam, ac Helinandum Isabellæ fratrem, qui eum tibi prodere conati sunt, cum heredibus suis violenter ab eo liberos & immunes fieri compulisti: Capellanum ipsius, qui proditionem eius meditatus fuerat, tuis subsidijs foves, tuo munimine quasi insontem protegis. Nunc igitur præsentium tibi literarum auctoritate præcipimus, vt his visis litteris infra quindecim dies suos ei servos in propriam restituas potestatem. Nullum enim invitis dominis liberum fieri & legalibus & canonicis provisum est institutis. Quod si pro eisdem servis Abbas S. Petri de Dimegio, cui eos captiose subdidisti, adversus hunc agere voluerit, coram Rhemensi Archiepiscopo agant: vt cum ante hic amissa possessione maneat investitus vinum & quod eius domo diripuisti, & cætera quæ iniuste sibi ablata probaverit, vel ipsa, vel quod tantumdem valeat, infra præscriptum terminum restituenda censemus: & Ecclesiæ ostium reserandum, quod eius odio seris & lapidibus obstruxisti. Capellani vero supradicti causa coram Archiepiscopo Rhemensi convenienti tempore pertractetur, de quo interim te sollicitum esse convenit, ne iudicium subterfugiens alio secedat, &

quibus liber est eis inimicus adhæreat. Post rerum autem suarum restitutionem, infra dies quindecim confratri nostro Rhemensi Archiepte omnino præsentare curato, & de Clericorum querelis & huius iniuriis iuxta eius iudicium satisfacturus, nisi forte eum tanta infirmitas impediuerit, vt huiusmodi negotium diffinire non possit. Quod si forte contigerit, nos te infra trium mensium spatium ad nostram audientiam inuitamus. Cæterum, si vtrumque neglexeris, & huiusmodi flagitiis tuam cognoscis conscientiam coinquinatam, a sacerdotali te conuenit officio abstinere. Porro illud te expedit sollicite meminisse, quod in manus nostras cum te in Episcopalis officij plenitudinem restituimus, promisisti quod videlicet quandoq. tibi a nobis præceptum fuerit, ab Episcopali sis ordine cessaturus. Ita ergo præterita corrige, & futura præcaue, ne quod sponte pollicitus es, inuitus quoque (quod absit) implere cogaris. Datum v 1. Kalend. Mart.

ALIVD EIVSDEM VRBANI DVPLOMA.

Vrbanus seruus seruorum Dei, dilectis filijs Clero & populo Beluacensi, Salutem & Apostolicam benedictionem. Ex Apostolicæ memoriæ Gregorij prædecessoris nostri litteris nouimus, discordiam quandam & litem de Castellania inter Guidonem vestræ ciuitatis Episcopum, & Odonem Castellanum fuisse permotam, quæ videlicet lis in conspectu eiusdem Apostolici consummata est. Guido enim Episcopus in manu eiusdem militis, quæ in querimoniam venerant, vniuersa restituit. Quod ipsum domnus Apostolicus sua auctoritate firmauit, constituens vt si quis eam inter-turbaret definitionem, & Odonis Castellani res per vim obtineret, & ipse & ipsius fautores excõmunicati habeantur: & dum in vrbe vel in castro fuerint, diuinum illic non celebretur officium, donec ad satisfactionem redeant. Et nos quoque sub eadem excommunicatione eandem Castellaniam prædicto militi, & eius heredibus confirmamus, nisi forte quid commiserit, propter quod Castellaniam amittere in Rhemensis Episcopi vel Romani Pontificis præsentia iudicetur. Datum Romæ, &c.

D'VNE PARTIE DE CES MEMOIRES.
CHARTA LVDOVICI VI. REGIS.

Ego Ludovicus Dei gratia Francorū Rex designatus. Notum facio MCIII. omnib. tam futuris quàm præsentibus, quod in Capitulum B. Petri Belvacensis veni, & libertatem Ecclesiæ eiusdem ante habitam, & vsus & consuetudines ante habitas Canonicis concessi: & si inde aliqua contentio oborta fuerit, quod duo Canonici vel duo homines eorum probare potuerint firmum manebit. Et si aliquā querelā contra aliquem eorum habuero, in Capitulum eorum veniā, & eorum iudicio querelam illam definiendam concessi. Quod si per fratres suos in Capitulo iustitiam secutus non fuerit, nullomodo eum capiam, nec personæ eius vllam violentiā inferam: & res eius intra quindecim dies liberæ permanebunt ad faciendū quicquid voluerit. Concessi etiam, vt absq́. mala voluntate ex nostra parte Romano Papæ obedientes sint sicut Apostolico, & mihi serviant vt Domino. Froscos etiam, quos dominus Fulco Episc. dederat Canonicis, & Garinus iniuste invadendo eis abstulerat, Ecclesiæ & ipsis reddidi, & contra omnem reclamantem me tutorem & defensorem esse promisi. In ipsa die omnes querelas, & forisfacturas ab illa die & retro omnino eis perdonavi. Deprecatus sum autem eosdem Canonicos, vt pro amore nostro Landulphum Ecclesiæ eorum colibertum liberum esse permitterent. quod illi mihi concesserunt, ea conventione quod nullo modo aliquid tale deinceps ab eis quærerem vel exigerem, nec ipsi mihi concederent. Quod vt firmius imposterum permaneat, & ad notitiam posterorum perveniat, hoc præceptum fieri iussimus, & sigilli nostri impressione firmavimus, nominis etiam nostri charactere insignimus. Actum Belvaci in Capitulo B. Petri, XIIII. Kal. Feb. incarnati Verbi MCIII. Indictione XI. De parte nostra præsentes fuerunt Guido Sylvanectensis, Rogerus Catalaunensis, Herluinus, Guillelmus de Guarlanda, Sevinus de Pisseio, Odo Periebot, Radulphus de Martreido, Odo de sancto Sansone, Mathias Comes de Bellomonte, Galterus filius Russeti, Albricus & Godefridus filij Litelini, Guarnerus Valerons, Yvode Anerarius, Galterius Vicarius, Hannericus Prestvis. De parte Canonicorum Lancelinus, Odo Castellanus, Gaulterus frater eius, Adam, Girardus de Hanveliis, Robertus Farsitus, Drogo de Monseto, Guillelmus filius Guillelmi, Simon Ansculphus, & Balduinus fratres, Adam & Guillelmus fratres, Odo Halegros, & nepos eius Fulco.

CHARTE DV ROY LOYS LE GROS.

MCXXII. OV nom de Sainéte Trinité Amen. Loeys par la grace de Dieu Roy de France, Ie vueil faire à savoir a tous ciaux tát presés cóme advenir, tát cóme à chaux qui ore sónt, Que nous oétroyons as hommes de Biauvais, que les mesons à chacun d'aux, s'elles queoyent, ou qu'elles fussent arses, les parois de ses mesons ou les mesieres lesqueles il avoit devant che, puet il fere sans congie d'aucuns, sans querre il le puet si comme se paroit, ou se mesiere s'y comme elle estoit devant par trois loyaux voisins, par lesqex il pora prover. Nous otroions as chiaus que les pons & les planches, lesqueles ils ont és yaves, & lesqueles ils ont achatez s'eles chient ou s'eles sont arses, sans querre licence qu'eles soient refetes, ou que les piex y soient mis. A dechertes les pons & les planches aussi comme ils les avoient achettees as Evesques, & si comme il les avoient achetees de devant aus, leurs hoirs les aient à perpetuite. Et aussi des pons, nous leur otriós, volons, & quemandons, que aus par leur voisins loyaux si comme nous aviens devant diét, que les parois & les mesieres de leur mesons, si comme il est devát monstré, le serremens ois avát, que on ne leur puis autre chose quierre. Et pource que cheste chose ne soit donee à oubly, ny que elle ne soit desachié, nous l'avons quemandé à escrit, & qu'ele peust estre affermée de chiaus qui apres nous venront, de nostre seel & de nostre auétorité, & en nostre charte venant apres Phelippe nostre fil le confermames ensemble. Donné à Ponthoise l'an de l'incarnation MCXXII.

IVDICIVM ADAMI.

Haec sunt verba iudicij quod protulit Adans, cæteris qui aderant assentientibus, in præsentia Anselli Blevacensis Episcopi. Canonici clamauerunt molendinum esse impeditum de tribus rebus, scilicet de palis, de plancis, de terramento. Responderunt Burgenses, quòd istam consuetudinem habuerant de IV. Episcopis ante eum, & ipse

Episcopus eis suas consuetudines concesserat. Ideo iudicamus pro recto, quòd Episcopus, cuius est aqua consuetudo, & nullus ei contradicit, debet facere deliberare cursum aquæ de prædictis impedimentis: ita quod molendino nihil noceat, & homines ibi habeant ipsa necessaria quæ cursui aquæ non noceant, & Episcopus debet iubere vt bene fiant.

CHARTA RADVLPHI VIROM. COMITIS.

Conuenit scribi & signari quod non oportet obliuisci aut corrumpi. MCXX-Notum sit itaque omnibus, quoniam nos Radulphus per Dei gra- XVI. tiam Viromandorum Comes de summa feodi nostri, quem à Belvacensi Episcopo habemus, centum & decem solidos Belvacensis monetæ Episcopo remittimus & donamus. Hoc autem eo tenere factum est, quòd pro commutatione huius doni Canonici prædictæ Ecclesiæ totam terram de Ciuerariis & Magniuillæ, quam ibi habebant, nobis & heredibus nostris, & cui eam donauerimus, concedunt & donant de feodo Belvacensis Episcopi, sicut prædictos centum & decem solidos, habendam. Actum est hoc præsente & annuente Ludouico Francorum Rege, Adelaide quoque Regina, & eorum filio Ludouico iam Rege, Odone quoque Belvacensi Episcopo, præsentibus quoque Henrico Archidiacono, Ioanne Cantore, Vrsione succentore, Radulpho de Miliaco, Federico Helinando, Hugone de Credulio, Algrino de Stampis. Robertus Compendiensis Cancellarius Comitis scripsit.

Prædictis pactionibus interfuimus & assensum præbuimus, annuente filio nostro Ludouico iam in regem coronato, & vxore nostra Adelaide Regina.

Actum publicè Parisius, Anno incarnati verbi MCXXXVI. Regni nostri XXIV. Ludouico filio nostro in Regem coronato, Anno quarto: astantibus in Palatio nostro quorum nomina subtitulata sunt & signa. S. Radulphi Viromandorum Comitis & dapiferi nostri. S. Guillelmi Buticularij. S. Hugonis Constabularij. S. Hugonis Camerarij. Data per manum Stephani Cancellarij.

CHARTA HELIÆ ET PETRI
Vicedom. Gerbor.

MCXXX-
VIII.

Omnibus in Christo baptismi fonte renatis Helias & Petrus Vicedomini Gerboredi Salutem. Donum quod Matheus de Pleeis contulit in eleemosynam Ecclesiæ sanctæ Mariæ de Briostel in præsentia nostra recognitum est, & sub testibus confirmatum. Sed quia omnia quibus ipse interfuit melius nouit quàm nos, ipsum loquentem pariter audiamus. Ego Matheus dimidium territorij veteris molendini cum sede ipsius, stagnum cum nemore, molendinum cum sede Abbatiæ, & quicquid ad me pertinet in supradicto territorio, totum confero Ecclesiæ beatæ Mariæ, nihil inde reseruans in posterum, nec redditus, nec exenia, nec munuscula quælibet: sed nihil omnino. Huic dono adquieuerunt filij mei Girardus & Arnulphus, cum vxore mea Treescenda matre eorum. Sed quia res familiaris mihi exigua erat, nec totum gratis concessi, nec quantum valebam à monachis accepi, sed mediante ratione & de meo iure cessi, & centum solidos Belvacen. à monachis accepi. Hugo etiam Merlet cum filio suo Roberto concesserunt quicquid ad eos pertinebat in supradicto territorio. Receperunt autem proinde triginta quinque solidos, pater tringinta, filius quinque. Id etiam concessit Hugo de Fragneis. Guarnerius de Buxeio cum Vrso filio suo & alijs addiderunt huic dono vallem Lancelini, cuius medietas ad eos pertinebat, receptis caritate viginti solidis. His omnibus nos Vicedomini Gerboredi interfuimus, & coram nobis recognita sunt, & sub testibus confirmata. Testes Eustachius & Radulphus Canonici, Radulphus Canonicus de Milleio, Galterius presbyter de Terinis, duo filij Petri, Petrus & Girardus, Petrus de Hosdenc, Girardus de Cagni, Hugo Hanoth, & Thomas frater eius, Adelelmus de Hemenciers, Bartholomeus filius Arnulfi de Terinis, Helias de Hosdencourt, Herueus frater eius, Galterius de Cagni, Hugo de Fosse, Radulfus de Cagni.

Actum est hoc anno Dominicæ Incarnationis MCXXXVIII.

CHARTA ODONIS BELVAC. EPISC.

MCXL.

Odo Dei gratia Belvacensis Episcopus fidelibus vniuersis in perpetuum. Sciant omnes tam moderni quàm posteri, quod Arnulphus de Briostel cum vxore sua Vvidria, & cum filijs suis Beringerio

& Vrso dedit per manus nostras Ecclesiæ S. Mariæ de Briostel in eleemosynam perpetuam quicquid sui iuris in eo esse dicebat, promittens & pacto se obligans, quod hanc eleemosynam suam contra omnes calumnias vbique acquitabit. Huic donationi præsentes fuerunt testes qui subscribuntur. Serlo Abbas S. Luciani, Rainaldus Abbas S. Quintini, Hugo Abbas S. Mariæ de Alneto, & Audoënus monachus eius, Magister Villelmus Episcopi Baiulus, Paganus filius Sibyllæ, Odo filius Eugielis, Adelelmus de Ermenteriis. Et sciendum est, quod Arnulphus cum suis eandem donationem antea fecerat prædictæ Ecclesiæ in curia Sancti Luciani, & iterum ante me recognita est & concessa. Primæ concessioni interfuerunt qui subscribuntur, Serlo Abbas S. Luciani, Petrus prior eiusdem loci, Galterus Præpositus, Hugo de Opera, Hugo Abbas de Alneto, & Audoënus eius monachus (quibus facta est donatio) Galterius maior, & frater eius Garnerius, Iosselinus, Petrus filius Varini, & alij multi. Item sciendum est quod Everardus Britolij Dominus, & filij eius Valeranus, Everardus, & Hugo, cum aliis, concesserunt præfatæ Ecclesiæ per manus nostras liberè & absolutè in eleemosynam perpetuam quicquid habent in villa & in terra Theoleti, videlicet Advocaturam & Vicecomitatum, & quicquid habebant ibi aliud. Cui dono præsentes fuerunt testes, qui subscribuntur. Hugo filius Gamolini, Eustacius de Heliaco, Godardus filius Petri, Rainaldus Ruffus, Hugo de Berreio, Trihannus, Osmundus de Calneis, Virinus de Mensicuria, Odo de Belsac, Sauualo de Miliaco, & Arnulphus præpositus. Item sciendum est, quod Osmundus de Conteio, & frater eius Girardus, concesserunt in eleemosynam perpetuam prædictæ Ecclesiæ Advocaturam Teoleti, seu quicquid ibi habuerunt antecessores sui liberè & absolutè dederunt Monachis in perpetuum possidendum. Testes huius donationis subscribuntur Hugo de Centum-puteis, Guido filius eius, Galterius de Alphaio, Valterius de Hestomanil, Laurentius de Traisno Monasterio, & omnis conuentus de Briostel. Ilbertus de Centum-puteis contulit similiter præfatæ Ecclesiæ in eleemosynam, vxore sua & filiis suis volentibus & concedentibus, & filiabus, quicquid habebat infra terminos Seoleti & Altauiæ, & præfecturam siue maioratum Haleti, quem ex parte burgali habebat. Hæc omnia liberè concessit monachis possidenda in eleemosynam, & censualiter, scilicet pro vno modio frumenti annuatim sibi reddendo ad mensuram Gerboreti. Insuper & medietatem illius terræ, quæ dicitur Moncellus Hilberti, sive quicquid in illo Moncello habebat Hilbertus ipse, & heredes eius, totum contulerunt in eleemosynam monachis, volente & concedente Domino suo Vrsello de Teis. Testes huius concessionis sunt, Hugo Rufus, Renardus, Robertus, Golbartus de Spineto, Hugo de Calnis, Drogo Maior de Tetelio, Vualterius de Alphaio, Robertus de Hestomaisnilio, Robertus Maior de eodem, Robertus de Dargeis, Rainaldus Faber, Oolferus Carpentarius. Item buscus Morandi & tota terra ad eum pertinens, cum mensura in terra Teuleti. Hæc omnia data sunt monachis de Briostel, ex dono Lamberti & filiorum eius Rainaldi & Rogerij. Testium qui adfuerunt hæc sunt nomina. Odo de Calnis, & filij eius, Hugo & Gaufridus: Odo filius Roberti de Gardin, Rogerius filius Ioannis, Robertus & Guarnerius filij Ricardi, Rogerius & duo filij Garini, Renoldus Dessuble, Garnerius filius Gerardi. Item Drogo de Centumputeis, & Richeldis uxor eius, & Vualterus & Oelardus filij eorum, concesserunt in eleemosynam huic Ecclesiæ quicquid calumniabantur Teuleti, scilicet carticlum vnium, & mansuram & Maioratum, & alias quasdam consuetudines: omnia concesserunt, absque vlla retentione, præter quatuor minas frumenti quas accipient annuatim à monachis pro censu. Testes Hugo de Centumputeis & filij sui Guido, Sauvalo, & Hugo: Vualterius de Alfaio, Vualterius de Hestoldimaisnilio, & Ioannes frater eius, Asbertus filius Ioannis, Odo maior. Item Robertus filius Gonferi cum sorore dedit Ecclesiæ de Briostel in eleemosynam per manum Galteri presbyteri de Terinis medietatem decimæ Teoleti liberè & absolutè, & absque vllo reditu possidendam. Testes Vualterius presbyter de Terinis, Rainerius Bellus, Goiffridus de Monte-Osberti, Odo de Calnis, Bartholomæus de Terinis, Robertus de Gardin. Hæc igitur omnia partim in nostra præsentia concessa, partim ad nos scripta, sicut in Abbatia concessa fuerant delata in hac carta, conscribi fecimus. Quam sigilli mei patrocinio munio, quatinus hæc omnia firma & illibata præfatæ Ecclesiæ in perpetuum permaneant. Si quis igitur hanc nostram paginam sciens contra eam temerè venire tentaverit, & ea quæ concessa sunt iniustè calumniari, & monachis auferre vel diminuere tentaverit, anathematis illum gladio ferio, & à communione S. Ecclesiæ & à societate omnium Sanctorum separo, nisi resipiscat, & ad emendationē congruam veniat. Acta sunt hæc Belvaci anno incarnationis Dominicæ MCXL.

CHARTA LVDOVICI VII. REGIS.

MCXL.

Ego Ludovicus misericordia Dei Francorum Rex, & Dux Aquitanorum præsentibus & futuris significare volui, quòd casu accidenti quibusdam negotijs nostris exigentibus, in quadam villa B. Luciani Belvacensis nomine Vvarluys hospitium semel habuimus. Sed ne fortè aliquis Regum ac Principum quasi vsualē & consuetudinariam hospitationem huiusmodi imposterum vsurpare sibi præsumat, per præsentes literas certum fieri volumus, quòd nulla prorsus consuetudine hoc à nobis factum est, nec in tota terra præfati Martyris exactionem aliquam reclamamus, sed eam quietam & liberam quæ iuris eius sunt imperpetuum fore confirmamus. Factum est hoc anno ab incarnatione Domini MCXL. Innocentio Romanæ Ecclesiæ præsidente, Odone Belvacensibus Pontificante. Data per manum Natalis Cancellarij, præsente Sugerio B. Dionysij Abbate, & Radulpho Comite Veromandensi.

ALIA CHARTA EIVSDEM LVDOV. R.

MCXLIV.

In nomine sanctæ & individuæ Trinitatis, ego Ludovicus Dei gratia Rex Francorum, Dux Aquitanorum, Notum omnibus facimus tam futuris quàm præsentibus. Quoniam Communiam illam quam à patre nostro Ludovico, per multa ante tempora homines Belvacenses habuerunt, sicut prius instituta fuit & iurata, cúmq. eisdem consuetudinibus, salvâ tamen fidelitate nostra, nos quoque ipsis concedimus, & confirmamus. Consuetudines autem istæ sunt. Vniversi homines infra murum civitatis & in suburbio commorantes in cuiuscumque terrâ maneant, Communiam iurabunt: nisi fortè ex consilio Parium & eorum qui consilium iuraverint aliqui remanserint. Alter etiam alteri infrà firmitates ipsius villæ rectè secundùm suam opinionem auxiliabitur. Et quicunque forisfecerit homini qui hanc Communiam iuraverit, Pares Communiæ, si clamor inde ad eos venerit, de corpore suo vel de rebus suis iustitiam facient secundum ipsorum deliberationem, nisi forisfactum emendaverit secundum eorumdem deliberationem. Si verò ille qui forisfactum fecerit ad aliquod receptaculum perrexerit, Pares Communiæ, dominum receptaculi, vel eum qui in loco eius erit super hoc convenient: Et si de illo inimico suo eis secundùm *deliberationem ipsorum satisfecerit, placebit. Quod si satisfacere noluerit, de rebus eius vel de hominibus eius vindictam facient secundum ipsorum deliberationem.* Et si mercator aliquis Beluacum ad mercatum venerit, & aliquis ei aliquid infrà leugam ipsius ciuitatis forisfecerit, si clamor inde ad Pares venerit, & mercator malefactorem suum infrà villam invenerit, auxiliatores ei erunt secundùm deliberationem ipsorum, si mercator ille de hostibus suis non fuerit. Et, si malefactor ille ad aliquod ierit receptaculum, & mercator, vel Pares ad eum miserint, si ille mercatori satisfecerit, vel probare poterit se forisfactum non fecisse, Communiæ satisfuerit. Si vero neutrum fecerit, vindicta fiet de eo secundùm deliberationem Parium, si intra villam capi poterit. Nemo autem, præter nos & Dapiferum nostrum, conducere poterit in ciuitatem illam hominem qui homini de Communiâ illa aliquid forisfecerit, nisi forisfactum secundùm deliberationem Parium emendare venerit. Verùm si Episcopus Belvacensis ignoranter adduxerit aliquem in ciuitatem qui homini de Communia forisfactum fecerit, posteaquàm ei ostensum fuerit, nullo modo eum posteà adduxerit, nisi consilio Parium: & ea vice eum reducere poterit. In vno quoque etiam molendinorum duo iuniores tantùm erunt: quod si aliquis plures iuniores, vel alias malas consuetudines in molendinis imponere voluerit, & inde clamor ad Pares venerit, adiutores ei erunt qui inde clamauerit, & secundùm deliberationem ipsorum. Præterea si Episcopus Belvacensis ad tres curias nostras & ad exercitus ire voluerit, tres equos tantum ad vnamquamque curiam accipiet, & equum extranei hominis nullomodo accipiet: At si redemptionem de aliquo homine, vel ipse vel famulus suus pro equo acceperit, pro eo equo nullum alium præterea assumpserit: Sed si aliter facere, vel plures accipere voluerit, si clamor inde ad Pares venerit, auxiliatores ei erunt rectè secundùm suam æstimationem, qui querimoniam inde fecerit. Item si Episcopus nobis pisces aliquando mittere voluerit, vnum equũ accipiet. Nullus etiam homo de Communia pecuniam suam hostibus eorum tradiderit vel accommodauerit quandiu guerra durauerit; quia si fecerit, periurus erit: Et si comprobatus fuerit quidquàm eis credidisse, vel accommodasse, iustitia de eo fiet prout Pares deliberabunt. Et si aliquando contra hostes suos extra villam Communia exierit, nullus eorum loquetur cum hostibus, nisi Parium licentia. Insuper, si quis de Communia alicui de ciuitate pecuniam suam crediderit, & ille *cui credita fuerit ad aliquod receptaculum diffugerit, Dominus receptaculi, audito inde clamore, aut perdita reddet, aut debitorem de suo receptaculo eiiciet: Sed si neutrum fecerit, de viris eiusdem receptaculi, si inuenti fuerint, secundùm Parium considerationem fiet iustitia. Homines equidem Communiæ nutrimentum suum intra leugam ciuitatis ad participationem fideli committant custodiæ: quia si eis extra leugam auferatur, non respondebit eis inde Communia, nisi malefactor infra ciuitatem fuerit inuentus. Ad extensionem quoque pannorum penditoria æquali altitudine insigantur: quia si vicinus inde conqueratur, secundum Parium deliberationem emendabitur. Videat etiam vnusquisque de Communia quatinus de pecunia quam alicui crediderit extraneo securus sit: quia propter hoc nemo capietur, nisi debitor aut fideiussor extiterit. Pares autem Communiæ iurabunt quod neminem propter amicitiam deportauerint, & neminem propter inimicitiam læserint: & secundùm opinionem suam rectam in omnibus deliberationem fecerint. Omnes autem alij iurabunt, quod deliberationi Parium obsequentur & fauebunt. Iustitiam verò illam, & deliberationem quæ per Pares fiet concedimus & confirmamus. Quod vt ratum habeatur in posterum, scripto commendari, sigilli nostri auctoritate muniri, nostrique nominis subter inscripto charactere corroborari præcepimus. Actum publicè Parisius anno Incarnati Verbi millesimo centesimo quadragesimo quarto, Regni verò nostri octauo, astantibus in Palatio nostro, quorum nomina subtitulata sunt & signa. Signum Rad. Viromandorum Comitis, Dapiferi nostri. Signum Matthei Camerarij, Signum Matthei Constabularij. Signum .... Buticularij. Dat. per manum Cadurci Cancellarij.*

CHARTE D'EVDES II. EVESQVE DE BEAV.

EVdes secons par le pacience de Dieu humbles Ministres de l'Eglise de Biauvez, à tous loyaux en perpetuité en Crist. Renaus Comte de Clermont donna en icheli iour de le dedication l'Eglise de Clermont consacree en l'onneur & memoire de le trez beneuree Vierge Marie, & del honnourauble Martyr Arnoul, otroians au Canoines de l'Eglise foire par trois iours, Chest à sçauoir le iour de feste de sainct Iehan, & les deux autres iours ensuyvans. Il donna aux Clers

MCXLVII

sans aucune retraction quiconque chose est coustume estre pris de marcheans en tonnelieu, en forage, roage, & en travers. Que se par aventure il ara contens en ichesiours les marcheans touchier ou entrer ens avec les hommes dou Seigneur de Clermont ou adechertes avec les hommes des hômes d'ichelli, & de l'iniutant & de l'eniurié est des Clers, & le loy ou bon plaisir d'icheus? adechertes il aront toute grant liberalité quiconques ara venu pour cause de marchander, que il ne respondent derequief à nul home seur aucune convenache, ne il ne doivent aucune chose fors de fait de mort. Renaus Comtes donna le chose en ichelle maniere divisee en aumosne à l'Eglise, & otroia dou tour en tour les Barons & vasseurs dou terrouer de tout Clermont, assentans & otroians ensanle avecques le Comte, que quiconque chose isteroit dedans le l'eue dentour Clermont dou marcongné ou de forfait ou temps des foires, tout seroit de l'Eglise & des Clers, excepté le tierche partie des rentes dou Comte. Lequel li Clerc otroient à leur gre censivement. Adechertes Pierre nostre predecesseur de bone memoire escommenia quiconques efforchissant oster ou amenusier à l'Eglise le devant dit benefice, lequelle sentence adechertes nous confermons inviolablement, & de nostre partie tous les machineurs d'iche vient pourfit dou las deus. Fait à S. Iust en l'an de l'incarnation de Nostre Seigneur MCXLVII. endition disime. Furent ches present ly Abbez de Froimont, Aimars Abbez de Ruecourt, Iehans Abbez de S. Iust, Climens Chapelains de le Canoisie de Clermont, Ansous de S. Sanson, Guy de Bugles, Oeudes Bordel, Gallerans Miellay, Simons de S. Sanson, Gobert des Prez, Thiebaut dou Mesnil, Raoul de Faget, Renaus Velosel.

CHARTA LVDOVICI VII. REGIS.

MCLI. *IN nomine sanctæ & indiuiduæ Trinitatis, Patris, & Filij, & Spiritus sancti: Ludouicus Dei gratia Francorum Rex & Dux Aquitanorum, omnibus fidelibus in perpetuum. Ex moderatione sceptri nostra congruit excellentiæ, omnium, qui sub ditione nostra sunt, &*

D'VNE PART. DE CES MEMOIRES. 275

potißime Ecclesiarum iura tutari: quas protinus improborum lacerabit violentia, nisi regio & materiali eis subueniatur gladio. Notum sit vniuersis fidelibus, præsentibus & posteris, Episcopum Belvacensem Henricum fratrem nostrum ad nos detulisse querimoniam aduersus cives Belvacenses homines suos, qui per occasionem Communiæ nouæ & illicitam assumentes audaciam, Episcopi & Belvacensis Ecclesiæ occupauerant iura, & iustitiam quam habet Episcopus in singulos, & in omnes de Communia: etiam Episcopi quendam iuratum, quærentē ab eo iustitiam ausu temerario reuocauerunt, vt ab eis & per eos haberet iustitiam & satisfactionem. Ea de causa nos adduxit Belvacum, & in præsentia nostra querimoniarum actione tractata, & in palam recitata Communiæ cartula, tandem recognouerunt ciues solius Episcopi iustitiam esse totius villæ. & si quis excessus vel forisfactum contingeret, ad Episcopum vel ministerialem eius referendus est clamor. Sancimus igitur ex regiæ maiestatis excellentia, quod semper ad Episcopum querimoniæ perferentur, & nemo sit tam præsumptuosus, vt de iure Episcopi & Ecclesiæ, scilicet de facienda iustitia se intromittat apud Belvacum, quamdiu vt fiat in Episcopo non remanserit. Sed si forte in eo, quod absit, remanserit, tunc ipsi cives habeant licentiam suis conciuibus faciendi: quia melius est tunc ab eis fieri, quam omnino non fieri. Quod vt ratum sit, firmumque perseueret & inuiolabile, & scripto commendari, & sigilli nostri auctoritate mandauimus roborari. Actum Belvaci solemniter, anno ab Incarnatione Domini, millesimo centesimo quinquagesimo primo: astantibus in Palatio nostro quorum subnotata sunt nomina & signa, Radulphi Viromandorum Comitis dapiferi nostri, Guidonis Buticularij, Mathei Constabularij, Mathæi Camerarij, Rahinaudi de sancto Vvalarico, Heliæ de Gerboredo, Adæ Bruslardi, Ludovici de Caufraio. Data per manum Hugonis Cancellarij.

CHARTA BARTHOLOMEI EPISCOPI.

Bartolomæus Dei gratia Beluacensis Episcopus vniuersis fidelibus imperpetuū. Notum fieri volumus tam futuris quàm præsentibus, quòd Adam de Fontibus Ecclesiæ sanctæ Mariæ de Briostel in perpetuā eleemosynā dedit per manum nostrā terram septem modiorū sementis in territorio de Gohotesart iuxta territorium de Briostel, absque vlla retentione dominij vel camparcij, siue cuiuslibet exactionis. Hanc

MCLXIX.

autem donationem fecit, & concessione Auelinæ vxoris suæ de cuius matrimonio terra prædicta erat & filiorum ac filiarū suarum Geruasij Rob. Hug. Richeld. Mabiliæ, Odelinæ, Mar. Ennais & Gisleb. filij eius & Aelis filiæ ipsius. Pro hac etiam terra Adam & vxor sua de charitate præfatæ Ecclesiæ decem libras & dimidiā Beluacensium dederūt, eamq; aduersus omnes homines qui ad iusticiā venire vellent se aquitaturos fide interposita pepigerunt. Vt autem hæc nostra constitutio firma & inconcussa, maneat eam sigilli nostri patrocinio & præsentis paginæ testimonio fecimus communiri. Actum anno incarnationis Domini MCLXIX.

CHARTA RADVLPHI DE CINGVLA.

MCLXIV. Notum sit omnibus tam præsentibus quàm futuris, quod ego Radulphus de Cingula cum fratre meo Ascelino concessi Ecclesiæ sanctæ Mariæ de Briosteb, in eleemosynam perpetuam lapidiciniū quod est in terra nostra de Arabla: & partim censualiter, nam xij. nummos Beluacensium reddent nobis monachi annuatim pro censu lapidicinij quod vulgo dicitur quarrere: concessimus & vt quadrigæ monachorum per terram nostram & perprata nostra licenter eant, vsque ad viam publicam. Pro qua concessione reddent nobis monachi vi. nummos prædictæ monetæ in ebdomada ante pascha. Hæc concessio facta fuit Beluaco in porticu Ecclesiæ sanctæ Petri per manū Hugonis Decani anno incarnationis Domini MCLXIV.

Testes dominus Hugo Decanus cuius sigillo hac chartā communiuit Deodatus Cancellarius, Petrus sacerdos de S. Iacobo, Petrus Rufus, Godefridus de sancto Laurentio, Vvalterus miles de Lauercinis.

CHARTA PHILIPPI BELVAC. EPISCOPI

MCLXIX. Ego Philip. Dei gratia Beluac. electus vniuersis fidelibus in perpetuum. Notū sit tam futuris quàm præsentibus, quod cum v. solidi debeantur Beluac. monetæ singulis annis Ecclesiæ B. Petri &c. Raymundus de Anolio ad preces fratrum suorum Vvilermi & Heruei dedit vi. Parisiensis monetæ pro illis v. solidis Beluac. annuatim apud Croy de censu, anno MCLXXIX.

Dominus Belvac. Comes est & Episcopus, & moneta Belvac. ipsius est, eo modo quod in tota Diocesi præterquam in domo Episcopi & intra portas eius non potest formari moneta. Ipse enim cuneos tradit monetariis, & de singulis libris monetatis habet denarios iv. Materia monetæ talis est. Duæ partes sunt de argento examinato, & ij. de cupro vel circa. Materia Parisiensis monetæ talis est. In duodecim denariis sunt v. partes de argento examinato & vij. de cupro vel circa. Et nunc indifferenter recipiuntur in omnibus venalibus Parisien.& Belvac. tum propter paucitatem Belvac. monetæ, tum quia cursum debitum non facit Episcopus habere monetam suam, cum alij Episcopi obtinuerint, & ipse multo tempore obtinuerat quod moneta Belvac. cursum publicum habeat per totam Diocesim.

CHARTA HENRICI BELV. EPISC.

Ego Henricus Dei gratia Belvacensis Episcopus. Notum fieri volumus præsentibus & futuris, quod Petrus Gerboredi Vicedominus, laudantibus & concedentibus Milesende vxore sua, filiis suis Petro, Girardo, Guillelmo, & Stephano, filiabus suis Auuide, & Ermentrude, absque vlla retentione concessit, & contradidit in eleemosynam Ecclesiæ Karoliloci & fratribus præsentibus & futuris ibidem Deo seruientibus quicquid habebat & habere poterat & debebat in territorio Routengiaci, totam videlicet terram suam, cultam & incultam, & cuncta nemora sua in perpetuum liberè possidenda. Ita tamen prædictam terram & nemora præfatæ Ecclesiæ concessit, vt pro ipsa terra ac nemoribus quindecim modios frumenti ad mensuram Gerboredi, mina cuius frumenti minus meliore valeret vnum Belvacensem denarium, monachi ipsi Petro, & post eius obitum hæredi suo singulis annis persoluerent, atque vsque Belvacum in determinato sibi loco infra mensem Octobrem portarent. Concessit etiam idem Petrus Vicedominus præfatæ Ecclesiæ, prædicta vxore sua & filiis & filiabus suis laudantibus & concedentibus, absque vlla retentione quicquid Petrus de Buriaco, siue alius quilibet tenebat vel tenere debebat de eo in territorio Routengiaci, nemus, siue terram cultam vel incultam, si tamen ipsi feodati vellent Ecclesiæ in eleemosynam dare aut vendere. Quod si quis de feudatis suis pro ipsis terris & nemoribus Rotengiaci censum

MCLXXX

ab Ecclesia Karoliloci acciperet, ipsum censum à prædicto Petro Vicedomino in feodo teneret. Si quis verò de ipsis feodatis eundem censum præfatæ Ecclesiæ daret vel venderet, ipsa Ecclesia liberè ac sine ulla contradictione possideret. Nec pro hoc ipso loqui oportet ad Petrum Vicedominum, vel post obitum ipsius Petri, ad heredem suum: quia talis fuit pactio inter Ecclesiam Karoliloci & Petrum Vicedominum. Ne quis igitur heredum siue alius quilibet posterorum aduersus Ecclesiam Karoliloci calumniam mouere audeat, eamque aliqua inquietudine perturbare, Ego Henricus Dei gratia Beluacensis Episcopus donationes, concessiones, pactiones, & conuentiones, quæ à prædicto Petro Vicedomino Ecclesiæ Karoliloci factæ sunt, in præsenti charta curaui scribere, ipsamque chartam sigilli mei auctoritate volui munire, ac subscriptis testibus, qui interfuerunt, corroborate. Quorum testium ista sunt nomina, Hubertus Thesaurarius, Philbertus Canonicus & presbyter, Lambertus Canonicus, Baldoinus Canonicus. Omnes isti de Gerberodo, Petrus Miles de Hosdencq, Hernaldus Rufus miles, Baldoinus, Libornus de Marluit, Petrus frater eius, Hugo Miles de Alnato, Radulphus præpositus filius Huberti præpositi, Albertus & Chambertus.

ALIA EIVSDEM HENRICI CHARTA.

Notum sit omnibus præsentibus & futuris, quod Ego Henricus Dei gratia Beluacensis Episcopus Ecclesiæ Karoliloci & fratribus præsentibus & futuris ibidem Deo seruientibus amore Dei concessi quicquid Petrus Gerboredi Vicedominus tenet aut tenere debet de me in territorio Rotengiaci: terras videlicet cunctas, cultas & incultas, & nemora cuncta libere in perpetuum possidenda: Ita tamen vt censum, quem pro ipsis terris ac nemoribus præfatæ Ecclesiæ Monachi persoluent, prædictus Petrus Vicedominus de me in feodo teneat. Concessi etiam præfatæ Ecclesiæ Karoliloci liberè in perpetuum possidendum quicquid iam acquisiuit vel acquirere potuit in ipso territorio Rotengiaci, siue emendo siue censum dando, & quicquid illi qui aliquid ibi huic Ecclesiæ prædictæ in eleemosynam dare voluerint. Et vt hæc nostra concessio magis rata sit, nec præfatam Ecclesiam inde molestare aliquis vel perturbare possit, hanc in præsenti charta volui scribere, ipsamque chartam sigilli mei auctoritate munire, atque subscriptis testibus qui interfuere corroborare: Quorum ista sunt nomina. Testes *sunt hi, Yvo Decanus, Ioannes Archidiaconus, Theobaldus Archidiaconus, Hugo de Compendio, Girardus de Gerboredo, Magister Helimannus Cancellarius.*

CHARTE DV ROY PHILIPPES II.

PHilippes par la grace de Dieu Roy de France. Nous faisons sçavoir à tous presens & avenir, Pource que la Commune, laquelle de nostre pere Loys & de nos antecesseurs par moult de temps avant, les hommes de Beauvais avoyent, si comme paravant feust instituee avec les coustumes lesquelles ceste presente charte contient, sauve nostre loyauté, nous leur octroyons & confirmons. MCLXXII.

Les Coustumes à decertes sont cestes.

Tous les hommes demourans dedans les murs de la Cité, & suburbe en quelconques terres qu'ils demeurent, iureront Commune, si par adventure aucuns ne demeurent du conseil du Maire, & des Pairs, & de ceux qui auront iuré le conseil: & ly l'vn à l'autre dedans les fermettez d'icelle ville droicturellement selon son opinion aidera. Et quiconque forfera à homme qui de ceste Cōmune a iuré, le Maire & les Pairs de la cōmune, se clameur à eux de ce vient, de son corps ou de ses biens iustice feront, se selon la deliberation d'iceux ne l'amede. Se adecertes chil qui le forfait aura fait va à aucun receptacle, ly Maire & les Pairs de la Cōmune conuenront le Seigneur du receptacle, ou celuy qui en son lieu sera : & se de celuy son ennemy à iceux selon leur deliberation aura satisfait, il plaira: Et si satisfaire n'aura voulu, de ces choses ou de ses hommes vengeance selon leur deliberation ils feront. Et se aucun marchand vient au marché à Beauvais, & aucun ly forfaict dedans la banlieuë d'icelle Cité, si clameur d'icelle vient au Maire & aux Pairs, & ly marchant trove son malfaicteur dedans la ville, les Maire & les Pairs sur ce selon leur deliberation feront iustice: si le marchāt n'est de leurs ennemis. & se chil mal-faicteur va à aucun receptacle, & le marchant, ou le Maire, & les Pairs envoyent à iceluy, & il satisfit au marchant, & il preuve luy non avoir faict le forfaict, ce sera assez à la Commune. Se à decertes il ne faict l'vn ou l'autre, vengeance sera faicte de ly selon l'ordonnance du Maire & des Pairs, se il peut estre prins dedans la ville.

Nul adecertes, fors que nous & no Bailleu, pourra conduire en icelle Cité homme qui à homme de Commune aura forfaict, se le forfaict ne vient amender selon la deliberation du Maire & des Pairs. Voir' se l'Evesque de Beauvais ignoramment avoit emmené en la Cité aucun qui eut forfaict à homme de la Commune, puisque monstré luy aura esté, en nulle maniere apres ce il ne l'ameinera, fors par le conseil du Maire & des Pairs. Et celle fois le pourra ramener. A decertes en vn chacun des moulins deux Ioënnes seront tant seulement. Que si aucuns plusieurs ioennes, ou autres mauvaises coustumes veut imposer es moulins, & de ce clameur vient aux Maire & Pairs, ils feront iustice à celuy qui se plaindra selon leur deliberation. Apres si ly Evesque de Beauvais veut aller à noz trois Cours, & à chevauchies, il prendra tant seulement trois chevaux à chacune cour : mais le cheval d'homme estrange il ne pourra prendre en nulle maniere. Et s'a redemption d'aucun home, il ou ses valets prend pour cheval, il ne deura prendre apres ce aucun cheval en lieu d'iceluy. Se à decertes il en veut prendre plusieurs, se la clameur de ce vient aux Maire & Pairs, il luy feront aidas droicturellemēt selon leur opinion à celuy qui de ce fera complaincte. Item si l'Evesque de Beauvais nous veult enuoyer poisson, il prendra vn cheval. Nul hōme à decertes de la Commune ne croira, ne prestera sa pecune à ses ennemis, tant comme la guerre durera : car s'il fait, il sera pariure, & si prouvé est qu'il leur ait presté, ou baillé aucune chose, iustice sera faicte de luy si comme les Maire & Pairs le delibereront. Et se aucune fois ils yssent contre leurs ennemis, nuls d'eux avec leurs ennemis ne parlera, se n'est par la licence du Maire & des Pairs. En sus que tous, si aucun de la Cōmune croit à aucun de la Cité sa pecune, & celuy à qui elle sera creuë defuyë à aucun receptacle : le Seigneur du receptacle, la clameur de ce oye, rendra la perte, ou mettra hors de son receptacle le debteur : & s'il ne faict l'vn ne l'autre,

iustice

D'VNE PART. DES CES MEMOIRES.

iustice sera faicte selon la deliberation du Maire & des Pairs des hommes d'iceluy receptacle, se trouvez sont. Item quiconque ostera la pecune d'aucun homme de la Commune, & yra à aucun receptacle, se clameur de ce vient aux Maire & aux Pairs d'icelle, se trouvé peut estre, & des hommes & des choses du receptacle, Iustice sera faicte selon la deliberation du Maire & des Pairs, si la pecune n'est rendue. A l'extension adecertes des draps, les pendoüers doivent estre fichez en terre par esgal hautaige: Et quiconque des pandoüers, ou des pendans draps, ou des choses appendans aura faict forfachon, se de ce clameur vient au Maire & aux Pairs, Iustice sera faicte selon la deliberation du Maire & des Pairs. A decertes voies vng chacun de la Commune, qui de la pecune qu'il crera à aucun estrange, il soit seur, car pour ce nul ne sera prins, s'il n'est debteur ou pleige. Apres ce, nul qui aura iuré ceste Commune de la ville, ne la Commune de la ville, pour aucune cause, ne laira, ne ira dehors la fermeté de la Cité. Item s'il advient qu'aucun de la Commune ait acheté aucun heritage, & par an & iour il l'ait tenu & edifié: quiconque apres ce viendra & le pourchassera par rachapt, sur ce ne luy sera respondu: mais demeurera l'achepteur en paix.

Treze Pairs seront esleuz en la Commune, desquels si les Pairs & chil que le conseil auront iuré donnent conseil, l'vn sera faict Maire ou deux. Ly Maire adecertes & les Pairs iureront que nully de la commune par amitié ils ne deporteront, ou nully pour inimitié ne blescheront, & selon leur opinion feront en toutes choses droicte deliberation. Adecertes, tous autres iureront qu'à la deliberation du Maire & Pairs ils seruiront & obeyront à la Iustice. A decertes icelle deliberation qui par le Maire & Pairs sera faicte à la Commune de Beauvais, nous octroyons & confirmons. Octroyons adecertes que ceste presente charte pour nulle cause hors de la Cité ne sera portee: & quiconque contre icelle voudra parler, pource que nous l'auons confirmé & asseuré, il ne luy sera en rien respondu. Et afin que ce soit chose ferme & stable, nous avons confirmé ceste presente charte, & de l'auctorité de nostre seel, & de la caractere cy dedans annotee. Faict l'an de l'incarnatiõ de Nostre Seigneur mil cent quatre vingts deux, l'an trois de nostre Regne, astans & presens en nostre Palais ceux de qui les noms & les signets sont cy dessoubs mis: Guyon, Bouteillier, Mahieu, Chambellant, Drieu, Conestable.

ALIA CHARTA PHILIPPI II. REGIS.

MCLX-XXII.

IN nomine sanctæ & individuæ Trinitatis Amen. Philippus Dei gratia Francorum Rex. Noverint universi, quod Communiam illam, quam ab antecessoribus nostris multa ante tempora homines Belvac. habuerant, sicut instituta prius fuit & iurata, cum consuetudinibus quas præsens charta continet, salua fidelitate nostra illis concedimus & confirmamus. Consuetudines autem istæ sunt.

Vniversi homines infra muros civitatis & in suburbio commorantes, in cuiuscunque terra maneant, Communiam iurabunt: nisi forte ex consilio Maioris & Parium & eorum qui Communiam iuraverunt, aliqui remanserint.

Alter alteri infra firmitates villæ interius rectè secundum suam opinionem auxiliabitur.

Et quicumque forefecerit homini qui hanc Communiam iuraverit, Maior & Pares Communiæ, si clamor ad eos inde venerit, de corpore suo vel de rebus suis iustitiam facient: nisi secundum deliberationem eorum emendaverit. Si verò ille, qui forefactum fecerit ad aliquod receptaculum perrexerit, Maior & Pares Communiæ dominum receptaculi, vel eum qui loco eius erit, super hoc convenient. Et si de illo inimico suo eis satisfacere noluerit, de rebus vel de hominibus eiusdem vindictam facient secundum deliberationem ipsorum.

Et si mercator aliquis Belvacum ad mercatum venerit, & aliquis ei infra banleucam illius civitatis forefecerit, si clamor inde ad Maiorem & Pares venerit, & mercator malefactorem suum invenerit, Maior & Pares super hoc secundum deliberationem ipsorum iusticiam facient, & mercator ille de hostibus suis non fuerit: & si mercator ad aliquod ierit receptaculum, & mercator vel Maior & Pares ad illum miserunt, si ille malefactor satisfecerit, vel probare poterit se forefactum non fecisse, satis erit Communiæ. Si verò neutrum fecerit, vindicta fiet de eo secundum deliberationem Maioris & Parium, si infra villam capi poterit.

D'VNE PARTIE DE CES MEMOIRES. 283

Nemo autem præter nos & dapiferum nostrum conducere poterit in civitatem illam, hominem qui homini de Communia illa forefecerit, nisi forefactum secundum deliberationem Maioris & Parium emendare venerit.

Verùm si Episcopus Belvac. ignoranter adduxerit in civitatem aliquem qui homini de Communia forefecerit, postquàm ei ostensum fuerit, nullomodo eum postea adducat, nisi consilio Maioris & Pariũ: & ea vice reducere poterit.

In vno quoque molendinorum duo tantum stumones erunt. Quòd si aliquis plures stumones, vel alias malas consuetudines imponere voluerit in molendinum, & inde clamor ad Maiorem & Pares venerit, illi qui inde clamaverit secundum deliberationem ipsorum iusticiam facient.

Præterea, si Episcopus Belvac. ad tres Curias nostras, & ad exercitus ire voluerit, tres equos tantum ad vnamquamque Curiam accipiet, sed equum extranei hominis nullo modo capere poterit. Ac si redemptionem de aliquo homine, vel ipse famulus eius pro equo acceperit, nullum alium loco illius postea capere poterit. Et si vero plures capere voluerint, si clamor ad Maiorem & Pares inde venerit, auxiliatores erunt rectè secundum suam opinionem qui querimoniam inde fecerit.

Item si Episcopus Belvacensis nobis pisces aliquando mittere voluerit, vnum equum capiet.

Nullus etiam homo de Communia pecuniam hostibus suis crediderit, vel accommodaverit, quandiu guerra duraverit: quod si fecerit, periurus erit. Et si coniuratus fuerit quicumque eis tradidisse vel accommodasse, iustitia de eo fiet, prout Maior & Pares deliberabunt. Et si aliquando contra hostes suos Communiæ extra villam exierit; nullus eorum cum hostibus suis loquetur, nisi Maioris & Parium licentia.

Insuper, si quis de Communia alicui de civitate pecuniam suam crediderit, & ille cui crediderit ad aliquod receptaculum deffugerit, dominus receptaculi inde audito clamore aut credita reddet, aut debitorem de suo habitaculo eiiciet. Et si neutrum fecerit, de viris illius receptaculi, si inventi fuerint, secundum deliberationem Maioris & Parium iustitia fiet.

Item quicumque pecuniam alicuius hominis de Communia auferet, & ad alium receptaculum perrexerit, & inde clamor ad Maiorem

Nn ij

& Pares venerit, de illa si inveniri poterit, & de hoc & de rebus receptaculi secundum deliberationem Maioris & Parium iustitia fiet, nisi pecunia reddatur.

Ad extentionem quoque pannorum penditoria æquali altitudine in terra affigi debent, & quicumque de penditoriis vel de pannificio, vel de rebus pannificio appendentibus forefactum fecerit: si inde ad Maiorem & Pares clamor venerit, iustitia fiet secundum deliberationem Maioris & Parium.

Videat etiam vnusquisque de Communia quod de pecunia, quam alicui extraneo crediderit, sit securus: quia propter hoc nemo capietur, nisi debitor aut fideiussor extiterit. Præterea nemo qui hanc Communiam iuraverit, nec villæ Communia propter causam aliquam extra firmitatem civitatis ibit.

Item si contigerit, quod aliquis de Communia hæreditatem aliquam emerit, per annum & diem tenuerit, & ædificaverit, quique postea veniet per redemptum calumniabitur super hoc, ei non respondebitur, sed emptor in pace remanebit.

Tresdecim Pares in Communia eligentur, de quibus si Pares & illi qui consilium iuraverunt consilium dederint, vnus Maior fiet, vel duo.

Maior vero & Pares iurabunt, quòd neminem de Communia propter amicitiam deportabunt, vel neminem propter inimicitiam lædent, & secundum suam opinionem rectam in omnibus facient deliberationem. Omnes enim alij iurabunt, quòd deliberationi Maiorum & Parium obsequentur & favebunt.

Iustitiam verò illam & deliberationem, quæ per Maiorem & Pares Communiæ Belvacen. fiet, concedimus & confirmamus. Concedimus etiam, quòd præsens Charta propter nullam causam extra civitatem portabitur, & quisque contra illam loqui voluerit, quoniam illam confirmamus & assecuravimus, illi nequaquam respondebitur. Quod vt ratum & inviolabile permaneat, sigilli nostri auctoritate & regni nostri charactere inferius annotato præsentem paginam fecimus communire. Actum anno gratiæ millesimo centesimo octuagesimo secundo, anno III. Regni.

DIPLOMA INNOCENTII III. PAPÆ.

INnocentius Episcopus seruus seruorum Dei, venerabili fratri Bel- MCCXII. vacensi Episcopo, Salutem & Apostolicam bened. Cùm contingit interdum in tua diocesi, quod constante matrimonio mulieres alienationibus super rebus dotalibus, & in donationem propter nuptias sibi datis sponte consentiant, ne contra vlterius veniant proprio iuramento firmando, ac soluto processu temporis matrimonio, contra venire nitantur, vtrum eis hoc liceat à nobis tua fraternitas requisiuit. Nos autem fraternitati tuæ taliter respondemus, quòd & si mulierum consensus in talibus non videatur obligatorius secundum legitimas sanctiones, ne tamen tali prætextu viam contingat periuriis aperiri, mulieres ipsæ seruare debent huiusmodi iuramenta sine vi & dolo, sponte ac pro fide præstita: cùm in alterius præiudicium non redundant, nec obseruata vergunt ad dispendium salutis æternæ. Præterea requisisti cùm aliqua prædia, de quibus Ecclesiis aut personis Ecclesiasticis decimæ soluebantur, ad Cisterciensem ordinem donationis, vel emptionis, aut alio titulo deuoluuntur, an ijdem fratres de talibus prædiis, ipsis Ecclesiis vel personis decimas soluere teneantur. Super quo tibi tale damus responsum, quòd cum prædictis fratribus à sede Apostolica sit indultum, vt de laboribus suis quæ proprijs manibus vel sumptibus excolant, decimas nulli prorsus persoluere teneantur, de prædiis taliter acquisitis, Ecclesiis vel personis Ecclesiasticis decimas soluere non tenentur, dummodo proprijs manibus eorum, seu sumptibus excolantur. Cùm autem in quibusdam parochiis ad quasdam Ecclesias vel personas Ecclesiasticas ab antiquo pertineat perceptio decimarum, & de nouo fiant nouaria in eisdem, quæris à nobis ad quem huiusmodi nouarium decima debeat pertinere. Vnde inquisitioni tuæ breuiter respondemus, quòd cum perceptio decimarũ ad parochiales Ecclesias de iure cõmuni pertineat, decimæ quoque nouarium, quæ fiunt in parochiis earũdẽ, ad ipsas proculdubio pertinere noscuntur: nisi ab hiis qui alias percipiunt decimas, causa rationabilis ostendatur, per quam appareat nouarium ad eos decimas pertinere. Insuper postulasti an cum aliqui clerici deputati capituli seruitio Beluacen. vel aliorum Clericorum tuæ diocesis super criminibus impetuntur, cogendi sint coram te vel potius coram illis, quibus seruiunt, conquerentibus respondere, cùm illi sibi iurisdictionem huiusmodi vendicare contendant, licèt illos excommunicare non valeant, nec alios etiam coërcere. Super quo fraternitati tuæ taliter duximus respondendum, quòd ad te, vt pote ordinarium iudicem, debent de talibus conquerentes habere recursum, maximè si super hiis criminibus impetuntur, quæ in tua dinoscuntur diocesi commisisse. Nisi forsitan hij, quibus delinquentes ipsi deserviunt, ex indulgentia vel consuetudine speciali iurisdictionem huiusmodi sibi videant vendicare. Datum Laterani xvi. Kal. Iunij, Pontificatus nostri anno tertio decimo.

ALIVD DIPLOMA EIVSDEM INNOCENTII.

MCCXV. Innocentius Episcopus seruus seruorum Dei dilectis filijs Abbati & conuentui S. Dionysij Pariensis salutem & Apostolicam benedictionem. Vtrum gloriosus Martyr & Pontifex Dionysius, cuius venerabile corpus in vestra requiescit Ecclesia, sit ille censendus qui Areopagita vocatur ab Apostolo Paulo conuersus, diuersæ sunt sententiæ diuersorum. Quidam autem fatentur Dionysium Areopagitam in Græcia fuisse mortuum & sepultum, aliumque Dionysium extitisse qui fidem Christi Francorum populis prædicauit; alij vero asserunt post mortem B. Pauli venisse Romam & à S. Clemente Papa in Galliam destinatum, aliumque fuisse qui mortuus in Græcia & sepultus: vtrumque tamen egregium, opere & sermone præclarum. Nos autem neutri volentes præiudicare sententiæ, sed vestrum cupientes honorare monasterium quod immediate ad Romanam spectat Ecclesiam, sacrũ S. Dionysij pignus, quod bonæ memoriæ P. tit. S. Marcelli presbyter Cardinalis, tunc Apostolicæ sedis legatus de Græcia tulit in vrbe, vobis per dilectum filium Henricum Priorẽ & quosdam alios nuncios monasterij vestri ad generale Cõcilium destinatos deuotè dirigimus, vt cum vtrasque reliquias habueritis, nulla de cætero remaneat dubitatio, quia sacræ S. Dionysij Areopagitæ reliquiæ apud vestrum Monasterium habeantur. Vos igitur eas reuerenter suscipite, hanc nobis vicissitudinem rependentes, vt in orationibus vestris specialis semper ad Dominum cõmemoratio nostri fiat, & secundum oblationem eorumdem nunciorum vestrorum anniuersaria obitus nostri memoria solenniter celebretur. Omnibus autem qui ad has sacras reliquias venerandas devote convenerint X L. dies de iniunctis sibi pœnitentijs authoritate Apostolica relaxamus. Nulli ergo homini omnino liceat hāc paginam nostræ concessionis, & remissionis infringere, vel ei ausu temerario contraire. Si quis autem hoc attentare præsumpserit, indignationem omnipotentis Dei, & Sāctorum Petri & Pauli Apostolorum eius se noverit incursurum. Data Laterani Prid. Non. Ianuar. Pontificatus nostri anno XVIII.

CHARTA PHILIPPI II. REGIS.

PHilippus Dei gratia Francorum Rex dilectis & fidelibus suis Giloni de Versalijs, & Reginaldo de Beptisiaco salutem & dilectionem. Mandantes vobis præcipimus, quatenus dilecto consanguineo & fideli nostro Episcopo Belvacensi faciatis fieri fidelitatem ab omnibus hominibus Belvacen. tam Maioribus quàm iuratis, & alijs omnibus qui sunt de Communia, sub hac forma, Quod vnusquisque iuret per se super sacrosancta; quod bona fide servabit corpus & membra Episcopi, & vitam suam, & honorem suum, & catalla, & iura sua salua fidelitate nostra. Fidelitatem autem nostram prius ab eisdem capiatis sub eadem forma. Actum Melduni anno Domini millesimo ducentesimo decimo sexto, mense Martio.

MCCXVI.

CHARTA IOANNIS DE CREPICORDIO.

VNiversis præsentes literas inspecturis Ioānes de Crepicordio miles salutem in Domino. Notum vobis fieri volo quod cum inter reverendum patrem R. Dei gratia Belvacensem Episcopum ex vna parte, & me ex altera contentio verteretur super hoc, quod ego ab antecessoribus dicti Episcopi, Milone videlicet, & Gaufrido bonæ memoriæ quondam Episcopis Belvacen. petieram, & ab ipso petebam medietatem terræ quæ fuerat Guillermi de Gerboredo cum toto manerio eiusdem Guillermi sito in castro Gerboredi, quæ omnia ad me iure hæreditario tanquam ad hæredem proximiorem pertinere dicebam. Et quia inter bonæ memoriæ Ph. quondam Belvacensem Episcopum, & Ingeranum patrem meum talis intervenerat compositio, quod post decessum ipsius Ph. prædicta ad dictum Ingeranum, vel hæredes suos devenire debeant; & ipse Philippus ante dictus in tota vita sua te-

MCCL.

nere debebat, secundum quod asserebam in literis dicti Ph. super hoc confectis contineri. Tandem bonis viris mediantibus, inter dictum R. Episcopum & me talis intervenit compositio; quòd ipse mihi tenetur assignare viginti quatuor libratas terræ ad monetam Parisiensem in Castellania Gerboredensi secundum æstimationem nobilium virorũ, Domini Nevelonis de Roquerol, & Domini Theobaldi de Cressonsart: quam terram mihi & hæredibus meis concedit in perpetuum iure hæreditario possidendam, & ab ipso & successoribus Episcopis Belvacen. in feodum & homagium tenendam: Ita quòd pro prædictis viginti quatuor libratis terræ, & pro terra quam teneo ab ipso apud Rotengi, ipsis neque successoribus suis Episcopis Belvacen. ego nec hæredes mei tenebuntur facere nisi vnicum homagium: & pro prædictis viginti quatuor libratis terræ ego & filij mei, Reginaldus scilicet & Edardus, & domina Alidis vxor mea, quittamus in perpetuum dicto Episcopo & successoribus suis quicquid iuris habebamus vel habere poteramus iure hæreditario, seu conventionis, sive alio quocunque iure, in rebus petitis: & fide data promisimus quod per nos, vel per alios contra prædictam compositionem non veniemus: & renunciamus literis dicti Philippi & Milonis & aliis omnibus quæ super his nos poterant iuvare, & dictum Episcopum vel successores suos gravare. Et infra mediam quadragesimam debet fieri assignatio terræ supradictæ. Et si fortè contingeret dictos N. & Th. vel alterum ipsorum interim decedere, prædictus Episcopus loco dicti Th. alium subrogaret, & ego loco dicti N. similiter alium subrogarem. Et infra Pascha proximè venturum debet dictus Episcopus mihi tradere litteras Domini Regis & Capituli Belvacen. confirmatorias super compositione prædicta. Et cùm requisitus fuero à dicto Episcopo, debeo ad dominum Regem accedere, & ipsum rogare, vt prædictæ litteræ suæ habeantur. In cuius rei testimonium præsentes literas sigilli mei munimine feci roborari. Actum Belvaci anno Domini millesimo ducentesimo quinquagesimo, die Dominica post Nativitatem Domini.

EPISTOLA CLEMENTIS IV. PAPÆ.

MCCLXVI Dilecto filio Magistro G. de sancto Amore. Si circa veritatis elaboras indaginem, si cautelas etiam colligis ex scripturis, dum tamẽ sobrius inquisitor existas, & acumen evites scandali; non te credimus arguendum.

arguendum. Sed cauendum est tibi ne præteritorum tuo hæreat animo nimis tenax memoria, & sub doctrinæ specie, detractorum colores, insidias, vel illam obiurgationem merearis audire, qua Paulum tetigit Festus, dicens, Te multæ litteræ faciunt insanire. Sane libellum nouum euoluere cœpimus quem misisti, qui licet interdum alias auras circuat, veterem tamen multum sapit. Et cum excussus & discussus coloratior in aliquo videatur, totam primi substantiam videbitur retinere. Verum quia totum non legimus, nihil tibi possumus respondere, nisi quod provida diligentia cor tuum munias, ne sub boni specie te seducat qui se vt lateat in Angelum lucis transfigurat. Nos autem cum legerimus hoc opusculum, & aliis amatoribus veritatis, & eandem intelligentibus communicauerimus, tunc quod nobis videbitur tibi dabimus intimare. Sed quia res forsitan abibit in longum propter negotiorum instantiam quæ de mundi diversis partibus nos solito acrius inquietant, dilectum filium Mag. Thomam supradicti præsentatorem operis vltra volumus detinere. Datum Viterb. x v. Calend. Nou. anno 11.

ARESTVM CVRIÆ REGIS.

ORta quæstione inter Dominum Regem ex vna parte, & Episcopum Belvacensem ex altera, super iusticiatione corporis totius Communiæ Belvacensis, & pendente quadam Aprisia, quæ mandata fuit fieri super dicta iusticiatione in manu Domini Regis, non tanquam in manu partis, sed tanquam in manu superioris, interim remanente, dictus Episcopus petiit expeditionem dictæ Aprisiæ accelerari. Nam pro retardatione ipsius Aprisiæ, sibi & Ecclesiæ super iustitia sua Belvacensi, magnum periculum imminebat, & occasione huiusmodi iusticiare non poterat Guillermū Viæriū Maiorem Belvac. super quadam recussa, quam gentibus suis fecerat de quodā equo apud Belvacum ad pretium ipsius Episcopi, quem ceperant pro negotiis ipsius Episcopi, quia dictus Maior dicebat quod dictū equū prius ceperat pro negoriis Communiæ, & de facto pertinente ad Communiam, coram dicto Episcopo respondere nolebat, & sic posset dicere de quolibet casu. Quare petebat dictus Episcopus super hoc remedium adhiberi. Audita petitione ipsius Episcopi, & deffensione Maioris, dominus Rex

MCCLX-
XIV.

quantum ad dictam rescussam pertinet amovit manum suam. Item dictum fuit per arrestum quod in Aprisia prædicta testes de Communia Belvacensi non reciperentur, quia commodum spectat ad eos. Datum Parisiis, anno Domini, millesimo ducentesimo septuagesimo nono, in Parlamento omnium Sanctorum.

PACIS CONCORDIA INTER EPISC.
& Maiorem ac Pares Belvacen.

MCCLXXVI.

PHilippus Dei gratia Francorum Rex. Notum facimus vniuersis tam præsentibus quàm futuris, quod cù inter dilectum & fidelem nostrum Simonem Episcopum Belvacen. ex vna parte, & Maiorem & Pares Communiæ Belvacen. ex altera, super diversis articulis inferius contentis contentio verteretur: tandem dilectis & fidelibus nostris venerabili patre S. Dei gratia tit. sanctæ Ceciliæ presbytero Cardinali Apostolicæ sedis legato, Ansoldo de Offemont Milite, & Magistro Thebaldo de Ponceyo Cantore Remen. clerico nostro, à nobis propter hoc apud Belvacum missis mediantibus, dictæ partes post altercationes plurimas, & tractatus varios super prædictis articulis, ad hanc pacis concordiam devenerunt. Videlicet quod dictus Episcopus pro se & Ecclesia sua ex vna parte, & dicti Maior & Pares pro se & Communia sua ex altera, salvo & expressè dicto à partibus se habere spem quod super quibusdam articulis quos tenebant pro duris, possemus moderamen apponere, prout videremus bonum esse, coram prædictis legato, Ansoldo, & Theobaldo concordaverunt, Quòd qualitercumque vsque ad hæc tempora fuerit, amodo dicti Maior & Pares de aliquo maleficio, seu de aliqua querela ex officio suo non poterunt se intromittere, & debebunt: videlicet nisi clamor aut querimonia prius ad eos deferatur, præterquam in casu de treugis dandis, prout inferius continetur. Nec de aliquo maleficio seu querela, super quibus querimonia primitus delata fuerit ad Episcopum vel ad gentes suas.

Veruntamen idem Episcopus vel iusticiarij sui non poterunt nec debebunt inhibere hominem de Communia, vel compellere hominē de Communia, vel ligare per fidem, seu per iuramentum, vt alius quin se possit conqueri dictis Maiori & Paribus si velit, prius-

D'VNE PARTIE DE CES MEMOIRES.

quam Episcopo vel iustitiæ suæ, vel quin possit pacificare cum adversario suo absque licentia & assensu dicti Episcopi vel iustitiæ suæ, salvo iure dicti Episcopi : nec de aliquo maleficio, propter quod malefactor amittere debeat vitam vel membrum, licet prius ad ipsos quàm ad Episcopum, vel iustitiam suam, ipsius maleficij querimonia deferatur, etiam si contingeret Maiorem vel aliquem de Paribus ab aliquo de Communia percuti. Nec amodo potestatem vel auctoritatem habebunt dicti Maior & Pares faciendi afferri dolabrum & maleum ad scindendum pugnum illius qui Maiorem percusserit, vel vnum de Paribus. Nec eidem poterunt auferre membrum : sed poterunt dictum malefactorem punire grauius in denariis vel bachiis tanquam si simplicem iuratum percussisset. Nec poterunt dicti Maior & Pares cognoscere de plaintis siue discordiis hæreditatis, licet prius ad eos quàm ad Episcopum vel iustitiam suam querimonia deferatur : videlicet de re pertinente ad hæreditatis fundum. Sed si aliquis de Communia sua priùs conqueratur eis quàm Episcopo vel genti suæ, super eo quod aliquis vicinus suus gutteriam domus suæ posuerit aliter quàm non debeat, vel non sit talis qualis esse debeat, ex quo sibi damnum emineat : vel si sit discordia de clausura pendenti, vel praua, ex quo damnum fiat, vel apparet debere venire : vel quod paries vicini sui pendeat super domum suam, tali modo quod appareat ex hoc damnum posse venire ; in talibus casibus poterunt dicti Maior & Pares recipere clamores, & cognoscere de querelis, & facere emendari quæ emendanda fuerint secundum esgardum, dictum, & rationem carpentariorum & cæmentariorum iuratorum, & ad hoc constitutorum ab eis. Qui carpentarij & cæmentarij, quando ad hoc per dictos Maiorem & Pares electi fuerint, tenebuntur facere iuramentum dicto Episcopo vel iustitiæ suæ apud Belvacum commoranti, velut prædictis Maiori & Paribus, de officio suo prædicto fideliter faciendo. Et si contingeret quod aliquis de Communia faceret alij eiusdem Communiæ plagam cum cultello, ense, baculo, vel petra, vel aliqua alia armatura, dicti Maior & Pares non poterunt cognoscere nec se intromittere de dicto, quandiu plaga erit aperta, licet super hoc ad eos priùs clamor perueniat quàm ad Episcopum vel ad gentes suas : præter quàm in hoc quod pro securitate & bono communi dictæ villæ, ex officio suo poterunt præcipere ambabus partibus sub certa pœna argenti, quòd dent sibi ad inuicem treugas vsque ad certum tempus. Sed nemini poterunt præcipere quòd det assecurationem. Et si ille vel aliquis ex illis, cui vel quibus præceperint dare treugas, eas dare non vellent, propter hoc eos non poterunt congeare: sed eos poterunt deaduoare de Communia sua, & tunc requirere dictum Episcopum vel iustitiam suam, quòd eos compellet ad dandas treugas vsque ad terminum ab eis statutum, & ad soluendam pœnam commissam pro eo quòd noluerunt dare treugam, prout ab ipsis fuerat ordinatum: & dictus Episcopus vel iustitia huiusmodi requisitionem facere, & compellere tenebuntur infra tres dies postquam requisiti fuerint, per captionem corporum & bonorum illorum, qui dictam treugam dare noluerunt, vel expellendo eos extra villam Beluacen. Et si dictus Episcopus vel iustitia sua hoc non fecerit infra dictos tres dies, Maior cum duobus Paribus suis poterit nos adire, & nos requirere, quòd nos teneri faciamus illud quod de dictis treuga & pœna per ipsos fuerit ordinatum. Et si forsitan aliquis diceret quòd dictus Episcopus vel iustitia sua non fuissent super hoc requisiti prout debuissent, vel quod non essent super hoc in deffectu, Maior & Pares qui ad nos venerint, asserere tenebuntur sub iuramento nobis ab ipsis præstito, quod dictus Episcopus vel mandatum suum, super hoc fuerint sufficienter requisiti, & quod infra dictum terminum facere noluerunt, & super hoc credetur eis sine alia probatione.

Item fuit à predictis partibus concordatum, quod si de vulnere aperto, post quam sanatum fuerit, aliquis voluerit conqueri dictis Maiori & Paribus priusquam Episcopo vel genti suæ, super hoc poterunt cognoscere, etiam si sit ibi mahaingnium, non tanquam ad hoc quod pro mahaingnio pœnam infligant: sed malefactori poterunt præcipere vt emendet læso iuxta vsum villæ prout talis est, prout recognouerunt partes. Et de plaga siue mahaingnio ratione sanguinis viginti soluos & tres denarios consueuerunt solui cum expensis & custibus factis à læso in læsione sananda. Et si læsus sit homo laborator, cum iorneiis suis quas perdiderit ratione dictæ plagæ: & si esset ibi mahaingnium, & læsus esset homo qui consueuisset de labore corporis sui vel membrorum viuere, & pro dicto mahaingnio laborare non posset, esgardare poterunt secundum conditionem personarum & qualitatem mahaingny aliquam summam pe-

D'VNE PART. DE CES MEMOIRES. 293

cuniæ competentem, & malefactori præcipere, vt vna cum emenda prædicta ipse vel hæredes sui, si decederet, soluant læso quolibet anno quamdiu vixerit dictam summam: & insuper quod malefactor eis soluat emendam secundum qualitatem delicti. Et si malefactor eis præmissis obedire non vellet, illum propter hoc congeare non poterunt, sed ipsum poterunt deadvoare de sua Communia, & tunc Episcopum requirere vel iustitiam suam vt compellat dictum malefactorem per captionem corporis, vel bonorum, vel expellendo eum à villa, ad faciendum ea quæ super hoc ordinanda duxerint, vel etiam esgardanda. Et Episcopus vel iustitia sua tenebuntur facere & complere huiusmodi requisitionem infra tres dies postquam super hoc fuerint requisiti. Et si Episcopus vel iustitia sua dixerint eos in dicto negotio non processisse prout debuissent, vel quod casus esset talis, de quo cognoscere non debuissent: si Maior & duo de Paribus suis assererent per iuramentum ab ipsis dicto Episcopo præstitum, casum esse talem quòd de eo cognoscere possunt iuxta ordinationem & concordationem coram prædictis legato Ansoldo & Th. factam, & secundum quod in præsenti litera continetur, & quod in dicto negotio processerunt fideliter & bona fide, Episcopus vel iustitia sua ad aliquid aliud eos vlterius coartare non poterunt, imo tenebuntur facere requisitionem prout superius dictum est. Et nisi fecerint infra terminum supradictum: Maior cum duobus de Paribus suis poterit nos adire, si fuerimus ita propè Parisius, sicut Turonis, vel Bituris, vel propiùs, & requirere quod teneri faciamus quod ordinaverūt siue esgardaverunt. Et si forsitan aliquis diceret, quod Episcopus vel iustitia sua non fuissent super hoc requisiti prout debuissent, vel non fuissent super hoc in deffectu, dicti Maior & Pares qui ad nos venerint tenebuntur per iuramentum suum factum ab eis nobis dicere, quod dictus Episcopus vel eius mandatum super hoc requisiti fuerunt sufficienter, & quod nō fecerint quod debuerint infra terminum supradictū, & per hoc credetur eis in hac parte absque genere alterius probationis. Et nos tūc si nobis placuerit, poterimus dicto Episcopo præcipere, & eum cogere per captionē bonorum suorum, ita quod ei non fiet iniuria, ad compellendum deaduoatum à Communia venire ad obedientiam dictorū Maioris & Pariū, prout ab eis fuerit perloquutū. & si nos essemus longius Parisius, quā Turonis vel Bituris, vbilibet, non tenerētur nos adire dicturi, facturi, vel requisituri quod cogeremus dictum

Oo iij

Episcopum in modo supra dicto, imo ad Ballivum nostrum Silvane-
ctensem, quem ad hoc ponimus loco nostri in dicto casu, specialiter ire
poterunt, & eum requirere, quod compellat dictum Episcopum per captionem bonorum suorum ad compellendum deadvoatum à Communia venire ad obedientiam dictorum Maioris & Parium, prout superius continetur. Et facto ab eis coram dicto Ballivo iuramento super
requisitionem & super defectum Episcopi in forma supra dicta, Balli-
vus poterit compellere dictum Episcopum, ita quod per hoc ei non fiet
iniuria, ad hoc faciendum, prout nos faceremus si essemus propius
Parisius. & similiter in casu treugæ. Item si contingeret quod aliquis
de Communia Belvacen. diceret convitia alicui alij de eadem Communia, qui non esset Par, vel eum percuteret cum manu, vel cum pe-
de, dicti Maior & Pares super hoc poterunt cognoscere, si querimonia
priùs ad eos deferatur, quam ad Episcopum vel gentem suam, etiam
si esset sanguis de naso vel de ore, aut de vnguibus, poterunt præcipere
illi qui convitia dixerit aut forefecerit, iurare vsum villæ qui talis est.
Scilicet quinque solidos pro maledicto vel pro forefacto, quando sanguis non est: & si esset ibi sanguis, viginti solidos & tres denarios.
Et similiter eidem præcipere poterunt, quod eis emendet. Et nisi super hoc eis obedire voluerit, ipsum propter hoc congeare non poterunt, imo eum poterunt de sua Communia deadvoare, & tunc
requirere dictum Episcopum, aut iustitiam suam, vel propter eorum deffectum, nos, prout superius dictum est in articulo proxi-
mo superius denotato. Et huiusmodi cognitionem siue iustitiam,
quam dicti Maior & Pares habebunt in casu prædicto in modo supradicto, ipsi habebunt etiam si casus vel forefactum evenerit de morte.
Item si aliquis de Communia sua conqueratur Maiori vel Paribus de
alio homine eiusdem Communiæ super debitis, vel mobilibus, aut catallis, antequam ad Episcopum vel ad gentem suam clamor super hoc
devenerit, ipsi poterunt facere venire coram se eum de quo conqueritur, & audita petitione sibi adversario suo facta, illi poterunt dicere quod confiteatur aut neget. Et si idem reus dicat, quod non vult
confiteri vel negare, aut stare iuri super hoc coram eis, imo alibi
vbi debebit, eum cogere non poterunt procedere in dicto negotio vlterius coram eis, imo ab eis recedere poterit quittus & liber. Et si contingeret quod ille, à quo petitur debitum, mobilia, catalla, coram eis
neget illud quod ab eo petitur; ipsum poterunt interrogare, si velit su-

per hoc suam inquestam expectare: & si dicat quod non, cùm coram eis, non velit super hoc stare iuri, imo alibi vbi debebit: ipsi eum cogere non poterunt in dicto negotio vlterius procedere coram eis, imo ab eis recedere poterit quietus & liber. Et si contingeret eum dicere, quod vellet eorum inquestam super hoc expectare, tunc ipsi poterunt inquirere. Et si per inquestam invenerint ipsum teneri ad hoc quod ab eo petitur, vel ab initio confiteatur absque inquesta expectanda, quod teneatur soluere, vel reddere illud quod ab eo petitur, ipsi poterūt ei præcipere quod soluat vel reddat infra quindecim dies ea quæ ab eo petuntur, super quibus confessus fuerit, vel convictus per inquestam, absque tamen appositione pœnæ. & nisi reddiderit vel soluerit ad terminum sibi ab eis præfixum, propter hoc ab ipso non habebunt emendam, nec ipsum poterunt deadvoare propter hoc de sua Communia, vel congeare de villa: imo poterunt ire in domum ipsius, vel mittere servientem suum iuratum, & eandem domum intrare si eam apertam invenerint. Sed vt eam intrent, frangere non poterunt hostium, vel fenestram, aut alium introitum. Et postquam, hostio invento aperto, ingressi fuerint, capere poterunt ea quæ de suo invenient in dicta domo, absque fractione hostij, vel fenestræ, vel archæ, aut sereuræ, seu alterius firmaturæ. Et si ille, super quem capient, vel alius pro eo nitatur rescurrere ea quæ capere voluerint, vel capient, aut ceperint, propter huiusmodi rescoussam non omittent quin capiant, & importent pro solutione facienda rei probatæ, vel confessæ coram eis: & tenebitur ille emendare rescussam, & si emendare noluerit, vel emendam soluere, ipsum propter hoc non poterunt congeare de villa, imo poterunt eum deadvoare de sua Communia. & tunc requirent Episcopum vel iusticiam suam, quod rescussam eis faciant emendari, & emendam solui. Et ipsi tenebuntur hoc facere in modo supra scripto in articulo de plaga sanata cum mehaingno, vel sine mehaingno. Et si Episcopus vel iustitia sua hoc non fecerint, dictus Maior cum duobus Paribus suis poterit nos adire in forma expressa in articulo eodem. Sed dicti Maior & Pares capere non poterunt occasione debiti, vel mobilium, aut catallorum confessorum aut probatorum coram eis, prout superius dictum est, in strata publica, in foro, siue in alterius domo: imo tantummodo in domo ipsius qui confessus fuerit, vel convictus eo modo quo superius est expressum.

Et sciendum est à partibus fuisse concordatum, quod exnunc in antea dicti Maior & Pares in aliquo casu congeare non poterunt hominem de villa Belvacensi, nec puniendo vti hoc vocabulo congeare, vel bannire: sed poterunt deaduoare de Communia sua, & requirere Episcopum, vel iustitiam suam, vel nos propter eorum deffectum, prout superius continetur.

Item super articulo de modo levandi tailliam assissam Belvaci per Maiorem & Pares dictæ villæ, fuit à partibus taliter concordatum, Videlicet quòd quando Maior & Pares tailliam suam assederint, & ad soluendum terminum præfixerint, ad nos venient, & nos requirent, vt nos per nostras patentes literas mandemus Episcopo vel iustitiæ suæ apud Belvacum commoranti si Episcopus esset absens, quod non impediat, imo permittat dictos Maiorem & Pares levare tailliam suam, prout ab eis assissa fuerit ad terminos ad hoc ab eis præfixos. Et postquam Episcopus, vel iustitia sua literas nostras prædictas receperint, Maior & Pares prædicti poterunt levare tailliam suam, & facere forciam si opus fuerit, & frangere hostia, fenestras, archas & serreuras & capere in mercato, & in vicis & per omnes domos illorum de sua Communia, Episcopo vel iustitia minimè requisitis. Nec poterit dictus Episcopus vel iustitia sua inhibere, disturbare vel impedire quin possint tailliam suam levare, prout est supradictum.

Item super eo quod dicti Maior & Pares dicebant, quod cum ipsi diu fuissent in possessione pacifica ponendi gentes ad manendum in portis villæ Belvacen. & in firmitatibus, Episcopus eos super hoc dessaisiverat amouendo eos quos ibi posuerant, & ponendo gentes alias ad manendum: fuit à partibus taliter concordatum, videlicet quia propter hoc quòd cives Belvacen. confessi fuerunt coràm prædictis legato, Ansoldo & Theobaldo, dominium portarum & clavium ipsarum portarum esse Episcopi, & quod gardam quam habent ibi haberēt ex parte ipsius Episcopi, & ab ipso, tali modo quòd quotiens apud Belvacum est de novo creatus Episcopus, sibi tenentur afferre claves portarum villæ, etiam si ex parte ipsius Episcopi super hoc non requirantur: & postquàm dictus Episcopus dictas claves aliquantulum tenuit, illas reddit eisdem, & tradit eis gardam portarum, forterciarum & murorū: & quod idem Episcopus quando placet sibi, potest capere & repetere iterum claves, & ipsi tenentur eas sibi reddere quotiens ab eodem Episcopo requiruntur.

Et

D'VNE PART. DE CES MEMOIRES.

Et dictus Episcopus voluit & concessit, quod gentes ab ipso positæ ad manendum in portis, & in fortericiis murorum amoueantur, & Maior & Pares ibi possint ponere alios ad manendum, prout extitit consuetum. Item super eo quòd dicti Maior & Pares dicebant, se esse in possessione pacifica à lōgè retroactis temporibus ponendi guettas siue excubias in ciuitate Belvacen. pro dicta villa custodienda de nocte, & quod dictus Episcopus eos super hoc minus iuste dessaisiverat, amouendo excubias ibi ab ipsis positas, ponendo alias auctoritate propria: fuit à partibus taliter concordatum, quod dictus Episcopus amouebit excubias quas ibi posuit, & Maior & Pares ibi ponent alias quotiens opus fuerit in futurum, accepta priùs super hoc licentia ab ipso Episcopo, vel eius iustitia apud Belvacum commorante. Et ita etiam quod dictæ excubiæ malefactores quos capient, in prisionem ipsius Episcopi adducere tenebuntur. Item super articulo drapariæ fuit à partibus taliter concordatum, videlicet quod Episcopus amodo patietur, quod Maior & Pares recipient pondus & ballancias drapariæ à teloneariis Belvac. & si sit discordia de suo pōdere, adiusticiabit ad pondus teloveariorum, ad quem hoc pertinet, & hoc tenet in feodum & homagium ab Episcopo. Et fuit insuper à partibus concordatum, quod Maior & Pares, quoniam melius cognoscunt probos & idoneos homines ministerÿ drapariæ, quàm Episcopus, eligent amodo sine impedimento & contradictione Episcopi vel suorum probos homines de ministerio sex, vel septem, vel plus, vsque ad decem, qui cavebunt seu curam gerent, quod draparia sit talis qualis debet esse. Et iurabunt Maiori & Paribus, & dicent sub iuramento ab eis Episcopo præstito, quod officium suum bona fide & fideliter exercebunt. Et si pannum inveniunt, in quo sit talis deffectus, quod secundum suum esgardum sit ardendus, Maior & Pares dictum pannum afferri facient in mercato Belvacen. & ligna & ignem ad ipsum ardendum, & scire facient infra horam tertiam iusticiæ Episcopi apud Belvacum commoranti, vt veniat ignem in lignis positurā pro dicto panno ardendo. Et nisi venerit & dictum pannum comburi non fecerit, infra horam qua pulsatur ad vesperas in Ecclesia sancti Petri Belvacen. extunc dicti Maior & Pares capere poterunt dictum pannum & illum dare hospitali Belvacen. sine licentia & assensu Episcopi, vel iustitiæ suæ. Et si deffectus panni non sit tantus, quod propter hoc iudicari debeat ad ardendum, & prædicti probi homines dicant quod scindi debeat, prædicti Maior

Pp

& Pares dictum pannum afferri facient in mercato Belvacen. & significabunt infra horam tertiam iustitiæ Episcopi Belvacensis, vt veniat scissura dictum pannum. Et dicta iustitia dicti Episcopi debebit & poterit scindi facere dictum pannum infra horam qua pulsatur ad Vesperas, vel qua consuetum est pulsari ad Vesperas in Ecclesia sancti Petri Belvacen. & peciæ panni scissi reddentur illi cuius fuerint : tali modo quod de necessitate eum vendat ad detaillium in villa Belvacen. Et si iusticia Episcopi, postquam super hoc requisita fuerit, sicut prædictum est, infra dictam horam dictum pannum scindi non fecerit, extunc Maior & Pares illum pannum poterunt scindi facere in mercato, vel in loco in quo tenent placita sua in aperto, & peciæ panni scissi reddentur illi cuius fuerit, tali modo quod oportebit ipsum dictum pannum vendere ad detaillium in civitate Belvacen.

Insuper concordatū fuit, quòd si pannus de quadraginta alnis vel de viginti rectum pondus suū nō habeat, si pannus de quadraginta alnis habeat duas libras vel minus de duabus minus de recto pondere, & pannus de viginti alnis vnam libram vel minus de vna libra minus de recto pondere, pannus propter hoc nisi fuerit defectus alius non comburetur, vel scindetur, imo remanebit sanus & integer illi cuius erit, sed soluet pro malo pondere pro qualibet libra quæ deficiet pro recto pondere, duodecim denarios: vel si minor sit defectus, iuxta quantitatem defectus, & dicti denarij erunt dictorum hominum, qui de dicto ministerio curam gerent. Et si defectus panni de quadraginta alnis duas libras excedat, vel defectus panni de viginti alnis vnam libram excedat, dictus pannus comburetur, vel scindetur, prout superius dictum est, secundum esgardum hominum prædictorum.

Item super articulo de modo citandi per Episcopum homines de Communia Belvacen. fuit taliter concordatum; Videlicet quod dictus Episcopus vel præpositus suus citare poterunt illos de Cūmunia Belvac. per servientem suum, serviente Maioris non vocato, vel præsente, & punire eos, qui ad citationem factam per solum servientem Episcopi non venerint pro deffectu, prout in villa Belvac. extitit consuetum.

Item fuit concordatū, quod ex nunc in antea Episcopus vel iustitia sua citari nō facient corā se illū de Cōmunia, de quo querimonia priùs delata fuerit ad dictos Maiore & Pares in casibus in quibus ad eos cognitio pertinebit (casus sunt expressi in articulis supradictis) dū tamen non sint in negligentia faciendi super hoc quod ad eos pertinebit.

Item concordatum fuit, quod in omnibus casibus supradictis, de quibus, vt dictum est, quod Maior & Pares possunt cognoscere, vel aliud facere in eisdem casibus: si Maior infirmitate detentus, vel aliâ de causa præpeditus interesse non posset, ille qui erit in loco Maioris cognoscere poterit, & facere cum Paribus ac si Maior esset præsens.

Item fuit concordatū, quod ex nunc in antea præpositus Beluac. vel aliquis alius eius iustitiarius detinere non poterūt hominē de Cōmunia Beluac. citatum corum eis, nec gardas ponere in domo sua pro debitis mobilibus vel catallis, nec in aliquo casu nisi fuerit pro crimine, dum tamen velit coram eis stare iuri, & super hoc bonam securitatem dare.

Item super gardia panis, de qua dicti Maior & Pares dicebant se de nouo per dictum Episcopum fuisse dessaisitos, concordatum fuit quod ex nunc in antea Episcopus instituet ad hoc idoneos homines de ministerio secundum quod sibi videbitur bonum esse.

Itē per nos & nostrā Curiā ordinatū extitit, quod dicti Maior & Pares de aliquo vsu, quā ex nunc in antea facerēt, vel facere possent, cōtra res prædictas concordatas, vel aliquas earūdē non possint in aliquo se iuuare, nec eis prodesse possit, nec eidē Episcopo, vec Ecclesiæ suæ nocere.

Item fuit per nos ordinatum, quod prædicta compositio siue pax eisdem Maiori & Paribus & chartæ suæ Cōmuniæ, & similiter Episcopo vel Ecclesiæ Beluacen. vel cartæ claræ memoriæ Ludouici Francorum Regis abaui nostri, quam ipse Episcopus habet, nocere siue præiudiciare non possit, præterquam in rebus contentis & expressis in ordinatione prædicta. Nos verò prædictam compositionem & omnia præmissa, prout superiùs continentur, rata & grata habentes, ad petitionē dictarum partium præsentibus literis nostrum fecimus apponi sigillum, saluo in omnibus & per omnia iure nostro. Actum apud Montem-argi, anno Domini MCCLXXVI. mense Augusti.

CHARTA PHILIPPI REGIS.

Philippus Dei gratia Francorum Rex, Notum facimus vniuersis, tam præsentibus quam futuris, quod cum dilectus & fidelis noster Episcopus Beluacensis nobis supplicasset, vt eum vti & gaudere permitteremus iustitia quam habere se dicebat in ciuitate Beluacensi super tota Communitate, & super singulares personas: & se & suos prædecessores super hoc vsos esse: pro nobis ex parte Maioris & Parium Beluaci, quos ad dictam supplicationem audiendam feceramus euocari deffensuros ius nostrum &

MCCLXXXI.

suum, si sua crederent interesse, fuit propositum nos esse in possessione pacifica iusticiandi corpus Communiæ Belvacensis in omnibus casibus tangentibus dictam Communiam, & quod hoc pluries in nostra curia fuerat declaratum: tandem visa Aprisia, de mandato nostro super præmissis facta, factis & auditis recordis nostræ curiæ, quæ vtraque pars postulavit: visis chartis, privilegiis & munimentis ab vtraque productis, & rationibus vtriusque plenius intellectis, pronuntiatum fuit per Curiæ nostræ iudicium, iustitiam totius Communiæ Belvacensis & personarum singularium super obligationibus, contractibus, conventionibus & delictis ad ipsum Episcopum pertinere. Ac per idem iudicium fuit pronuntiatum super puncto & libertatibus dictæ Communiæ per privilegium eisdem concessis, & super iuribus aliis ipsius Communiæ, ad nos iustitiam pertinere. In cuius rei testimonium, præsentibus litteris nostrum iussimus apponi sigillum. Actum Parisius, anno Domini millesimo, ducentesimo octogesimo primo, mense Augusti.

ARESTVM CVRIÆ REGIS.

MCCLX-
XXVIII.

Cvm contentio verteretur inter Maiorem & Pares Belvacen. ex vna parte, & Henricum Alcaume & Episcopum Belvacen. inquantum quemlibet eorum tangebat, ex altera, Super eo quod dictus Henricus dicebat dictos Maiores & Pares ipsum iusticiasse, qui erat iusticiabilis dicti Episcopi, in cuius iustitia cubabat & levabat, ad quem petebat remitti, cùm eorum burgensis non esset: sed exierat diu est de eorum Communia, & de suo exitu fecerat, & aliud quod debebat: & dictus Episcopus petebat ipsum Henricum ad suam curiam remitti, paratus de eo ius cuilibet exhibere: dictis Maiore & Paribus dicentibus hæc fieri non debere, quia ipsum iusticiaverant tanquam suum burgensem & tailliabilem pro taillia sibi imposita, de quo cognitionem ad nos pertinere dicebant. Nam vt dicebant, consuetudo & vsus Belvacen. sunt quod quicumque vult exire Communiam Belvacen. debet hæc exponere Maiori & Paribus, & datis bonis fideiussoribus, qui sint eorum iusticiabiles, vel positis bonis suis in manu nostra, & ante omnia de administratione, si quam gessit, reddita ratione, & solutis arreragiis, petere quod suum exitum taxent: & tunc poterit exire Communiam, alias semper eo-

D'VNE PARTIE DE CES MEMOIRES. 301

rum burgensis & tailliabilis remanebat : tandem inquesta facta super his diligenter examinata, & auditis rationibus partis vtriusque, iuuentum est, dictos Maiorem & Pares suam intentionem sufficienter probauisse : propter quod pronuntiatum est per dictam nostram Curiam, dictum Henricum ad Curiam dicti Episcopi non esse remittendum, sed in hac parte nostrum examen debere subire. Inter inquestas & Aprisias expeditas in Parlamento omnium Sanctorum anno Domini millesimo ducentesimo octogesimo octauo.

Extractum à registris curiæ Parlamenti.
Signatum Pichon.

MANDATVM PHILIPPI REGIS.

PHilippus Dei gratia Francorum Rex, Bailliuo Silvanectensi, MCCXC. vel locum tenenti salutem. Si vobis constet monasterium sancti Symphoriani Belvacen. fuisse ex fundatione Episcopi Belvacen. & esse de gardia eiusdem Episcopatus, nosque, aut prædecessores nostros non fuisse vsos ponere ibidem aliquos in monachos iure regio: mandamus vobis, quatenus Abbatem & Conventum eiusdem monasterij à iure prædicto per literas nostras, si quas super hoc pro aliquo recepistis, nullatenus compellatis. Datum Paris. die Veneris ante brand. anno Domini millesimo ducentesimo nonagesimo.

LITERÆ PHILIPPI REGIS.

PHilippus Dei gratia Francorum Rex vniuersis præsentes literas inspecturis salutem. Notum facimus quod cum Maior, Iurati, & Communia villæ Belvacen. nobis significassent, quod dilectus & fidelis noster Episcopus Belvacen. eiusque Bailliuus, ministri, gentes, & complices, cum multitudine armatorum domos eorum foraneas combuxerunt : homines dictæ villæ, quos inuenire potuerunt, ceperant : Ripariam per dictam villam fluentem diuerterant, & plura alia grauamina etiam grauiora in inquesta super hoc facta specialiter enarrata more hostili intulerant eisdem : Nos su- MCCCVI.

Pp iij

per hiis ex officio nostro mandauimus vocatis partibus inquiri veritatem per certos auditores à nobis super hoc deputatos, coram quibus comparans dictus Episcopus noluit se partem facere, nec procedere coram eis, licet assereret quod licitè & iure suo vtendo, ac iusticiando subditos suos fecerat quicquid factum fuerat in prædictis, protestans & proponens se bonas habere rationes super his ad sui deffensionem, super quibus offerebat se paratum stare iuri coram nobis. Inquesta vero super hiis facta visa, & diligenter examinata, ad illum finem ad quem potuit & debuit videri, ciuilem tamen, prout per arrestum nostræ curiæ fuerit pronunciatum: inuentum est sufficienter probatum, quod ex parte Maioris & Iuratorum dictæ Communiæ publice per dictam villam fuerat proclamatum quod nullus iret ad litigandum coram dicto Episcopo seu gentibus suis, sed omnes litigarent coram Maiore & Iuratis prædictis.

Item quod nullus ire teneretur ad molendum vel coquendum ad molendinum vel furnum dicti Episcopi, sed alibi vbi vellet.

Item quod quilibet ponere posset planchias super cupariis dictæ villæ.

Item quod ipsi in fortiauerant portas dictæ villæ contra dictum Episcopum & gentes suas, necnon Palatium dicti Episcopi inuaserant, & portam manery & quasdam domos ipsius Episcopi combuxerant, & ex huiusmodi rebellionibus commotionem & iunasionem fecerant contra dictum Episcopum, qui iustitiam habet totius Communiæ Belvacen. & personarum singularium super obligationibus, contractibus, conuentionibus, & delictis: exceptis punctis & libertatibus per regale Priuilegium dictæ Communiæ concessis, & aliis iuribus ipsius Communiæ, de quibus iustitia ad nos spectat. Quas invasiones dicti Palaty, & combustionem portæ & domorum ipsi fecerant post inhibitionem ex parte nostra sibi factam per Bailliuum nostrum Siluanectensem ad hæc à nobis specialiter deputatum. Propter quæ dicti Maior, Iurati & Communia per curiæ nostræ iudicium, inquantum nos tangit, sententialiter condemnati fuerunt in decem milibus libris paruorum Parisiensium bonorum nobis pro emenda soluendis. & per idem iudicium manus nostra in Maioratu & Communia dictæ villæ apposita inde fuit amota.

Item dictum fuit quod Iohannes de Motieus Maioris dictæ villæ prædictarum rebellionum tempore, quia sufficienter probatum est, quod ipse iusto metu coactus dictæ Maioriæ officium in se susceperat, liberabitur de prisione in qua propter hoc tenebatur. Et quia ex officio nostro facta prædicta inquesta per ipsam rerepertum est, quod post inhibitionem ex parte nostra dicto Episcopo factam per prædictum Baillivum ad hæc à nobis specialiter destinatum, plures excessus in prædictis facti fuerunt per gentes dicti Episcopi; per idem iudicium dictum fuit quod dictus Episcopus nobis inde gagiabit emendam, quam emendam idem Episcopus præsens in nostra Curia gagiavit, salvo in omnibus iure suo inquantum tangit partem.

Item visis processibus super hoc ex parte dictorum auditorum Curiæ nostræ missis, dictum fuit quod dictus Episcopus audietur ad proponendum rationes suas; quare per dictam inquestam ipse non debeat dicta Communia in aliquo condemnari, nec in aliquo præiudicari, & alias rationes, quas viderit expedire. Et dicti Maior, & Iurati, & Communia pro parte sua super hoc similiter audientur. Et ad hæc, nec non ad audiendum quicquid vna pars contra aliam petere seu proponere voluerit, diem assignavimus dictis partibus Parisius coram nobis ad diem Bailliviæ Silvanectensis futuri proximi Parlamenti, & super hoc fiet per nostram Curiam quod fuerit rationabiliter faciendum.

Item manus nostra in temporalitate & iustitia dicti Episcopi propter huiusmodi facta apposita per idem iudicium inde fuit amota: hoc excepto quod occasione factorum huiusmodi super quibus inquesta prædicta facta est, dictus Episcopus vel eius ministri contra prædictum Maiorem, Iuratos, & Communiam, aut aliquos ex ipsis interim in aliquo non procederent. Baillivum vero dicti Episcopi & alias gentes suas ratione prædicta in nostra prisione detentos eidem Episcopo duximus recredendos. Postea vero nostra Curia dicto Episcopo ex parte nostra inhibuit, ne ipse dictis Maiori, Iuratis & Communiæ, aut aliquibus ex ipsis occasione factorum prædictorum aliquam inferat iniuriam aut molestiam, vel per suos permittat inferri ministros, in prædicta causa *in nostra Curia pendente. In cuius rei testimonium præsentibus literis nostrum fecimus apponi sigillum. Actum coram nobis apud Pissiacum die Iovis post festum sancti Bernabæ Apostoli, anno Domini millesimo trecentesimo sexto.*

ALIÆ LITERÆ EIVSD. PHILIPPI R.

MCCCVI. *Philippus Dei gratia Francorum Rex, vniuersis præsentes literas inspecturis salutem. Nouerit vniuersitas vestra, quod cum impositum fuisset dilecto & fideli nostro S. Episcopo Beluacen. quod ipse seu eius gentes contra burgenses suos de Beluaco suo multas suppriſias fecerat, eosque in personis & rebus plurimum damnificauerat, contra inhibitionem ex parte nostra factam, & ei & gentibus suis prædictis, sicut gentes nostræ dicebant: dictusque Episcopus pro se & eisdem suis gentibus plures excusationes prætenderet, & præcipuè quod nullam nobis inobedientiam fecerat, assereretque quod iure suo licitè poterat fecisse quicquid contra burgenses ipsos per gentes ipsius Episcopi factum fuerat. Tandem nos mediantibus sex milibus libris Parisiensib. bonorum legis & ponderis antiquorum, quas dictus Episcopus soluere & reddere certis terminis spontanea voluntate promisit, omnem pœnam maiorem & minorem, quam eidem Episcopo, & dictis suis gentibus in personis vel bonis quouismodo possemus infligere, in quantum nos & gentes nostras tangere poterat, eidem Episcopo suisque gentibus prædictis omnino duximus remittendum temporale: & illos de suis gentibus qui occasione prædicta in nostra prisione tenentur, & alios qui recrediti alias fuerant, salvo cuiuslibet alio iure, ad plenum dicto Episcopo iussimus liberari. In cuius rei testimonium præsentibus litteris nostrum fecimus apponi sigillum. Datum Pissiaci die XVIII. Iuny, anno Domini millesimo trecentesimo sexto.*

LITERÆ MAIORIS ET PARIVM BELVAC.

MCCCVI. *Vniuersis præsentes litteras inspecturis, Maior, Pares. Iurati Communiæ Beluacensis, totaque Communia dicti loci salutem & sinceram dilectionem. Notum facimus quod inter reuerendum Patrem*

Patrem ac Dominum dominum Simonem Dei gratia Belvacensem Episcopum, dominum nostrum spiritualem & temporalem, nomine suo & Episcopatus Belvacensis ex vna parte: & nos nomine nostro, ac Communiæ prædictæ ex altera, dissentionis & contentionis materia verteretur: super eo videlicet, Quòd ipse Episcopus nobis imponebat, quod nos congregata Communia contra ipsum Episcopum dictæ civitatis dominum temporalem quasi per conspirationem insurgentes preconizari publice feceramus in dicta civitate, quod nullus iret molere vel coquere ad molendinum seu furnum dicti Episcopi, sed alibi vbi vellet.

Item quod nullus iret ad litigandum coram Baillivo, seu gentibus ipsius Episcopi, sed coram nobis.

Item quod quilibet poneret & ponere posset planchias in ruperijs civitatis prædictæ ad libitum suum. Super eo etiam quod nos barras licias feceramus fieri ad portas villæ prædictæ, & per vicos contra dictum Episcopum & gentes ipsius. necnon mala malis accumulantes, nos congregata Communia ad pulsum campanæ procedentes manerium Episcopale ipsius Episcopi cum armis hostilitatis invaseramus, & igne supposito pro parte magna destruxeramus, turres, & muros dicti manerij dirueramus, reliqua parte per nos vastata: vina ibidem existentia effuderamus, ac plura alia bona, vtensilia & munitiones in eodem manerio existentes rapueramus & abstuleramus. duas etiam capellas Deo dedicatas intra dictum manerium situatas fregeramus, res sacras, videlicet calicem, libros, ornamenta in eisdem existentia ausu sacrilego asportaveramus, carceres fregeramus, prisionarios in eis existentes pro enormibus detentos criminibus abire & fugere feceramus, & deliqueramus in eisdem: quosdam etiam de gentibus Episcopi ipsius in turri & in manerio prædicto & alibi ad eorum deffensionem & tuitionem existentes vulneraveramus, quosdam etiam perimeramus: necnon personam ipsius Episcopi, apud bonos sublimes & graves diffamaveramus, prout ex parte ipsius Episcopi nobis imponebant. Nobis dicentibus ex adverso, quod ipse Episcopus & gentes suæ in personis, bonis, maneriis nostris pluribus damna plurima & intolerabilia intulerant: domos nostras comburendo, bona nostra in diversis locis existentia capiendo, quosdam etiam de Communia nostra vulnerando & interficiendo, ac in pluribus aliis nobis in-

iurando, nostramque Communiam in multis damnificando: tandem pro bono pacis nos super omnibus & singulis excessibus & controversis prædictis hinc inde propositis, assensu vnanimi compromisimus de alto & basso in discretos & honestos viros magistrum Guillermum dictum Bonet Thesaurarium Andegavensem, & dominum Guillermum de Marciliaco, militem, Consiliarium illustrissimi Principis domini Philippi Regis Franciæ, volentes & concedentes quod ipsi super præmissis omnibus & singulis omni hora, die feriata & non feriata possint procedere, dicere, statuere, pronuntiare, & sententialiter diffinire: promittentes sub pœna decem millium librarum soluendarum parti parenti à parte non parente, dicto statuto, pronuntiationi, diffinitioni, seu sententiæ eorumdem contra non venire, sed firmiter & inviolabiliter observare quicquid dicti compromissary super præmissis & eorum singulis duxerint statuendum, diffiniendum, pronuntiandum seu ordinandum, absque reclamatione & supplicatione in contrarium facienda cuicumque superiori vel aly de immutando aliquid contra eorum dictum, ordinationem vel pronuntiationem, & absque reductione qualibet ad arbitrium alterius cuiuscumque voluntatis. Ad hæc autem tenenda & firmiter adimplenda, nos Maior, Pares, Iurati, Consiliary, & cives Communitatis obligamus nos, Communiam nostram, & bona nostra mobilia & immobilia præsentia & futura. In cuius rei testimonium, nos sigillum Communiæ nostræ, vocatis qui fuerunt evocandi, præsentibus litteris duximus apponendum. Datum anno Domini millesimo, trecentesimo sexto, die Iovis, in vigilia festi beatorum Apostolorum Simonis & Iudæ.

IVDICIVM GVILLERMI THESAVRARII ANDEGAVENSIS ET GVILLERMI DE Marciliaco militis.

VNiuersis præsentes litteras inspecturis & audituris, Guillermus Thesaurarius Andegauensis, & Guillermus de Marciliaco, miles, salutem in Domino, Notum facimus, quòd cum contentio verteretur inter reuerendum in Christo Patrem dominum Simonem Dei gratia Beluacensem Episcopum, suo & Episcopatus sui nomine ex vna parte: & Maiorem, Pares, Iuratos, & Communiam Beluacensem ex altera, super hoc quòd ex parte dicti Episcopi, nomine quo dicebatur contra ipsos, Quòd ipsi & populus dictæ Communitatis quasi per conspirationem contra ipsum insurgentes, congregata Communia iurisdictionem ipsius vsurpantes præconizari publicè fecerant, quòd nullus iret ad litigandum coram ipso Episcopo, seu eius gentibus, sed coram Maiore & Iuratis.

Item quod nullus iret molere, nec coquere, ad molendinum vel furnum dicti Episcopi, sed vt vellet.

Item quod quilibet ponere posset planchas ad placitum suum: iura alia dicto Episcopo debita, & ad ipsum pertinentia substrahentes & denegantes. Ac post hoc barras & licias fecerunt, & ad portas ciuitatis posuerunt, Communiaque congregata ad pulsum campanæ inuaserunt manerium Episcopi, & igne vel aliàs vastauerunt & consumpserunt, vina effuderunt, vtensilia, munitiones manerij rapuerunt & asportauerunt. Insuper duas capellas in ipso manerio existentes fregerunt hostiliter, libris, calicibus, & aliis ornamentis spoliauerunt, & quosdam qui ad deffensionem & tuitionem dicti manerij ibi erant, vulnerauerunt, & aliquos peremerunt: turres & muros destruxerunt, carceres fregerunt, prisionariosque ibi detentos pro enormibus criminibus abire & fugere fecerunt. In qua commotione & rebellione plurimi illorum de Communia vulnerati & perempti fuisse dicuntur, in insultu & inuasione turris & manerij prædictorum per gentes Episcopi, qui in dictis turribus & manerio ad deffensionem existebant, necnon & combustiones domorum & ædificiorum ciuitatis & villæ prædictæ, & perditiones bonorum illorum de Communitate, occasione & causa inuasionis antedictæ faetæ fuerunt, per quas Maior, Pares, Iurati & Communitas antedicti conquerebantur, se fuisse graviter damnificatos & gravatos: & super hæc & aliis apud bonos & sublimes & graves querimoniam deferentes dictum Episcopum & gentes ipsius Episcopi plurimum diffamasse dicebantur: ex quibus emendas sibi fieri petebant & sibi fieri debere dicebant. Cum autem Episcopus occasione & causa capellarum effractarum & spoliatarum, calicibus, libris, & aliis pluribus vt dictum est, contra prædictos, Maiorem, Pares, Iuratos & Communitatem tanquam sacrilegos, vt dicebat, ex sua iurisdictione ordinaria & Ecclesiastica processisset, & eosdem, Maiorem, Pares, Iuratos & Consiliarios, totamque etiam Communitatem & civitatem ipsam Belvacensem tanquam pro delicto sibi vt dicebat notorio, Ecclesiastico supposuisset interdicto. Maior, Pares, Iuratique suo & dictæ communitatis nomine ac procuratorio Communitatis eiusdem, eidem Episcopo humiliter supplicarunt interdictum huiusmodi amoveri, & super hoc etiam ex parte dicti Regis fuit idem Episcopus requisitus, qui iuxta formam Ecclesiæ, præstito iuramento, à dictis Maiore, Paribus, Iuratis & procuratoribus dictæ Communitatis, nomine quo supra de parendo mandatis Ecclesiæ interdictum amouit prædictum, consentiens quod satisfactionem & pœnam quas pro dictis excessibus idem Episcopus eisdem Maiori, Paribus, Iuratis & Communitati erat impositurus, de & cum consilio Domini Regis imponeret & ordinaret. Cum igitur nos prænominati, Thesaurarius Andegavensis, & Guillelmus de Marciliaco Miles ad assistendum dicto Episcopo specialiter apud Belvacum de mandato Domini Regis venissemus, afferentes & desiderantes pacem pleniorem reformari inter partes prædictas, imprimis tractavimus ea quæ pacis sunt: & tandem operante Spiritu sancto, mediantibus probis viris vna nobiscum, partes prædictas super dictis excessibus, rebellionibus, invasionibus, occisionibus, damnis, diffamationibus & iniuriis, hinc inde illatis, & aliis supradictis, ac super pœnis & emendis pro præmissis, & ea tangentibus, quoquomodo in nos compromiserunt de alto & basso, sub pœna decem millium librarum Parisiensium, volentes & concedentes, quod nos omni hora & die feriata possimus in dicto negotio procedere & terminare, & promiserunt dictæ partes se servaturas, impleturas & facturas absque reclamatione vel petitione reducendi ordinationem nostram ad arbitrium boni viri, & absque ali-

D'VNE PART. DE CES MEMOIRES.

qua intimatione quacumque, quicquid nos super prædictis omnibus & singulis duxerimus statuendum, ordinandum, diffiniendum seu sententiandum, sub pœna prædicta soluenda parenti parti & obseruanti à parte non obseruante statutum, ordinationem, diffinitionem seu sententiam nostram in præmissis. Nos vero pro bono pacis, dicto onere in nos assumpto, prius ruinis, locisque destructis ob prædicta maleficia, subiectis oculis, habitis proborum consiliis, veritate inquisita, & consideratis considerandis & attendendis, Ordinamus, pronuntiamus, diffinimus & sententiamus in præmissis quod prædicti, Maior, Pares, Iurati, præsentes coram nobis, & Communia flexis genibus, iunctis manibus, veniam super prædictis ab ipso Episcopo humiliter requirant, & pro prædictis omnibus, dicto Episcopo, nominibus quibus supra emendam gagient. Insuper cippos & annellos, quos prædicti tempore rebellionis asportauerant a domo Episcopi, necnon & quoddam cornu cerui vice & loco cuiusdam ossis gigantis asportati ab ipsa domo, quod in palatio Episcopi pendebat, restituant ad locum, & reponant in locis vbi erant. Quas exhibitiones humilitatis & reuerentiæ, & restitutionem in nostra præsentia compleuerunt humiliter & deuote.

Item imaginem quamdam beatæ Mariæ Virginis de argento ponderante quatuor marchas offeret Maior, vel aliqui Iuratorum vel Parium in die Purificationis, vel Annunciationis beatæ Mariæ, dum processio ipsa ibit ad dictam capellam, in capella maiori dicti manerij, à qua imagines, ac sanctuaria sunt ablata, ibi ad honorem Dei, & beatæ Mariæ Virginis perpetuo remansuram. Poterit etiam Episcopus retinere triginta personas de Communia in sua prisione, secundum modum ordinationis nostræ liberandas. Præterea Maiorem, Pares, Iuratos & Communiam prædictam, & personas Communiæ condamnamus in octo millibus libris paruorum Parisiensium soluendis prædicto Episcopo pro omni emenda & pœna commissorum omnium & singulorum prædictorum, ad terminos qui sequuntur, videlicet mille libras infra Natiuitatem Domini proximam, & mille libras infra Pascha, & duo millia infra festum omnium Sanctorum tunc sequens.

Item alia duo millia infra aliud Pascha, quod erit anno Domini millesimo trecentesimo octauo. Ordinauimus insuper & pronunciamus, quod si deficiat in terminis, vel altero eorũdẽ in soluendo per octo dies, non ob hoc pœna committatur prædictorum decem millium librarum, sed si vltra octo dies deficerent adhuc non committeretur, sed pro qualibet die vltra octo dies, reddent nomine pœnæ dicto Episcopo quinquaginta solidos Turonenses vna cum principali. Qui Episcopus ad vtrumque poterit eos compellere, omni alio dicto nostro rato manente, cum sit dominus temporalis, absque reclamatione aliqua ad quamcumque Curiam ab hoc faciendam ex parte ipsorum, contra Episcopum memoratum. Appendet etiam vtraque pars sigillum suum præsentibus litteris, vna cum nostris in testimonium veritatis. Quibus satisfaciendis, & emendis mediātibus, ordinamus & pronunciamus, quod prædictus Episcopus, Maiorem, Pares, Iuratos, Consiliarios & Communiam prædictam, aut aliquem ex eisdem, aut Communitæ statum, directè vel indirectè, occasione & causa prædictorum excessuum, vel alicuius eorumdem, de cætero non vexabit, inquietabit vel molestabit, nec aliquid ab ipsorum aliquo petet, nec petere poterit, nec fieri faciet, vel etiam procurabit, sed ipsos apud eos qui de parte sua erant seruabit immunes. Et similiter Maior, Pares, Iurati, Consiliarij & Communitas prædicta, aut aliquis eorumdem pro præmissis, aut occasione eorum, vel causa contra dictum Episcopum, aut gentes seu complices ipsius in hoc facto, & specialiter contra Ioannem dominum de Rainceval & Ioannem de Sonjons milites querimoniam non deferent in futurum, nec petent aliquid, sed ipsum & ipsos mittent absque petitione, vel reclamatione, ob hoc contra eos, vel aliquem eorum, de cætero facienda. Quod si aliqua obscura, vel ambigua circa hoc apparent, nobis declarationem reseruamus. Præterea faciet dictus Episcopus inquiri & sciri, si à Maiore & Paribus, Iuratis, Communia, aut procuratorum eiusdem requiratur, an multores molendinorum suorum Beluacensium ad quæ tenentur ire & molere, vltra id quod consuetum est accipiant pro multuris. & si reperiatur, ipsos compescet ab excessu vt fuerit faciendum, & ad statum debitum rem reducet. Quibus omnibus & singulis per nos vt dictum est supra ordinatis, pronunciatis, statutis, diffinitis & sententiatis, dictus Episcopus, suo & Ecclesiæ suæ & successorum, & gentium & complicium suorum nomine, & dicti Maior, Pares, Iurati ac Communitas, suo & dictæ communitatis nomine præbuerunt assensum, & ea ratificauerunt. In cuius rei testimonium, sigilla nostra vna cum sigillis dictorum Episcopi & Communitatis, præsentibus litteris duximus apponenda. Datum Beluaei, die Veneris ante festum omnium Sanctorum, anno Domini millesimo trecentesimo sexto.

ARESTVM CVRIÆ REGIS.

PHilippus Dei gratia Francorum Rex: Vniuersis præsentes litteras inspecturis, salutem, Notum facimus, quod cùm mota esset discordia in Curia nostra, inter Episcopum Beluacensem ex vna parte, & Maiorem, & Pares Beluacenses ex altera, super eo quod dicti Maior & Pares suæ Communiæ dictæ villæ nomine dicebant & proponebant, quod ipsi vsi fuerant, & erant in saisina ponendi gardas seu custodes in lana, filo, tinturaria, & aliis ad pannos faciendos in tota villa Beluacensi, ac puniendi & corrigendi, & custodiendi iusticiando ea quæ corrigenda inueniebantur circa prædicta, vel quodlibet prædictorum: dicentes se semper vsos, & fuisse in saisina manutenendi ciues suos, ac omnes illos de Communia prædicta, quibus ipsi iuxta morem consuetum hacheras imposuerunt pro delictis in præmissis factis, quietos & immunes ab omni alia emenda per dictum Episcopum imponenda seu leuanda, pro delictis pro quibus imposuerant hacheras prædictas. Dicentes etiam se esse in saisina capiendi & leuandi pecuniam quæ leuari consueuit apud Beluacum pro calceis faciendis, ac conuertendi eamdem pro suæ libito voluntatis in calceis dictæ villæ reparandis, absque eo quod dictus Episcopus se deberet in aliquo intromittere de prædicta calceta leuanda, seu in vsus quomodo libet commutanda, & quod dictus Episcopus ipsos in prædictis multimode impediebat, & perturbabat, petentes per nos impedimenta prædicta amoueri, & dictum Episcopum ad cessandum à dictis impedimentis compelli. Prædictus Episcopus, de prædictis Curiam suam repetente, & ad finem Curiæ super his rehabendum se esse in saisina omnium prædictorum, & semper vsum fuisse de prædictis, petente etiam de omnibus prædictis Curiam suam sibi reddi, & prædictos Maiorem & Pares tamquam suos iusticiabiles, in prædictis ad examen suum remitti. Prædictis Maiore & Paribus asserentibus cognitionem prædictorum in Curia nostra remanere debere. Prædictis partibus super his diligenter auditis pronuntiatum fuit per arrestum Curiæ nostræ, quod ad finem dictæ Curiæ inquireretur de saisina, & vsibus

MCCC-
VIII.

vtriusque partis propositis in prædictis & quomodolibet prædictorum. Tandem inquæsta facta, de mandato nostro Curiæ nostræ de præmissis super omnibus visa, & diligenter examinata, auditis rationibus hinc inde propositis, & visis priuilegiis & chartis ex parte dictæ Communiæ super his productis, pronunciatum fuit per Curiæ nostræ iudicium, Curiam de omnibus prædictis dicto Episcopo esse reddendam. In cuius rei testimonium præsentibus litteris nostrum fecimus apponi sigillum. Datum Parisius in Parlamento nostro, die Iouis, ante ramos palmarum, anno Domini millesimo trecentesimo octauo.

LITERÆ PHILIPPI
Regis.

MCCC-
XIII.

PHilippus Dei gratia Francorum Rex, Vniuersis præsentes litteras inspecturis, salutem. Notum facimus, quod cum in nostra Curia Maior & Pares villæ Beluacensis proponerent dictæ villæ Communiam, & eiusdem Communiæ iustitiam ad nos pertinere, quodque dilectus & fidelis noster Episcopus Beluacensis, quædam ipsius Communiæ bona capi fecerat in ipsius Communiæ & iuris nostri præiudicium; quare ipsi requirebant ipsa bona per nos tamquam ad manum superiorem, ipsi Maiori & Paribus recredita sibi deliberari ad plenum: dicto Episcopo ex aduerso dicente se Franciæ Parem Comitemque & dominum Beluacensem, & ad ipsum dictæ Communiæ iustitiam pertinere: seque dicta bona per iudicium Curiæ suæ capi iustè fecisse, & videlicet quod ad ipsius Episcopi submonitionem pro defensione feodi sui & iuris Ecclesiæ Beluacensis, ad mandatum dicti Episcopi non iuerant Maior & Pares prædicti.

Item vt pro eo quod quemdam hominem dictæ Communiæ Beluacensis, ipsi compulerant ad hacheram faciendam, licet ad ipsum Episcopum, vt ipse dicebat, & non ad ipsos Maiorem & Pares compulsio huiusmodi pertineret, quæ præmissa dicti Maior & Pares fecerant in ipsius præiudicium Episcopi Ecclesiæ Beluacensis, vt ipse dicebat, licet eidem Episcopo per fidelitatis sacramentum ipsi essent astricti. Super quibus dicti Maior & Pares ad ipsius Episcopi Curiam fuerant sufficienter vocati, ac per eiusdem Curiæ iudicium pro contumacibus pluries reputati, & iuxta patriæ consuetudinem habiti

pro

D'VNE PART. DE CES MEMOIRES. 313

pro conuictis, & ad emendandum præmissa dicto Episcopo debere teneri, quare petebat dictus Episcopus prædicta bona sibi restitui, & super his Curiam sibi reddi. Dictis Maiore, & Paribus, ac procuratore nostro, pro nobis pluribus rationibus dicentibus è contrario prædicta fieri non debere, & apud nos de præmissis debere Curiam remanere; Tandem inquæsta super his de mandato Curiæ nostræ facta visa & diligenter examinata, visis etiam quibusdam arrestis Curiæ nostræ, & aliis litteris à dictis partibus pro sua intentione fundanda productis, per eiusdem Curiæ nostræ iudicium dictum fuit, prædicta bona dicto Episcopo deliberari, & Curiam super dictis duobus casibus eidem Episcopo reddi debere: salvis tamen dictorum Maioris & Parium & Communiæ Beluacensis rationibus & deffensionibus coram dicto Episcopo, super vtroque principali facto huiusmodi proponendis: salvo etiam iure nostro in aliis. In cuius rei testimonium, præsentibus litteris nostrum fecimus apponi sigillum. Actum Parisius, in Parlamento, die Mercurij, in vigilia Ascensionis Domini, anno Domini millesimo trecentesimo decimo tertio.

SENTENCE DV BAILLY DE
Senlis.

A Tous chaus qui ches presentes lettres verront ou orront: Ichan de Sempi à che temps Ballif de Senlis salut: Sçachent tuit que comme plez & descors feussent meus pardevant nous entre le Maire, Pers, & iurez de la Commune de Beauvez d'vne part, & Henry de sainct Messien Sergent le Roy en la Prevosté de Senlis, d'autre part: seur ce que les dessus nommez Maire, Pers & iurez disoient, & maintenoyent iceli Henry avoir esté, & estre leur Bourgeois, leur Communier, & leur taillable: Et que seur li avoyent esté pour le temps passé mises, & assises plusieux tailles de ville comme seur leur Communier & leur taillable, les queles montoyent à seze livres ou environ; pourquoy requeroient ledict Henry estre condampné, & contrainct par nous à

MCCC-XXX.

R r

rendre & à payer à ladicte ville les dites feze livres parifis
pour caufe de arrerages de tailles avec defpens, tous frez, &
interez fais, & à faire audit plait : Li dis Henris propofant,
& maintenant au contraire que il eftoit Sergent du Roy,
franc & exempt des tailles de ladicte ville, & que li, & li autres Sergent du Roy eftoient, & avoyent efté de fi long
temps que il fouffifoit à bonne faifine, & poffeffion de
eftre & demourer franc, quitte & exempt des tailles de ladicte ville, avec plufieus autres refons que il propofoit, afin
que li dict Maire, Pairs & Iurez n'euffent caufe de li demander tailles ne iffue de ville : anchois devoit eftre abfous def-
dites demandes que faifoient contre luy lefdis Maire,
Pairs & Iurez par plufieus raifons que il propofoit. Et feur
che euft efté tant & fi avant procedé, que plais fu entamez,
entre lefdites parties, iuré en caufe, articles bailliez d'vne
partie & d'autre, Commiffaires donnez, & par ichieux
Enqueftes faictes feur che & parfaictes, & pardevers nous
rapportees, & tout conclu en caufe, les dites parties reque-
rans à grant inftanche que nous leur feiffions droit à la
fin l'au où il tendoient. Veu & refgardé diligemment ledict
procés & le dite enquefte, heu feur che confeil, & deliberation as fages, deifmes & prononchafmes, & par droict que
les dis Maire, Pers & Iurés avoient mieux & plus fouffifam-
ment prouvé leur intention que n'avoit ledict Henry, &
que ledict Henry eftoit & devoit eftre leur bourgeois taillable & communié, nonobftant le dite ferganterie, & que il
ne fe pooit exempter de la dite Commune fe n'eftoit par
offrir as dis Maire, Pers & Iurés fes iffues en la forme
& maniere qu'il eft accouftumé de faire en ledite Commune, & par faire gré à ichieus de leur tauxation ; fe-
lonc che que il l'auroient faité par leur deliberation, avec
les arrerages de fes tailles feur li affifes & impofées ou
temps paffé. En tefmongnage de laquelle chofe, nous
avons fcellé ches prefentes lettres de noftre propre feel :
fauf toutesvoies le droit du Roy nofeigneur, & l'autruy
en toutes chofes. Données en noftre affife de Senlis le Sa-

medi apres le Quasimode, l'an mil trois cens & trente. Presens à che Mestre Guillaume de Balengny Aduocat en Parlement, Mestre Iaques du Change Chanoine de Senlis, Sire Henry du Change Lieutenant de nous Baillif dessus dit, Mestre Gautier de Moy, Guillaume de Hillers, Gerat de Pont nostre Clerc, Iehan Loquet Clerc de la Prevosté de Senlis, Simon de la Ferté Procureur le Roy en la ballie de Senlis, Iehan de Han, & plusieus autres avec les parties dessus dites.

ARESTVM CVRIAE PARIS.

PHilippus Dei gratia Francorum Rex, Vniversis præsentes litteras inspecturis, salutem. Notum facimus, quod cum Procurator Decani & Capituli Ecclesiæ Belvacensis conquerendo in Curia nostra proponeret contra Maiorem & Pares, ac Communiam civitatis Belvacensis, quòd dicti Maior & Pares contra puncta Chartæ suæ abutendo privilegijs suis certas pænas vulgaliter nominatas hachies imposuerant, quibus iusticiabilibus & subditis Decani & Capituli prædictorum sine causa rationabili, vt dicebat, in dictorum Decani & Capituli iniuriam, vituperium, & contemptum, & quod facere non poterant. Visa charta communia prædicta & ob hoc peterent per Curiam nostram pronunciari dictos Maiorem & Pares abusos fuisse suis privilegijs, & per hoc amittere debere Communiam prædictam ac privari privilegijs antedictis, & quod etiam compellerentur emendare dicti Decani & Capituli iniurias prædictas, & quod in casu quo dictam Communiam non deberent committere eisdem inhiberetur ne amodo in suos iusticiabiles & subditos tales pænas imponeret, plures ad finem prædictum fines proponendo & rationes. Dictis Maiore & Paribus è contrario dicentibus, quod ad tenta conclusione seu fine ad quem tendebat Procurator prædictus, super ea audiri non debebat, vel admitti, nec concludere poterat contra Maiorem, & Pares prædictos ad finem prædictum. Nam cum dicta Communia sit nobis subdita, & à nobis seu prædecessoribus nostris fundata, sintque dicti Decanus, & Capitulum eorum vicini, concludere non poterant contra eos quod abusi sint eorum pri-

MCCC-XXXI.

vilegiis, vel sua Communia privari debeant. quin solum Procurator noster in casu prædicto posset facere conclusionem prædictam. Dicebant etiam, quod ad finem emendæ contra eos concludere non poterat Procurator prædictus propter pœnas prædictas impositas etiam subditis dictorum Decani, & Capituli; cum non sint eorum homines de corpore, nec etiam iuris executio habeat iniuriam, vt dicebant: plures etiam alias rationes ad finem prædictum proponendo.

Quibus partibus auditis, ac rationibus hinc inde propositis, attenta etiam conclusione quam faciebat Procurator Decani, & Capituli prædictorum; per arrestum Curiæ nostræ dictum fuit, quod ad finem prædictum seu fines ad quos tendebat prædictus Procurator non admittetur. In cuius rei testimonium præsentibus litteris nostrum fecimus apponi sigillum. Datum Parisius, in Parlamento nostro die vltima Februarij, anno Domini millesimo trecentesimo trigesimo primo.

Signatum Hangest per arrestum Curiæ,
Et seellé en cire iaulne.

SENTENCE DV BAILLY DE Beauvais.

MCCC-
LXXIX.

LEs Plais tenus à Beauvais par nous Guilbert Doublet Bailly de Beauvais, le Mardy penultiesme iour de Novembre, l'an mil trois cens soixante dix neuf, Entre le Procureur de Monsieur de Beauvais d'vne part, & les Maire, & Pairs de la ville de Beauvais comparans par Nicaise le Bailly, leur Procureur fondé par vne procuration seellee du grand seel de la Comté de Beauvais, en laquelle sont presens, ledict Nicaise le Bailly, Iean de la Croix, Raoul Iouan, Iacques de Senlis, Clement de Camberonne, Iean Derveil, & Chretofle du Puis, & chacun d'eux. Laquelle Procuration ledict Nicaise mit en Iugement d'autre part, fut faict ce qui s'ensuit. Sur ce que à la requeste du Procureur dudit Monsieur de Beauvais de nostre commandement, & par commission donnee de nous, la main dudict Monseigneur par Thomas Goumon Sergent en ladicte ville avoit esté mise & assise en la maison que on dict la maison de la Voulte, & à la Halle & lieu où lesdits Maire & Pairs ont accoustumé tenir leurs assemblees; faire leurs collations, situez en ladicte ville, lesquelles sont tenues à cens dudict Monseigneur, est assavoir ladicte Voulte par six deniers Beauvaisiens à payer chacun an, au iour sainct Remy, & au terme de Noël demy coustume: & ladicte Halle & appartenances par quatorze deniers Beauvaisiens chacun an, au terme de la sainct Remy, & au terme de Noel chacun an vne coustume, & tous lesquels cens doivent estre payez, & portez audit Monseigneur ausdits termes, & sur l'amande pour les arrerages desdits cens pour le terme de la sainct Remy dernier passé.

Laquelle mainmise & assise fut signifiee à iceux Maire, & à plusieurs desdits Pairs Lundy dernierement passé par le Sergent, à l'heure que lon commençoit sonner Prime en l'Eglise sainct Pierre de Beauvais, si comme le Sergent nous a relaté. Lequel Procureur desdits Maire & Pairs, & de la Commune de ladicte ville de Beauvais, à confessé devant nous en Iugement, que les lieus dessus declarez estoient, & sont tenus dudit Monseigneur aux cens dessusdicts, & que ils les doivent payer, & porter comme dict est, & en nostre presence feist payer par Guillaume de Grand-viller, & par Thibaut de Moy gardes de l'avoir de ladicte Commune, vingts deniers Beauvaisiens, ou leur valleur, lesquels vallent chacun vn denier parisis, & demy poitevine parisis. Et septs sols six deniers pour vne amande desdits cẽs non payez audict terme de la sainct Remy. Et pour ce que ledict Procureur dudict Monseigneur disoit qu'il avoit esdits cens non payes pour le terme de la sainct Remy, deux amandes, & que lesdicts Maire & Pers, les devoyent amender & faire le ploi ou leur Procureur pour eux, ledict Procureur desdicts Maire & Pers accorda que se ledit Monseigneur avoit plus grand droict que en receuoir, & avoir iceux sept sols six deniers parisis, que tout ce fust reservé audit Monseigneur, pour en

R r iij

faire poursuite ou temps advenir aussi bien que faire le povoit apresent par telle maniere que il cuiderent, que l'on fust. Et ce faict ledict Procureur desdicts Maire & Pers nous requist que ladicte main dudict Monseigneur mise aus lieus dessusdits nous voulsissions leuer : auquel nous respondismes que pour ce que apres ladite mainmise lesdicts Maire & Pers avoient tenu leurs assemblées & faicts plusieurs actes, & entré esdits lieus, si come ledict Procureur dudict Monseigneur disoit. Et pour autres causes ledict Procureur dudict Monseigneur ou nom dudict Monseigneur avoit plusieurs complaintes en cas de nouuelletté contre iceux Maire & Pers, & autres leurs officiers, pardeuant Quetel sergent du Roy nostre Sire, & gardien dudict Monseigneur, qui apres icelles complaintes,& oppositions données avoit prins & mis les debats & les choses contentieuses en la main du Roy nostre Sire, & assigné iour en Parlement. Et que de tout ce que lesdictes complaintes, & leurs deppēdances comprenoyent & pourroyent toucher, ou avoir autre regard, nous ne nous entremetterons aucunement. Mais aufurplus par l'accord du Procureur de Monseigneur & sans preiudice audict Monseigneur & à fesdictes plaintes, & sans ce que icelles complaintes & aucunes de leurs dependances y soiēt en aucune maniere comprises: Nous entant que faire le pouvions leuasmes ladicte main soubs les conditions,& accords dessufdicts. En tesmoin de ce nous avons mis en ces presentes lettres nostre seel, qui furent faites, & données l'an & iour dessufdits.

FORME D'ASSEOIR LA TAILE.

MCCCC-XXII.

SCachēt tous que nos Maire,& Pairs de la ville de Beauvais, confessons que apres ce que nous avons assis vne taille de Commune,sur les Communiers de ladite ville,pour paier les debtes & affaires d'icelle Commune, & que nous avons assigné terme de payer: nous devons & sommes tenus de nous traire devers le Roy nostre Sire, & de luy ou de sa Cour obtenir lettres patantes, contenantes ceste forme : *Carolus Dei gratia Francorum Rex dilecto, & fideli Consiliario nostro Episcopo Beluacensi, vel eius iusticiariis salutem, & dilectionem. Mandamus vobis quatenus contra Chartam pacis villæ seu tenorem eiusdem non impediatis, quominus tallia ipsius villæ levari possit per Maiorem, & Pares ipsius villæ, prout per dictam Curiam extitit consuetum. Datum Parisius in Parlamento nostro die, &c. anno, &c.* Lesquelles lettres ainçois que ladicte taille nous puissions cueillir, nous devons presenter à Reverend pere en Dieu Monsieur l'Evesque de Beauvais, & à sa iustice en icelle ville. Et il soit ainsi que de present, nous avons assis vne taille sur lesdits Communiers, pour payer les debtes & affaires d'icelle ville: & que nous ne ayons peu impetrer lesdictes lettres, ne bonnemét ne pouvõs encor faire, nonobstãt les dãgers, & perils qui sont sur les chemins entre cy & Paris. Pour laquelle cause, & que nous avõs besoing d'icelle taille cueillir, nous avons requis & supplié Colard Godart Escuyer Bailly dudict Beauvais, qu'il nous veuille souffrir & laisser cueillir & lever ladicte taille, nonobstãt que nous ne avons pas obtenu ne presenté les lettres pareilles à celles dessus inserees. Laquelle requeste il nous a de sa grace accordé en tant que faire le peut, pour ceste fois seullement, de cueillir moitié de ladicte taille la où nous le pouvons avoir plus aisement, & non plus, parmy ce que nous serons tenus, à luy avons promis, & par ces presentes promettons de impetrer lesdictes lettres Royaux & presenter à nostredict Seigneur ou à sa iustice, datees du dernier iour de Novembre prochainement venant. Lequel accord nous avõs voulu & voulons estre faict, sans preiudice audit Monsieur de Beauvais, & ne à nous en quelque maniere que ce soit. En tesmoing de ce, nous avons seellé ces lettres du seel de ladicte Commune, le Mercredy xxi. iour d'Octobre mil quatre cens vingt deux.

DV REGISTRE DES DELIBERATIONS
de l'an MCCCCXXXIII.

MCCCC-
XXXIII.

DV Mercredy premier iour d'Avril, par Monsieur le Capitaine, & le Maire, Iacques de Guehenguies Lieutenant de Monsieur le Capitaine, Regnes de Belleval Lieutenant de Monsieur le Bailly de Senlis, M. Iean Reveleux, Guillaume Fardeau, Henry Deu, &c.

A esté mis en deliberation comment nagueres avoit esté parlé que Monsieur le Chancelier, & autres gens du Conseil du Roy estoient assemblez pour traicter de la Paix finalle de ce Royaume, & que chacun pensast si on y envoyeroit, nonobstant que nos gens fussent par dela pour exposer l'Estat du pays, & qu'il est necessité tres-grand d'y trouuer provision, Surquoy avoit esté escript à ceux de Senlis, à avoir sur ce leur advis : qui avoient rescript que ceux de Senlis, & de Beauvais estoient par dela, qui pourroient sçavoir l'Estat de par deça. Et partant devoit suffire, à sçavoir si on y envoieroit, si Monsieur de Beauvais y alloit, ou comment on y procederoit.

Sont d'advis que presentement on envoye devers nos Ambaxeurs estans par dela, pour & afin qu'ils rescrivent des nouvelles du Conseil que s'y tient, Et aussi devers Monsieur le Chancelier, soient les lettres envoyees par messire Iean de Luxembourg, pour ce avoir provision.

Item quant à fortifier la ville, &c.

Vendredy huictiesme iour de May, mil quatre cens trente trois ensuivant, par nous Iacques de Guehenguies Escuyer Lieutenant de Monsieur le Capitaine, & le Maire, presens, Regnes de Belleval Lieutenant de Monsieur le Bailly de Senlis, Maistre Clement de Brestel Bailly de Monsieur de Beauvais, Sire Mathieu de Bonneville, Iean le Caron, &c.

A esté mis en deliberation qu'auiourd'huy Monsieur le Capitaine dudit Beauvais en vne escarmouche faicte par les Anglois deuant ceste ville auoit esté pris & emmené par les Anglois

D'VNE PARTIE DE CES MEMOIRES. 321

Anglois prisonnier à Gournay. Pourquoy estoit bon d'adviser à pourveoir vn homme notable, qui fut commis & ordonné au lieu dudit Capitaine iusques à sa venuë, afin qu'ils avisassent entre eux quel homme seroit bon à y estre commis, iusques à ladicte venuë du Capitaine.

Dient que pource qu'il est nouvelles que ledict Monsieur le Capitaine est tres-fort blessé, parquoy il est doubte de sa mort, que iusques à deux ou trois iours, on surcie à faire election de commis à la Capitainerie, & que pendant ces deux ou trois iours Iacques de Guehenguies Lieutenant du Capitaine, & Clarcy nepveu dudit Capitaine gouvernent ledict office, & auec eux les chefs des Iustices, & le Maire, & aussi tous les notables hommes.

Item, que pource qu'aucuns ont desia envoyé devers le Roy pour obtenir ledit office de Capitaine, qu'on escrive au Roy qu'il vueille surseoir à donner iceluy office à quelque personne iusques qu'il aura nouvelle de la ville.

Du Dimanche dixiesme May le Lieutenant de Monsieur le Capitaine & le Maire presens.

A esté mis en deliberation comme autrefois comment le Capitaine de ceste ville estoit pris, & aussi d'autres gens de guerre avec luy, & n'y avoit de present aucuns gens d'armes pour resister à l'entreprise des ennemis, qui se vantent chacū iour de nous greuer & endommager, & de nous donner assaut en plain iour, & estoit doubte que pour cause de ce que les gens de ceste ville ne sont pas suffisans à faire resistāce aux gens de guerre, il estoit besoin & chose tres-necessaire d'avoir gens d'armes iusques au nombre de quarante ou cinquāte hommes d'armes qui fussent payez aux despens de la ville, à ce qu'on advisast qu'il est bon de faire.

Item que pour l'absence du Capitaine il convenoit adviser à commettre vn homme suffisant & notable qui fist ledit office de Capitaine iusques à sa venuë.

Item qu'on face habiller toutes les arbalestres & canons de la ville.

Du Lundy dixiesme May ensuivant par le Lieutenant de Monsieur le Capitaine & le Maire à grande & notable assem-

Sf

blée faicte en la place sainct Estienne, en laquelle furent Messieurs les Abbez de sainct Lucian, sainct Quentin, S. Symphorien, autres gens d'Eglise & plusieurs autres, furent faictes plusieurs ordonnances par lesquelles a esté ordonné & commis à plusieurs personnes qu'ils auront la garde & gouvernement & gardes autour & à l'environ de la ville.

Pource que de present Monsieur le Capitaine de Beauvais est prisonnier aux Anglois de Gournay, & qu'il estoit pour son absence necessité d'auoir hôme notable, & qui eust cognoissance du gouvernemêt de la ville & de la guerre pour faire resistance contre tous adversaires qui vouloient venir. Pour laquelle cause fust advisé de requerir à Monsieur de Moustier Aulet qu'il se vousist charger de l'office dudict Capitaine iusques à son retour, & de faict en a esté requis. De laquelle chose & en ladite assemblee generale s'en est chargé, & ce faict par le Lieutenant de Monsieur le Bailly de Senlis là estant present luy fut requis faire les sermens cy apres declarez, que fit ledict sieur de Moustier.

Et premierement que iustement & loyalement il garderoit la ville de Beauvais pour le Roy nostre Sire, & les habitans durant le temps qu'il y sera commis, c'est à sçavoir en l'absence dudict Monsieur le Capitaine.

Item conseillera la ville loyaument en toutes les manieres que faire le pourra, & sçaura, pour la garde & seureté d'icelle.

Item celera les secrets qui seront à celer.

Item s'il sçait ou vient en sa cognoissance aucunes machinations, fraudes ou autres choses quelconques nuisibles ou preiudiciables à la ville, & à la garde & seureté d'icelle, il le notifiera & fera sçavoir au Maire & aux habitans.

Item de soy seul en appart ou en couuert ne tenta consaux ou parolles secrettement ou autrement à quelconques personnes de quelque estat qu'il soit, au preiudice du Roy, de ladite ville, garde & seureté d'icelle.

Item ne mettra, ne souffrira estre mis en la ville aucunes gens de guerre sans le consentement du Maire & notables hommes de la ville.

Item administrera raison & iustice à vn chacun à son pouvoir au mieux qu'il pourra & sçaura.

Et generalement fera tout ce qu'à bon & loyal commis compete & appartiét, le tout sans fraude, barat ou mal engin.

Et pareillement ceux de la ville luy ont fait serment d'obeïssance.

Le Mardy ensuivant en l'assemblee faicte en la Halle par Monsieur de Moustier Aulet, Iacques de Guehenguies, Lieutenant, le Maire, & plusieurs autres notables personnes, tant de l'Eglise, cōme autres qui ont accoustumé venir en la halle.

Fut advisé que pour les tres-grands doutes qui de present sont que les Anglois preignent le Deloir, qu'il est bon d'abbatre l'Eglise & chappelle sainct Hyppolite, &c.

Les 18. & 25. est deliberé touchant l'approfondissement des fossez, inventaire des vivres, demolissement des maisons S. Hyppolite & plusieurs autres telles choses.

Le penultiesme May

Furent veuës & leuës lettres enuoyees par Guillaume de Flauy Capitaine d'Eu, addressantes à Monsieur de Beauvais, & Monsieur de S. Lucian contenans que les Ducs de Beaufort, Clocestre, le Cardinal d'Angleterre, le Comte de Hentimeon & autres consors d'Angleterre, & de Monsieur de Bourgogne estoient à Calais, & qu'on attendoit Monsieur de Bourgogne à Guyenne, & estoit la paix faicte dudit de Bourgogne & dudit de Clocestre, & auoit esté conclud en leur conseil de venir assieger ceste ville, afin qu'on y print garde.

Sur ce fut conclud qu'on enuoyeroit vers le Roy vne lettre contenāt ce que dit est, afin qu'il y pourvoye promptement par maniere de secours tel qu'il sçait qu'en tel cas appartient.

Item pour pourveoir au gouvernement de la ville & adviser à remedier aux provisions surce necessaires, ont esté ordonnez & denommez Mc Iean Reveleux, Mc Iean de Feuquieres, Sire Matthieu de Bonneville, Iean le Caren, &c. Et les officiers du Roy, de Monsieur de Beauvais, & de la ville.

Le Lundy premier Iuin

Fut advisé qu'on abbatte toutes les parois des maisons estans en la Chaussee.

Ss ij

Que chacun iour on visite les maisons sainct Gilles.

Item dit-on qu'il y a deux enioiniers nouuellement venus qui s'offrent demeurer en ceste ville & s'y employer: on leur doit tailler à besogner, & s'ils sont ouuriers qu'on les retiēne.

Du Lundy huictiesme Iuin par Monsieur de Moustier Aulet & le Maire, present Regnes de Belleual, &c.

Fut conclud pour la seureté de la ville consideré la grande entreprise que firent le iour de hier les Anglois sur & en la porte de l'Hostel Dieu, par laquelle ils cuiderent entrer dans la ville & la gaigner, &c. Que la porte de Bresle seroit tenuë close iusques à ce que autrement il y seroit advisé.

Item qu'on desmoliroit la chappelle Monsieur Arnault de Corbie & l'Eglise sainct Hyppolite, &c.

Item que les arbres non portans fruicts estans à vn quart de lieuë pres Beauuais seroient abbatus.

Item qu'il est necessaire d'adviser à eslire vn homme notable de ladite ville pour estre Lieutenant de Monsieur le Capitaine, & ont esté denommez Iean d'Avesne pour estre Lieutenant de Monsieur le Capitaine, Sire Matthieu de Bonneville, Iean Fardeau, Sire Thiebault le Voix : & a esté advisé qu'on se rassemblera, & rapportera chacun son opinion, auquel des quatre on se tiendra.

Du Mercredy dixiesme Iuin ensuiuant par Monsieur de Moustier Aulet Capitaine, presens Messieurs les Abbez de sainct Lucian, sainct Germer, & S. Quentin, Messires Adam de Francieres, Nicaise le Gois, Chanoines, &c. Iean de Lignieres, &c. Colard de Fresnoy, Pierre de Dampierre orfeure, &c.

A esté mis en deliberation comme autrefois comment Iacques de Guehenguies Escuyer naguere Lieutenant de Monsieur le Capitaine estoit allé de vie à trespas, pourquoy estoit besoin d'eslire vn autre qui seroit notable personne qui pourroit gouuerner ledit office, à ce qu'ils avisassent d'eslire vn homme de la ville de quatre qui autrefois ont esté nommez.

La plus grande & saine partie sont d'accord que Sire Matthieu de Bonneville soit & demeure Lieutenant dudit Monsieur le Capitaine, laquelle election a esté faicte en son absence.

Vendredy douziesme Iuin par Monsieur de Moustier Aulet, & le Maire presens, les Abbez de sainct Germer & sainct Quentin, Maistre Iean Berger Archidiacre, Adam de Francieres, Nicaise le Gois, &c. Fut dit comment le iour de Dimanche dernier passé, les Anglois s'estoient efforcez de entrer en ceste ville, & auoient tué les portiers, auec Iacques de Guehenguies Lieutenant de Monsieur le Capitaine. Pourquoy estoit besoin de commettre homme à ladicte ville cognoissant les faicts & affaires d'icelle : Surquoy fut conclud, que Sire Matthieu de Bonneville sera Lieutenant dudit Monsieur le Capitaine.

Lundy quinziesme Iuin, &c.
Sire Matthieu de Bonneville a auiourd'huy esté commis Lieutenant de Monsieur de Moustier Aulet Capitaine de ladite ville, & a fait serment tout autel, pareil & semblable qu'a fait ledit Monsieur Aulet.

Mercredy dixseptiesme Iuin, &c.
Que Blanchefort Capitaine de Bretheuil seroit mandé, &c.
Lundy vingt-deuxiesme.
Sabmedy vingt-septiesme par le Lieutenant de Monsieur le Capitaine & le Maire, presens Messieurs les Abbez de S. Quentin, S. Germer, Regnes de Belleval &c. Maistre Iean des Feuquieres, Iean de Lignieres, &c.
Conclud d'auoir Blanchefort à tout cent hommes d'armes, & les Archers, & Messire Theode ou Boniface.

Lundy sixiesme Iuillet
Contient l'empeschement de Monsieur de Beauvais d'oster son moulin. Requesté à Monsieur de Moustier Aulet, qu'il y pourveoie pour le bien du Roy & de la ville: car il avoit mandement du Roy, à quoy il respond qu'il y pourveoira.

Merquedy huictiesme Iuillet
Sire Guerard Dauchy commis l'vn des Maistres de la forteresse de la ville pour la Commune.

Le vingt-deuxiesme Iuillet par Monsieur de Moustier Aulet le Maire presens, Messire Nicaise le Gois Chanoine, &

Iean de Lignieres, &c.

A esté exposé comment les Anglois devoient venir de bref devant ceste ville pour faire degast sur les biens, pourquoy avoit esté requis à Blanchefort venir par deça, ce qu'il n'avoit encore peu.

Quatorziesme Aoust.

Mis en deliberation comment sainct Vallery est en composition à eux rendre de Lundy en huict iours s'ils ne sont les plus forts, & que ceux de dedans avoient intention d'eux retraire dans ceste ville.

Qu'on avoit amené assez de gens pour garder la ville.

Le vingt-vniesme Aoust.

La compagnie de plusieurs cinquanteniers, Capitaines & dixainiers.

Le premier Septembre par le Lieutenant de Monsieur le Capitaine & le Maire, presens Messieurs les Abbez de sainct Lucian & sainct Quentin, &c.

A esté mis en deliberation comment Monsieur le Chevalier & Monsieur de Gaucourt avoient chacun d'eux escrit que la Hire, Pothon, & Messire Theolde par especial escripvoient que le Roy avoit ordonné venir pardeça: & s'addressoient lesdites lettres à Monsieur de Beauvais, & il estoit vray que de present nous avions pour garnison le Capitaine de Beauvais & Blanchefort, & si estoit le païs sans labour, & n'y avoit plus grains, vivres pour sçavoir qu'il estoit de faire, &c.

Au regard de la venue de la Hire & de Pothon, il en sera parlé à Monsieur de Beauvais pour avoir son advis s'il est pas bon d'escrire à la Hire que nous sommes fournis de gens d'armes, & qu'il cesse de venir.

Extraict d'vn Cayer contenant les choses solemnelles que doiuent faire les Maire & Pairs par chacune annee.

ITem le iour de la Trinité par chacun an se faict vne procession generale, qui se faict de l'Eglise Cathedrale à la porte de l'Hostel Dieu, pour rendre graces à Dieu d'avoir delivré la ville de la mauvaise entreprise & dessein des Anglois, Et à pareil iour mil cinq cens trente trois occupans la pluspart de ce Royaume, pensans par intelligence surprendre ceste ville. Finalement ayans occis la garde d'icelle porte estans entrez grand nombre dedans la ville, puis esté enclos en icelle, la herse d'icelle ayant esté abbatue par Iean de Lignieres, ils furent tous mis en pieces. Mourut toutesfois au combat le Seigneur de Guehenguies Lieutenant du Capitaine en ceste ville, & enterré en l'Eglise de sainct Sauueur.

Extraict du denombrement de l'Euesché.

ITem s'il eschet à Beauvais iustice à faire de personne, mon Bailly ou Preuost de Beauvais doit mander par vn de mes sergeans au Maire de Beauvais qu'il face sonner la cloche de la Commune, & la faict sonner ledict Maire, & mon Bailly ou Preuost faict mener au pillory ou marché le mal-faicteur, & le baille l'vn de mes sergeans à la ville à garder, & lors le sergent du Maire le monte & lie au pillory, & garde la ville iceluy mal-faicteur iusques à ce que mondict Bailly ou Preuost le vienne querir pour le faire executer à ma iustice, & sont tenus les Maire & ses compagnons de aller auec les gens de madicte iustice pour les compagner & ayder se besoing en ont.

LETTRES DV CAPITAINE DE BEAVVAISIS.

EStienne de Vignolles dict la Hire, Lieutenant du Roy nostre Sire, & Capitaine general deça la riuiere de Saine és païs de l'Isle de France, Picardie, Beauvaisin, Laonnois, & Soissonnois, & Bailly de Vermandois, Sçauoir faisons, Que comme il nous soit apparu par lettres patentes du Roy nostre souuerain Seigneur, seellees de son grand seel, auoir esté par luy ordonné monnoye estre faicte en la ville de Beauvais, pour le bien, profit & vtilité de ladicte ville & du païs d'enuiron, lesquelles lettres considerans la grand necessité & faute de trouuer monnoye qu'a de present le peuple de ladite ville & du païs d'enuiron, obstants les guerres ayans cours de present, & qu'en icelle ne court de present que la monnoye que

MCCCC-XXXIII.

forgent les ennemis, qui est chose aucunement desplaisant aux bons & loyaux subiets du Roy nostredicte sieur, Avons deliberé & conclud de mettre icelle monnoye sus, laquelle chose nous ont voulu empescher les Baillif & officiers de Reverent Pere en Dieu l'Evesque & Conte de Beauvais. Pour laquelle cause nous serions traicts devers luy, en requerant qu'il voulzit consentir icelle monnoye estre faicte en saditte ville & prester lieu, maison, place & territoire pour icelle faire. Lequel nous respondit, que puis que nous l'asseurios ce auoir esté ordonné par le Roy nostredit sieur, qu'il estoit content qu'en vne maison qui fut Messire Derree de Longroy assise sur l'eau de Therain en la rue du pont S. Sauueur, on forgeast & ouvrast icelle monnoye iusques à trois ans, sans preiudice des droicts de ses Eglise & Conté, de luy & ses successeurs & de sa iurisdiction, & sans ce que parce luy soit aucunement ostee la cognoissance, correction & punition de ses sugets qui seroient commis officiers, ouvriers, ou monnoyers en ladicte monnoye, & d'autres besoignans en icelle, sinon qu'ils delinquassent ou fait de ladite monnoye, ouquel cas il estoit content que la cognoissance en apparteinst à nous ou à nostre Lieutenant, mais en autre cas vouloit que ses officiers en eussent la cognoissance comme ils eussent eu avant ladicte monnoye mise sus, laquelle chose nous luy avons au nom de Lieutenant de Roy nostredict sieur, accordée & promise selon la forme par ledit Reverend Pere en Dieu cy dessus recitee. En tesmoin de ce nous avons fét mettre le seel de nos armes à ces presentes audit lieu de Beauvais, le dernier iour de Decembre en l'an mille quatre cens trente & trois. Au sel, qui est en cire rouge, sont trois grappes de raisin, Et est ledict sel à costé, & au haut & de l'autre costé sont deux lions. Au contresel sont aussi trois grappes de raisin.

Complaincte

Complainte de Messire Iuuenel des Vrsins Euesque & Conte de Beauuais, sur les miseres de Beauuais & Beauuaisis.

Loquar in tribulatione spiritus mei, confabulabor in amaritudine animæ meæ. Iob 8. chap. Ie Iean des Vrsins pauure & indigne Euesque & Conte de Beauuais, considerant l'assemblee qui se faict de present à Orleans où il a pleu au Roy nostre souuerain Seigneur, assembler les trois Estats de son Royaume pour auoir aduis si c'est chose à luy honorable & profitable de entëdre à certain traicté de paix ouuert par les Ambassadeurs de luy & du Roy d'Angleterre son nepueu & ennemy vers les marches de Calais, l'ay deliberé de faire vne maniere d'Epistre addressante au Roy, & ce que i'entends cy de present faire, n'est que pour passer temps, & me desennuier, oster de chagrin & de desplaisir, esquels ie suis non sans cause: & parleray en la tribulation de mon esprit & en l'amaritude de mon ame ainsi que faisoit Iob *in loco thematis.* auquel Iob ie ne veux maintenir que me doiue comparer. Si ay-ie moult grandes tribulations, aduersitez, & afflictions. car ie suis pere spirituel au diocese de Beauuais, & ay plusieurs belles terres & seigneuries où souloit auoir laboureurs & bestail: mais par les ennemis, & ceux qui se dient au Roy, les pauures gens ont esté tuez, prins, emmenez, pillez, robbez, & tirannisez, & ont perdu tout leur bestail, & est le pays du tout destruit & desolé, & si sont les Eglises & maisõs arses, bruslées, & foudroyees, & en ruyne, & tant par prison & autrement ont tué mon pauure peuple: & pour abreger i'ay perdu terres, bestail, & mon peuple qui sont mes enfans, ainsi comme fit Iob : & des peines, tribulations & afflictions que i'ay eu & souffertes, suis encouru en plusieurs & diuerses maladies: non pas si aspres comme celles de Iob. Mais il auoit vn grand confort, & ie ne me puis conforter. car ie voy mon peuple tout desconforté, sans auoir aucune esperance sinon la voye de paix dont on parle de present. Et encores auoit Iob grand patience, & si auoit vn siens seur où il se tenoit pour se reposer. Mais quand ie pense les tribulations du pauure peuple par faute de iusti-

MCCCC-XXXIII.

Tt

ce, patience me faut, & si n'ay pas le lieu seur où ie puisse avoir ma vie pour reposer. Car à Beauvais tous les iours ie suis en dāger & peril de ma personne, ou de mort, ou de prinse. *Tribulatio maxima est, & non est qui adiuvet 21,* La tribulation est grāde & terrible, & si n'y a personne qui ayde. Et la chose qui me peut donner plus grande consolation est que ie croy que c'est la volonté divine, & que pour nos pechez & ceux de nos predecesseurs il nous envoye ceste punition, & que iustement il le faict & l'avons bien deservy, *Magna est enim consolatio in eo quod displicet, quòd ordinante illo erga nos agitur, cui non nisi iustum placet. Greg. lib. 2. Moralium,* Monsieur sainct Gregoire dict que en la chose desplaisante la consolation est grande quant à celuy qui la ordonné, nulle chose ne plaist sinon iuste & raisonnable. Et n'est aucune doute que si en nous mesmes voulions recorder & avoir memoire des pechez que avons faits & commis, & considerer les grands & innumerables maux qu'on a commis en ce Royaume, nous devrions iuger que les habitans en ce Royaume sont dignes d'avoir & souffrir les pestilences qu'ils souffrent & ont. Car comme dict Monsieur sainct Gregoire *in registro, Facilis erit consolatio si inter flagella quæ patimur, peccata ad memoriam reducamus: nam non flagella, sed dona esse conspicimus, si qua carnis delectatione peccauimus carnis dolore purgamur,* c'est à dire que la consolation est plus aisee si entre les fleaux & tribulations qu'on souffre on reduit en memoire les delicts qu'on a commis. Car lors on ne doit pas dire que ce soient flagellations, mais dons de Dieu. Si on a peché par delectation de la chair, que par douleur aussi de la chair on soit purgé. Mais la punition est si tres-aspre, & la tribulation si dure & merveilleuse, qu'elle empesche la consolation, & qui plus est elle excite aucunement commotion ou desperation. Et pource dit Monsieur S. Ambroise, *Quod consolatio debet esse mitis, non aspera, quæ magis dolorem leniat, feruorem mitiget, quam commotionem excitet.* Et pource quand i'ay bien advisé, à peine me puis-ie consoler, & pouvons moy & mes subjets bien dire, voire & tous ceux de ce Royaume, ce que dict

D'VNE PARTIE DE CES MEMOIRES. 331

l'Apostre 2. ad Corinth. *Non volumus ignorare de tribulatione nostra qui supra modum grauati sumus, & supra virtutem, ita vt tædeat nos viuere,* c'est à dire que nous voulons que tout le monde sçache & que nul n'ignore nostre tribulation, que nous sommes grevez outre mesure, & plus que nostre vertu ne peut supporter, tellement qu'il nous ennuye & desplaist de vivre. Et pour abreger, à peine puis-ie trouuer maniere de consolation, & si ce ne fust la grand tyrannie & excessive contumace & mauvaistié des gens de guerre, ie disse que patience fust le souverain remede. Car comme dit Seneque *in lib. de Clementia, Temeritas hominum & contumacia sæpe tranquillissimis pectoribus patientiam extorsit,* La temerité & mauvaistié des gens a osté patience & mis hors des cœurs tres-patiens & paisibles. Toutesfois patience est necessaire en ayant esperance que Dieu nous inspirera en ceste assemblee à conseiller le Roy à la paix ou à la guerre: & qu'apres les grands maux Dieu nous envoyera quelque bien. Car comme dict Macrob. *Qui suos dolores & anxietates dissimulant, patientiæ beneficio ad maximam voluptatem peruenerunt.* C'est à dire que ceux qui leurs anxietez & douleurs dissimulent par patience, apres sont venus en grand voluptez, & devons avoir esperance que ceux qui nous troublent & tyrannisent seront en tribulation, & nous en grand repos. Et c'est ce que dict l'Apostre 2. *ad Thess. 1. Iustum est apud Deum retribuere tribulationem ijs qui vos tribulant, & vobis qui tribulamini requiem.* Laquelle chose se pourroit faire en mettant iustice sus, en faisant paix ou bonne guerre ainsi qu'elle se doit demener: Et en ce seroit à adviser lequel seroit à conseiller, ou paix ou guerre. En laquelle matiere i'ay intention de parler, *loquendo in tribulatione spiritus mei, & confabulando in amaritudine animæ meæ.* & addressant mes paroles comme en parlant au Roy en sa personne en la forme que s'ensuit.

TRES-CHRESTIEN ROY, & mon tres-redoubté & souverain Seigneur, ie Iean indigne Euesque & Comte de Beauvais, Pair de France, vostre pauvre & tres-humble Chapelain, voyant & considerant les grandes, enormes, & terribles & merveilleuses tribulations esquelles sont de present

Tt ij

vos pauvres subiets & tout vostre Royaume, ay deliberé de aucunement vous advertir en acquitant ma loyauté & le serment de Pair de France que vous ay faict, en vous priant, requerant & suppliant tant humblement comme ie puis, que si en choses qui seront cy apres descriptes y a chose qui soit ou doive estre à vostre plaisir, que les vueilliez prendre en gré: & si desplaisance y avez que me le vueilliez pardonner. Car à mon pauvre pouvoir ie n'escriray que verité, & tout pour le bien de vous & de vostre service, & ainsi le devez vous presumer & croire: car ie ne fus oncques officier à aucū particulier, mais seulement à vous, & si ay exposé ma pauvre personne & mes biens en vostre service selon mon pauvre & petit pouvoir, & faict ce que loyal serviteur doit faire envers son Seigneur souverain, & i'ay esperance en vostre clemence & benignité, comme ainsi le ferez. Et pour venir à ma matiere, ie prendray la parole de David le Prophete *Ps. 43. Propter te mortificamur tota die, æstimati sumus sicut oues occisionis. Exurge, quare obdormis domine? exurge & ne repellas in finem. Quare faciem tuam avertis, obliviseris inopiæ nostræ, & tribulationis nostræ? Quoniā humiliata est in pulvere anima nostra, conglutinatus est in terra venter noster. Exurge Domine, adiuua nos, & libera nos propter nomen tuum.* Esquelles paroles en bref sont comprinses les choses contenues en ceste presente Epistre, laquelle se peut diviser en trois poincts, en icelle denotez. Au premier les tyrannies cruelles, damnables & detestables que souffre le pauvre peuple, tant gens d'Eglise, nobles, que laboureurs, *Quia mortificamur quotidie, & facti sumus sicut oues occisionis,* nonobstant lesquelles tousjours ont vos subiets monstré leur loyauté ferme & stable en souffrant & endurant, *& hoc propter te.* Au second poinct lesdites paroles denotent qu'il semble que vous dormiez, & que vous mettiez à nonchaloir les maux que souffre vostre pauvre peuple, & que les pauvretez & tribulations qu'ils ont & souffrent vous mettez en oubly, en ostant & destournant vostre face & presence; en vous exhortant que vous advisiez à vous. *Exurge, quare obdormis Domine? exurge, ne repellas in finē. Quare faciem tuā avertis, obli viseris inopiæ nostræ, & tribulationū nostrā?* en rendāt vne tres-piteuse raison, *Quoniam humiliata est in pul-*

D'VNE PART. DE CES MEMOIRES.

vere anima nostra, conglutinatus est in terra venter noster. Au troisiesme poinct est noté par lesdites paroles requeste iuste, saincte & raisonnable de remede effectuel, *Exurge Domine, adiuua nos, & libera nos propter nomē tuum.* Au regard du premier poinct ou est à monstrer les tyranies cruelles, damnables & detestables que le pauvre peuple souffre, il se peut diviser en trois parties: En la premiere les maux que les ennemis font ou ont faicts: En la secōde, ceux qu'ont faits & font vos gēs: la tierce la vraye loyauté de vos subiets. Au regard de la premiere partie, qui voudroit reciter les oppressiōs qu'ont soufferts vos bōs, vrays & loyaux subiets depuis la descente de Harfleu, les batailles d'Azincourt, Verneuil & autres, les prinses des citez, villes & Chasteaux par vos ennemis, on en feroit vne Bible, & seroit chose trop lōgue à reciter. Car pour abbreger ils ont fait tous les maux & inhumanitez que ennemis peuvent faire: Et qui en voudra sçavoir, si parle à ceux qui ont esté prisonniers en leurs mains, combien que les vns ont heu moins mauvaise compagnee que les autres. Et encores nagueres prindrent-ils vn Gentil-homme de la garnison de Beauvais, & le tindrent seulement à vn sep par telle maniere que quand il fut à Beauvais les pieds luy cheurent, qui est peu de chose envers les autres tyrannies qu'ils ont accoustumé de faire. & de present sont en Picardie vers Lihons en Santois, où ils ont trouvé vne Eglise vn petit forte pour retraire les pauvres laboureurs, icelle ont prinse, bouté le feu dedans, & tué deux à trois cens pauvres laboureurs, & si ils y ont faict courses Il n'y a Eglise ne personne Ecclesiastique, femme ny enfans qui ne soit prins & tirannisé. Toutesfois en verité gardent ils leurs seuretez quād ils les ont baillees, & aussi leurs sauf conduits. & ie m'en passe brief. car quelque tirannie que les ennemis facent, encores sont vos gens aussi terribles & trop plus tout consideré. Est vray (pour expedier la seconde partie du premier poinct) que depuis trente quatre ans en çà & auparauant il y a eu plusieurs divisions civiles en ce Royaume, soubs vmbre & par le moyen desquelles les Seigneurs ont leué & mis sus plusieurs gens de guerre, avec lesquels se sont mis gens du peuple, & y sont venus à cause de ce plusieurs estrangers, tant Escossois,

Tt iij

Espagnols, Lombards, Arragonnois, & gens de toutes nations estranges: voire par les particuliers ont esté mandez les ennemis avant la descente du Roy d'Angleterre: & vne fois vint iusques dedans Paris le Comte d'Arondel accompagné de grand foison d'Anglois, & le Duc de Clarence vers Bourges pareillement accompagné de grand foison de ses gens. Et Dieu sçait les tyrannies que a souffert le pauvre peuple de France par ceux qui les deussent avoir gardé, car entre ceux n'a eu ordre ne forme de conduitte de guerre, mais chacun a fait le pis qu'il a peu en eux glorifiant. En ce faisant quantes Eglises ont esté par eux arses & destruictes où Dieu estoit servy, & les bonnes gens ars & bruslez & desrompus dedans? Les autres par eux remparees & fortifiees, ordonnees à estre heberges & receptacles à larrons, ribaux, meurdriers, & toutes mauvaises gens, estables à chevaux, bordeaux publiques, prisons à tenir en prison & tyranniser les pauvres gens, mesme de tous estats & gens du païs: les reliques prises és Eglises & emporter les reliquaires ou elles estoient: ietter les reliques en lieux prophanes, non honnestes. Et semblablement du vaisseau où repose le *Corpus Domini*, iceluy ietter en l'Eglise à l'adventure, prendre corporaux & autres habillemens d'Eglise, & les appliquer en autres vsages tresdeshonnestes & abominables à nommer. Et au regart des pauvres Prestres, gens d'Eglises, Religieux, & autres pauvres laboureurs tenans vostre party, on les prend & emprisonne, & les met-on en fers en ceps volans, en fosses, en lieux ors plains de vermine, & les laisse on mourir de faim, dont plusieurs meurent: Hé Dieu les tyrannies qu'on leur faict! on rostit les vns, aux autres on arrache les dents, les autres sont battus de gros battons, ne iamais ne seront delivrez, iusques à ce qu'ils ayent payé argent plus que leur chevance ne monte: & encores quand on les delivre ils sont tellement debilitez de leurs membres, que iamais ne feront bien. Et ne prennent pas seulement hommes, mais femmes & filles, & les emprisonnent, & aucunefois en font par force leur plaisir en la presence des marys, peres ou freres, & se ils en parlent

D'VNE PART. DE CES MEMOIRES. 335

ils feront battus & navrez, & aucunefois tuez. Mefme on a veu femme groffe mettre en ceps, qui y avortoit & mouroit: & aprés iettoient elle & fon enfant en la riviere. Et Dieu fçait quant enfans font morts fans baptefme: & quand les meres ont efté prinfes & amenées, les loups venoient qui les devoroient. Aucunefois auffi on a prins les meres qui nourriffoient leurs enfans, & laiffoit-on les enfans qui d'eux mefmes ne fe pouvoient ayder, & mouroient de faim. Et pour abreger, tous les maux qu'on pourroit dire lefdits gens eux difans à vous font au peuple de tous eftats, & en eux la foy faut. Car il n'y a aucun Sacrement qui foit par eux reveré ne honoré, mais en general tous les contemnent & defprifent: & encores de diverfes erreurs, fans croire és articles de la foy, & vfent de diverfes manieres de forcelleries damnables & reprouvées de l'Eglife. Et n'y a cœur fi dur qui verroit ou fçauroit les tourmens & dures oppreffions qu'ils font au peuple, qui n'euft pitié, compaffion & grand horreur. Et toutesfois ce font ceux qui deuffent garder & deffendre le peuple. Mais nous avons pour iuftice, violence; pour mifericorde, rapine; pour protection, deftruction; pour fubvention, fubverfion; pour pafteurs & maiftres, pilleurs & meurdriers; pour deffenfeurs, perfecuteurs. Efquelles chofes le pauvre peuple de tous eftats cuidant y mettre remede delibera de foy appaticer à la garnifon plus prochaine. Mais tantoft toutes les autres garnifons commencerent à courir les villages, voulans auffi avoir patis: lefquels pauvres non puiffans de fournir fe font abfentez. tellement que le pays eft demeuré tout inhabité, & n'y eft pas demeuré de cent perfonnes vne, qui eft chofe tres-piteufe. Et pource qu'aucuns n'avoient pas lieux pour aifément deftruire le peuple, ils ont remparé des places, faignans que c'eft pour faire la guerre aux ennemis. Il y faut mettre la glofe d'Orleans: c'eft affavoir pour foy allier des ennemis, & deftruire les bienvuéillans & fubiets du Roy. Et on le void evidemment. car ils font à certaine petite vfance auec les ennemis, & font de bonnes cheres enfemble, & voftre pauvre peuple eft ainfi tyrannisé comme dit est. Et pource que en villages ne demeure plus personne comme dessus est dict, ils se prennent aux gens des villes, qui y demeurent & font guet & sont en frontiere, & viennent aucunefois esdites villes, y sont bonne chere, & au partir prennent & emmeinent laboureurs ou chevaux de harnois, voire les femmes & enfans, dont s'en pourra ensuiuir la totale destruction desdites villes, & consequemment apres du Royaume. Parquoy ie puis bien dire, *mortificamur quotidie, & facti sumus sicut oues occisionis*. Et c'est au regard du second poinct de la premiere partie de ceste presente Epistre. Et entant que touche le troisiesme, où ie disois que nous sommes tous les iours mortifiez & faicts comme pauvres brebis simples & debonnaires *propter te*, qui és nostre Roy & nostre souverain Seigneur. Car nonobstant toutes les tyrannies dessusdites qui se font par iceux, qui se dient à toy, nous demourons en ton obeïssance & te seruons, payons tailles, aydes, subsides, & obeïssons à tes officiers sans aucune contradiction. Pour nous n'est-ce pas: car nous endurons plus que ne pouvons. Et si estions entre les mains des ennemis, nous serions gouvernez en iustice & police comme les autres des terres qu'ils ont conquises. Et finera bien ton peuple de Royaume, mais ne fineras pas de peuple quand tu voudras, & pource faut dire que la cause pour laquelle *mortificamur quotidie, & facti sumus sicut oues occisionū*, c'est *propter te*. Helas, helas, helas! Considerez qui estes nostre Roy la grande loyauté, fidelité & amour de vos subiets de Beauvais, qu'ils ont euë envers vous & vostre seruice. Car depuis la mort de nostre tresredouté & souverain Seigneur vostre pere, vos adversaires ne leurs alliez n'ont eu aucune puissance sur eux en ladicte ville, ne fussent pas entrez les plus forts. Et supposé qu'ils tinssent vostre aduersaire à Seigneur, c'estoit pource que le sieur Evesque dernier estoit en cette folle erreur, mais tousiours le cœur estoit à vous, attendāt vostre approchement. Et ce ils monstrerent par faict actuel: car aussi tost qu'ils sçeurent que vous approchiez à la venuë d'vn poursuiuant de Monsieur de Bourbon qui avoit vne cotte d'armes où avoit des fleurs de Lys, ils se reduisirent en vostre obeïssance planiere, & mirent

vos

D'VNE PARTIE DE SES MEMOIRES. 337

vos gens dedans à leur plaisir & volonté, & vindrent Monseigneur de Bourbon & Monsieur le Chancelier, accompagnez de foison de gens de guerre, & depuis y vint Monseigneur le Mareschal de Brissac, lequel en vous obeissant ils receurent. Mais ses gens apres son partement emparerent places & se mirent en garnisons particulieres, & commençoient à faire les maux dessus declarez : & nonobstant, ladicte reception des gens de guerre fut cause de leur destruction. Et depuis en ceste ville ont receu Blanchefort, la Hire, Pothon, & tous autres Capitaines, cuidans que par eux le pays deust estre recouvré, & s'y sont vilainement portez autant que firet onques gens. Mais apres leur partemēt sont demourez gens, qui encores y sont, lesquels ont tout acheué de destruire le païs, & tyrannisé le pauvre peuple, & encores perseverent ils en la maniere dessus declarée : & pareillement ceux des autres pays & bonnes villes, comme le pays de Caux, lesquels apres qu'ils se sont mis & reduits en vostre obeïssance, ont esté par ceux qui se dient à vous destruicts. Paris, Troyes, Sens, & pour abreger tous les pays qui ont monstré leur loyauté envers vous, sont comme en desert. Et a esté leur reduction cause de leur destruction. Et est à advertir que vos ennemis, qui cognoissent la tyrannie que faisoient vos gens, & encores cognoissent que c'est à vos subiets chose comme insupportable, cuidans que la perte de leurs biens qu'ils faisoient, & la tyrannie qu'on leur faisoit, peussent estre cause de faire departir vosdits subiets de vostre obeïssance, (car on dit en commun proverbe que qui perd le sien, il perd le sens) essayent les pervertir, en parlant, & faisant parler à aucuns particuliers, aucunesfois par douceur, aucunesfois par menasses executees & reelles, en essayant à les prendre & de iour & de nuict, en leur faisant offres tant amples qu'on pouvoit : & à moy mesme grandes & amples : & me cuidoient decevoir par promesses d'argent, dons & presens. non point qu'ils me requissent d'estre de leur party (car ils sçavoient bien qu'ils eussent perdu leur peine) mais en remonstrant que la ville estoit à l'Eglise, & que i'estois personne Ecclesiastique, & ne devois point faire de guerre : me donneroient à moy & à mes subiets bonne seu-

V u

reté qu'on ne nous feroit aucun desplaisir, & que seulement en nostre ville nous ne receussions nuls de vos gens pour leur faire guerre, & qu'il estoit vn temps qu'il n'y avoit entre la riviere d'Oise, de Saine, & de Somme ville Françoise que cette pauvre cité, qui soustenoit toute la charge de la guerre, sans avoir ayde de vous ne d'autres. Et pource que iamais ne l'eussent faict ou consenty, ne mon peuple aussi, ie disois tousiours que ce n'estoit que moyens que les ennemis queroient pour nous avoir & destruire. Pour lesquelles causes les ennemis me firent sçavoir que pour garder la ville ils estoient contens que i'eusse deux cens payes prinses sur eux par maniere de patis. Et à la verité, il y eut aucuns Gentils-hommes renommez de grande vaillance, qui furent d'opinion qu'il fut faict. Et est fort à cõsiderer que ce n'estoiẽt pas seulement Anglois d'Angleterre qui faisoient lesdites offres, mais Seigneurs du pays, ayans leurs parens & autres dont ils se tenoient assez privez en la ville. Et Dieu sçait les gratieuses lettres qu'ils m'escrivoient. Mais moy & mes pauvres subiets deliberasmes de rien en faire, & que nous leur feriõs forte guerre. Et lors i'envoyay querir Blanchefort qui vint tres-volontiers & à ses despens: & depuis nous y receusmes la Hire & Pothon, lesquels comme il est assez notoire, donnerent assez affaire aux ennemis. Notez donc quelle loyauté de subiets qui ont seulement regard au bien de vous & de vostre service. *Et sic mortificamur quotidie propter te.* Mais encores ce m'a esté grand loyauté monstrée par mes subiets: car ceux qui faisoient les maux dessusdits, quand les Anglois venoient, ne tenoient places quelconques; ains les vns se rendoient sans coup ferir, les autres vendoient & puis venoient à refuge en cette ville de Beauvais, & les recevoit-on sans faire iustice des maux qu'ils avoient faict, pource seulement qu'ils estoient à vous, *Et sic propter te omnia toleravimus.* Et les Anglois passez se remettoient vos gens à reparer places, & à prendre, & venoient querir en cette ville pouldres, coulevrines, arbalestres, traicts, & nous faisoient derechef les maux dessus declarez. Et tous les habillemens de guerre par nous baillez, à la fin les Anglois les

D'VNE PARTIE DE CES MEMOIRES. 339

avoient par la maniere deſſuſdite. Et en y a beaucoup qui ont eu de l'honneur, du bien, & du profit bien largement, qui s'en plaignent, qui ne font point leur honneur, & dient qu'ils ont beaucoup deſpendu en la ville. Ce n'a eſté au profit deſdicts habitans que leurs deſpens ont eſté faicts, mais des ennemis. Car les vivres venoient du pays contraire, & ſi l'ont employé à la rançon de leurs gens. Car il n'y avoit ſi pauvre archer prins qui ne fut à deux ou trois cens eſcus de rançon. Les Gentils-hommes à 10. 8. 6. quatre mil eſcus. Et en y a pluſieurs de priſonniers. Et quant eſt des Anglois on en tiroit bien peu de finance, & le plus ſouvent comme rien. Et à la verité toute la chevance du pays eſt vuide. car il y a eu moult grand peuple, & le pays eſtoit & eſt moult deſtruict, & ne s'eſt peu fournir de vivres à la dixiesme partie: ſinon d'vn peu de vin d'icy autour ſeulement, dont la façon des vignes couſte plus que le vin ne vaut. Helas! quelle famine ont-ils ſoufferte en ceſte ville, où la charge de bled a vallu douze eſcus ou ſalut; & le pays des ennemis eſtoit plain de bled: & s'en eſt le peuple departy tellement, que treſpeu en eſt demouré, & comme neant au regard du temps paſſé: qui ne gaignent rien: car cette ville n'eſt point marchande ne ſur riviere portant navires. Et ce qui y eſt demouré eſt tyranniſé en la maniere deſſuſdite: & nagueres nous a l'on fait ſçavoir, que nous nous teinſſions ſur nos gardes. car les ennemis avoient entreprins ſur nous. Et de fait paſſerent pres de nous environ trois mil combattans qui allerent & ſont au pays de Picardie. Mais pour nous reconforter & monſtrer que ceux qui ſe dient à vous, & ſont cy autour, n'avoient volonté de nous ayder & conforter, qui ſommes ſans garniſon, & vn pauvre peuple tout deſconforté, vindrent courir cy autour, & prendre les laboureurs qui devoient faire le guet, voire les femmes. Helas quelle pitié & tyrannie! & Dieu ſçait quand on ſe va appatiſſer aux ennemis, s'ils monſtrent point le gouvernement qu'ils ont, & comme leur peuple & ſubiets vivent en iuſtice, & auſſi les tyrannies que font vos gens en les induiſans à eux mettre en leur obeyſſance. Mais moy

& mes pauures subiets aymerons mieux mourir: & pareillement est-il des autres villes & habitans qui se sont rendus à vostre obeyssance. Parquoy appert leur grande loyauté, & laquelle se monstrera encores plus au long en la deduction de la matiere presente & autres poincts, & n'est tout que *propter te*. Ne sçauroiët subiets mieux monstrer leur loyauté & amour vraye à leur Prince, qu'ont fait vos pauures sujets. *Nam, vt dicit venerabilis Beda, Verus amor vel vera fidelitas veritatem amat, in veritate iudicat, pro veritate certat, cum veritate opera consumit*, vraye amour, ou vraye loyauté, ayme verité, elle iuge en verité, & pour verité elle combat, & en verité consomme l'œuure. Laquelle chose ont faict & feront si Dieu plaist mes pauures subiets, & les autres pareillement. Et peut-on bien dire d'eux ce qui est escrit *Num. XIII. cap. quoniam fideles comprobati sunt*. Et veu les aduersitez qu'ils ont souffertes en leur intention, en icelles leur loyauté est bien approuuee. *Nam vt dicitur Prouerb. XVII. Talia in angustijs comprobantur*. Et dit Monsieur sainct Gregoire, *quòd pœna interrogat si quis veraciter amat, & cum quibus in prosperitate diligitur, incertum est vtrum persona an prosperitas diligatur*. Et pource les peines qu'ils ont souffertes monstrent leur vraye amour. Qui est plus grand loyauté monstrer, qu'exposer ames, corps & biens à vostre seruice. * * *

LETTRES DV ROY LOYS XI.

MCCCC-
LXXII.

LOYS par la grace de Dieu Roy de France, sçauoir faisons à tous presens & aduenir. Comme il soit tout notoire, & soyons aussi à plain informez tãt par nos chefs de guerre à present estans en nostre ville de Beauuais, que par plusieurs autres dignes de foy venus dudit lieu, & autrement en maintes manieres: Comme nos tres-chers & bien-amez les Maire, Pairs, Bourgeois, manans & habitans de ladicte ville de Beauuais, voulans garder & monstrer par effect leur tres-grande loyauté qu'ils ont tousiours euë, & ont envers nos predecesseurs, nous, & la Couronne de France, ensuiuant la trace de leurs predecesseurs, qui l'ont tousiours ainsi faict, sans varier alencontre des Anglois nos anciens ennemis, &

D'VNE PARTIE DE CES MEMOIRES. 341

leurs alliez, nos rebelles & def-obeyſſans ſubiets & adverſaires de nous & de noſtre Royaume, ayent vertueuſement & conſtamment, ſans aucunement douter, varier, ne vaciller, puis trois ſepmaines en ça, attendu, & ſouſtenu la venuë, ferocité, armee, aſſemblee illicite, en forme d'oſt, & de ſiege, en puiſſance deſordonnee de Charles de Bourgongne, & de ſes conſors, ſequaces, & complices, nos rebelles & deſobeyſſans ſubiets, avec pluſieurs tres-rudes & puiſſants aſſauts par eux faicts & donnez alencontre de ladicte ville, cuidans la gaigner, ſurpredre, & ſubvertir, ou la reduire à leur tref-damnable entrepriſe & intention, tant auparavant la venuë de noſdits chefs de guerre, & Capitaines en ladicte ville, que depuis qu'ils y ont eſté arrivez : Et iceux Bourguignons & tous leurſdits aſſauts repouſſez, & reſiſté vigoureuſement de iour & de nuict, & en ce faiſant y employé leurs corps & biens, femmes & enfans, ſans aucunement eux eſpargner iuſques à la mort. A l'occaſion deſquelles choſes, iceux Maire, Pairs, Bourgeois, & habitans ont ſouffert, ſouſtenu, & encouru, ſouffrent encores & ſouſtiennent pour garder leurdicte loyauté, grands perils, pertes, dangers, deſpenſes, dommages & intereſts, dont ils ſont grandement à loüer, & les en avons en ſinguliere grace, & cordialle dilection. POVR-CE eſt il, que nous, voulans & deſirans leſdits Maire, Pairs, Bourgeois & habitans aucunement relever & ſoulager deſdites pertes, deſpences & intereſts, & recognoiſtre envers eux leſdits ſervices; iceux pour ces cauſes, & afin qu'ils ſoient touſiours plus enclins de continuer & entretenir leurdite loyauté envers nous & noſtredicte Couronne, & pour autres grandes conſiderations à ce nous mouvans, Avons de noſtre certaine ſcience, propre mouvement, grace ſpeciale, plaine puiſſance & auctorité Royale, eux & leurs ſucceſſeurs, demourás en ladite ville, affranchis, quittez, & exēptez; affrāchiſſons, quittós & exemptons par ces preſentes, à touſiours-mais perpetuellement, de toutes Tailles, qui ſont & ſeront doreſnavant miſes ſus, & impoſées de par nous & nos ſucceſſeurs Roys de France, en noſtredit Royaume, ſoit pour le fait & entretenement de nos gens de guerres qu'autrement, pour quelque

V u iij

cause que ce soit. Si donnons en mandement par ces mesmes presentes, à nos amez & feaux gens de nos Comptes à Paris, les Generaux Conseillers par nous ordonnez sur le fait & gouvernement de toutes nos Finances, aux Esleuz sur le faict des Aydes ordonnées pour la guerre en l'Election dudit Beauvais, & autres nos Officiers, ou à leurs Lieutenans presens & à venir, & à chacun d'eux si comme à luy appartiendra, Que lesdits Maire, Pairs, bourgeois & habitans de Beauvais, leursdits successeurs & chacun d'eux ils facent, souffrent, & laissent iouyr & vser plainement & paisiblement de nos presentes graces, affranchissemens, quittances, & exemption, sans leur faire ny souffrir estre faict, mis ou donné aucun destourbier ou empeschement au contraire. Car ainsi nous plaist & voulons estre faict, & ausdits Maire, Pairs, bourgeois & habitans de Beauvais & à leursdicts successeurs l'avons octroyé & octroyons de nostredicte grace par ces mesmes presentes : nonobstant que par lettres de Commission, qui sont & seront données par nous & nosdits successeurs pour mettre sus lesdites tailles, soit mandé imposer à icelles toutes manieres de gens exempts & non exempts, privilegiez, & non privilegiez : en quoy ne voulons, n'entendons lesdicts Maire, Pairs, bourgeois & habitans, leursdits successeurs, ny aucun d'eux estre compris en aucune maniere, & quelconques ordonnances, mandemens ou defenses à ce contraires. Et afin que ce soit chose ferme & stable à tousiours, nous avons faict mettre nostre seel à cesdites presentes, sauf en autres choses nostre droict, & l'autruy en toutes. Donné à la Roche-au-Duc ou mois de Iuillet, l'an de grace mil quatre cens soixante & douze, & de nostre regne le onziesme. Ainsi signé par le Roy. Vous M. Iean Herbert General, & autres presens. Signé Flameng, & seellees sur double queue de cire verte sur lacs de soye rouge & verte, & sur ledit reply est escrit Visa.

Lecta, publicata, & regiſtrata in Camera Computorum Domini noſtri Regis Pariſius, die quinta Auguſti, anno Domini MCCCLXXII. *Signé De Badouilier.*

D'VNE PARTIE DE CES MEMOIRES. 343
AVTRES LETTRES DE LOYS XI.

LOYS par la grace de Dieu Roy de France. Sçavoir fai- MCCCC-
sons à tous presens & advenir: Comme il soit tout notoi- LXXII.
re, & soyons aussi à plain informez, tant par nos chefs de
guerre à present estans en nostre ville de Beauvais, que par
plusieurs autres dignes de foy venus dudit lieu, & autrement
en maintes manieres, Comme nos chers & bien-amez les
Maire, Pairs, bourgeois, manans & habitans de nostre ville
de Beauvais, voulans garder & monstrer par effect leur tres-
grande loyauté que ils ont tousiours eu & ont en ensuivant
la trace de leurs predecesseurs, qui l'ont tousiours ainsi faict
sans varier, à l'encontre des Anglois nos anciens ennemis &
leurs alliez nos rebelles & desobeyssans subiets & adversaires
de nous & de nostre Royaume; avoir vertueusement & constamment, sans aucunement varier, douter, ne vaciller puis
trois sepmaines en çà, attendu, & soustenu la venue, ferocité,
armée, assemblee illicite, en forme d'Ost, siege, & puissance
desordonnée de Charles de Bourgogne nostre rebelle & desobeyssant subiect, & de ses sequaces & complices, avec plusieurs tres-rudes & puissants assauts par eux faicts & donnez
à l'encontre de ladite ville, cuidans la gaigner, surprendre &
subvertir, ou la reduire à leur tres-damnable entreprise & intention, tant auparavant la venue de nosdits chefs de guerre
& Capitaines en ladite ville, que depuis qu'ils y ont esté arrivez, & iceux Bourguignons & tous leursdits assauts repoulsez, & resisté vigoureusement de iour & de nuict, & en ce faisant y employé leurs corps & biens, femmes & enfans, sans
aucunement eux espargner iusques à la mort. A l'occasion
desquelles choses iceux Maire & Pairs, bourgeois & habitans ont souffert, soustenu, & encore souffrent & soustiennent pour garder leurdite loyauté, grands perils, pertes, dangers, despences, dommages, & interests, dont ils sont grand-
dement à loüer, & les en avons en singuliere grace & cordiale dilection. POVRCE est il, que nous desirans lesdits Maire, Pairs, bourgeois & habitans de Beauvais, aucunement re-
munerer desdits services, & iceux recognoistre envers eux.

A iceux pour ces causes, & autres à ce nous mouvans, avons octroyé, permis & consenty, octroyons, permettons & consentons de nostre grace speciale, pleine puissance & authorité Royalle par ces presentes, qu'eux & leurs successeurs en ladite ville, puissent, & leur loist doresnavant chacun an eslire & faire Maire & Pairs en ladite ville, de telles personnes suffisantes & ydoines, soit Clercs, gens de fiefs, & autres tels qu'ils adviseront, pour le bien de ladicte ville, & que tous lesdits habitans de ladicte ville soient tenus obeyr aux Maire & Pairs pour comparoir aux assemblées qui par eux seront advisées estre faictes pour le bien & vtilité de ladicte ville, sur peine de dix sols, ou autre amende, à la discretion & arbitrage desdits Maire & Pairs, le tout à appliquer au profit de la fortification de ladite ville, & non ailleurs: nonobstant quelque observance, vsage, & maniere de faire, qui par cy-devant auroit esté observée & gardée au contraire. SI DONNONS en mandement, &c. Donné à la Roche-au-Duc ou mois de Iuillet, l'an de grace 1472, & de nostre regne le XI. Ainsi signé par le Roy. Vous M. IEAN HERBERT, & autres presens. FLAMENG.

AVTRES LETTRES DV MESME ROY.

MCCCC-
LXXII.

LOYS par la grace de Dieu Roy de France, sçavoir faisons à tous presens & avenir, Comme il soit tout notoire & soyons aussi à plain informez, tant par nos chefs de guerre à present estans en nostre ville de Beauvais, que par plusieurs autres dignes de foy, venus dudit lieu, & autrement en maintes manieres, Comme nos tres-chers & bien-amez les Maire, Pairs, Bourgeois, & habitans de ladite ville de Beauvais, voulans garder & monstrer par effect leur tres-grande loyauté qu'ils ont tousiours euë, & ont envers nos predecesseurs, nous, & la Couronne de France, en ensuivant la trace de leurs predecesseurs, qui l'ont tousiours ainsi faict, sans varier a lencontre des Anglois nos anciens ennemis, & leurs alliez, nos rebelles & desobeyssans subiets & adversaires de nous & de nostre Royaume, ayans vertueusement & constamment,

stamment, sans aucunement douter, varier, ne vaciller, puis trois sepmaines en ça, attendu, & soustenu la venuë, ferocité, armée, assemblée illicite, en forme d'ost & de siege, & puissance desordonnee de Charles de Bourgogne, & de ses alliez & complices, nos rebelles & desobeyssans subiets, avec plusieurs grands & puissants assauts par eux faicts & donnez alencontre de ladite ville, cuidans la gaigner, surprendre, & subvertir, & la reduire à leur tres damnable entreprise & intention, tant au paravant la venuë de nosdits chefs de guerre, & Capitaines en ladite ville, que depuis qu'ils y ont esté arrivez : Et iceux Bourguignons, & tous leursdits assauts repoussez & rejettez vigoureusement de iour & de nuict, & en ce faisant y employé leurs corps & biens, femmes & enfans, sans aucunement eux espargner iusques à la mort. A l'occasion desquelles choses, iceux Maire, Pairs, bourgeois & habitans, ont souffert, soustenu, & encouru, souffrent encores & soustiennent pour garder leurdite loyauté, grands perils, pertes, dangers, despences, dommages & interests, dont ils sont grandement à loüer, & les en avons en singuliere grace & cordialle dilection. POVRCE est-il, que nous voulans & desirans lesdicts Maire, Pairs, bourgeois, & habitans, aucunement relever & soulager desdites pertes, despences & interests : & recognoistre envers eux lesdits services; iceux pour ces causes, & afin qu'ils soient tousiours plus enclins de continuer & entretenir leurdite loyauté envers nous & nostredicte Couronne, & pour autres grandes considerations a ce nous mouvans : Avons de nostre certaine science, propre mouvement, grace speciale, plaine puissance & auctorité Royale, & leurs successeurs demourans en ladicte ville, affranchis, quittez & exemptez, affranchissons, quittons & exemptons par ces presentes a tousiours-mais perpetuellement de toutes les tailles & impositions quelconques qui sont a present & pourront estre au temps advenir, mises sus & imposees de par nous & nos successeurs Roys de France, en nostredit Royaume, soit pour le faict & entretenement de nos gens de guerre, ou autrement pour quelque cause que ce soit : Excepté toutesfois de vin, bois, & poissons vendus, & qui pareillement se ven-

Xx

dront au temps advenir en gros en ladite ville, & des bestes à pied fourché : Lesquelles nous reservons & entendons y avoir cours, tout ainsi qu'ils l'ont à present. Et de nostre grace avons remis, commué & moderé, remettons, commuons & moderons par ces mesmes presentes, le quatriesme du vin, & autres breuvages vendus & qui se vendront en detail en ladicte ville au huictiesme, sans que les fermiers, ne autres quelconques, qui sont & seront commis à cueillir & recevoir lesdites impositions, puissent prendre ne lever aucunes impositions, sinon celles desdits vin, bois, & poisson vendus & à vendre, comme dit est, & dudit pied fourché : tels & en la maniere que dessus, pour quelque cause, ny en quelque maniere que ce soit. SI DONNONS en mandement par ces mesmes presentes à nos amez & feaux, gens de nos Comptes, & Thresoriers, les Generaux Conseillers par nous ordonnez sur le faict & gouvernement de toutes nos finances : Aux Esleuz sur le faict des Aydes ordonnez pour la guerre en l'Election de Beauvais, & à tous nos autres Iusticiers & Officiers, ou à leurs Lieutenans, presens & advenir, & à chacun si comme à luy appartiendra, que lesdits Maire, Pairs, Bourgeois, & habitans de Beauvais, leursdits successeurs, & chacun d'eux, ils facent, souffrent, & laissent iouyr & vser plainement & paisiblement de nos presentes graces, affranchissemens, quittances, & exemptions, & de tout le contenu en cesdites presentes, sans leur faire, ne souffrir estre faict, mis, ou donné aucun destourbier, ou empeschement au contraire : Car ainsi nous plaist, & voulons estre faict. Et ausdits Maire, Pairs, bourgeois, & habitans de Beauvais, & à leursdits successeurs l'avons octroyé & octroyons de nostredicte grace, par ces mesmes presentes, Nonobstant que par les lettres de Commission, qui sont & seront données par nous & nosdits successeurs pour mettre sus lesdites impositions, soit mandé imposer à icelles toutes manieres de gés, exempts & non exepts, privilegiez & non privilegiez : En quoy ne voulons, ne entendons lesdits Maire, Pairs, Bourgeois, manans & habitans, leursdits successeurs, ne aucun d'eux, estre compris en aucune maniere, & quelconques ordonnances, mandemens, ou

D'VNE PART. DE CES MEMOIRES. 347

deffences à ce contraires. Et afin que ce soit chose ferme & stable à toufiours, nous avons faict mettre nostre seel à cesdites presentes, sauf en autre chose nostre droict, & l'autruy en tout. DONNE' à la Roche-au-Duc ou mois de Iuillet, l'an de grace mil quatrecens soixante & douze, & de nostre regne le onziesme. Ainsi signé par le Roy. Vous M. Iean Herbert, General, & autres presens. Signé FLAMENG.

AVTRES LETTRES.

LOYS par la grace de Dieu Roy de France. Sçavoir faisons à tous presens & advenir: Comme il soit tout notoire, & soyons aussi à plain informez, tant par nos chefs de guerre à present estans en nostre ville de Beauvais, que par plusieurs autres dignes de foy venus dudit lieu, & autrement en maintes manieres, Cóme nos treschers & bien-amez les Maire, Pairs, Bourgeois, manans & habitans de ladicte ville de Beauvais, voulans garder & monstrer par effect leur tresgrande loyauté qu'ils ont tousiours eue, & ont envers nos predecesseurs, nous, & la Couronne de France, en ensuivant la trace de leurs predecesseurs, qui l'ont tousiours ainsi faict sans varier, à lencontre des Anglois nos anciens ennemis & leurs alliez nos rebelles & desobeyssans subiets & adversaires de nous & de nostre Royaume, ayas vertueusement & constamment, sans aucunement varier, douter, ne vaciller puis trois sepmaines en çà, attendu, & soustenu la venue, ferocité, armée, assemblee illicite en forme d'Ost, siege & puissance desordonnée de Charles de Bourgogne nostre rebelle & desobeyssant subiect, & de ses sequaces & complices, avec plusieurs tres-rudes & puissants assauts par eux faicts & donnez à l'encontre de ladite ville, cuidans la gaigner, surprendre & subvertir, ou la reduire à leur tres-damnable entreprise & intention, tant auparavant la venue de nosdits chefs de guerre & Capitaines en ladite ville, que depuis qu'ils y ont esté arrivez, & iceux Bourguignons & tous leursdits assauts repoulsez, & rejetté vigoureusement de iour & de nuict, & en ce faisant y employé leurs corps & biens, femmes & enfans, sans

MCCCC-
LXXII.

aucunement eux espargner iusques à la mort. A l'occasion desquelles choses iceux Maire & Pairs, bourgeois & habitans ont souffert, soustenu, & encore souffrent & soustiennent pour garder leurdite loyauté, grands perils, pertes, dangers, despences, dommages, & interests, dont ils sont grandement à loüer, & les en avons en singuliere grace & cordiale dilection. Povrce est-il, que nous voulans & desirans lesdits Maire, Pairs, bourgeois & habitans aucunement relever & soulager desdites pertes, despences, & interests, & recognoistre envers eux lesdits services; A iceux pour ces causes, & afin qu'ils soient tousiours plus enclins de continuer & entretenir leurdite loyauté envers nous & nostredite Couronne, & pour autres grandes considerations à ce nous mouvans: avons de nostre certaine science, propre mouvement, grace speciale, plaine puissance & auctorité Royalle, par ces presentes, octroyé & octroyons, voulons & nous plaist, que eux & leursdits successeurs en ladite ville, puissent, & leur loise tenir & posseder doresnavant perpetuellement tous Fiefs nobles par eux acquis & à acquerir, sans qu'ils puissent estre contraincts d'en vuider leurs mains, & pour ce payer aucune finance ou indemnité, ores ne pour le temps advenir à nous, ne à nos successeurs, pour quelque cause ou occasion & quelque maniere que ce soit. Et laquelle finance, quelle qu'elle soit, & à quelque somme qu'elle se puisse monter, nous leur avons dés maintenant pour lors, pour consideration des choses dessusdites liberalement donnée & quittée, donnons & quittons par ces presentes signees de nostre main, & de nostre plus ample grace. Mesmement afin que lesdits Maire, Pairs, bourgeois & habitans soient tousiours plus enclins & abstraints, en continuant leurdite loyauté, de garder ladite ville en nostre obeissance, & de resister aux entreprises que nos ennemis & adversaires par adventure s'efforceroient cy-apres faire sus & alencontre d'icelle ville, leur avons, & à leurs successeurs, en outre octroyé & octroyons, comme dessus, que pour raison desdits fiefs, ne aucunement en quelque maniere que ce soit, ils ne soient tenus d'aller ou envoyer en nos guerres & armees qui sont & seront par nous & nosdits suc-

D'VNE PARTIE DE CES MEMOIRES. 349

cesseurs doresnavāt mises sus, & dressees en nostredit Royaume, pour quelque cause & occasion que ce soit: ainçois qu'ils demeurent en ladite ville en bons & suffisans habillemens de guerre, pour la garde & deffence d'icelle. Et de ce les avons tousiours exemptez & exemptons de nostredicte grace par ces mesmes presentes. Par lesquelles nous donnons en mandement à nos amez & feaux les gens de nos Cōptes, & Tresoriers, aux Baillifs de Vermandois, d'Amiens & de Senlis, aux Commissaires qui sont & seront deputez à faire les monstres des gens du Ban & Arriere-ban de nostredict Royaume, & à tous nos autres Iusticiers & Officiers, ou à leurs Lieutenants presens & à venir, & à chacun d'eux si comme à luy appartiendra, que lesdits Maire, Pairs, bourgeois & habitans de Beauvais & leursdits successeurs en ladite ville ils fassēt, souffrent, & laissent iouyr & vser de nos presentes grace, volonté & octroy plainement & paisiblement, sans leur faire ne souffrir estre faict, mis ou donné aucun destourbier ou empeschement au contraire: Lequel se faict, mis ou donné leur estoit en aucune maniere, ils l'ostent, ou fassent oster, & mettre sans delay au premier estat & deub. Car ainsi nous plaist il & voulons estre faict, nōobstant que la valeur de ladicte finance ne soit cy autrement specifiee ne declaree, Que lesdits Maire, Pairs, bourgeois & habitans, ne leursdits successeurs ne comparent ou enuoyent esdites monstres, qui sont ou seront desdits gens de Ban & Arriere-ban de nostre Royaume, & quelconques cris & proclamations faits & à faire, touchant ledit Ban & Arriere-ban, ordonnances, mandemens, ou deffences à ce cōtraires. Et afin que ce soit chose ferme & stable à tousjours, nous avons fait mettre nostre seel à cesdites presentes, Sauf en autres choses nostre droict, & l'autruy en toutes. Donné à la Roche-au-Duc ou mois de Iuillet, l'an de grace mil quatre cens soixante & douze, & de nostre regne le vnziesme. Ainsi signé Louys, par le Roy. Vous M. Iean Herbert, General, & autres presens. Flameng.

AVTRES LETTRES.

MCCCC-
LXXIII.

LOYS par la grace de Dieu Roy de France, sçavoir faisons à tous presens, & advenir, Que nous reduisás en memoire, la tres grande, entiere vraye & parfaicte loyauté que ont eu de toute ancienneté, & inviolablement observee par effect envers nos predecesseurs Roys de France & nous & nostre Couronne, à l'encontre de tous nos ennemis & adversaires de nous & de nostre Couronne sans varier, les gens d'Eglise, Maire, & Eschevins, Païrs, Bourgeois, manans & habitans de nostre bonne ville & cité de Beauvais, tellement qu'ils sont & les reputons dignes de tous les droicts, privileges, libertez, exemptions, franchises, qui par cy devant tant par nos predecesseurs Roys de France, que par nous n'aguere leur ont esté donnéz & octroyez ceste presente annee, & de louange, memoire, & recordation à tousiours. Et non seulement les hommes: mais pareillement les femmes, & filles de ladicte ville, lesquelles voyant à l'œuil l'annee dernierement passee au devant d'icelle ville, l'armee illicite & effrenee multitude des Bourguignons nos rebelles, & desobeissans subiects par forme de siege & hostilité garnie de grosse artillerie: & tres-outrageux, presomptueux & impetueux assaux, & bature de murailles qu'ils y firent & repeterēt par plusieurs fois, & iournees, cuidans la gagner & submettre à leur obeissance, invocation par elles devotement faicte du nom de Dieu nostre benoist Createur, & des merites & intercessions de Madame saincte Agadresme en l'ayde, & deffence de ladicte ville, de laquelle à leur intercession le tresglorieux corps & reliquaire y reposant, fut lors porté en procession solemnelle par le Clergé d'icelle ville, se rendirent comme tous aux creneaux à la deffence de la muraille de ladicte ville, & illec de si tres-grande audace, constance & vertu de force largement, outre estimation du sexe feminin, mirent la main à la besongne, à l'imitation des hommes nos bōs & loyaux subiects d'icelle ville, & leur furent en ayde, tellement que lesdicts Bourguignons finalement furent rebout-

D'VNE PART. DE CES MEMOIRES. 351

tez & se departirent tous honteusement de au devant de ladicte ville, & qu'elle demeura & fut conservee, & est demeuree en nostre obeissance. Parquoy nous ces choses considerees, qui sont comme toutes notoires, & desquelles avons esté a plain informez, desirans icelles de tout nostre cœur, & intention, graces & louanges solemnelles estre faictes & rendues chacun an à Dieu nostre benoist Createur, & à la glorieuse saincte Agadresme, Avons voulu, decerné & ordonné, voulons, decernons, & ordonnons par ces presentes, que doresnavant par chacun an, le iour & solemnité de ladicte glorieuse Saincte, soient faicts & celebrez solemnellement, & à tousiours aux despens de nostre recepte & domaine de ladicte ville, Procession, Messe, & Sermon solemnels, en laquelle soit deferé, & singulierement priee & exoree ladicte Saincte, & tres-devot reliquaire d'icelle, en ce qu'elle nous soit tousjours en ayde, & au bien de nostre Royaume: Et par special preserver laditeville de tous nos ennemis & adversaires. Et en perpetuelle memoire de ladicte Procession ainsi faicte par les femmes de ladicte ville, pendant & durant ladicte hostilité, & de leur bonne constance, vertu & resistance: Avons en oultre voulu & ordonné, qu'icelles femmes aillent doresnavant en la Processiō, ainsi qu'il est ordonné, incontinent apres le Clergé, & precedent les hommes icelluy iour, & qu'ainsi le facent à l'offrande qui se fera à la Messe par nous ordonnee comme dessus. Et en oultre que toutes les femmes & filles qui sont à present, & seront cy apres en ladicte ville, se puissent & chacune d'icelles à tousiours le iour & solemnité de leurs nopces, & toutes autres fois que bon leur semblera apres, vestir & orner de tels vestemens, atours, paremens, ioyaux, aornemens, que bon leur semblera, & dont elles pourront recouvrer, sans que pour raison de ce elles ny aucunes d'icelles puissent estre aucunement notees, reprises ou blasmees pour raison de quelque estat ou cōditiō qu'elles soient, ny autrement. Si donnons en mandement par ces presentes au Baillif de Senlis, & à tous nos autres iusticiers & officiers, ou à leurs Lieutenans presens & advenir, & à chacun d'eux, si comme à luy appartiendra, que nos presentes volontez &

ordonnances, & tout le contenu en ces presentes, ils entretiennent & gardent, & facent entretenir & garder par iceux, & ainsi qu'il en appartiendra de poinct en poinct sans enfraindre, en les faisant crier & publier en ladicte ville, & lieux où l'on a accoustumé de faire cris & publications, à ce que aucun n'en puisse pretendre cause d'ignorance. Et afin que ce soit chose ferme & stable à tousiours, nous avons faict mettre nostre seel à cesdictes presentes. Sauf en autre chose nostre droict, & l'autruy en tout. Donné à Amboise au mois de Iuin l'an de grace, mil quatre cens soixante & treize, & de nostre Regne le douziesme, Ainsi signé par le Roy, le Comte de Dunois, le Vicomte de Narbonne, le Sire de Linieres, Binot, Pot, Baillif de Vermandois, & autres presens.

AVTRES LETTRES.

MCCCC- LXXIII.

LOYS par la grace de Dieu Roy de France, A nos amez & feaux les Generaux Conseilliers par nous ordonnez sur le faict & Gouvernement de toutes nos finances, & à tous Esleus & Commissairs qui sont & seront commis à imposer & metre sus de par nous en nostre Royaume, ou à leurs Lieutenans, salut & dilection. Sçavoir vous faisons que pour consideration de la bonne & vertueuse resistance qui fut faicte l'annee derniere passee, par nostre chere & bien amee Ieanne Laisné fille de Mathieu Laisné demeurant en nostre ville de Beauvais alencontre des Bourguignons nos rebelles & des obeissans subiects, qui ladicte annee s'efforcerent surprendre & gagner sur nous & nostre obeissance par puissance de siege & d'assaux, nostredicte ville de Beauvais; tellement que en donnant lesdicts assaux, elle gagna & retira devers elle vng estandart, ou banniere desdicts Bourguignons, ainsi que nous estans dernierement en nostredicte ville, avons esté de ce deuëment informez: Nous avons pour ces causes, & aussi en faveur du mariage de Colin Pilon, & elle, lequel par nostre moyen a esté n'aguiere traicté, coclud & accordé, & pour autres considerations à ce nous mouvans, octroyé & octroyons, voulons & nous plaist de grace speciale par ces presentes,

D'VNE PARTIE DE CES MEMOIRES. 353

fentes, Que lefdicts Colin Pilon, & Ieanne fa femme, & chacun d'eux foient & demeurent leur vie durant francs, quittes, & exempts de toutes les tailles qui font & feront dorefnavant mifes fus, & impofees de par nous en noftre Royaume, foit pour le faict & entretenement de nos gens de guerre, ou autrement pour quelque caufe & en quelque maniere que ce foit, & aufsi de guet & de garde-porte, quelque part qu'ils facent leur demeurance en noftredict Royaume: & de ce les avons exemptez, & affranchis, exemptons, & affranchiffons de noftredicte grace par ces mefmes prefentes. Si vous mandons & enjoignons & chacun de vous fi comme à luy appartiendra, que lefdicts mariez & chacun d'eux, vous faictes, fouffrez, & laifsiez iouïr & vfer plainement, & paifiblement de nos prefentes graces, affranchiffement & octroy fans leur faire ne fouffrir eftre faict, mis ou donné aucun deftourbier ou empefchement au contraire. Car ainfi nous plaift-il eftre faict: nonobftant que par nos lettres de Commifsion, qui font & feront par nous données pour mettre fus lefdictes tailles, foit mandé impofer toute maniere de gens, exemps, & non exempts, privilegiez, & non privilegiez: en quoy ne voulons lefdicts Colin Pilon, & Ieanne Laifné, ne aucun d'eux eftre compris ne entendus en aucune maniere. Et quelconque ordonnance, mandemens, ou deffences, au contraire. Donné à Senlis le vingt-deuxiefme Febvrier, l'an de grace mil quatre cens foixante treize, & de noftre Regne le treiziefme. Par le Roy en fon Confeil. Aurillot, & feellé.

LETTRES DV ROY LOVYS XII.

LOYS par la grace de Dieu Roy de France. Sçavoir faifons à tous prefens & advenir: Nous avoir reçeu l'humble fupplication de nos chers & bien-amez, les Maire, Pairs, & Commune de noftre ville & cité de Beauvais, contenant que par nos predeceffeurs Roys de France leur ont efté donnez & octroyez plufieurs beaux & grãds privileges, couftumes, vfages, libertez, franchifes, & exemptions, qui leur furent & ont efté cõfirmés par feu noftre tref-cher Seigneur & frere le Roy

MCCCC-
XCVIII.

Charles que Dieu pardoint : & d'iceux ont tousiours iouy & vsé, & encor sont de present paisiblement & sans aucun contredict : lesquels supplians, qui tantost apres le trespas de nostre feu Seigneur & frere, ont envoyé devers nous leurs deputez pour nous rendre obeissance & subiection, qu'ils nous doibvent & sont tenus faire, nous ont supplié & requis que nostre plaisir soit leur confirmer iceux privileges, vsages, coustumes, libertez, franchises, & exemptions, & sur ce leur impartir nos graces & liberalitez. Pource est-il que nous considerans la bonne, grande & ferme loyauté que lesdicts supplias ont de toute ancienneté euë, & monstré par effect à nosdicts predecesseurs Roys, & à la Couronne de France, sans y avoir espargné corps & biens, voulans par ce les favorablement traicter & iceux entretenir en leurs privileges, libertez, & franchises, & pour autres considerations à ce nous mouvans: à iceux supplians avons confirmé, ratifié, loué, & approuvé, & par ces presentes, de nostre certaine science, grace speciale, plaine puissance, & authorité Royalle, confirmons, louons, ratifions, & approuvons tous & chacuns lesdicts privileges, coustumes, vsages, franchises, libertez, & exemptions, à eux côcedez & octroiez par nosdicts predecesseurs, tant & si avant qu'ils en ont par cy devant & d'ancienneté deuëment & iustement iouy & vsé, iouissent & vsent de present. Si donnons en mandement, &c. Donné à Soissons au mois de Iuin, l'an de grace mil quatre cens quatre vingts dix-huict, & de nostre Regne le premier. Ainsi signé par le Roy. Vous l'Archevesque de Rouen & autres presens, Derteran. Et seellees sur double queuë de cire verte en lacs de soye rouge & verte.

Ex P. Bembi Cardinalis Epistolarum lib. XIII.

Leo X. P. M. Franc. Regi Galliarum. Ep. XIII.

MDXVI. *Q̲V O D Ludovicum Episcopum Tricaricensium legatum meum honestaveris Ecclesia Bellovacorum & locuplete & honesta, valde lætor. Nã cum illum, vt proxime ad te scripsi, magnopere diligam,* sitque is in meis summis, atque intimis familiaribus, hæc eius fortunarum accessio, præsertim abs te profecta mihi magnæ voluptati fuit. Itaque sic existimes velim, non te quidem minimum recentis amoris cumulum ad meam veterem in te benevolentiam tua ista liberalitate addidisse. Qua in re cum mea de illo apud te commendatio tantum valuerit, quantum ego eam valituram confidebam: efficiam profecto, ut tua item auctoritas in tuis familiaribus mihi commendandis, vel potius omnibus in rebus tantum habere ponderis cognoscatur, ut & ipse videar vinci abs te in officio noluisse, & tu latere meo in homine ornando munificum & liberalem te fuisse. Dat. nono Cal. Sept. anno quarto. Romæ.

Idem Ludovico Canossæ Tricariensium & Bellovacorum Episcopo. Ep. XIIII.

SANE mihi pergratum & periocundum fuit Regem istum in te augendo voluntatem & liberalitatem suam contulisse. Nam cum te propter tuam excellentem virtutem, nostramque veterem necessitudinem, & plurima tua in me officia, non solum tuendum mihi, sed etiam honestandum amplificandumque susceperim: tam illustri & fortunarum tuarum accessione, & Regis in te benevolentiæ ostensione mirifice sum delectatus: a quo me beneficium accepisse existimo, tibi cum dederit, teque ornaverit, nec exiguis proventibus & honesta dignitate. Itaque & contuli tibi Ecclesiam Bellovacorum libentissime, & reliqua quæ habes sacerdotia tibi manere volui: ut intelligeres te mihi esse charissimum, excitarereque ad bene, ut soles, de me in posterum etiam atque etiam promerendum. Ages autem Regi gratias eo de munere meis verbis, ostendesque id mihi planè ac verè gratum accidisse: quod ei tamen ipse & nunc ijs libenter ostendi, quas ad illum dedi, litteris, & sæpe cum potero libentius declarabo. Dat. nono Cal. Septemb. M.D.XVI. Anno quarto. Romæ.

ESTABLISSEMENT DV BAILLIAGE ET
siege Presidial à Beauvais.

MDXXX. HENRY &c. à tous presens & advenir Salut. Il n'y a en la ville de Beauvais aucuns Officiers par nous establis pour l'exercice de la Iustice, ains est administree soubs le nom, authorité & par les officiers de l'Evesque & Comte dudit Beauvais, Pair de France, sieur temporel en partie d'icelle ville. Les Chanoines, Chapitre, & Thresorier d'icelle ville de Beauvais, sont aussi Seigneurs d'autre partie de ladicte ville. Le Commandeur de sainct Panthaleon, le Seigneur Chastellain heredital dudict Beauvais, & autres tenans fief en icelle. Tous lesquels, comme aussi les Maire & Pairs dudict Beauvais, ont officiers & droict de iustice en ladicte ville, faux-bourgs & banlieue. De sorte que la iustice est divisee, departie & administree par divers officiers, dont les appellations d'ancienneté dudit Evesché à cause de ladicte Pairrie, ressortissent en nostre Cour de Parlement de Paris, & celle des autres officiers des autres Seigneuries susdites, pardevant le Bailly de Senlis ou son Lieutenant, & gens tenants le siege Presidial audict lieu, distât dudict Beauvais de douze grandes lieues. Et d'autant que nous avons tousiours desiré de faciliter la iustice à tous nos subiets, & par ce moyen les descharger de frais, voyages & despens, avôs estimé estre tres-necessaire establir en la ville de Beauvais vn Bailliage & siege Presidial, où ressortiront les appellations de nostre Prevosté d'Angy, ensemble des iurisdictions de Chaumont & Maigny ressortissantes audit Bailliage de Senlis, aussi de la iustice de Meru, distant dudit Beauvais de cinq lieues, de la Prevosté de Milly, distant de deux lieues seulement dudit Beauvais, & dont la iurisdiction s'estend à demie lieue pres d'icelle ville de Beauvais, & pareillement desdites Prevostez Royalles de Bulles & la Neufville en Hez proche dudit Beauvais, lesdites trois Prevostez estants du ressort du Bailliage de Clermont. Aussi la Prevosté Royalle de Beauvaisis exercée à Grandviller, le ressort de laquelle s'estend iusques aux portes dudit Beauvais, & encore plus outre tirant vers noſtre ville de Paris, laquelle Prevoſté reſſortiſt au Bailliage & ſiege Preſidial d'Amiens, & neantmoins en eſt diſtant de neuf à dix lieues. Davantage le Bailliage de Mont-didier, qui s'eſtend iuſques au dedans de ladicte ville de Beauvais, reſſortiſſant au ſiege Preſidial de Laon, duquel eſt diſtant de vingt-deux lieues. Pareillement la iuſtice temporelle de l'Egliſe & Abbaye ſainct Lucian lez Beauvais, dont les ſubiets ſont des trois bailliages ſuſdits, Amiens, Laon, & Senlis; & neantmoins la iuſtice de ladite Abbaye eſt exercée en icelle, qui eſt ſize auſdites portes de ladite ville de Beauvais. Et afin que la iuſtice ſoit deuement adminiſtrée à nos ſubjets, ſera ledict ſiege Preſidial compoſé des officiers, & en tel nombre qu'il ſera neceſſaire pour cognoiſtre en premiere inſtance de tous cas Royaux, matieres beneficiales & autres, dont la cognoiſſance eſt reſervée à nos officiers, de toutes les appellations des Iuges & officiers deſſus declarez; & pareillement de celle du Bailliage de Thieux & autres, dependant dudict Bailliage de Mont-didier, qui ſont plus proches dudict Beauvais, leſquelles appellations pour la commodité de nos ſubjets reſſortiront directement audit Beauvais au lieu qu'elles ſouloient aller audict Mont-didier: Lequel eſtabliſſement & ſiege Preſidial en ladicte ville de Beauvais ſera faict à l'exemple des autres cy-devant faits és villes appartenans auſdits Pairs de France Eccleſiaſtiques, qui ſont Rheims, Laon, Langres, Chaalons, & Noyon, en toutes leſquelles y a iuſtice Royalle; & en celle de Rheims & Laon ſiege Preſidial, reſtant la ſeule ville de Beauvais, l'vne deſdites ſix Pairries Eccleſiaſtiques ſans aucune iuſtice Royalle, combien qu'elle ſoit aſſez recommandable, tant pour le grand nombre & affluence de peuple, que pour le grand trafic & negotiation qui s'y faict & exerce. A ces cauſes de l'advis d'aucuns Princes & gens de noſtre Conſeil, & pour faciliter la iuſtice à nos ſubiets, & les relever des frais & voyages: Avons par ceſtuy noſtre Edict perpetuel & irrevocable, & de noſtre pleine puiſſance & de noſtre authorité Royalle eſtably, & eſtabliſſons à ladicte ville de Beauvais vn ſiege Preſidial & Bailliage à l'inſtar & exéple des autres Bailliages & ſieges Capitaux & Presidiaux de nostre Royaume, lequel sera & l'avons composé d'vn Bailly de Robbe-courte, vn President, deux Lieutenants, sçavoir vn General, & vn Particulier, neuf Conseilliers, dont l'vn sera garde des seaux, vn Advocat & vn Procureur pour nous, vn Greffier Civil & Criminel, vn autre des presentations, & en chacun desdits trois Greffes vne place de Clerc : deux Huissiers Audienciers, vn Clerc Commis à l'audience, & vingt Procureurs postulans, douze Sergens Royaux, avec tel pouvoir que les Sergens des autres Bailliages, qui serviront par tout, ainsi qu'il est accoustumé, & vn Recepveur des amandes, & payeur des gages desdits Officiers. Tous lesquels offices nous avons creez & erigez, creons & erigeons par cesdictes presentes, pour y estre presentez, & cy apres quant vacation escherra par nous & non autre, pourveu de personnes capables & de qualité suffisante & experience requise, qui les retiendront & exerceront aux honneurs, prerogatives, preeminences, franchises, libertez, pouvoir, atribution de iurisdiction, espices, droits, prouffits, revenus, & emolumens tels & semblables dont iouissent les Officiers des autres sieges Presidiaux du ressort de nostre Cour de Parlement de Paris, & qui leur sont attribuez par les Edicts de l'establissement des sieges Presidiaux, & creation de President, declarations, ampliations & reiglemés depuis obtenus, cōme si le tout estoit cy par le menu reiteré & specifié. Lesquels Iuges Presidiaux de Beauvais cognoistront de tous cas Royaux, matieres beneficialles, & autres qui leur sont attribuez par lesdicts Edicts : & pareillement des appellations des iuges & iurisdictions exercees dedans ladicte ville, fauſ-bourgs & banlieuë dudict Beauvais, tant de celle de l'Evesque & Comte dudict lieu, du Chapitre, des Maire & Pairs, & Eschevins, & tous autres ayāts Iustice au dedans d'icelle ville, fauſ-bourgs & banlieuë, fors & excepté celles des Iuges & Consuls de Beauvais, lesquelles ressortiront à nostre Cour de Parlement de Paris, suivant l'Edict d'establissement de ladicte iurisdiction. Auront aussi cognoissance lesdits Presidiaux des appellations du Iuge du Bailliage au Vidamé de Gerbroy, encore qu'il soit tenu en Pairrie: lesquelles appellations ressortissoient au Bailliage de Senlis, Amiens, & Laon, au grand interest, incommodité, fraiz & voyages des subiects dudit Vidamé. Aussi cognoistront des appellations des Iuges & Officiers de la Iustice & iurisdiction de Meru, & de la Prevosté Royalle d'Angy, Chaulmont & Magny, où la Iustice est exercee par vn Lieutenant du Bailly dudit Senlis, duquel neantmoins d'oresnavant les appellations ressortiront audit siege Presidial de Beauvais. Comme aussi de celles des Preuostez & Chastellenies de Milly, de Bulles, & la Neufville en Hez, au Côté de Clermont : aussi de la Prevosté Royalle de Beauvaisis establie à Grandviller Bailliage d'Amiens. Davantage y ressortiront les appellations du Bailly de Mont-didier, qui ressortissoient au siege Presidial de Laon : & outre les premieres appellations des Officiers de Thieux, de Crocy & la Quenotoye, & autres villages dudit Bailliage de Mont-didier seants au deça ledit Thieux tirant vers Beauvais, & des autres lieux plus proches dudit Beauvais que de Mont-didier pour la commodité des subiects d'icelle, se releveront directement audit siege Presidial de Beauvais : & les autres Iusticiers du ressort dudit Mont-didier, & qui en sont plus proches que de Beauvais, les premieres appellations se relleveront ainsi qu'elles ont accoustumé audit Bailliage & siege de Mont-didier, & par appel d'iceluy audit siege Presidial de Beauvais. Aussi ressortiront les appellations des Officiers du Bailly de sainct Lucian, & de toutes les Iustices subalternes estans au dedans des Prevostez desusdites, & autres enclavées prez & au dedãs cinq lieuës d'estenduë de ladite ville de Beauvais, de quelques iurisdictiõs qu'elles soiẽt, sauf celles qui ont accoustumé d'estre relevees en premieres appellatiõs desdits siege & Bailliage cy declarez, lesquelles reviendront audit siege Presidial de Beauvais par les appellations interiectees desdits Bailliages & iurisdictiõ. Toutes lesquelles iurisdictions, villes & lieux auparavant appartenoient & souloient ressortir audit siege de Laon, Senlis, Amiens, & Clermont respectivement, desquels nous avons eclypsees, distraictes & desmembrees, sans que les parties se puissent plus cy apres pourvoir pardevant autres Iuges és premieres instances és cas reservez à nos Officiers, ne par appel de toutes matieres civiles de quelque nature & qualité, & entre quelques parties qu'elles soient intentees sinon audit Bailliage & siege Presidial de Beauvais. Deffendant ausdicts Baillis d'Amyens, Laon, Senlis, Mont-didier & Clermont, leurs Lieutenans & tous autres Iuges, de plus cognoistre desdicts procez & appellations, leurs circonstances & deppendances, sur peine de nullité de toutes procedures, despens, dommages, interests des parties: & à nos amez & feaux Conseillers & Maistres des Requestes de nostre hostel & garde des seaux de nostre Chancellerie de Paris, & desdicts sieges Presidiaux, de doresnavãt expedier aucun relief desdites appellations ailleurs que audit Bailliage & siege Presidial presentement estably. Et afin que lesdits Officiers ayent moyen de s'entretenir & faire leur devoir en l'exercice desdits estats, leur avons ordonné & ordonnons les gaiges qui ensuivent. Sçavoir audict Bailly trente trois escus vn tiers, au President deux cens escus, au Lieutenant general cinquante escus, au Particulier quarante escus, au Conseiller garde des seaux soixante six escus vn tiers, à nostre Advocat & Procureur chacun pareille somme de vingt escus, au Greffier Civil & Criminel trente trois escus vng tiers, à celuy des presentations huict escus vng tiers, au Clerc de l'audience cinquante escus, à chacun des Huissiers huict escus vng tiers, au Recepveur & payeur trente trois escus vng tiers, le tout par an, qui leur seront payez des deniers qui audit effect seront imposez sur chacũ minot de sel qui sera vendu & debité és greniers à sel du ressort dudict siege Presidial par les Grenetiers & Controolleurs d'iceux, suyvant l'estat qui luy en sera fait & dressé par noz amez & feaux Conseillers & Thresoriers generaux des finances establis à Paris, excepté toutesfois lesdits Conseiller, garde des seaux, & le Clerc de l'audience, qui serõt payés de leursdits gaiges des deniers provenans des emoluments du sel. Et au surplus ayãt esgard à la requeste à nous faicte par les habitans de ladicte ville de Beauvais, & pour les relever des fraiz & voyages: Ordonnons que le Prevost & autres Officiers de ladicte Prevosté d'Angy exerceront la Iustice

D'VNE PART. DE CES MEMOIRES. 361

stice d'icelle Prevosté au dedans ladicte ville de Beauvais, ainsi qu'ils auroiet faict cy devant: & par le moyen de cest establissement, reiglement & ordonnances, Avons revoqué & revoquons tous Arrests & Iugements qui pourroient avoir esté donnez par nostre Cour de Parlement de Paris sur le faict & reiglement de l'exercice & administration de la iustice de ladicte ville, aussi de la Prevosté d'Angy, au preiudice de ces presentes, sans que l'on y puisse avoir esgard, n'entendans toutesfois par le present establissement aucunement desroger ne preiudicier aux privileges de ladicte ville, ains demeureront les Capitaine pour nous, Maire, & Pairs, & Officiers du corps de ladicte ville en leurs charges & authoritez confirmees, tant pour le fait des fortifications & garde de la ville, que autres choses deppendantes de leurs charges suyvant lesdicts privileges. Et d'autant que les gaiges des Iuges Presidiaux de Senlis, Laon & Amyens se prennent en partie sur les greniers à sel de Beauvais, Mont didier, Clermont & Grand-viller, qui sont de present attribuez au ressort dudict Beauvais, Ordonnons qu'il ne sera d'oresnavāt aucune chose levee sinon ce que monteront les gaiges des Officiers dudict siege Presidial de Beauvais: & ce que s'y prenoit pour lesdicts sieges de Senlis, Laon, & Amyens sera reiecté sur les greniers du ressort d'iceux sieges, & non ailleurs. Si donnons en mandement à nos amez & feaux les gens tenans nostre Court de Parlement de Paris, que iceluy nostre Edit ils facent lire & publier & enregistrer, & le contenu en iceluy garder & entretenir, sans souffrir qu'il y soit contrevenu en aucune maniere par lesdits Thresoriers Generaux, & sans que lesdits greneurs & cõtroolleurs puissent imposer impost sinõ les sommes à quoy se montẽt lesdits gaiges suivant l'estat qui en sera par eux dressé sur tout le sel qui sera vendu esdits greniers és mains dudit Receveur & Payeur dudit siege Presidial, par les quatre quartiers consecutifs, pour les employer au payement desdits Officiers Presidiaux. Car tel est nostre plaisir. Et afin que ce soit chose ferme & stable à tous-jours, nous avons fait mettre nostre seel à cesdites presentes. Sauf en autres choses nostredit droict, & l'autruy en toutes. DONNÉ à Paris au mois

Zz

de Decembre, l'an de grace mil cinq cens quatre vingts, & de nostre Regne le huictiesme. Signé par le Roy estant en son Conseil Bruslard. Et seellees de cire verte en lacs de soye rouge & verte. *Et sur le reply desdictes lettres.* Leües, publiées, & enregistrees, ouy le Procureur general du Roy, ainsi qu'il est contenu au registre de ce jour, à Paris en Parlement, le xxiii. iour de Decembre mil cinq cens quatre vingts deux, Ainsi signé Dehevez.

Arrest du Mardy vingt quatriesme Ianvier, MDLXXXII. *du matin.*

Monsieur le premier President.

MDLX-
XII.

ENtre les Maire & Pairs de la ville de Beauvais, appellans de certaine sentence ou iugement donné par le Bailly de Beauvais, ou son Lieutenant criminel & politic audit lieu, decret d'adiournement personnel, & autres poursuittes par devant ledit Lieutenant, contre Martin Prevost Chirurgien demeurant à Beauvais, tant comme de iuge incompetant qu'entreprise de iurisdiction d'vne part: & messire Nicolas Fumee, Evesque, Comte de Beauvais, Vidame de Gerberoy, Pair de France, Conseiller & premier Aumosnier du Roy, prenant la cause pour son procureur fiscal audit Beauvais, inthimé d'autre: & ne pourront les qualitez nuire ny preiudicier aux parties.

La Cour au principal a appointé & appointe les parties au Conseil, & l'a ioint avec l'autre appointé au Conseil, & ordonne qu'elles escriron, & produiront tout ce que bon leur seblera, pour y estre fait droit ainsi que de raison. Et pour le regard de la provision, ayant esgard à la requeste du Procureur general du Roy, & icelle entherinant, a ordonné & ordonne, sans preiudice du procez au principal & different d'entre lesdites parties, que l'arrest & reglement donné pour ceste ville de Paris sera gardé à Beauvais. Signé Du Tillet.

Extraict des Regiſtres de Parlement.

ENtre les Prevoſt des Marchands & Eſchevins de la ville de Paris, prenans la cauſe pour Richard Goumier, Capitaines & Chefs eſtablis en ceſte ville pour ſeureté d'icelle, demandeurs en reglement, d'vne part: & le Procureur general du Roy, prenant la cauſe pour Maiſtre Satur Dreux, Nicolas Peant & autres Commiſſaires & examinateurs du Chaſtelet de Paris deffendeurs d'autre. La Cour pour euiter à tout deſordre & confuſion, a par prouiſion ordonné & ordonne que le fait de la conuocation, aſſemblee, conduite & directiō des corps de gardes, ſentinelles, gardes des portes, rondes & viſitations ordonnees & eniointes auſdits Capitaines, enſemble la correction des fautes militaires qui eſdits lieux ſeront faites & commiſes, ſera & appartiendra auſdits demandeurs, & feront mettre & enregiſtrer en l'eſcroue les cauſes de l'empriſonnement, & en aduertiront leſdits Prevoſt des Marchands & Eſchevins, leſquels ſelon l'exigence des cas, pour reparations deſdites fautes, pourront vſer de mulctes pecuniaires, & feront leurs iugemens non excedans la ſomme de huict liures pariſis, executoires nonobſtant oppoſitions ou appellations quelconques, & ſans preiudice d'icelles, & où le cas requerroit punition corporelle ou exemplaire, en ce cas ils delaiſſeront & rendront les accuſez au Prevoſt de Paris ou ſon Lieutenant. Et quant aux crimes & delits qui ſeront commis en la ville & fauxbourgs hors leſdites gardes & ſentinelles & choſes ſuſdites, & meſme par ceux qui delaiſſans leur ordre ſe debanderoient deſdites gardes, ſentinelles, portes, & choſes ſuſdites, & hors icelles pour mal-faire ou exceder aucuns habitans, la capture, rapport, correction, punition appartiendra à la iuſtice ordinaire. Pourront neantmoins leſdicts Capitaines & Chefs en flagrāt delit, & pour empeſcher à l'aduenir leſdits malfaits & delicts en l'abſence de la iuſtice ordinaire faire capture des delinquans, & iceux mettre és priſons ordinaires du Roy, & faire eſcrire és regiſtres des Geolles l'eſcroue de l'empriſonnemēt. Et quant aux captures de ceux qui delinqueront de nuict apres les gardes & sentinelles assizes, lesdits commissaires ne s'en entremettront, ains demeurera le fait & charge aux gens du guet Royal, & ausdits demandeurs par concurrence. & enioint ladicte Cour aux officiers du Chastelet, mesmes aux Commissaires, où ils feroient aucunes informations & rapports contre aucuns Capitaines & Chefs susdits: en ce cas leur enioint ladite Cour, de mettre & inserer leurs qualitez. & enioint ladite Court ausdits Capitaines & Chefs, de faire le rapport de ceux qui auront esté deffaillans esdites portes & sentinelles, & rondes: & ce dedans cinq iours pour tous delais, apres lequel temps ne serōt plus receus en faire rapport ou recerches. Enioint aussi ladite Cour ausdites parties respectivement de garder, observer, entretenir le reglement susdit, & leur fait inhibitions & deffenses d'y contrevenir: & où aucune contravention auroit esté faite, en advertir le procureur general du Roy, pour y estre par la Cour pourveu exemplairement. Fait en Parlement le XXVIII. iour d'Aoust, MDLXVIII. Signé, DV TILLET.

Extraict de l'Edict & declaration du Roy sur la reduction de la ville de Beauvais soubs son obeissance du XXII. Aoust MDXCIIII.

MDXC-
IIII.

LE Roy ne baillera Gouverneur particulier en la ville de Beauvais, ne mettra aucunes garnisons en icelle, ny fauxbourgs, ne fera bastir Chasteaux ny Citadelle ou forteresse dedans, hors, ny prés la ville; ains demeurera la garde aux habitans seuls souz l'authorité & commandement des Maire & Pairs comme elle a esté tousiours: ne voulant autre Citadelle ny garnison que le cœur de ses bons subiects.

LETTRES DV ROY HENRY IIII.

HENRY par la grace de Dieu Roy de France & de Navarre, à tous presens & advenir, salut: Sçavoir faisons que nous inclinans liberalement à la supplication & requeste de

D'VNE PARTIE DE CES MEMOIRES. 365

nos chers & bien amez, les Maire, Pairs, & Commune de noſtre ville & cité de Beauvais, leur avons confirmé, loüé, ratifié, approuvé, & emologué, continuós, confirmons, loüons, ratifions, approuvons, & emologons, & de nouvel, en tant que beſoin eſt ou ſeroit, leur avons donné & octroyé, donnons & octroyós, par ces preſentes tous & chacuns les privileges, franchiſes, libertez, vſages, couſtumes, droicts, immunitez, & exemptions contenus & declarez és lettres de Chartes, declarations, & confirmations à eux ſur ce octroyées, par nos predeceſſeurs Roys, cy attachées ſous le contreſeel de noſtre Chancellerie, pour d'iceux privileges, franchiſes, libertez, vſages, couſtumes, droicts, immunitez & exemptiõs y declarez iouyr & vſer par leſdits ſupplians & leurs ſucceſſeurs doreſnavant perpetuellement & à touſiours plainement & paiſiblement, tant & ſi avant & tout ainſi que leurs predeceſſeurs & eux en ont cy-devant deuement & iuſtement iouy & vſé, iouyſſent & vſent encor de preſent. SI DONNONS en mandement par ceſdites preſentes, à nos amez & feaux les gens tenans noſtre Cour de Parlement, Chambre de nos Comptes, Cour des Aydes, Threſoriers de France, & Generaux de nos Finances, Bailly de Beauvais ou ſon Lieutenant, & à tous nos autres iuſticiers ou à leurs Lieutenans preſens & à venir, & à chacun d'eux ſi comme à luy appartiendra, que de nos preſens don, continuation, confirmation, ratification, approbation, & emologation, enſemble deſdits privileges, franchiſes, libertez, vſages, couſtumes, droits, immunitez, & exemptions, ils facent, ſouffrent & laiſſent leſdits ſupplians & leurs ſucceſſeurs, iouyr & vſer plainement & paiſiblement, ſans leur faire, mettre ou donner ne ſouffrir eſtre faict, mis ou donné aucun trouble, deſtourbier, ne empeſchement au contraire; ains ſi aucun leur avoit eſté, ou eſtoit fait, mis ou donné, l'oſtent & mettent, ou facent oſter & mettre incontinent & ſans delay, à plaine & entiere delivrance & au premier eſtat & deu. Car tel eſt noſtre plaiſir, nonobſtant quelconques lettres à ce contraires. Et afin que ce ſoit choſe ferme & ſtable à touſiours nous avons fait mettre & appoſer noſtre ſeel à ceſdites preſentes, ſauf en autres choses nostre droict & l'autruy en toutes. DONNÉ à Paris, au mois de Febvrier l'an de grace mil cinq cens quatre-vingts quinze, & de nostre regne le sixiesme. Signé par le Roy, Ruzé, & scellé sur double queuë de cire verte en lacs de soye rouge & verte. Visa. Et sur le reply est escrit, Registré, ouy sur ce le Procureur general du Roy, pour iouyr par les impetrans de l'effect & contenu en icelles, comme ils en ont cy-devant iouy & vsé, iouyssent & vsent encor à present, à Paris en Parlement le neufiesme Mars mil cinq cens quatre-vingts quinze. Signé, DV TILLET.

LETTRES DV ROY LOYS XIII.

MDCX. LOYS par la grace de Dieu Roy de France & de Navarre, à tous presens & advenir, Salut. Sçavoir faisons que nous inclinans liberalement à la supplication & requeste de nos chers & bien-aymez les Maire, Pairs, & Commune de nostre ville & cité de Beauvais, leur avons confirmé, loüé, ratifié, approuvé, & emologué, continuons, confirmons, loüons, ratifions, approuvons, & emologons, & de nouvel entant que besoin est ou seroit, leur avons donné & octroyé, donnons & octroyons par ces presentes tous & chacuns les privileges, franchises, libertez, droicts, & exemptions contenus & declarez és lettres de Chartes, declarations & confirmations à eux sur ce octroyees par nos predecesseurs Roys, mesme par le feu Roy Henry le Grand nostre tres-honoré Seigneur & pere (que Dieu absolve) cy attachees soubs le contrescel de nostre Chancellerie, pour d'iceux privileges, franchises, libertez, droicts & exemptions y contenus & declarez, iouyr & vser par lesdits suppliants & leurs successeurs, doresnavant perpetuellement & à tousiours, plainement & paisiblement tant & si avant & tout ainsi que leurs predecesseurs & eux en ont cy-devant deuëment & iustement iouy & vsé, iouyssent & vsent encor de present. SI DONNONS en mandement, &c. DONNEES à Paris au mois de Decembre l'an de grace mil six cens dix, & de nostre regne le premier. Ainsi signé LOVYS, & sur le reply desdites lettres par le Roy, la Royne Regente sa

D'VNE PART. DE CES MEMOIRES. 367

mere presente. Signé de LOMENIE. Et à costé Visa, & scellees sur double queue en lacs de soye rouge & verte, de cire verte. Et au dos est escrit, *Registrata*. Et sur le reply desdites lettres est escrit: Registrees ouy le Procureur general du Roy, pour iouyr par les impetrans du contenu comme ils ont cy devant bien & deuement iouy & vsé, iouyssent & vsent. A Paris en Parlement le quatorziesme Ianvier mil six cens vnze : Signé DV TILLET. Et à costé sur le mesme reply est encor escrit ce qui ensuit. Registrees semblablement en la Chambre des Comptes, ouy le Procureur general du Roy, pour iouyr par les supplians du contenu en icelles ainsi qu'ils en ont bien & deuement iouy & vsé, iouyssent & vsent encor à present, le XXIII. iour de Ianvier mil six cens vnze : Signé Bourlon. Registrees à la Cour des Aydes, ouy le Procureur general du Roy, pour iouir par les impetrans des exemptions & privileges y mentionnez, ainsi qu'ils en ont cy devant bien & deuement iouy, iouyssent & vsent de present. A Paris, le vingt-sixiesme iour de Mars, mil six cens vnze.

FIN.

Fautes à corriger.

Page	Ligne	
1.	quelques	*Faut effacer ces mots*, faute corrigee en la Coust. de Senlis.
4.	D.	trois autres Legions
19.	reux	dix anciens
23.	Monchy	le Perreux
29.	tenus	parrochiales &
68.	Abbez	commenceant
112.	escherent	temps en
113.	l'obitaire	Beaupré
138.	d'excommunication,	excommunication, present, offrande, ou autrement
204.	penultiéme	mil livres parisis
219.	prez	mil ames.
256.	quer	ny le Clergé
273.	....	*Mathai*
289.	*Belvacum*	*ad præiudicium.*

NOMS

NOMS DES AVTHEVRS CITEZ, EXPLIQVEZ, OV CORRIGEZ EN CES MEMOIRES.

Adon Archevesque de Treves. 72
Adrevald Religieux de Fleury. 52. 168
Aggenus Vrbicus. 33. 136
Alcimus Auitius. 150
S. Ambroise. 68. 136
Ammian Marcellin. 9
Anastase Bibliothecaire. 75
Antonin; Voy Itineraire.
Aymoin corrigé. 23. cité. 84
Bede. 73. 74. 75
Bembe Cardinal. 122
S. Bernard. 100
Cælius. 1. 188
Cæsarius. 102
Capitulaires 31. 43. 64. 131. 153. 170
Cassiodore. 149
Chronique de S. Denys. 55
Chronique d'Erdfort. 153
Chronique de Normandie corrigée 153. 154
Ciceron. 34. 161
Codes de Theodose, & de Iustinian 10. 152. 229
Conciles { de Beauvais. 47. 48. 49
de Limoges corrigé. 49. 68. 69. 70
de Meaux. 52
de Poissi. 84
de Rheims. 89
Corneille Tacite. 9
Coustumes { d'Amiens. 159
de Clairmont. 29
de Normandie. 19. 28
de Senlis. 19. 28. 111. 183
de Troye. 140. 147
Dorothee. 73
Eumenius Retheur. 9
Eusebe. 73. 74
Floart 37. 47. 52. 53. 54. 75. 82. 83. 85. 87. 88. 147.
Florus. 8
Fortunatus. 37
Fredegarius. 37
Fulbert Evesque de Chartres 94. 148
Galien. 40. 229
Garin ou Garnier le Loherans 57. 144
Glaber. 140. 190. 192
Gregoire VII. Pape 154. 180. 193
Gregoire Archevesque de Tours 38. 51. 52. 73. 74. 75. 77. 136. 191
Guillaume de sainct Amour 206
Guillaume le Breton 15. 36. 103. 104
Guillaume de Nangis. 36. 107. 110. 152. 285
Guillaume de Neubrige 102
Helgaud 91. 140
Helinand 106. 153. 198. 199
Hildebert Evesque du Mans 132. 184

TABLE DES AVTHEVRS.

Hilduin Abbé de S. Denys. 77
Hincmar Archevesque de Rheims
   47. 48. 52. 64. 65. 83.
Iean VIII. Pape   86
Iacques de Vitry corrigé   109
Iean le Cocq   109. 116. 159
Iean Froissard   116
Iean Iuvenel des Vrsins   111
Iean de Meun   207
Iean de Trittehan Abbé   201
Innocent III. Pape   107
Itineraire d'Antonin corrigé 35.
   expliqué 36. 37. 39. 38. & suiv.
Ives Evesque de Chartres 27. 95.
Iules Cesar: voy. Memoires cy dessous.
Iustin   43. 187

Legendes
- de S. Audebert   19. 37
- de S. Boniface corrigee   82
- de S. Denys corrigee   76
- de S. Genevievve   72
- de S. Germer   192
- de S. Godefroy Evesque d'Amiens   48
- de S. Gothard   154
- de S. Iust   37. 189
- de S. Lucian   37
- de S. Mard, S. Marcoul, & S. Eloy   37
- de S. Quentin   72

Loup Abbé de Ferrieres 17. 37. 143
Lucain   36
Marculphe   148
Martyrologe Romain   74
Mathieu de Paris 102. corrigé 103
Memoires de la guerre des Gaules
   2. 3. 5. 6. 7. 13. 14. 32. 43. 162. 189
Metaphraste corrigé   76

Methodius   75
Monstrelet   55. 118
Nicolas I. Pape   47. 84
Nicolas secretaire de S. Bernard. 99
Nitard   54. 147
Notice de l'Empire Romain   12
Optatus Africain   191
Othon Evesque de Frisinghen 151
Paschal II.   96
Patercle   9
Paul Emile corrigé   142
Pierre Abbé de Mostier la Celle. 101
Pierre le venerable Abbé de Cluny
   79. 99
Pierre de Venise   66. 190
Platine   66
Pline   36
Ptolomee   8. 9
Robert Abbé du Mont corrigé 19.
   cité   36. 97
Robert Gaguin   142
Sigebert   34. 132. 189. 232
Spartian   33
Strabon   8
Suggere Abbé de S. Denys corrigé
   48. cité 97. 100. 142. 143. 147
Sulpice Severe   191
Symmache   136
Tite Live   8. 9
Vibius Sequester   36
Vies des Saincts: Voy Legendes cy-dessus.
Villehardonin   153. 196
Vincent de Beauvais 79. 107. 108
   201. 203
Vsuard corrigé   71. 232
Zozime   149

TABLE DES MATIERES PLVS NOTABLES CONTENVES EN CES MEMOIRES,

Et aux Tiltres Iustificatifs d'iceux.

A

ABBAYES du diocese de Beauvais 20. & de la ville 46
S. Acheul, Abbaye 20
Acquisitions de Hugues de Gournay 16.19
Adalmanus E. de B. 82
Adam Bruslardus 275
Adam de Fontibus, 275. *eius Vxor ac filij* 276
Adã de Fracieres 324.325 *Adamus Constabularius Ph.I.R.* 261
Adbert Evesque Senlis 86
Adele ou Adeline Comtesse de Clermont 17
Adelelmus de Ermenterijs 269
Adrian de Boufflers 224
Advoyers & defenseurs anciens des Eglises 154.155
Aimars Abbé de Ruecour 274

Airardus de Monceio 260
Albericus de Cociaco 262
Aleran Capitaine de Pontoise du temps des Normans, se retire à Beauvais 54
Aletrannus castri Pontisarœ custos, Bel-vacum cum suis aufugit 247
Algrinus de Stampis 267
Allectus, & sa defaite 9.11
Aloph de Vignacour grand Maistre de Malthe 211.212
André de Nantheul 109
Andreas E. de B. 82
S. Angadresme, Beauvaisine 231.232.
Angy, Prevosté Royalle 18. 184. anciennement Comté 18
Anne de Mont-morency, Capitaine de Beauvais 178

Aa ij

TABLE

Anneul, bourg, 18
Ansac 18
Ansegisus Senonum Archiepiscopus 246
Ansellus Belvacensis Episcopus 266
Anselmus Evesque de Beauvais 80. 95
Anselmus Beccensis Abbas 261
Ansoldus E. de B. 80
Ansoldus de Offemonte miles 290
Ansous de S. Sanson 274
Antoine Caron Beauvaisin, excellent peintre 229
Antoine de Tende E. de B. 122
Araines, ruisseau 21
Arderad Vidame du Mans 160
Arresta Curiæ super discordiis ac querelis inter Episcopum Belvac. & Maiorem ac Pares Belvacen. 289. 300. 301. *& seqq.* 311. 312.
Arnault Comte de Clermōt 17
Arnault de Corbie, natif de Beauvais, & ses principales actios 208. 209
Arnault d'Offemont Chevalier 165
Arnulfus de Briostel, & Vidria eius uxor 268
Arsitium villa. 242. 244
Arson, Abbaye 20
Ascelinus de Bullis 262

Asnieres 15
Aspremont 15
Aubery de Beauvais Evesque d'Ostie, legat 196
Audingus Evesque de Beauvais 82
Avelon, ruisseau 21. & sa source 22
Augustin Potier nommé à l'Evesché de Beauvais 126
Austringus Evesque de Beauvais 82

B

Bagaudes, & leur revolte 10. 11. leur fort à sainct Maur des fossez 67
Bailleval 21
Balduinus Cancellarius 254
Ballagny 18
Barthelemy E. de B. 101
Bartholomeus de Terinis 270
Baatholomeus Belvac. Episcopus 275
S. Bartholomæi Belvacen. Ecclesia à quo fundata 253
deux Bassins anciens en l'Eglise de Beauvais 62
Beaumont sur Oise, ancien Comté 16
Beaupré, Abbaye 20
Beauvais cité bastie au lieu du *Bratuspantium* de Cesar 34 de quelle forme *ibid.* appellee *Cæsaromagus*, & pour-

DES MATIERES.

quoy 35. depuis *Bel‍vacus*, *Belgi vacus*, & autrement 43. quelle auiourd'huy *ibi*. ville de Beauvais pucelle, n'ayant iamais esté prise ny pillee par les ennemis 50. 51. & suiv. n'est mal saine, bien qu'assise en lieu bas 60.

Beauvaisins en quelle reputation au temps de Cesar 1. 2. 3. & suiv. 8. 9. ont esté des premiers François de toutes les Gaules 11. 12. & quel est leur naturel. 25. 26

pays de Beauvaisis combien grand & peuplé 13. 14. fertile & abondant 21. 22.

Belgius compagnon de Brenus, & ses gestes 187. 188

Bellovesus fondateur de Milan 188

Bel‍vacensis Ecclesia rebus multis à Carolo Cal‍vo Rege dotata 240. 241. 242. 244

Bel‍vacus, Belgi vacus, Bel‍vacensium ci‍vitas 43

Bercinde grande Dame du pays d'environ Pontoise, & son Epitaphe 42

Berenger beaupere de Raoul le Normand, Comte de Bayeux, non de Beauvais 142

Bergues de Fransures Beauvaisin 196

Bernard de Chevenon Evesque de Beauvais 118

Bestiail en grand nombre au pays de Beauvaisis 24 25

Betgisilus Evesque de Beauvais 80

Blicourt 18

Blidegisille fondateur de l'Abbaye de S. Maur des Fossez 67

Bono Evesque de Beauvais 88.

Bouchard de Mont-morency 42

Boucherie de Beauvais à Paris 25

Braella, villa Episcopi Bel‍vac. 249

Bratuspantium, ville des Beauvaisins 2. 3. 32. 33. auiourd'huy Beauvais 34

Bray, pays 16. l'vn des Doyennez de Beauvaisis 19

Bresche, ruisseau 21

Bresle 7. 18

Breteüil anciennement Comté 18

Bri‍va, que signifie 38

Bri‍vaisura, Pontoise 38

Bri‍va supra Vram, Viarron 38

Bulles, iadis Comté 16. donnee à l'Abbaye sainct Lucian par Childebert 81

A aa iij

TABLE

C.

Caesaromagus, ville de Beauvais 9.35.36
du Capitaine de Beauvais 178
Carausius 9.11
Caroli Calvi Regis dona sanctae Belvac. Ecclesiae facta 240. 241.242.244.
Castenoy 18
Castiniacus villa 249
Catherine Comtesse de Clermont 17
Chanarus E. de B. 79
Chambly dit le Hauberger, & pourquoy 19.17
Charles le Bel retira le Comté de Clermont de Loys de Bourbon, & pourquoy 17
Charles Cardinal de Bourbon, E. de B. 124
Charles de Villers E. de B. 122
du Chastelain de Beauvais 179.180. & suiv.
Chaumont le Vvexin 16
Chaussee de Iules Cesar 39
Chef de S. Mathieu en l'Eglise de Beauvais 62
Chemins militaires quand & par qui dressez en France 40
Chilperici Regis Charta pro S. Luciano 236.237
S. Christophle 15
Clermōt en Beauvaisis, ancien Chasteau & Comté 17. donné par S. Louys à Robert son fils ibid.
Claude Binet Poëte Latin & François 221
Claude Gouyne, beauvaisin, grand Vicaire de trois Evesques 230.231
Claude de la Sangle Grand Maistre de l'Ordre de S. Iean de Hierusalem 211
Clement E. de B. 81
Clementis IV. Papae Epistola ad Guil. de S. Amore 288
Clovis Roy des François, & son baptesme 12
Cogiacus villa 249
College de Beauvais, & sa fondation 63
Commune de Beauvais, & son origine, ibid. 162. confirmee par diverses Chartes de Roys 163.164. & suiv.
Communes de Beauvaisis en quelle estime anciennement 25
Communia Belvacensis à Ludovico VII. R. confirmata 271. 272.275. à *Philippo II.* 299. 282.
Complainte de Messire Iuvenel des Vrsins Evesque & Comte de Beauvais, sur les miseres de Beauvais & Beauvaisis 329. & suiv.
Comtes, & leur origine 130. 131.

DES MATIERES.

Comtes hereditaires & patrimoniaux de Beauvais 131. 132.
Constantinus E. de B. 81. 260
Correus, ou Corbeus, Capitaine des Beauuaisins contre Cesar 3. & ses gestes 188. 189
Coudun 18. l'vn des Doyennez de Beauuaisis 19
Coustumes particulieres & locales de Beauvais & Beauvaisis 27. 28. 29
Crapaux, anciennes armoiries de France 47
Creil, ancienne ville de Beauvaisis 17
Crevecœur 18

D

Damedieu, ou Damediex que signifie 135 Damediex ayde, ancien cry des Ducs de Normandie 153. 154
Damoisel, & damoiseau, d'où derivez 154
S. Denys, premier Evesque de Paris, quel, en quel temps venu en Gaule, & si c'est l'Areopagite 72. 73. & suiv.
Deodatus E. de B. 82
S. Dionysij Corinthiorum Episcopi corpus ab Innocentio III. Papa ad Monasterium S. Dionysij in Frãcia transmissũ 286
Dodo E. de B. 81
Dreux Seigneur & Baron de Monchy 97
Drogo Belvacensis Episcopus 92. 252. 253. fundator Abbatiæ S. Symphoriani ibid.
Drogo de Centum puteis, & Richeldis eius vxor 270
Drogo de Monseio 265

E

Ebrulfus Abbas 237
Eglises anciennement basties de bois 194
Eglises Collegiales & Canoniales de Beauvaisis 20. & de la ville de Beauvais 44. 45
Eglise de S. Pierre de Beauvais, quel ouvrage 58
Elconius Morinensis Episcopus, 247
Enguerrand de Gerberoy 157
Ercambertus Ev. de B. 82
Erponius Sylvanectensis Episcopus 247
Estienne de Vignolles, dit la Hire, Capitaine du Beauvaisis 327
Eudes I. & II. Comtes de Beauvais 139. 140. 141
Eudes Chastellain de Beauvais 180
Everardus Britolij Dominus 269. & eius filij, ibid.
Evesches de la seconde Belgique, ou Metropolitaine de Rheims 65

TABLE

Evesché de Beauvais de quelle estenduë 15. & quelles villes & parroisses en dependent 15. 16. combien renommé   65

Evesques, grands terriens en leurs villes & dioceses, de toute antiquité 135. 136. 137

Evesques de Beauvais comme font leur premiere entree, comme sont receus en la ville, & le serment qu'ils prestent 127.128.129

Eustache du Courroy Beauvaisin, excellent Musicien 230

F

Femmes de Beauvais illustres, & leurs privileges, 174. 175. 232. 233. 234

Fla viacum Monasterium Odoni Bel vac. Episc. concessum 240

Fleurine   15
Fontaine Lavagan   18
Fontanetum Monasterium 240
Forges, fontaine salubre   24
Franco Cancellarius sacri Palatij. 249
Franco de Gerboredo 249. 250. 251
Francon, Vidame de Gerberoy   156. 157.
Franconville   15
François envoyez en Beauvaisis par Constance 9. 10
François Gouffier, Seigneur de Creve-cœur, 219. & ses gestes   219. 220

S. Fremin reietté du Catalogue des Evesques de Beauvais   66

Froidmont, Abbaye   20
Frotmericurtis   254
Fulco Evesque de Beauvais 94
Fulco Belvac. Episcopus 262. 265

G

Galerandus Camerarius Philippi I. Regis   261
Gallo, ou Vvallo E. de Beauvais   96
Galterius de Alphaio   269
Galterius de Cagni.   268
Garnerius de Buxeio   268
Garnier & Amaury fondateurs de S. Martin de Pontoise   42
Gaufridus de Calmonte   262
Geofroy I. Evesque de Beauvais   95. 96
Geofroy II. dit de Nesle, Evesque de Beauvais. 108
Gerardus Cameracensis Episcopus 262
Gerberoy, ville & Vidamé 16. 17. 152. 153. & suiv.
Gerboredum castrum 249. 250. 251. 259
circa Gerboredum obsidio Regum Philippi I. Franc. & Guillelmi Angl.   262

S. Germer

DES MATIERES.

S. Germer 18. Abbaye 20
S. Germer natif de Beauvaisis 192
Gilo de Versalijs 287
Girardus de Cagni 268
Gogerinus Evesque de Beauvais 80
Gournay 16. sur Aronde 23
Gouvieux 15. Estang 24
Grand viller 18
Gratte-panche 33
Gregorij VII. Epist. ad Cler. & populum Bel. Vac. 255. ad Philippum I. Francorum R. 256
Guerard d'Auchy Maistre de la forteresse de Beauvais 325
Guy Evesq. de Beauvais fondateur de l'Abbaye de S. Quentin 93
Guibertus Evesque de Beauvais 92. 93
Guido Buticularius 275
Guido Sylvanect. Episcopus 265
Guido Bel. Vac. Episcopus fundator Basilicæ sancti Quintini 261
Guidonis Bel. Vac. Episcopi Chartæ 254. 257. 259. 260
Guillaume I. Evesque de B. 109
Guillaume II. Evesque de B. 113
Guillaume de Vienne Evesque de Beauvais 117
Guillaume de Hollande Ev. de Beauvais 120. 121
Guillaume de S. Amour Chanoine de Beauvais, & de ses escrits 206. 207
Guillaume de Dorman Advocat du Roy 115. & depuis Chancelier de France ibid.
Guillaume de Gerberoy 157
Guillelmus de S. Amore 288
Guillelmus Rex Anglorum 261
Guillelmus de Gerboredo 287
Guillelmus de Guarlanda 265
Guillelmus de Marciliaco miles 307
Guillelmus Thesaurarius Andegavensis 307

H

Hastingi, Normans 81
Heilo miles fundator Ecclesia sancti Bartholomæi Bel. Vac. 253
Helias Vicedominus Gerboredi 268
Helias de Hosdencourt 268
Helinand Moine de Froidmond en Beauvaisis, sa vie, & ses œuvres 196. 197. 198. & suiv.
Henry de France Evesque de Beauvais 99
Henricus Belvacensis Episcopus 277. 278
Henrici I. Regis Chartæ 252. 253
Heribertus Vermandorum Comes 248
Herluinus Evesque de Beauvais 87. 88

TABLE

Herme, Chasteau 104
Hermenfridus Evesque de Beauvais 83.84
Herveus Evesque de Beauvais 89
Herveus Buticularius Philippi I. Regis 261
Hildemannus Evesque de B. 82.83
Hincmari Remorum Episcopi Epistola ad Odonem Belvac. Episcop. 238
Hildegarius Evesque de Beauvais 88
Hildouin Vicomte de Mantes 42
Himbertus Evesque de Beauvais 81
Hirdemolde esleu Evesque de Beauvais & son election cassee 86
Hludovici Pij depositionis dies 243.245
Honorat esleu Evesque de Beauvais, mais non confirmé 87
autre Honorat Evesque de Beauvais 87
Houdenc en Bray 18
Hrotaldus Suessionensis Episcopus 246
Hubertus Silvanectensis Episcopi frater 262
Hubertus Taruanensis Episcopus 262
Hugo Abbas S. Mariæ de Alneto 269
Hugo Evesque de Beauvais 88
Hugo Camerarius Regis Ludovici III. 267
Hugo Constabularius 267
Hugo Comes frater Regis Philippi I. 261
Hugo de Credulio 267
Hugo Comes de Domno Martino 260
Hugo Decanus sancti Petri Belvac. 276
Hugo de Fragneis 268
Hugo Merlet 268
Hugo de Centumputeis 269. & filij sui. 270
Hugues, Comte de Beauvais 140.141.192.193
Hugues Vidame de Chartres 160
Hugues Comte de Dommartin 81
Hugues de Gournay 16.19
Hugues de Ronquerolles 42

I

Iacques Avis, ou l'Oisel, Docteur en Theologie, & grand Predicateur 217
Iacques Grevin, de Clairmõt en Beauvaisis, Medecin & Poëte. 228
Iacques de Gueheguies Lieutenant du Capitaine de Beauvais 321.323.325. occis en combattant valeureusement contre les Anglois 212.213

DES MATIERES.

Iacques Heluis, Beauvaisin, Evesque de Langres 222. 223

vn Idole des payens sur le pignon de l'Eglise de nostre Dame de la basse œuvre 46

Iean d'Augeran E. de B. 115. 116

Iean Avis, ou l'Oisel, Docteur en Medecine 215. 216

Iean de Bar E. de B. 121

Iean de Betancourt a le premier descouvert le chemin des Indes Occidentales 205. 206

Iean Binet, Beauvaisin 220

Iean de Boufflers 223. 224. sa doctrine, ses voyages, & ses escrits 224. 225

Iean Cholet, dict de Nointel en Beauvaisis, Cardinal Legat 204. 205

Iean le Comte, Beauvaisin, intendant des Finances 223

Iean de Creve-cœur 157

Iean de Dorman E. de Beauvais & Cardinal 114. 115

Iean Iuvenel des Vrsins E. de Beauvais 119. 120. se complaint au Roy Charles VII. des miseres des Beauvaisins 329. 330. & suiv.

Iean de Lignieres, Beauvaisin, 213

Iean de Magny 42

Iean de Marigny Evesque de B. 113

Iean Mazille, Beauvaisin, premier Medecin du Roy Charles IX. 226. 227

Iean Michel Evesque d'Angers, natif de Beauvais 210. 211

Iean Thierri Beauvaisin, principal autheur du thresor de la langue Latine 221. 222

Iean de Villiers-Adam grand Maistre de Rhodes 211

Iehans Abbé de S. Iust 274

Ieanne Laisné dite Fourquet affranchie de toutes impositions par Louys XI. & pourquoy 174. 175. 233

Ilbertus de Centumputeis. 269

Ilgerius de Bubulis 260

Imo Noviomagensis Episcopus 246. 247

Ingerannus de Crepicordio 287

Ioannes de Crepicordio 287. eiusque vxor ac filij 288

Isara, Oise 23. 36. 37

Isle-Adam, ville de Beauvaisis 17. 18

Iudicium Guillelmi Thesaurarij Andeg. & Guillelmi de Marciliaci militis super contentione, quæ vertebatur inter Simonem Episcopum Belvac. & Maiorem ac Pares Belvac. 307

du Iuge des exempts à Beauvais 183

Iugemens & Arrests donnez entre les Evesques & les Maire & pairs de Beauvais,

Bbb ij

TABLE

sur les differents de leurs Iustices 164.165.166. & suiv. 307
S. Iust, bourg & Abbaye 18
S. Iust martyrisé en Beauvaisis. 189.190
Sancti Iusti Villa 249

L

LAncelin de Beauvais quel, & s'il doit estre tenu pour Comte, ou non 142. 143. 193
Lancelinus Bel.Vac. miles 257. casatus Bel.Vac. Ecclesia 262
Lancelini vallis 268
Lavrechines 18
S. Leu de Serans 18
Librairie ancienne de l'Eglise de Beauvais 61
Liencourt 21
Liercius Evesque de Beauvais 79
Lin de Bulles acheté par les Cambraisiens & Holladois pour faire leurs fines toiles. 16
Louys de Boufflers 223.224. côbien fort & robuste 224
Louys Canosse nommé à l'Evesché de Beauvais par François I. 122
Louys d'Orleans Evesque de Beauvais 117
Louys de Vaudrey, Seigneur de Mouy en Beauvaisis 225
Louys de Villers Evesque de Beauvais 121
Loy des Veterans donnee à Beauvais 10
Luciacus Villa 242.244
S. Lucian premier Evesque de Beauvais, compagnon de S. Denys 65.70.71
S. Lucian, jadis primitive Eglise des Evesques de Beauvais 69
S. Luciani Ecclesia à paganis destructa 237. à Chilperico Rege reædificata 237. subdita olim, atque coniuncta matri Ecclesiæ Bel.Vac. 242. à quo primum ex lapidibus ædificata 258
Ludovici VI. Franc. R. Chartæ pro Ecclesia Bel.Vac. 265
Ludovici VII. Chartæ pro communia 271.275
Lupus catalaunensis Episcop. 247

M

MAffée 15
Maire & Pairs de Beauvais, & leur Iustice 163.164. 165. & suiv. comment sont esleuz 173.174. & le serment qu'ils font 174.175
Maire & Pairs de Beauvais, quelles choses solemnelles font par chacune annee 326.327
Maison de l'Evesque de Beauvais belle & forte 59
Manasses Rhemorum Archiepiscopus 262

DES MATIERES.

Marché de Beauvais beau & grand 58
Marinus Evesque de Beauvais 66. 67. & Abbé de S. Lucian, *ibid.*
Mariscus villa 253
Marseille 18
S. Martin du Tertre 15
Matheus Comes de Bellomôte 265
Matheus Constabularius 275
Matheus de Pleijs 268
Mathieu de la Beagnie, Prevost d'Angy 184
Mathieu de Bonneville Lieutenant du Capitaine de Beauvais 324
S. Maur des Fossez, iadis fort des anciens Bagaudes 67
Mauricius E. de B. 80
S. Maxianus à quo & quãdo sublevatus 237
Meigneley 18
Mello, baronnie 18
Meniacus vicus 253
Meru 18
S. Messian compagnon de S. Lucian 71. 72
Milan par qui fondée & construite 188
Miles de Conflans 42
Miles de Dorman, Evesque de Beauvais 116
Miles de Nantheul Evesque de Beauvais 107 nommé entre les Barons de Champagne par le Comte Thibaut 140
Milly en Beauvaisis 18
Milius mons 237
Miroldus, Evesque de Beauvais 82
le Moncel, Abbaye 20
Moncellus Hilberti 270
Monchy le Chastel, ancienne Baronnie 18
Monchy S. Eloy 81
Monchy le Perreux 23
Monciacus alodus Vermandorum Comiti commẽdatus à Rogerio Belvac. Episcopo 248
Monnoye de Beauvais iadis de plus gran' d'valeur que celle de Paris 29. 30
Monnoye permise à Beauvais par Charles VII. 30. 327. 328
Monnoye de Charles le Simple forgée à Beauvais 31
Mons 15
Mont de Cesar 7
Môtagnes, quel pays, & d'où nommé 24
Montathere 18
Montigniacum 249
Montreau où faut Yonne Seigneurie directe de l'Archevesque de Sens 137
Morancy 15
la Morlaye 15
Moulins à bled, draps, & papier en Beauvaisis 22
Mouy 18

Bbb iij

TABLE

N

Natalis Cancellarius Ludo V.
  VII. R. 271
Nevelo Compendiensis Ecclesiæ
  Canonicus 254. 255
Nevelo de Ronquerolles 288
Nicolas Fumée Ev. de B. 124
Nicolas l'Oisel, Beauvaisin,
  & sa posterité 214. 215.
  & suiv.
Nicolas Pastour Chanoine,
  fondateur du College de
  Beauvais 63. 221
Nicolai I. Papæ Epistola ad O-
  donem Episcopum Belvacen.
  239.
Numitius E. de B. 79

O

Odon I. E. de B. 84. 85
Odon II. E. de B. 98. 268.
  273
Odon III. E. de B. 98
Odon, ou Odet de Colligny
  E. d. B. & Cardinal 122. 123
Odo Belvacensis Episcopus 238.
  239. 242. 244. 246
Odo Comes Belvacensis 248
Odo Castellanus Belvacensis 263.
  264
Odo de Caluis 270
Odo de S. Samsone 265
Officiers Royaux & Presi-
  diaux de Beauvais 182
  183
Oise, riviere de Beauvaisis,
  navigable 21. commet nó-
  mée par les anciens 36. 37
Oratorium, olim Puellare Cœno-
  bium. Odoni Belvac. Episcopo
  concessum 240
Osmundus de Conteio, & frater
  eius Girardus 269
Otho Vermandorum Comes 248

P

Pacis concordia inter Episco-
  pum, & Maiorem ac Pa-
  res Belvac. 290.
Pairs de France, d'où derivez
  146. 147. & suiv.
Pairrie de Beauvais, & son
  origine 146. 151. 152
Payen de Beauvais à la suitte
  d'Hugues le Grand, frere
  de Philippe I. 196
Pentemont, Abbaye 20
Persant 18
Petromantalium, quel lieu 39.
  40
Petrus miles de Hosdenc 268.
  278
Petrus Vicedominus Gerboredi
  268. 277. 278
Philippes d'Alançon E. de B.
  114.
Philippes de Beaumanoir,
  Beauvaisin. Conseiller de
  Monsieur Robert de Fra-
  ce fils de S. Loys 203. 204
Philippe de Dreux, E. de B.
  & ses gestes 102. 103. &
  suiv.

DES MATIERES.

Philippes de Villiers-Adam grand Maistre de Rhodes 211.
Philippus Belvacensis electus 276 Episcopus 287
Philippi I. regis Charta confirmatoria fundationis S. Quintini Belvac. 261
Philippi II. Regis Charta pro Comunia Belvac. 279. 282
Pierre I. E. de B. 97
Pierre Cauchon E. de B. 118. 119.
Pierre de Savoisi E. de B. 118
Pierre de Beauvais, Evesque de Bayeux 110
Pierre de Gerberoy, & ses enfans 158
Pierre de Maubeuge Chevalier de Loix, & son Epitaphe 41
Plaisance par qui construite 188
Poix 18
Pont de Hermes 7
Pont sainte Maixance 18
Pontisara castrum quando constructum 247
Pontoise en quel diocese 15. 16. comment appellee par les anciens 38. 39
Precy 18
Presidial estably à Beauvais
Presle 15
du Prevost d'Angy 184. 185
Privileges octroyez aux habitans, & particulieremēt aux femmes de Beauvais 173. 174
Pugilares, que c'estoit anciennement 62

Q

S. Quentin Abbaye, par qui fondee 93
S. Quintini basilica, & eius fundatio 261

R

Radulfus de Cagni 268
Radulfus de Cingula 276
Radulphus de Martreido 265
Radulphus de Miliaco 267
Radulphus Viromandorum Comes 267
Rahinaudus de S. Valarico 275
Raimundus de Anolio 276
Rainaldus Abbas S. Quintini 269
Rambertus E. d. B. 82
Raoul Comte de Clermont 17
Raoul de Faget 274
Raoul fondateur de l'Eglise de S. Lucian & S. Nicolas dans Beauvais 194
Ratbodus Noviomensis Episcopus 262
Ravigus Evesque de Beauvais 81
Recoaldus Evesque de Beauvais 82

TABLE

Reginaldus de Bettiziaco 287
Reinord de Beauvais 196
Renaud de Nantheul E. de B. 109
Renaus Comte de Clermont 273
René Potier Evesque de Beauvais 124. 125
Resson 18. l'vn des Doyennez de Beauvaisis 19
Ribertus E. de B. 80
Robert E. de B. 108
Robertus Compendiensis Cancellarius Comitis Viromand. 267
Robertus Regis Philippi I. Dapifer 261
Robertus Rex Gallica liberalitate ad regni fastigia provectus 248
Robertus de Dargeis 270
Rodingus Capellanus Caroli Calui Regis 242. 244
Rodomarus E. de B. 80
Rodulphus Belgicæ vrbis casatus, ædificator Ecclesiæ S. Luciani 258
Rodulphus Belvac. Ecclesiæ Thesaurarius 261
Roger I. E. de B. & premier Comte Ecclesiastique 89. 90. ses epitaphes 90. 91. & comment luy vint le Comté de Beauvais 132. 133
Roger II. Evesque de Beauvais 95
Rogerius Belvac. Episcopus 248 & eius conventio cum Francone de Gerboredo 250
Rogerius Catalau. Episcopus 262. 265
Rogerius Cancellarius 262
Rollo 18
Rongarius E. de B. 86. 87
Roscelinus Cantor S. Petri Belv. 254. 255.
Rotangy, terre eschangee pour le Vidamé de Gerberoy 159
Rotengiaci territorium 277
Royaumont 15. Abbaye 20
Rugenarius Ambianensis Episcopus 247

S

S Amarobriva, 36
Sathulcurtis villa 247
Savegnies 18
Serlo Abbas S. Luciani 269
Serinus de Pisseio 265
Sigefridus vasallus Caroli Calui R. 242. 244
Simon de Nesle Evesque de Beauvais 110. 111
Simon Belvacensis Episcopus 307
Singularitez qui se trouvent en la ville de Beauvais 50. 51. & suiv.
Somonobriga, 38
Stephanus Cancellarius 267
Stephanus Præpositus de Parisio 38
Sugerius S. Dionysij Abbas 271

S. Sym-

S. Symphorian Abbaye, par qui fondée 92
S. Symphoriani Belvac. Abbatia, & eius fundatio 252. 253. 301
Synodes, & autres assemblées tenues en la ville de Beauvais 47. 48

T.

Taille en quelle forme s'asseoit à Beauvais 318
Tailliæ levandæ modus apud Belvacum 296
Tetbaudus de Montemoriniaco 38
Thalasius Evesque de B. 79
Themerus Ev. de Beauvais 80
Thetboldus Suessorum Episcopus 262
Theobaldus de Cressonsart 288
Theobaleus Monasterij S. Luciani Abbas 260
Theobaldus de Ponceyo Cantor Remensis 290
Theodoricus Cameracensis Episcopus 247
Therain, riviere, & ses sources 21. 22
Therine, village, 22
Thibault de Nantheul Evesque de Beauvais 110
Thibault fils de Loys Comte de Clairmont 17
Thibault Poncey Chantre de Rheims, secretaire du Roy 165
Thomas de Nantheul 109
Thomas d'Estouteville Evesque de Beauvais 117
Tillard 18

V

V Aupendant 15
B. Vedasti Ecclesia in Belvacensi burgo 255
Venette, village 18. 19
Venilo Rothomagensis Archiepiscopus 246
Verge d'Aaron en l'Eglise de Beauvais 62
Vertisque Capitaine de la Cavalerie de Rheims & sa mort 4
Victor Evesque de B. 79
Vidames de Laon & du Mans 160
Vidames anciens de Gerberoy 157. 158. 159
Vidamez, & leur origine 152. 153. 155
Vidamé de Gerberoy, quant & comment est venu aux Evesques de Beauvais 156. 157
Villes anciennes des Gaulois comment basties 33
Villeneufve le Roy 18
Villeneufve souz Verberie 15
S. Vincent rejetté du nombre des Evesques de Beauvais 66
Vincent de Beauvais, & ses escrits 203
Vrbani II. Papæ diploma ad Ful-

Ccc

TABLE DES MATIERES.

conem Bel.vac. Episcopum 262
Vrsio Evesque de B. 94
Vvaleramus E. de B. 88.89
Vvalterius de Hestomanil 269
Vvarinus Ev. de B. 91.92
Vvariville, Prieuré 20
Vvarluis villa B. Luciani 271
Vvarneus & Vrsio Gerboredi castelli Principes 259
Vvido vassallus Caroli Calvi R. & eius anni versarium 243. 245
Vvido de Monte Lethario 38
Vxoludunum, quelle ville 6

Y

Ysa, fluvius 247
Yvo Abbas sancti Quintini 262
Yvo de Belmonte Comes 262
Yvo Decanus Belvacensis 279
Yvo de Anerarijs 265
Yvo Sylvanectensis Episcopus 262
Yvon Evesque de Chartres, Beauvaisin, & ses principales actions 195.196

FIN.

Centumputeus p. 269. 270.

www.ingramcontent.com/pod-product-compliance
Lightning Source LLC
Chambersburg PA
CBHW060555170426
43201CB00009B/787